Die Anfänge der deutschen Literatur

AF145453

Andreas Kraß

Die Anfänge der deutschen Literatur

Eine Einführung

J.B. METZLER

Prof. Dr. Andreas Kraß
Institut für deutsche Literatur
Humboldt-Universität zu Berlin
Berlin, Deutschland

ISBN 978-3-662-64152-1   ISBN 978-3-662-64153-8   (eBook)
https://doi.org/10.1007/978-3-662-64153-8

Die Deutsche Nationalbibliothek verzeichnet diese Publikation in der Deutschen Nationalbibliografie;
detaillierte bibliografische Daten sind im Internet über http://dnb.d-nb.de abrufbar.

Umschlagabbildung: Alkuin und sein Schüler Hraban vor dem Mainzer Erzbischof Otgar (Wien, Österreichische Nationalbibliothek, Cod. 652, Bl. 4v)

Planung/Lektorat: Ferdinand Pöhlmann
J.B. Metzler ist ein Imprint der eingetragenen Gesellschaft Springer-Verlag GmbH, DE und ist ein Teil
von Springer Nature.
Die Anschrift der Gesellschaft ist: Heidelberger Platz 3, 14197 Berlin, Germany

Willst du wohl darnach trachten,
das Metrum zu beachten,
in deiner Sprache Großes tun
und schöne Verse schmieden nun,
bemüh dich, Gottes Willen
beständig zu erfüllen.
Dann schreibt der treue Gottesknecht
auf Fränkisch klar und regelrecht.
In Gottes Willens Süße
lass wandeln deine Füße
und gönn dir länger keine Rast:
Schon ist ein schöner Vers verfasst.

(Otfrid von Weißenburg)

Inhaltsverzeichnis

Abbildungsverzeichnis

Annäherungen

1

Inhaltsverzeichnis

1.1   Ein verlorener Anfang?

In seiner *Kurzen Geschichte der deutschen Literatur* (2002) warf Heinz Schlaffer einen ernüchternden Blick auf die deutsche Literaturgeschichte: „Die Geschichte der deutschen Literatur besteht aus einer Serie verlorener Anfänge, ehe es zu einem Anfang kam, der Bestand haben sollte" (Schlaffer 2002, S. 19). Ein verlorener Anfang sei auch die Literatur des deutschen Mittelalters gewesen: „Man liest gerne etwas *über* das Mittelalter – was noch den Welterfolg von Ecos *Der Name der Rose* erklärt –, doch nicht gerne etwas *aus* dem Mittelalter" (Schlaffer 2002, S. 22). Schlaffer geht in seinem Urteil noch weiter. Mit Blick auf das frühe Mittelalter, also auf die ersten Werke der deutschen Literatur, könne man nicht einmal von Literatur sprechen:

> Erst der moderne Wille zu einer nationalen Literaturgeschichte hat die althochdeutschen Texte zu einem Anfang zusammengefasst und unter dem ihnen unangemessenen Begriff der Literatur einander angenähert. In Wahrheit handelt es sich um verstreute, zufällig aufbewahrte und in späteren Jahrhunderten glücklich aufgefundene Texte oder Bruchstücke von Texten, aufgezeichnet von Mönchen, deren gewohnte Schriftsprache das Lateinische war. […] Im Vergleich zu den lateinischen Schriften der Zeit machen deutsche Texte einen winzigen Bruchteil des damaligen Schrifttums aus, so daß sie schon deshalb kein untereinander verbundenes Korpus bilden. (Schlaffer 2002, S. 22–23)

A. Kraß, *Die Anfänge der deutschen Literatur,*
https://doi.org/10.1007/978-3-662-64153-8_1

Ist es also ein sinnloses Unterfangen, ein Buch über die Anfänge der deutschen Literatur zu schreiben, weil es diesen Gegenstand überhaupt nicht gibt?

1.1.1   Eine kurze Epoche

In der Tat ist die erste Epoche der deutschen Literatur sehr kurz. Sie reicht nur vom Ende des achten bis zum Anfang des zehnten Jahrhunderts, umfasst also wenig mehr als das neunte Jahrhundert. Diese Zeit deckt sich im Wesentlichen mit der karolingischen Herrschaft von Karl dem Großen bis Arnulf von Kärnten. *Davor* konnte es keine deutsche Literatur geben, weil es die deutsche Sprache noch nicht gab. Und *danach* brach die Produktion deutscher Literatur für rund einhundertfünfzig Jahre wieder ab, weil die Netzwerke zerrissen, die das Entstehen der ersten deutschen Literatur ermöglicht hatten. Erst in der Mitte des elften Jahrhunderts kam es zu einem Neubeginn, der nicht an die althochdeutsche und altniederdeutsche Literatur anknüpfte, sondern einen wirklichen Neuanfang darstellte.

Zudem ist der literarische Kanon, den diese Epoche hervorgebracht hat, sehr schmal. Im Vergleich mit der blühenden lateinischen Dichtung jener Zeit ist die Zahl der deutschsprachigen Werke, die zwischen dem späten achten und dem frühen zehnten Jahrhundert entstanden, verschwindend gering. Dies gilt umso mehr, wenn man mit Schlaffer Literatur im engeren Sinn als *Dichtung* versteht, den Fokus also allein auf die poetischen Texte richtet und die pragmatischen Texte, also die vergleichsweise umfangreiche Gebrauchsliteratur, beiseitelässt. Schlaffer bringt dieses Kriterium wie folgt auf den Punkt: „Literatur im strengen Sinn ist nur, was ein ästhetisches Vergnügen bereitet" (2002, S. 27). Nimmt man diesen Maßstab ernst, so bleibt nur ein Dutzend Texte im Umfang von knapp 14.000 Zeilen übrig. Der größte Anteil entfällt auf zwei Bibelepen, die die Evangelien in deutschen Versen gestalten: das hochdeutsche *Evangelienbuch* Otfrids von Weißenburg mit ca. 7000 Zeilen und den niederdeutschen *Heliand* mit ca. 6000 Zeilen. Die übrigen zehn Werke umfassen weniger als tausend Zeilen.

Form	Sprache	Werke	Umfang
Stabgereimte Langzeilen	althochdeutsch	*Merseburger Zaubersprüche*	4/6 Zeilen
		Hildebrandslied	68 Zeilen
		Wessobrunner Schöpfungsspruch	9 Zeilen
		Muspilli	103 Zeilen
	altniederdeutsch	*Heliand*	5.983 Zeilen
		Altsächsische Genesis	337 Zeilen
Endgereimte Langzeilen	althochdeutsch	Otfrids *Evangelienbuch*	7.104 Zeilen
		Georgslied	60 Zeilen
		Petruslied	9 Zeilen
		Ludwigslied	59 Zeilen
		Psalm 138	38 Zeilen
		Christus und die Samariterin	31 Zeilen

1.1.2   Auf dem Rückzug

Zu Schlaffers Beobachtungen zählt auch, dass ein großer Teil der mittelalterlichen deutschen Literatur nur noch in den Universitäten gelesen werde:

> Die ‚klassischen' Texte des Mittelalters zählen zum Vorrat, aber nicht zum Bestand der deutschen Literatur. Sie sind Teil einer zweiten Literaturgeschichte, die man zur Unterscheidung von der deutschen die germanistische nennen könnte. Dieses germanistische Reich vergangener deutscher Dichtung wächst im gleichen Maße, wie die Kenntnis und Zuneigung zu ihr bei Lesern außerhalb des Faches schwindet. (Schlaffer 2002, S. 28)

Für die erste deutsche Literaturepoche gilt dies in verschärfter Form. Sie ist nicht nur weitgehend aus dem allgemeinen Bewusstsein verschwunden, sondern hat auch den Rückzug aus dem germanistischen Reich angetreten. Dafür sprechen verschiedene Indizien. So ist der Umfang der althochdeutschen und altniederdeutschen Werke derart gering, dass man sie ohne Weiteres in einer Leseausgabe mit Übersetzung und Kommentar zusammenfassen könnte. Drei Bände dürften reichen: einer für den *Heliand,* einer für Otfrids *Evangelienbuch,* einer für die übrigen Dichtungen. Dass bis heute eine solche Gesamtausgabe fehlt, bestätigt Schlaffers These vom „verlorenen Anfang".

Was man heute in Buchhandel und Bibliotheken findet, sind vier Anthologien, die die kleineren Texte versammeln und um kurze Kostproben aus den bibelepischen Werken (dem *Heliand* und Otfrids *Evangelienbuch*) ergänzen. Sie beschränken sich allerdings nicht auf die poetische Literatur, sondern nehmen auch die Gebrauchstexte hinzu, vor allem Übersetzungen lateinischer geistlicher Texte ohne literarischen Wert. Zu nennen sind das 1918 erschienene *Althochdeutsche Lesebuch* von Wilhelm Braune, das heute in siebzehnter Auflage (1994) vorliegt; die von Walther Haug und Benedikt Konrad Vollmann 1991 herausgegebene Auswahl *Frühe deutsche Literatur und lateinische Literatur in Deutschland von 800 bis 1150,* die auch mittellateinische und frühmittelhochdeutsche Dichtungen enthält; die 1998 von Horst Dieter Schlosser besorgte Sammlung *Althochdeutsche Literatur,* die 2004 noch einmal in erweiterter Auflage erschien; und das 2007 veröffentlichte Reclambändchen *Althochdeutsche Literatur* von Stephan Müller, das sich in der akademischen Lehre bewährt hat.

Um die beiden Evangeliendichtungen, die die Herzstücke der ersten deutschen Literaturepoche bilden, hat man sich zuletzt in den 1980er Jahren bemüht. Von Otfrids *Evangelienbuch* gibt es eine knappe Auswahlausgabe mit Übersetzung und Kommentar, die nur ein Siebtel des Gesamttextes umfasst. Sie wurde 1986 von Gisela Vollmann-Profe bei Reclam vorgelegt und wird bis heute nachgedruckt. Auch den *Heliand* gibt es bei Reclam, jedoch nur antiquarisch in der kommentierten Übersetzung von Felix Genzmer, der man die nationalsozialistische Vergangenheit des Herausgebers allzu deutlich anmerkt. Diese zuerst 1948 erschienene Ausgabe wurde 1989 mit einem neuen Nachwort versehen und inzwischen aus dem Programm genommen. Daneben gibt es philologisch-textkritische Ausgaben des *Heliands* und des *Evangelienbuchs,* die in der

Reihe der *Altdeutschen Textbibliothek* erschienen sind. Sie enthalten aber keine Übersetzungen und Kommentare, sondern sind allein für das germanistische Reich der Forschung bestimmt.

Möchte man die ersten zwölf Werke der deutschen Literaturgeschichte in Nachdichtungen lesen, die wenigstens eine Ahnung von der ästhetischen Gestalt der Originale vermitteln, so sieht die Lage noch düsterer aus. Die kleineren Dichtungen liegen ausschließlich in nüchternen Prosaübersetzungen vor, die ihre wörtliche Vorlagentreue mit dem gänzlichen Verlust des ästhetischen Vergnügens bezahlen. Immerhin gibt es für die beiden großen Evangeliendichtungen poetische Übersetzungen, die aus dem mittelalterbegeisterten 19. Jahrhundert stammen. Den *Heliand* hat Karl Simrock in Stabreimen nachgedichtet (1856); Otfrids *Evangelienbuch* liegt in einer freien Nachdichtung von Johann Kelle vor, die zwar auf Endreime verzichtet, aber ein regelmäßiges Metrum mit vierhebigen Jamben bietet (1870). Diese Bearbeitungen wirken heute ihrerseits altertümlich, weil sie den Ton der Spätromantik anschlagen, aber gerade darin besteht ihr ästhetischer Reiz. Erst im klassisch-romantischen Zeitalter ist nach Schlaffer die deutsche Dichtung zu sich gekommen; daher kann man von einem Glücksfall sprechen, dass im Gefolge dieses Zeitalters Nachdichtungen der beiden Hauptwerke der althochdeutschen und altniederdeutschen Literatur entstanden sind. Ihrem Vorbild ist der Philologe Andreas Heusler gefolgt, als er eine der kleineren Dichtungen – die dem *Heliand* nahestehende *Altsächsische Genesis* – im Stile Simrocks bearbeitete (1921). Das sind die Nachdichtungen, auf die man noch heute mit Gewinn zurückgreifen kann – für alle anderen Werke gibt es dergleichen nicht.

Auch wenn man nicht zum Kulturpessimismus neigt, drängt sich die Frage auf, wie es sein kann, dass ein Land, das sich als europäische Kulturnation versteht, so wenig Interesse an den Anfängen seiner Literatur zeigt? Die Briten lieben ihren *Beowulf,* den der Nobelpreisträger Seamus Heaney 1999 in einer gefeierten Versübersetzung für ein gegenwärtiges Publikum erschloss, aber die Deutschen haben die Verbindung zu ihren literarischen Wurzeln gekappt.

Literaturgeschichten

Die Vernachlässigung erweist sich auch darin, dass seit über dreißig Jahren kein Versuch mehr unternommen worden ist, die Anfänge der deutschen Literatur im Zusammenhang zu verstehen und zu erklären. Als Standardwerk gilt bis heute die umfassende Darstellung, die Wolfgang Haubrichs 1988 unter dem Titel *Die Anfänge: Versuche volkssprachiger Schriftlichkeit im frühen Mittelalter (ca. 700–1050/1060)* als ersten Teilband der *Geschichte der deutschen Literatur von den Anfängen bis zum Beginn der Neuzeit* veröffentlichte. Konzentrierter als Haubrichs fünfhundertseitiges Kompendium, das 1995 in zweiter, durchgesehener Auflage erschien, ist Dieter Kartschokes Buch *Deutsche Literatur im frühen Mittelalter,* das 1990 als erster Teil einer dreibändigen Literaturgeschichte des Mittelalters erschien und 2000 noch einmal aufgelegt wurde. Diese Darstellung, die bis zur Mitte des 12. Jahrhunderts reicht, handelt die althochdeutsche und altniederdeutsche Literatur auf gut einhundert informativen Seiten ab. Bis ins 12. Jahrhundert reicht auch der immer noch erhältliche Band *Von Karl dem Großen bis zum Beginn der höfischen Dichtung (770–1170),* der von Helmut de Boor 1949 als erster Band der *Geschichte der deutschen Literatur von den Anfängen bis zur Gegenwart* vorgelegt und 1979 von Herbert Kolb neu bearbeitet wurde. Am aktuellsten ist das 2013 von Rolf Bergmann herausgegebene Lexikon der *Althochdeutschen und altsächsischen Literatur,* das die betreffenden Artikel des *Verfasserlexikons,* eines Lexikons der deutschen Literatur des Mittelalters insgesamt, zusammenfasst und auf den neuesten Forschungsstand bringt.

Aus dieser Sachlage zieht die vorliegende Einführung einige Konsequenzen. Erstens stützt sie sich auf die genannten Literaturgeschichten, das genannte Lexikon sowie auf die Forschungsbeiträge der letzten Jahrzehnte, bemüht sich also um den aktuellen Forschungsstand und fügt ihm eigene Einsichten hinzu. Zweitens lässt sie die Gebrauchsliteratur weitgehend beiseite und beschränkt sich auf die poetische Literatur; die betreffenden zwölf Werke stellt sie umfassend im chronologischen und systematischen Zusammenhang vor. Drittens greift sie auf die vorhandenen Nachdichtungen des 19. Jahrhunderts (in normalisierter Schreibweise) zurück und bietet für alle übrigen Werke eigene Nachdichtungen an: Die stabgereimten Werke werden nach dem Vorbild Simrocks in stabgereimten Versen wiedergegeben, die endgereimten Werke nach Kelles Vorbild in ungereimten, aber metrisch regulierten Versen (außerdem werden für Studienzwecke wörtliche Prosaübersetzungen im Anhang nachgereicht). Viertens entscheidet sich die vorliegende Einführung für eine möglichst angenehm lesbare Darstellung, die sparsamen Gebrauch von der Fachterminologie macht, auf Fußnoten verzichtet und die Kapitel so anordnet, dass sie aufeinander aufbauen und zusammenhängend lesbar sind.

1.2   Sprache und Milieu

Zwei Merkmale der ersten Literaturepoche sind vorab zu klären, bevor die betreffenden Werke zur Sprache kommen. Was ist in dieser Zeit eigentlich unter ‚deutscher‘ Literatur zu verstehen? Und welches war das Milieu, in dem sie entstand?

1.2.1   Deutsche Literatur

Wenn mit Bezug auf das neunte Jahrhundert von ‚deutscher‘ Literatur gesprochen wird, kann eine nationale Definition offensichtlich nicht gemeint sein, denn es gab damals noch keine politische Größe, die man als ‚deutsch‘ bezeichnen könnte. Das fränkische Reich deckte einen europäischen Raum ab, das Gebiete im heutigen Deutschland, Frankreich, Belgien, Luxemburg, Österreich, Italien und Spanien sowie der heutigen Schweiz umfasste. Wenn hier von ‚deutscher‘ Literatur die Rede ist, ist also immer die *deutschsprachige* Literatur gemeint. Diese steht in einem dreifachen linguistischen Gegensatz, nämlich zum Lateinischen, Romanischen und Germanischen.

Latein diente im christlichen Mittelalter als klerikale Bildungs- und Literatursprache. Latein war die Sprache der Bibel, Wissenschaft und Literatur. Die Anfänge der deutschen Dichtung waren ein Begleiteffekt der von Karl dem Großen und seinen Nachfolgern betriebenen Pflege der lateinischen Bildung (vgl. Kap. 2). Es waren lateinkundige Mönche, die zum ersten Mal versuchten, deutsche Wörter mithilfe des lateinischen Alphabets aufzuschreiben. Welche Schwierigkeiten ihnen das bereitete, hat Otfrid von Weißenburg in einem Widmungsschreiben zu seinem *Evangelienbuch* ausführlich dargelegt – in lateinischer Sprache, die ihm offenbar leichter aus der Feder floss als die deutsche Muttersprache.

Während das Verhältnis zwischen Deutsch und Latein eines zwischen Mutter- und Bildungssprache ist, stellt sich das Verhältnis zu den romanischen Sprachen, die sich im frühen Mittelalter aus dem Lateinischen entwickelten, als Gegensatz zwischen verschiedenen Volkssprachen dar. Zwar gab es romanische Sprachinseln im ostfränkischen Gebiet und deutsche Sprachinseln im westfränkischen Gebiet, doch dominierten im Osten die deutschen und im Westen die romanischen Dialekte.

Das Verhältnis zum Germanischen schließlich ist kein gleichzeitiges, sondern ein nachzeitiges, denn die deutschen Dialekte gingen aus der germanischen Sprachfamilie hervor, die ihrerseits einen Zweig der indoeuropäischen Sprachfamilie bildet. Doch wann ist ein Dialekt *noch* germanisch und wann *schon* deutsch? Als Grenze gilt die Erste oder Hochdeutsche Lautverschiebung. Man kann sie im Vergleich zum Beispiel mit dem Englischen verdeutlichen, das den alten Lautstand weitgehend bewahrt hat.

Die Hochdeutsche Lautverschiebung erfolgte in vier Phasen. Die erste Phase vollzog sich in der Wende vom sechsten zum siebten Jahrhundert, also noch in merowingischer Zeit. Die stimmlosen Konsonanten p, t und k wurden in bestimmten Fällen zu den Reibelauten ff (vgl. *open*/offen), ss (vgl. *water*/Wasser) und ch (vgl. *make*/machen) verschoben. Die zweite Phase erfolgte im achten Jahrhundert, also im Übergang von der merowingischen zur karolingischen Epoche. Dieselben stimmlosen Konsonanten wurden in anderen Fällen, insbesondere im Anlaut, zu den Doppelkonsonanten pf (*pound*/Pfund), ts (*twelve*/zwölf) und, im äußersten Süden, kch verschoben (vgl. Schweizerisch). Die dritte Phase datiert in der Wende vom achten zum neunten Jahrhundert, also während der Regierungszeit Karls des Großen. Nun verloren die stimmhaften Konsonanten b, d und g den Stimmton und nahmen die freigewordenen Plätze ihrer stimmlosen Partner p, t und k ein. Doch setzte sich nur die Verschiebung von d zu t durch (vgl. *day*/Tag). Die vierte und letzte Phase vollzog sich in der Wende vom neunten zum zehnten Jahrhundert, also gegen Ende der karolingischen Epoche. Nun verschob sich der gelispelte Reibelaut th zum stimmhaften Reibelaut d (vgl. *three*/drei), und zwar im gesamten deutschen Sprachgebiet, auch im Niederdeutschen.

Die hochdeutsche Lautverschiebung wurde in den verschiedenen Regionen des deutschsprachigen Raums in unterschiedlichem Umfang durchgeführt. Daher kommt eine vierte Opposition hinzu, nämlich die zwischen Hoch- und Niederdeutsch. Alle Dialekte, die die Lautverschiebung ganz oder teilweise durchführten, bezeichnet man als hochdeutsch; alle Dialekte, die (von der Verschiebung von th zu d abgesehen) die Lautverschiebung nicht durchgeführt haben, als niederdeutsch. Zur althochdeutschen Literatur zählen solche Werke, die auf Ostfränkisch, Bairisch oder Alemannisch verfasst wurden; zur altniederdeutschen Literatur solche Werke, die auf Altsächsisch verfasst wurden, also in jenem Dialekt, den man in seiner heutigen Form auch als Niedersächsisch oder Plattdeutsch bezeichnet.

Übersicht

Wer sich mit der Aussprache der althochdeutschen und altniederdeutschen Dialekte vertraut machen möchte, kann sich an folgenden vier Regeln orientieren:

1. Da das Althochdeutsche aus dem Germanischen hervorgegangen ist, kann man sich bei der Aussprache oft am Englischen orientieren. So wird der Buchstabe *w* wie im Englischen behaucht ausgesprochen (vgl. ahd. *wuntar,* engl. *wonder*). Der Buchstabe *th* wird in frühen Texten wie im Englischen ausgesprochen, in späteren Texten dann als *d* (vgl. ahd. *thing,* engl. *thing,* nhd. *Ding*). Die Buchstaben *sk und sc,* aus denen der heutige Zischlaut *sch* hervorging, werden wie im Englischen getrennt ausgesprochen (vgl. ahd. *skuola,* engl. *school*). Dasselbe gilt für anlautendes *st* (vgl. ahd. *stein,* engl. *stone*). Die Konsonanten *b, d* und *g* werden wie im Englischen auch am Ende des Wortes stimmhaft ausgesprochen (vgl. ahd. *lob*).

2. Das lateinische Alphabet kannte zunächst noch nicht die Buchstaben *v* und *w,* die sich beide aus dem *u* herleiten. Steht der Buchstabe *u* vor einem Vokal, wird er wie der Konsonant *f* ausgesprochen (vgl. ahd. *uolon,* nhd. *Fohlen*). Doppeltes *u* wird als *w* ausgesprochen (z. B. ahd. *uuerdan* wie *werdan,* nhd. *werden*). Viele moderne Editionen haben die Schreibweisen entsprechend angepasst (*v* für *u, w* für *uu*) und somit die Lektüre vereinfacht. Ähnliches gilt für die Buchstaben *i* und *j,* die im lateinischen Alphabet zunächst nicht unterschieden wurden. Steht *i* vor einem Vokal, hat es den Lautwert von *j* (vgl. ahd. *io,* nhd. *je*). Der Konsonant *c* wird als *k* ausgesprochen, das es im lateinischen Alphabet ebenfalls zunächst nicht gab.

3. Die Aussprache der Vokale lässt sich aus den noch heute bestehenden Dialekten erschließen. Viele Vokale, die heute gedehnt werden, wurden damals kurz ausgesprochen. Daher wird in vielen Editionen ein Überstrich oder Zirkumflex über die Langvokale gesetzt, um sie von den Kurzvokalen zu unterscheiden. Diphthonge werden getrennt ausgesprochen, mit Betonung auf dem ersten Vokal. Der Doppelvokal *ie* ist also kein gedehntes *i,* sondern ein Zwielaut wie noch heute in süddeutschen Dialekten. Der Buchstabe *h* wird im Anlaut als *h* gesprochen, ansonsten als stimmloser Reibelaut *ch,* insbesondere vor Konsonanten (vgl. ahd. *naht,* nhd. *Nacht*) oder im Auslaut (vgl. ahd. *sprah,* nhd. *sprach*). Am

letztgenannten Wortbeispiel lassen sich also drei Besonderheiten aufweisen: Im Doppelkonsonanten *sp* wird das *s* als solches (und nicht als
sch) ausgesprochen; das *a* wird kurz gesprochen (sonst würde es mit
Überstrich oder Zirkumflex markiert); das *h* wird als stimmloses *ch* ausgesprochen (es handelt sich nicht um ein Dehnungs-*h*).
4. Eine letzte Ausspracheregel, die es zu beherzigen gilt, betrifft das *z,* das
   im Anlaut als *z,* ansonsten in der Regel als stimmloses *s* ausgesprochen
   wird – hier kann man sich immer am Neuhochdeutschen orientieren (ahd.
   herza, nhd. *Herz;* ahd. *wazzer,* nhd. *Wasser;* ahd. *thaz,* nhd. *das*).

1.2.2 Geistliche Literatur

Zu den Epochenmerkmalen der althochdeutschen und altniederdeutschen Literatur
gehört auch, dass sie von Klerikern verfasst und aufgezeichnet wurde. Im Wesentlichen handelt es sich um eine Literatur von Geistlichen für Geistliche. Eine eigenständige Adelsdichtung (wie die höfische Dichtung des Hochmittelalters) existierte
noch nicht, und auch das „einfache Volk" hatte noch keinen Zugang zur Literatur.
Zwar spielen die karolingischen Fürsten als Förderer und Sujets früher deutscher
Dichtungen eine gewisse Rolle. Doch sind Reich und Kirche noch weitgehend
deckungsgleich, sodass es nicht sinnvoll wäre, zwischen geistlicher und weltlicher
Dichtung zu unterscheiden. Es gibt zwei Ausnahmen: das *Hildebrandslied* und
die *Merseburger Zaubersprüche;* doch auch diese Gedichte, die auf eine längere
mündliche Überlieferungtradition zurückblicken, wurden von Mönchen schrift-
lich aufgezeichnet und in der vorliegenden Gestalt entscheidend geprägt.

Nach Manfred Fuhrmann (1992) zeichnet sich die mittelalterliche Literatur
durch fünf Merkmale aus, die in der christlichen Spätantike grundgelegt wurden
und bis zur Aufklärung ihre Geltung bewahrten. Die beiden Hauptmerkmale
sind die *Bilinguität,* d. h. die Zweisprachigkeit der Gelehrten, die neben ihrer
Muttersprache über die Bildungssprache Latein verfügten, und die *Christianität,*
d. h. die Dominanz des christlichen Weltbildes, das sich in der Literatur nieder-
schlägt. Mit der christlichen Prägung hängen weitere Merkmale zusammen: das
Konzept der Heilsgeschichte, das auf dem Glauben an die göttliche Vorsehung
beruht; das Konzept der Allegorese, d. h. der geistlich-symbolischen Deutung von
Bibel und Natur; und schließlich die literarischen Gattungen der Bibeldichtung
und Heiligenlegende. Diese Merkmale treffen auch auf die deutsche Literatur
des frühen Mittelalters zu: Ihre Autoren sind lateinkundige Kleriker, die an die
Providenz Gottes glauben, die Bibel geistlich deuten und Bibel- und Heiligen-
dichtungen verfassen.

Männliche Dichtung

Die Tatsache, dass die deutsche Literatur des frühen Mittelalters ausschließlich
von Klerikern verfasst wurde, bedeutet zugleich, dass sie nur von Männern

geschrieben wurde, und zwar von solchen, die in Männerbünden lebten, an den Zölibat gebunden waren und für die Ausbildung der Klosterschüler zuständig waren. Sie handelt auch vornehmlich von Männern. Ihre Protagonisten sind Götter wie Wodan und Balder im zweiten *Merseburger Zauberspruch,* Heerführer wie Hildebrand und Hadubrand im *Hildebrandslied,* Könige wie Ludwig der Deutsche in Otfrids *Evangelienbuch* und Ludwig III. im *Ludwigslied,* Heilige wie Petrus im *Petruslied* und Georg im *Georgslied,* biblische Gestalten wie Adam, Lot und Abraham in der *Altsächsischen Genesis* und Elias im apokalyptischen *Muspilli* – und immer wieder der christliche Gott, der sich als Schöpfer *(Wessobrunner Spruch, Psalm 138)* und Messias (*Heliand,* Otfrids *Evangelienbuch, Christus und die Samariterin*) offenbart.

Doch gibt es Ausnahmen. Das *Hildebrandslied* berichtet, wie Hildebrand seine namenlose Ehefrau mitsamt dem neugeborenen Sohn sitzen lässt, weil er mit Theoderich dem Großen an einer Heerfahrt teilnehmen muss, die ihn in ein langjähriges Exil führt. Die *Merseburger Zaubersprüche* rufen auch weibliche Gottheiten an, nämlich walkürenartige Dämoninnen sowie die Göttinnen Sinthgunt, Sunna, Frija und Volla. In den Bibeldichtungen spielen Frauen typische Rollen als Jungfrau (Maria) und Verführerin (Eva). Das *Georgslied* berichtet, wie der heilige Georg den Tyrannen Dacian beschämt, indem er dessen Gattin zum Christentum bekehrt. In der biblischen Erzählung *Christus und die Samariterin* geht es ebenfalls um die Bekehrung einer Frau. Auch mit Blick auf die Entstehungsbedingungen der geistlichen Dichtungen ist eine bedeutsame Ausnahme zu vermelden. Otfrid berichtet, dass eine Frau namens Judith die Abfassung seines *Evangelienbuchs* mit angeregt habe. Und eine Handschrift des elften Jahrhunderts, die Otfrids *Evangelienbuch* überliefert, enthält eine Notiz, die eine Leserin mit ihrem Griffel ins Pergament schrieb: „Die schöne Hicila las mich oft" *(Hicila diu scona min filu las)* (Müller 2007, S. 267).

Theopoesie

Dass die althochdeutsche und altniederdeutsche Dichtung von Klerikern stammt, heißt auch, dass es sich zum größten Teil um „Theopoesie" handelt, also um Versuche, „den Himmel zum Sprechen zu bringen" (Sloterdijk 2020). Fast alle Werke beziehen sich mehr oder weniger eng auf die Bibel. Der *Wessobrunner Spruch,* die *Altsächsische Genesis* und der *Psalm 138* gehen auf das Alte Testament zurück; der *Heliand,* Otfrids *Evangelienbuch,* das *Muspilli,* die Erzählung *Christus und die Samariterin* und das *Petruslied* auf das Neue Testament. Das *Georgslied* und das *Ludwigslied* behandeln zwar keine biblischen Stoffe, charakterisieren die gepriesenen Männer aber in christusähnlicher Weise. Das *Ludwigslied* stellt den westfränkischen König Ludwig III. als einen Gottessohn dar; und das *Georgslied* schreibt dem Heiligen dieselben Wunder zu, die auch Jesus wirkte.

Selbst die Dichtungen, die auf älteren mündlichen Überlieferungen basieren, stehen im Bann der christlichen Religion. Im *Hildebrandslied* ruft der Protagonist den christlichen Gott an (sein Herr, der ostgotische König Theoderich der Große, war Christ arianischer Konfession); und die *Merseburger Zaubersprüche* waren

für die Mönche wohl gerade deswegen interessant, weil die darin erwähnten Gottheiten eine Kontrastfolie zum christlichen Glauben boten. Das *Hildebrandslied*
und die *Merseburger Zaubersprüche* sind nur deswegen überliefert, weil Mönche
sie in lateinischen Büchern geistlichen Inhalts auf leeren Seiten nachgetragen
haben. Es stellt sich die Frage, ob die Mönche diese Dichtungen tatsächlich nur
aufgeschrieben oder, dem Standard ihrer literarischen Bildung entsprechend,
stilistisch und motivisch überformt haben. Gehört ein mündlich tradierter Text,
sobald er in die Sphäre der schriftliterarischen Kultur eintritt, nicht in erster Linie
schon der letzteren an?

Nach Schlaffer ist der christliche Bezug für die deutsche Literaturgeschichte
konstitutiv: „Es gibt […] eine positive und innere Einheit der deutschen Literatur,
wirksam als Reichtum in ihren fruchtbaren und als Mangel ihren dürftigen Zeiten.
Diese Einheit wird durch das wechselnde, doch nie gleichgültige Verhältnis der
deutschen Literatur zur christlichen Religion erzeugt. […] Keine andere geistige
Haltung hat die Bildungsgeschichte der deutschen Intelligenz seit dem Mittelalter
[…] so nachhaltig bestimmt wie die Religiosität. […] Verzichteten die deutschen
Dichter auf die intellektuelle Energie religiöser Herkunft, so gerieten sie in einen
erborgten Formalismus; bleiben sie in ihrer Nähe, so gewannen sie daraus neu-
artige poetische Sprechweisen und Ideen, deren Glanz die Gebildeten den Glauben
ans Christentum vergessen ließ und sie zum Glauben an die Poesie umstimmte"
(Schlaffer 2002, S. 21). Aus der Erkenntnis, dass Literatur von Religion ästhetisch
profitiere, folgt aber nicht zwangsläufig die Bestätigung der Religion, im Gegenteil: „Jede Religion ist ein Irrtum, aber ein folgenreicher Irrtum. Zu dessen –
seltenen – guten Folgen gehört das Beste an der deutschen Literatur. Man kann
sich der Folgen erfreuen, ohne deren Ursachen zu verehren" (Schlaffer 2002,
S. 21). Auch die poetische Produktivität des frühen Mittelalters ist größtenteils
religiös motiviert. Es wird sich zeigen, wie Otfrid von Weißenburg trotz bereit-
williger Unterwerfung unter den christlichen Gott, den er als eigentlichen Urheber
der Bibel preist, sich doch auch mit unverkennbarem Stolz als Dichter kenntlich
macht, dem etwas Großes gelungen ist.

Aufbruch ins Mittelalter

2

Inhaltsverzeichnis

Eine wesentliche kulturgeschichtliche Voraussetzung für die Entstehung der deutschsprachigen Literatur war die Bildungsreform, die Karl der Große, seit 771 Alleinherrscher im fränkischen Reich, mithilfe der am Aachener Hof versammelten europäischen Gelehrten in Gang setzte und deren Resultat oft als ‚Karolingische Renaissance' bezeichnet wird. Die Bildungsoffensive, die sich in die Wissenstradition der Spätantike stellte, markiert zugleich den Übergang in eine neue Epoche, das sogenannte Mittelalter (Pohl 2001). Sie erfüllte auch eine politische Funktion, denn der Aufbau einer intellektuellen Infrastruktur in Verbindung mit der Missionierung nichtchristlicher Volksgruppen diente zugleich der Festigung der Herrschaft im fränkischen Reich. Die karolingische Bildungsreform ist aus historischer (Patzelt 1965; Fleckenstein 1983, S. 187–189; Schieffer 2005, S. 125–136, 160–162; Jussen 2014, S. 107–121; Fried 2015, S. 292–360; Fried 2018, S. 259–371), literaturgeschichtlicher (Haubrichs 1995a, S. 170–185) und kirchengeschichtlicher (Angenendt 2001, S. 304–348) Perspektive gut erforscht.

2.1   Die Bildungsoffensive Karls des Großen

Mit dem Ende des weströmischen Reichs war die lateinische Buchkultur weitgehend zum Erliegen gekommen. Diesem Zustand wollte Karl der Große abhelfen. Er suchte Anschluss an die Literatur, die das weströmische Reich bis zum Ende der christlichen Spätantike hervorgebracht hatte. Die Bildungsreform sollte ein neues geistiges Netzwerk schaffen, das, ausgehend vom Aachener Hof, zwischen den Bistümern und Klöstern geknüpft wurde. Die Klöster sollten über Bibliotheken, Schreibstuben und Schulen verfügen und die lateinische Literatur pflegen.

Diese Entwicklung wurde durch einen Medienwechsel begünstigt, der schon früher begonnen hatte. Die Papyrusrollen wurden, nicht zuletzt wegen ausbleibenden Nachschubs aus Ägypten, durch zu Büchern gebundene Pergamentblätter ersetzt. Das aus Tierhaut gefertigte Pergament war zwar beständiger, aber auch kostspieliger als der pflanzliche Papyrus. Man musste sich gut überlegen, welche der zuvor auf Papyrus überlieferten Schriften man nun auf Pergament übertragen wollte. Was ausgewählt wurde, blieb bis heute erhalten, was ausgesondert wurde, war für immer verloren. Die neue Form, Buch statt Rolle, hatte auch Konsequenzen für die Lesetechnik. Das Blättern im Buch sowie das Layout der aufgeschlagenen Doppelseite erlaubten einen besseren Überblick über den aufgezeichneten Text als ein Bündel von Rollen. Dies war besonders für die theologische Methode des Textvergleichs, zum Beispiel zwischen den vier Evangelien, von entscheidender Bedeutung. Eine neue, sorgfältige Schreibschrift, die karolingische Minuskel, trug zur Übersichtlichkeit der Texte bei. So spielte der Medienwechsel der Bildungsreform in die Hände.

2.1.1   Alkuin von York

Karl der Große initiierte die Bildungsreform vom Aachener Hof aus, an den er die besten Gelehrten Europas berief. In diesem Kreis nahm der Angelsachse Alkuin von York die führende Stellung ein. Alkuin, geboren in den 730er Jahren, stammte aus Northumbrien, einem Königreich, dessen Gebiet sich im Norden Englands und im Südosten Schottlands erstreckte (Löwe 1953). Über seine Familie ist nichts Näheres bekannt. Eine legendarische Biographie *(Vita Alcuini),* die zwei Jahrzehnte nach seinem Tod verfasste wurde, schreibt ihm adelige Abkunft zu. Doch gibt es Hinweise, dass er aus einem Geschlecht freier Bauern stammte, das einem adeligen Herrn verpflichtet war. Alkuin besuchte die Kathedralschule von York, eine Hochburg der frühmittelalterlichen Gelehrsamkeit, die in der Bildungstradition des Theologen Beda Venerabilis stand. Der Schüler wurde bald selbst Lehrer und stieg zum Schulleiter auf; außerdem wurde er zum Diakon der Bischofskirche von York ernannt. Eine Mönchs- und Priesterweihe empfing er wohl nie, führte aber dennoch das Leben eines gelehrten Mönchs. Seine Karriere nahm im Jahr 781 eine Wende, als er mit einer königlichen Petition nach Rom unterwegs war, wo er die päpstliche Anerkennung Yorks als Erzbistum erwirken

sollte. Auf dem Rückweg begegnete er in Parma Karl dem Großen, der ihn ein-
lud, sich dem Kreis der Aachener Gelehrten anzuschließen. Alkuin folgte der
Bitte, übernahm die Leitung der Hofschule und baute sie zu einer Art Akademie
aus. Mithilfe von Assistenten, die er aus York mitbrachte, reformierte er den Lehrplan, der die sieben Freien Künste (Grammatik, Rhetorik, Dialektik, Arithmetik,
Geometrie, Astronomie, Harmonielehre) und die Theologie umfasste. Zudem
baute Alkuin die Hofbibliothek aus. Er sorgte dafür, dass Bücher, die in Aachen
fehlten, als Abschriften in die Hofbibliothek gelangten, die mit der Zeit zur
größten Büchersammlung des frühen Mittelalters anwuchs. Alkuin unterrichtete
die Kleriker der Hofkapelle, aber auch weitere junge Männer, die man zur Ausbildung an die Aachener Hofschule schickte. Zu seinen berühmtesten Schülern
zählen Hrabanus Maurus (der spätere Abt von Fulda und Erzbischof von Mainz;
s. Abb. 2.1) und Einhard (der spätere Biograph Karls des Großen). Auch um die
Bildung der Königsfamilie kümmerte sich Alkuin persönlich. Karl und seine
Söhne Pippin und Ludwig nahmen Unterricht bei dem englischen Gelehrten.

Die Aachener Hofschule
Alkuin brachte aus York den Brauch mit, die Mitglieder seines gelehrten Zirkels
mit Beinamen anzusprechen, die auf ihre Ämter und Talente verwiesen. Karl
wurde nach dem biblischen König David benannt. Sich selbst gab Alkuin in
Anspielung auf den römischen Dichter Horaz (Quintus Horatius Flaccus) den

Abb. 2.1 Alkuin und sein Schüler Hraban vor dem Mainzer Erzbischof Otgar. (Wien, Österreichische Nationalbibliothek, Cod. 652, Bl. 4v)

Zweitnamen Flaccus. Einhard, der für das Aachener Bauwesen verantwortlich zeichnete, erhielt den Namen des Erbauers der biblischen Stiftshütte, Bezalel. Aus Hildebold, dem königlichen Erzkaplan, wurde der biblische Hohepriester Aaron. So etablierte sich am fränkischen Königshof eine Akademie, die sich als überzeitliche Versammlung antiker und biblischer Könige, Priester, Dichter und Architekten imaginierte. Mittelpunkt dieses Kreises blieb Alkuin, bis Karl den alternden Gelehrten 796 zum Abt von St. Martin in Tours ernannte. Die römische Provinzhauptstadt Tours hatte bereits in merowingischer Zeit als geistlicher Mittelpunkt der Franken gedient und stieg nun zu einem der wichtigsten Standorte der Karolingischen Renaissance auf.

Die Aachener Hofschule war ein Männerbund, der auf persönlichen Beziehungen beruhte. Dieser Sachverhalt spiegelt sich in Alkuins didaktischen und literarischen Werken. Seine Lehrbücher für Grammatik, Rhetorik und Dialektik sind nach antikem Vorbild als pädagogische Dialoge verfasst, zwei davon als Unterhaltungen zwischen Alkuin und seinem Schüler Karl. Unter Alkuins Werken finden sich Briefe und Gedichte, die enge Beziehungen zu befreundeten Kollegen und Schülern bezeugen. Heinrich Fichtenau schrieb ihnen eine „erotische Komponente" zu, ohne deren „Bedeutung überschätzen [zu] wollen" (Fichtenau 1949, S. 103). Als Beispiel führt er einen Brief an den bayerischen Abt Arno von Salzburg an:

> Mit solch süßen Erinnerungen denke ich an deine Liebe und Freundschaft, heiligster Vater; hoffend, dass mir einst wieder die liebreiche Zeit kommt, wenn ich den Nacken eurer Liebe mit den Fingerchen meiner Sehnsucht umfassen kann. Ach, wäre mir doch wie dem Propheten Habakuk eine Entrückung gegönnt: Wie würde ich mit schleunigen Händen in deine Umarmung sinken; wie würde ich dir mit zusammengepressten Lippen nicht nur Augen, Ohren und Mund, sondern auch die einzelnen Finger und Zehen küssen, nicht einmal, sondern viele Male. (Fichtenau 1949, S. 103)

Fichtenau betont den literarischen Charakter des Freundschaftsbriefs und folgert: „Wenn man nicht das Bewußtsein besessen hätte, sich mit solchen Ergüssen auf ehrbarer literarischer Ebene zu bewegen, wären solche Briefstellen wohl kaum geschrieben oder doch später aus den Sammlungen getilgt worden." Zwar räumt er ein, dass man damals „poetische Freundschaft im Männerbund mit Leidenschaft gesucht" habe; doch legt er Wert auf die Feststellung, dass man sich „wohl im allgemeinen" gehütet habe, „die Grenzen des Erlaubten zu überschreiten" (Fichtenau 1949, S. 103). In jedem Fall bestätigt der Brief, dass die Aachener Hofschule nicht nur von intellektuellen, sondern auch von affektiven Beziehungen und zuweilen auch erotischen Sehnsüchten getragen wurde.

Karl der Große als Schüler

Karl der Große nutzte die Gegenwart der Gelehrten, um auch etwas für die eigene Bildung zu tun. Wie sein Hofbiograph Einhard schreibt, ließ sich Karl von Alkuin Grundkenntnisse der freien Künste vermitteln und nahm überdies Lateinunterricht bei dem italienischen Gelehrten Peter von Pisa, den er ebenfalls an den Aachener Hof geholt hatte:

Karl war ein begabter Redner, er sprach fließend und drückte alles, was er sagen wollte, mit äußerster Klarheit aus. Er beherrschte nicht nur seine Muttersprache, sondern erlernte auch fleißig Fremdsprachen. Latein verstand und sprach er wie seine eigene Sprache. Griechisch konnte er allerdings besser verstehen als sprechen. Er war rednerisch so begabt, daß er manchmal beinahe zu weitschweifig erschien. Die Sieben Freien Künste pflegte er mit großem Eifer, achtete seine Lehrer sehr und erwies ihnen große Ehrbezeugungen. Der Diakon Peter von Pisa, der schon ein alter Mann war, lehrte ihn Grammatik. Ein anderer Diakon, Albinus, genannt Alcuin, ein Mann sächsischer Abstammung aus Britannien, der der größte Gelehrte seiner Zeit war, unterrichtete ihn in den übrigen Wissenschaften: der König verwendete viel Zeit und Mühe auf das Studium der Rhetorik, Dialektik und besonders der Astronomie. Er lernte Rechnen und verfolgte mit großem Wissensdurst und aufmerksamem Interesse die Bewegungen der Himmelskörper. Auch versuchte er sich im Schreiben und hatte unter seinem Kopfkissen im Bett immer Tafeln und Blätter bereit, um in schlaflosen Stunden seine Hand im Schreiben zu üben. Da er aber erst verhältnismäßig spät damit begonnen hatte, brachte er es auf diesem Gebiet nicht sehr weit. (Einhard 1995, S. 48–49 [Kap. 25])

Die Beschreibung erinnert ein wenig an einen Lehrer, der seinem Schüler redliches Bemühen, aber begrenzten Lernerfolg attestiert. Sprechen kann Karl besser als Schreiben, und oftmals spricht er zu viel. Der Wissensdurst ist groß, wenn es um Mathematik und Astronomie geht, aber damit ist noch nichts über die erworbenen Kenntnisse gesagt. Alkuin, der die lateinische Bibel nach dem hebräischen Urtext überarbeitete, die fränkische Liturgie nach römischem Ritus reformierte, theologische Hauptwerke und hagiographische Lebensbeschreibungen verfasste und nebenher zahllose Briefe und Gedichte schrieb, war für die Ausbildung des fränkischen Königs gewiss überqualifiziert. Doch zahlte sich die Geduld aus, die er für seinen mächtigen Schüler aufbrachte, denn in dessen Auftrag konnte er die karolingische Bildungspolitik entscheidend beeinflussen.

Dies zeigt sich sehr deutlich an zwei Anordnungen Karls des Großen, für die Alkuin verantwortlich zeichnete. Darin werden die Bischöfe und Äbte des fränkischen Reichs aufgefordert, das Bildungsniveau ihrer Bistümer und Klöster zu heben: der *Sendbrief über die Pflege der Wissenschaft (Epistola de litteris colendis)* und die *Allgemeine Ermahnung (Admonitio generalis)*. Beide Schreiben entsprachen einem langgehegten Wunsch Alkuins, den er in einem 799 verfassten Brief auf den Punkt brachte. Im fränkischen Reich, so hofft er, solle ein neues Athen entstehen, das sein historisches Vorbild noch überrage, weil es nicht nur von den sieben Freien Künsten, sondern auch von den sieben Gaben des Heiligen Geistes getragen werde (Springsfeld 2003, S. 25). Beide Anordnungen sind so wichtig, dass sie ausführlich zitiert werden sollen.

Sendbrief über die Pflege der Wissenschaft

Der 784/785 verschickte *Sendbrief über die Pflege der Wissenschaft* (Bühler 1989, S. 126–128) ist an den Abt von Fulda gerichtet, verbunden mit dem Auftrag, Kopien des Schreibens an alle Klöster und Bistümer des fränkischen Reichs weiterzuleiten. Der einleitende Gruß spiegelt Karls politischen Anspruch, nicht nur fränkischer, sondern auch römischer König zu sein, denn seit 774 kontrollierte er die von den Langobarden eroberten Gebiete Italiens:

Wir, Karl, durch Gottes Gnade König der Franken und Langobarden und Schirmherr
der Römer, richten einen liebenswürdigen Gruß an dich, Abt Baugulf, und deine ganze
Gemeinde [auch an die dir anvertrauten Gläubigen, durch Unsere Botschafter im Namen
des allmächtigen Gottes].

Es folgt die Anweisung, dass die Klöster und Bistümer nicht nur für den religiösen
Lebenswandel, sondern auch die schulische Bildung auf der Grundlage von
Grammatik, Rhetorik und Logik Sorge tragen sollen. Denn Bildung sei eine
Voraussetzung der Ethik:

Es sei eurer gottwohlgefälligen Frömmigkeit kundgetan, daß Wir mit Unseren Getreuen
erwogen haben, es wäre nützlich, wenn man in den uns von Gottes Huld zur Leitung
übergebenen Bistümern und Klöstern außer der Ordenszucht und einem heiligen klösterlichen Lebenswandel sich mit Eifer der Unterweisung jener, welche mit Gottes Hilfe in
der Pflege der Wissenschaften etwas lernen können, je nach Maßgabe ihrer Fähigkeiten
widmen würde. Wie die Ordensvorschriften ehrbare Sitten erstreben, so würde dann
anhaltender Fleiß im Lernen und Lehren Ordnung und Schmuck in die Wortfolge bringen.
Wer sich also bemüht, Gott durch eine richtige Lebensweise zu gefallen, der wird sich
dann auch darum kümmern, ihm durch eine richtige Redeweise zu gefallen. Es steht nämlich geschrieben: „Entweder wirst du aus deinen Worten gerechtfertigt, oder nach deinen
Worten verdammt." [Mt 12,37]. Wenn es auch weit besser ist, das Gute zu tun als es zu
wissen, so geht doch das Wissen dem Tun voraus. Es muß also jeder lernen, was er zu
erfüllen wünscht, damit seine Seele um so vollkommener erkenne, was sie zu tun hat,
je besser die Zunge im Lobe des allmächtigen Gottes ohne Fehler und Verstöße dahin-
eilt. Denn müssen schon alle Menschen Irrungen vermeiden, um wieviel mehr obliegt
es jenen, von aller Täuschung nach Möglichkeit sich freizuhalten, die nur dazu als Aus-
erwählte anerkannt werden, damit sie schließlich der Wahrheit dienen.

Diese Anweisungen seien erforderlich, da viele Schreiben, die der König von den
Klöstern erhalten habe, zwar von guter Gesinnung, aber auch von mangelhafter
Lateinkenntnis zeugten. Dies sei eine Gefahr, die dringend abgewendet werden
müsse, da die zahlreichen Wort- und Sinnfehler die rechte Lektüre und Auslegung
der Heiligen Schrift zu korrumpieren drohten:

Es sind Uns in den letzten Jahren aus mehreren Klöstern öfters Schreiben zugegangen,
worin Uns berichtet wurde, daß die dort weilenden Brüder in frommen und heiligen
Gebeten für uns wetteiferten. In der Mehrzahl dieser Zuschriften fanden Wir zwar einen
rechten, tüchtigen Sinn, aber auch eine ungebildete Sprechweise, weil infolge der Nach-
lässigkeit im Lernen die ungebildete Zunge nicht das fehlerfrei auszudrücken vermochte,
was im Herzensinnern fromme Ergebenheit getreuen Sinnes diktierte. Deshalb wurde in
Uns die Besorgnis rege, es möchte bei dem Mangel an schriftstellerischem Können auch
an der Einsicht und Erkenntnis der heiligen Schriften viel weiter, als es nur irgendwie sein
dürfte, fehlen. Und doch wissen wir alle recht wohl, daß, wenn schon Wortfehler sehr
gefährlich sein können, Sinnfehler doch noch weit verhängnisvoller werden dürften. Wir
ermahnen euch daher, das Studium nicht zu vernachlässigen und in demütiger und Gott
wohlgefälliger Meinung wetteifernd zu lernen, damit ihr in die Geheimnisse der Heiligen
Schrift leicht und sicher eindringen könnte. Da sich nämlich in der Bibel rhetorische
Figuren, Tropen und anderes dergleichen findet, so kann niemand zweifeln, daß sie jeder
Leser um so schneller in ihrer geistigen Bedeutung erfaßt, je mehr und je vollkommener
er zuvor wissenschaftlich geschult ist.

Daher sei das Studium der Wissenschaften zu fördern, das aber nur dann erfolgreich sein könne, wenn die Schüler aus eigenem Antrieb lernen:

> Zu diesem Werke nehme man aber nur solche Männer, die den Willen und die Fähigkeit haben etwas zu lernen, und die auch ein innerer Antrieb, andere zu belehren, beseelt.

Der Mainzer Bischof solle daher selbst als makelloses Vorbild leuchten:

> Dieselbe fromme Meinung, die Uns das vorschreiben läßt, soll euch bei der Ausführung Unseres Wunsches erfüllen. Wir wollen, daß ihr, wie es sich für Streiter der Kirche ziemt, innerlich fromm, aber auch nach außen gelehrt seid, so daß ihr in Keuschheit gut lebt und wohlunterrichtet gut sprecht. Wer dann im Namen des Herren zu euch kommt, um eine vornehme, heilige Lebensführung zu schauen, dessen Auge wird durch euren Anblick erbaut werden, aber nicht minder soll der Besucher auch sonst durch eure Bildung und Weisheit, die sich zeigt, wenn ihr lest oder singt, geistig gewinnen, so daß er bei seinem Abschiede von euch frohen Herzens Gott dem Allmächtigen dankt. Sende also an alle deine Suffragane und Mitbischöfe und an alle Klöster Abschriften dieses Briefes, wenn dir Unsere Huld lieb ist.

Reden und Leben sind eng aufeinander bezogen. Bildung hebt die Moral. Ohne ausreichende Sprachkenntnisse sind die biblischen Texte nicht richtig zu verstehen. Wer ihren Sinn nicht begreift, dem fehlen die Grundlagen für eine gottgefällige Lebensführung. Dies ist nicht nur eine religiöse, sondern zugleich eine politische Angelegenheit, denn das fränkische Reich versteht sich als christliches Reich, das die Gnade Gottes erstrebt und auf sie angewiesen ist. Reich und Kirche bilden in dieser Zeit keinen Gegensatz, sondern das Reich wird *als* Kirche verstanden (Jussen 2014, S. 86–100).

Allgemeine Ermahnung
Die Ausführung des Bildungsauftrags des Sendbriefs setzt die Einrichtung von Schulen und die Einsetzung von Lehrern voraus. Eine entsprechende Anweisung ist Teil der *Allgemeinen Ermahnung* von 789, des Grundgesetzes der Karolingischen Renaissance (Admonitio Generalis 2013). Als Verfasser dieses Schreibens, das ältere Anweisungen mit neuen Anordnungen verbindet, gilt wiederum Alkuin. Adressaten des achtzig Kapitel umfassenden Erlasses sind Bischöfe, Priester, Kleriker und Mönche, die einzeln, in Gruppen oder gemeinsam angesprochen werden. Aus der Präambel geht das karolingische Reformprogramm hervor. Ziel ist, wie schon der Sendbrief lehrte, die Verbesserung der christlichen Lebensführung durch die Korrektur der geistlichen Schriften:

> Niemand halte, so bitte ich, diese fromme Ermahnung für vermessen, mit der wir Fehler berichtigen, Überflüssiges wegschneiden und Rechtes durchsetzen wollen, sondern nehme sie vielmehr mit Wohlwollen und Liebe entgegen. In den Büchern der Königreiche lesen wir nämlich, wie der heilige Josias [2 Kön 22–23] danach strebte, das ihm von Gott gegebene Reich durch Bereisen, Berichtigen und Belehren wieder zur Anbetung des wahren Gottes zurückzurufen – nicht dass ich mich seiner Heiligkeit gleichstellen wollte, sondern weil wir überall und ständig dem Vorbild der Heiligen folgen müssen und es

vonnöten ist, wen immer wir können, um uns zu scharen im Eifer für ein gutes Leben zum Lob und Ruhm unseres Herrn Jesus Christus. (Präambel)

Der Dreiklang dieses Programms – Berichtigung der Fehler, Entfernung des Überflüssigen, Durchsetzung des Richtigen *(errata corrigere, superflua abscidere, recta coartare)* – wird in zwei Hauptteilen entfaltet. Während der erste, umfangreichere Teil unter der Rubrik des „Notwendigen" eine Kompilation früherer Konzilsbeschlüsse und päpstlicher Erlässe bietet *(capitula necessaria)*, zielen die Kapitel des zweiten, neu verfassten Teils auf das „Nützliche" *(capitula utila)*. Von den Priestern wird erwartet, dass sie alles, was sie während des Gottesdienstes tun und sagen, auch verstehen:

> Dass die Bischöfe in ihren Sprengeln die Priester sorgfältig prüfen, deren Glauben, Taufe und Messfeiern, damit sie den rechten Glauben beherrschen, die katholische Taufe einhalten und die Messgebete gut verstehen. Und dass die Psalmen würdig und melodisch gesungen werden nach den Unterteilungen der Verse, und dass die das Herrengebet selbst verstehen und allen verständlich predigen, damit jeder weiß, worum er Gott bitten soll. (Kap. 68)

Um die Bildung zu heben, war die aktive Förderung der Wissenschaft erforderlich, die mit dem Niedergang der römischen Städte weitgehend versunken war. Von zentraler Bedeutung ist daher jenes Kapitel der *Allgemeinen Ermahnung,* das die Einrichtung von Schulen in Klöstern und Bistümern fordert:

> Wir bitten inständigst, dass sie eine gute und glaubwürdige Lebensführung pflegen, wie der Herr selbst im Evangelium vorschreibt […], auf dass dank ihrer guten Führung viele für den Dienst an Gott gewonnen werden. Und sie sollen nicht nur Kinder unfreien Standes, sondern auch Söhne von Freien sammeln und sich zugesellen. Und dass Schulen entstehen für Jungen, die lesen. Psalmen, Schriftzeichen, Gesänge, Zeitrechnung, Grammatik sollt ihr in den einzelnen Klöstern oder Bischofshäusern und in den katholischen Büchern ordentlich berichtigen, weil manche, während sie Gott gut bitten wollen, aus unberichtigten Büchern oft schlecht bitten. Und gestattet euren Jungen nicht, die Bücher beim Vorlesen oder Abschreiben zu verderben. Und wenn die Aufgabe ansteht, ein Evangelienbuch, einen Psalter und ein Messbuch zu schreiben, so sollen Männer vollendeten Alters schreiben mit aller Sorgfalt. (Kap. 70)

Ein weiteres Instrument zur Pflege von Wissenschaft und Liturgie war die Festlegung eines Kanons. Nur solche Schriften sollen vermittelt werden, deren Verfasser heilig seien:

> Ebenso sollen unechte Schriften und zweifelhafte Erzählungen […] weder geglaubt noch gelesen, sondern verbrannt werden, damit das Volk durch solche Schriften nicht in die Irre geleitet werde. Stattdessen sind einzig die kanonischen Bücher und katholischen Abhandlungen und Aussagen heiliger Autoren zu lesen und zu vermitteln. (Kap. 76)

In der Liturgie, zu der auch das Stundengebet zählt, sollten nur solche Gesänge geduldet werden, die dem römischen Ritus entsprechen:

> Dass sie den römischen Gesang vollständig lernen, und dass er ordentlich während des
> Stundengebets bei Nacht und bei Tag vorgetragen werde gemäß dem, wofür unser Vater
> seligen Angedenkens König Pippin stritt, dass es zustände käme, als er den gallikanischen
> (Gesang) abschaffte um der Einmütigkeit mit dem apostolischen Stuhl willen und der
> friedlichen Eintracht der heiligen Kirche Gottes. (Kap. 78)

Wenn die Bildungsreform erfolgreich sein sollte, kam es auf die Mitwirkung
der Klöster an. Sie sollten jene Aufgaben übernehmen, die vor dem Ende des
Römischen Reichs den Städten zugekommen war. Sie waren das Nadelöhr, durch
das sich die antike Literatur zwängen musste, um den Weg ins Mittelalter (und
somit auch in die Neuzeit) zu finden.

2.1.2   Hrabanus Maurus

Dass die karolingische Bildungsreform Fuß fassen konnte, verdankt sich auch
der Tatsache, dass die Gelehrten der Aachener Hofschule führende Positionen in
den Klöstern und Bistümern des fränkischen Reichs übernahmen. Sie sorgten für
die Einrichtung und Pflege der geforderten Schulen, Schreibstuben und Bibliotheken. Ein Klosterplan, der im frühen neunten Jahrhundert auf der Reichenau entstand und heute in St. Gallen aufbewahrt wird, illustriert, wie ein karolingisches
Benediktinerkloster idealerweise aussehen sollte (s. Abb. 2.2).

Skriptorium und Bibliothek sollten, wie die gegenüberliegende Sakristei, an
den Chorraum der Hauptkirche angrenzen; ihre Bedeutung entsprach also jenem
Ort, an dem die heiligen Gefäße und Gewänder aufbewahrt wurden. Das Kloster
sollte möglichst nicht nur eine, sondern zwei Schulen unterhalten: eine innere
Novizenschule, die über einen Kreuzgang mit der Nebenkirche verbunden war,
und eine äußere Schule, die sich am Rand neben dem Gästehaus befand.

Oblation
Wie rekrutierten die Klöster ihre Schüler? Seit dem frühen Mittelalter war es
üblich, dass adelige und nichtadelige Familien ihre Kinder einem Kloster über-
antworteten. Die adoptionsartige Praxis der Oblation war in der Benediktinerregel geordnet. Sie umfasste die Ausstellung einer Urkunde, die Darreichung einer
Opfergabe und den Vollzug eines Altarrituals:

> Wenn ein Vornehmer seinen Sohn im Kloster Gott darbringt und dieser noch ein Kind ist,
> dann stellen die Eltern die […] Urkunde aus. Zusammen mit einer Opfergabe wickeln sie
> diese Urkunde und die Hand des Knaben in das Altartuch und bringen ihn so dar. […]
> Entsprechend sollen es auch Ärmere halten. Wer aber gar nichts hat, stellt einfach die
> Urkunde aus und bringt in Gegenwart von Zeugen seinen Sohn zusammen mit der Opfer-
> gabe dar. (Kap. 59 der Benediktinerregel)

Nach dem Besuch der Klosterschule standen den Knaben nicht nur geistliche
Weihen und kirchliche Ämter, sondern auch Karrieren in den Kanzleien und
Kapellen weltlicher und geistlicher Fürsten offen.

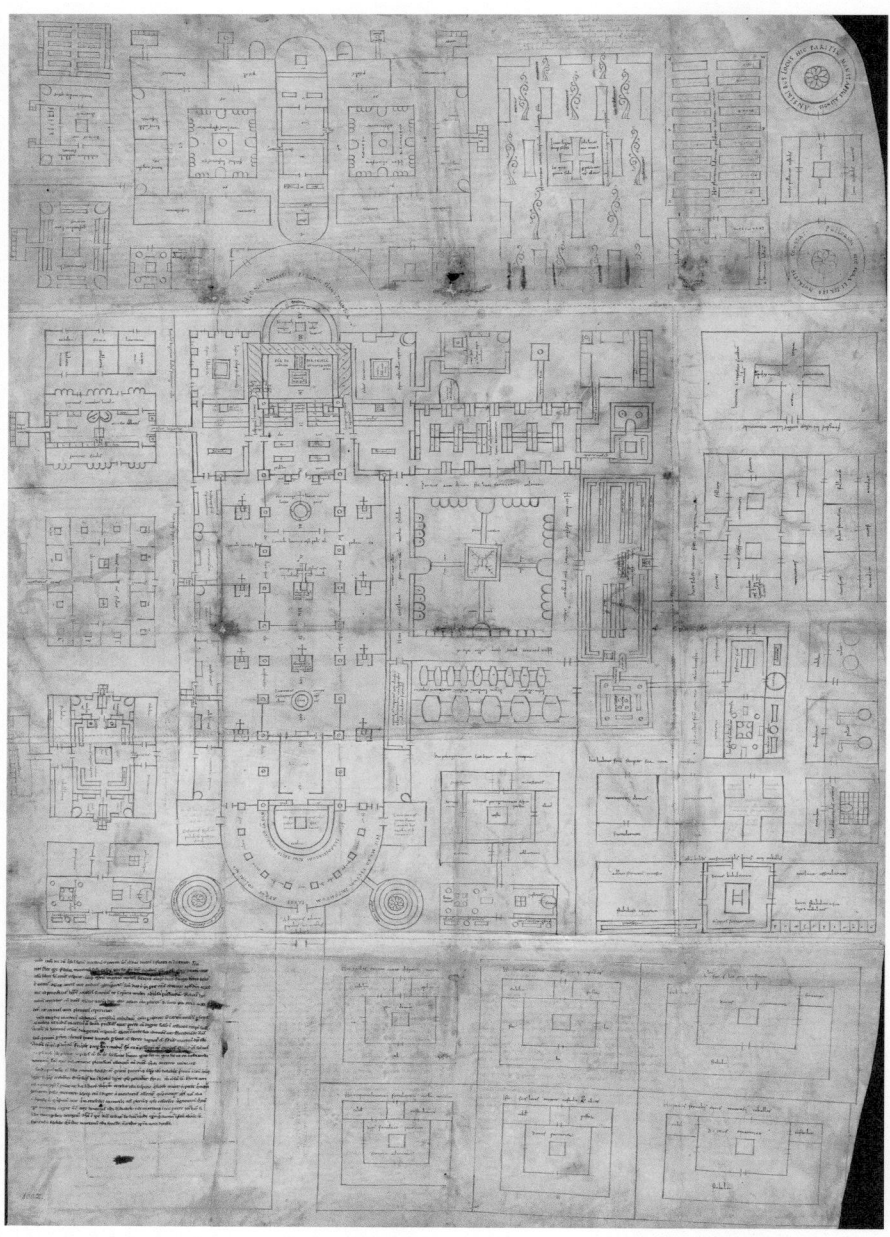

Abb. 2.2   Der Klosterplan von St. Gallen. (St. Gallen, Stiftsbibliothek, Cod. 1092)

Viele Gelehrte und Dichter der karolingischen Epoche begannen ihre Laufbahn auf diese Weise. Hrabanus Maurus, der um 780 in Mainz in eine fränkische Adelsfamilie geboren wurde, wurde von seinen Eltern dem Kloster Fulda überantwortet. Nachdem er die Klosterschule besucht hatte, schickte der Abt ihn für einige Zeit nach Aachen an den Hof Karls des Großen und mehrfach nach Tours, wo er bei Alkuin seine Ausbildung vertiefen sollte. Alkuin verlieh seinem Schüler den Beinamen Maurus und zeichnete ihn so als Favoriten aus, denn auch der Lieblingsschüler des heiligen Benedikt trug diesen Namen. Mit Anfang zwanzig wurde Hraban in Fulda zum Lehrer bestellt, mit Anfang vierzig übernahm er das Amt des Abts.

Ein anderer Fall ist Hrabans Schüler Walahfrid Strabo, der 808 oder 809 in Schwaben zur Welt kam. Er lebte in einfachen Verhältnissen, bevor er auf die Klosterinsel Reichenau kam. Walahfrids Karriere glich der seines Lehrers. Er wurde zunächst zum Studium nach Fulda geschickt und dann an den kaiserlichen Hof berufen, wo er den Sohn Ludwigs des Frommen erziehen sollte. Anschließend setzte der Kaiser den erst Dreißigjährigen als Abt des Klosters Reichenau ein.

Nicht immer waren die Oblaten mit ihrem Lebensschicksal einverstanden. Gottschalk von Orbais, Sohn eines sächsischen Grafen, war als Knabe nach Fulda gekommen und wurde hier sowie auf der Reichenau unterrichtet, wo er sich mit Walahfrid anfreundete (Bautz 1990). Als das Gelübde bevorstand, scherte Gottschalk aus. Gegen den erbitterten Widerstand Hrabans, der eine kirchenrechtliche Schrift über die Knabenoblation *(De oblatione puerorum)* verfasst hatte, setzte er unter Berufung auf sächsisches Stammesrecht durch, dass die Rechtsgültigkeit der elterlichen Verfügung und des klösterlichen Anspruchs überprüft werden sollte. Die Mainzer Synode gab ihm Recht, aber Hraban nötigte ihn dennoch, das Ordensgelübde abzulegen. Gottschalk rief eine weitere Synode sowie den König selbst an, doch über den Erfolg dieser Appelle ist nichts bekannt. Gottschalk verließ Fulda und lebte einige Jahre später im westfränkischen Kloster Orbais. Die Ausbildung in Fulda kam ihm gleichwohl zugute, denn wie Hraban und Walahfrid glänzte er als Theologe und Dichter.

Fulda

Am Beispiel von Fulda, einem Zentrum der karolingischen Bildungsreform, lassen sich die Umstände verdeutlichen, unter denen die Geschichte der deutschen Literatur ihren Anfang nahm. Das Kloster war 744 im Zuge der angelsächsischen Mission errichtet worden. Karlmann, Hausmeier des merowingischen Königs aus karolingischem Geschlecht, hatte dem aus dem südenglischen Kloster Nursling stammenden Missionar Wynfreth Bonifatius das Grundstück zur Verfügung gestellt, auf dem dieser das Kloster errichtete. Die Gründungsmitglieder waren angelsächsischer Herkunft oder in einer angelsächsischen Gründung auf dem Festland erzogen worden wie der erste Abt, Bonifatius' Schüler Sturmius, der aus Bayern stammte und im Kloster Fritzlar ausgebildet worden war (Becht-Jördens und Haubrichs 2013, S. 176).

Als angelsächsische Gründung erfreute sich Fulda einer hochentwickelten Schrift- und Buchkultur. Bonifatius hatte vor seiner Missionstätigkeit als Lehrer gewirkt und Schriften für den Schulunterricht verfasst. Diese Lehrbücher, darunter eine Grammatik, eine Metrik und eine Gedichtsammlung, dürften zum frühesten

Buchbestand des Klosters Fulda gezählt haben. Darüber hinaus enthielt die Bibliothek einen angelsächsisch geprägten Bestand liturgischer, exegetischer und hagiographischer Schriften (also solcher Schriften, die auf Gottesdienst, Bibelauslegung und Heiligenlegende bezogen sind). Aus der Frühzeit des Klosters haben sich keine Schriften erhalten. Doch sind die Namen einiger Schreiber bekannt, die dort tätig waren. Zu ihnen zählt Einhard, der spätere Biograph Karls des Großen.

Der Fuldaer Abt Baugulf setzte die ihm zugesandte *Allgemeine Ermahnung* vorbildlich um. Im Hauptkloster sowie in verschiedenen Nebenklöstern, die zeitweise insgesamt mehr als sechshundert Mönche beherbergten, wurden Schulen gegründet, die auch auswärtigen Mönchen und Laien offenstanden. Viele Klosterschüler wurden zum Studium nach Fulda geschickt, um dort ihre Bildung zu vervollständigen.

Hrabanus Maurus' Figurengedichte
Einen weiteren Schub empfing das Schrift- und Bildungswesen von Hraban, der hier viele Jahrzehnte lang als Lehrer, Schulleiter und Abt wirkte (de Boor 1979, S. 40–45). Unter seiner Leitung wurde die Bibliothek zu einer der bedeutendsten Büchersammlungen des Frühmittelalters. Er ließ Urkunden- und Briefsammlungen anlegen und förderte das Memorialwesen mit Mönchslisten, Totenannalen, Nekrologien und Verträgen über monastische Gebetsbruderschaften. Die Zusammensetzung der im Dreißigjährigen Krieg untergegangenen Bibliothek lässt sich teilweise rekonstruieren. Dabei hilft ein um 800 entstandenes Bücherverzeichnis, das einen Teil der Bestände abbildet.

Unter Hrabans Ägide erblühten Theologie und Literatur. Das über sechshundert Mönche beherbergende Kloster avancierte zum wissenschaftlichen Mittelpunkt des Reiches und zog Schüler und Gelehrte aus allen Reichsteilen an. Die von Hraban und Rudolf von Fulda, dem Leiter der Klosterschule, aufgebaute Klosterbibliothek umfasste zweitausend Handschriften. Hier wurde an einer Evangelienharmonie (einer lateinischen Fassung von Tatians *Diatessaron*) gearbeitet, hier wurden Evangelienkommentare studiert und verfasst.

Auch poetische Werke entstanden in Fulda. Den ersten Impuls gab Hraban selbst mit einem Zyklus lateinischer Figurengedichte, die er anlässlich seiner Priesterweihe schrieb. Mit diesen Gedichten, die dem Lobpreis des heiligen Kreuzes gewidmet sind, „setzt wie mit einem Paukenschlag gleichsam aus dem Nichts die Literaturproduktion in Fulda ein" (Becht-Jördens und Haubrichs 2013, S. 181). Die Gedichte zählen neben Einhards Karlsvita zu den meistüberlieferten mittellateinischen Werken. Hraban setzte sich nachdrücklich für die Verbreitung seiner Gedichte ein, die er mit Widmungsgedichten an den Papst (Gregor IV.), den Kaiser (Ludwig den Frommen), den Erzbischof von Mainz (Otgar) und die Mönche von St. Denis versah.

Der Zyklus umfasst achtundzwanzig in Hexametern verfasste Kreuzeshymnen, die die Grenze zwischen Schrift und Bild überschreiten. Die Buchstaben bedecken, einem Gitter oder Schachbrett gleich, das gesamte Blatt mit einem Grundtext. Durch die Umrisse figürlicher und geometrischer Darstellungen werden aus dem Buchstabengitter Binnentexte ausgeklammert, die, Intarsien vergleichbar, eine zweite Textebene bilden. Das Verhältnis von Grundtext und Binnentext verweist auf die Vorstellung, dass sich hinter Bibel und Schöpfung Wahrheiten verbergen, die nur durch bestimmte Verfahren der Auslegung enthüllt werden können. Um das Verständnis seiner Figurengedichte abzusichern, fügte Hraban jedem Gedicht eine in Prosa verfasste Auslegung an. In theologischer Hinsicht wollte Hraban mit seinen Gedichten demonstrieren, „dass das Kreuz als von Christus eingesetztes Heilszeichen von Anbeginn die Grundstruktur des gesamten Kosmos sei und aus den heilsgeschichtlichen Aussagen und Tatsachen immer wieder die Kreuzgestalt hervorgehe" (Becht-Jördens und Haubrichs 2013, S. 182). Das in seiner Komplexität und Subtilität beeindruckende Werk beweist, „dass sich die Literaturproduktion in Fulda nicht aus bescheidenen Anfängen gleichsam organisch entwickelte, sondern sogleich auf höchstem, ja unüberbietbarem Niveau einsetzte" (Becht-Jördens und Haubrichs 2013, S. 183).

Dessen war sich Hraban bewusst, wie aus zahlreichen Selbstverweisen hervorgeht, die er seinem Werk einschrieb. In einer vorangestellten Dedikation an den heiligen Martin von Tour weist er sich als Schüler Alkuins aus, in dessen poetische Fußstapfen er mit seinen Gedichten trete. Er lässt Alkuin vor Sankt Martin selbst seine Aufwartung machen, damit Alkuin ihn, Hraban, dem Heiligen anempfehle: „Diesen Knaben belehrt' ich mit der Rede des göttlichen Wortes". Alkuin selbst habe Hraban in der Kunst des Dichtens unterwiesen: „Daß er bei mir die metrische Kunst erlerne als Schüler" (Ernst 2012, S. 123). Die Autorität, die Hraban als Schüler Alkuins für sich in Anspruch nimmt, kommt auch in dem Binnentext zum Ausdruck, den er in einem weiteren Figurengedicht unterbringt, nämlich der Vorrede zu seinem Werk. Im Haupttext bezeichnet er sich demütig als „arme[n], bedürftige[n], sündige[n] Diener". Im Binnentext hingegen, der eine Art Autorsignatur darstellt, meldet er sein Copyright an: „Magnentius Hrabanus Maurus verfasste dieses Werk hier" (*Magnentius Hrabanus Maurus hoc opus fecit;* Ernst 2012, S. 150–151). Das letzte Figurengedicht enthält eine Darstellung des Dichters als junger Mönch, der kniend und betend das Kreuz verehrt. Die Textintarsie lautet: „Gütiger Christus, ich bitt' dich, behüte deinen Hrabanus gnädig bei deinem Gericht" (Ernst 2012, S. 214–215). Während sich Hraban hier erneut als Sünder ausweist, hält er in der beigefügten Erläuterung mit seinen Künsten nicht hinterm Berg: „Mein Bildnis, welches ich unter das Kreuz gemalt habe und das die Knie beugt und betet, ist im asklepiadeischen Metrum beschrieben, indem es nämlich als ersten Vers einen heroischen Hexameter und einen Halbvers als zweiten enthält". Diesen poetischen Schöpferstolz hatte Hraban seinem Lehrer Alkuin abgeschaut und gab ihn, wie wir noch sehen werden, an seinen Schüler Otfrid von Weißenburg weiter.

2.2   Deutsch und Latein

Die Bildungsreform zielte auf die lateinische Literatur. Zugleich bereitete sie den Boden für die Entstehung der volkssprachlichen Schriftlichkeit. Drei Bereiche lassen sich unterscheiden. Erstens wurde die deutsche Volkssprache im Schulunterricht eingesetzt, um das Verständnis lateinischer Texte zu erleichtern. Zweitens wurden fundamentale Glaubenstexte ins Deutsche übersetzt, vor allem Vaterunser, Glaubensbekenntnis und Taufgelöbnis. Drittens begannen gelehrte Mönche erstmals Dichtungen in deutscher Sprache zu verfassen.

2.2.1 Volkssprache im Schulunterricht

Im Schulunterricht (dem ersten Bereich volkssprachlicher Schriftlichkeit) standen drei Methoden zur Verfügung, um lateinische Texte mithilfe der deutschen Sprache zu erschließen. Die erste Methode ist die Erstellung eines lateinisch-deutschen Wörterbuchs, das sich vor allem auf das biblische Vokabular bezieht. Die zweite ist die Glossierung, also die textbezogene Übersetzung und Erläuterung einzelner Wörter. Die Glossen können neben (Marginalglossen) oder über (Interlinearglossen, Interlinearversionen) dem lateinischen Text angebracht werden; und sie können, indem sie jeweils die Grund- oder flektierte Form des lateinischen Wortes wiedergeben, als Vokabel- oder Grammatikhilfe dienen. Die dritte Methode ist die wörtliche Übersetzung, der Versuch also, den lateinischen Text syntaktisch und semantisch genau in der Volkssprache wiederzugeben. Die Übergänge zwischen diesen drei Methoden sind fließend. Die glossierenden Wörter können dem Wörterbuch entnommen sein; und von der Reihung flektierter Wortformen zum syntaktisch kohärenten Text ist es nur noch ein kleiner Schritt.

Die genannten Methoden lassen sich an Fallbeispielen illustrieren: das Wörterbuch am *Abrogans,* die Interlinearversion als Sonderform der Glossierung an den *Murbacher Hymnen* und die wörtliche Übersetzung am Vaterunser. Zugleich lässt sich an Letzterem aufzeigen, wie die ersten deutschen Bibeldichtungen, der niederdeutsche *Heliand* (s. Abschn. 5.1.1) und das hochdeutsche *Evangelienbuch* Otfrids von Weißenburg (s. Abschn. 5.2), mit dem Wortlaut der Heiligen Schrift umgingen.

Wörterbücher
Als *Abrogans* bezeichnet man ein lateinisch-deutsches Wörterbuch. Die älteste Abschrift entstand Ende des achten Jahrhunderts im Südwesten des deutschsprachigen Raums, sie wird heute in der Stiftsbibliothek St. Gallen aufbewahrt (Codex Sangallensis 911). Das Glossar enthält mehr als dreieinhalbtausend althochdeutsche Wörter in einer vierfachen Menge an Belegen und ist somit eine wertvolle Quelle für den althochdeutschen Wortschatz. Knapp siebenhundert der heute bekannten althochdeutschen Wörter sind nur hier bezeugt (Splett 2013). Das Werk wurde nach seinem ersten lateinischen Eintrag benannt.

Gemessen an Umfang und Systematik moderner Wörterbücher ist der *Abrogans* kaum benutzbar. Der althochdeutsche Grundwortschatz fehlt weitgehend, und die alphabetische Ordnung lässt zu wünschen übrig. Das zeigen folgende, nach der St. Galler Handschrift zitierte Zeilen. Sie folgen auf die Überschrift „Es beginnen die Glossen aus dem Alten Testament" *(Incipiunt closas ex ueterę testamento):*

Abrogans: dheomodi. humilis: samftmoati. abba: faterlih. pater: fater. abnuere: ferlaucnen. renure: pauhnen. recusare: faruuazzan. refutare: fartriban. absque uetere: uzzana moatscaffi. absque amicicia: uzzana friuntscaffi. […]

Abrogans: demütig. humilis: sanftmütig. | abba: väterlich. pater: Vater. | abnuere: verleugnen. renure: abwinken. recusare: zurückweisen. refutare: vertreiben. | absque uetere [foedere]: ohne Verbundenheit. absque amicicia: ohne Freundschaft […].
(Müller 2007, S. 220–221, 370–372)

Was auf den ersten Blick verwirrend erscheint, folgt doch einer nachvollziehbaren Ordnung. Grundlage des Glossars ist ein Synonymwörterbuch, das schwierige lateinische Wörter mit einfachen lateinischen Wörtern erläutert. So wird das selten in dieser Bedeutung gebrauchte Wort *abrogans* mit *humilis* („bescheiden") erklärt, das im Neuen Testament überlieferte aramäische Wort *abba* mit *pater* („Vater"), die Phrase *absque foedere* („ohne Bündnis") als *absque amicicia* („ohne Freundschaft") und so fort. Dem oberdeutschen *Abrogans* liegt ein lateinischer *Abrogans* zugrunde, der aus älteren spätantiken und frühmittelalterlichen Glossaren zusammengestellt und anhand der schwierigen Wörter alphabetisch geordnet wurde. Das lateinisch-lateinische Wörterbuch wurde erst nachträglich für die deutsche Sprache bearbeitet, indem man den lateinischen Wörtern der Reihe nach deutsche Entsprechungen beifügte. Das als Interpretament dienende lateinische Wort (*humilis* für *abrogans*) wurde dann seinerseits als Lemma behandelt und ins Deutsche übersetzt. Folglich handelt es sich um zwei ineinander verschachtelte Wörterbücher. Noch komplizierter wird es, wenn ein seltenes Wort mit mehreren Synonymen erklärt wird. Dann zieht es eine Kette bedeutungsähnlicher Wörter nach sich, die wiederum eines nach dem anderen ins Deutsche übertragen werden.

Die Abschriften des deutschen *Abrogans* sind gespickt mit Verlesungen, Verschreibungen und Missverständnissen. Auch sind die deutschen Glossierungen durchaus nicht verlässlich. So haben sich die Übersetzer, die unter dem Systemzwang standen, zwei synonyme lateinische Wörter mit zwei synonymen deutschen Wörtern wiederzugeben, gelegentlich in der Weise beholfen, dass sie die Wortart wechselten. Sowohl *abba* als auch *pater* sind Substantive mit der Bedeutung „Vater". Für das erste Wort wird aber in der Übersetzung das entsprechende Adjektiv gewählt: „väterlich". Bei allen Mängeln ist die Leistung des deutschen *Abrogans* gleichwohl nicht zu unterschätzen, denn er stellt nicht nur das erste Wörterbuch, sondern auch die erste Sammlung des deutschen Wortschatzes in schriftlicher Form dar – einen Thesaurus im wörtlichen Sinne.

Glossierung

Die zweite Lernmethode neben dem Wörterbuch ist die Glossierung, insbesondere die Interlinearversion. Dabei handelt es sich um volkssprachliche Erläuterungen, die horizontal zwischen die Zeilen des lateinischen Textes notiert sind. Wenn die althochdeutschen Wörter entsprechend den lateinischen Bezugsworten flektiert werden, ergibt sich fast ein fortlaufend lesbarer Text. Ein Beispiel sind die *Murbacher Hymnen,* eine deutsche Glossierung lateinischer Hymnen, die im ersten Viertel des neunten Jahrhunderts entstand.

Hymnen waren für die Klöster von großer Bedeutung, denn der Gesang geistlicher Lieder gliederte das Leben der Mönche. Zu festgesetzten Tageszeiten sangen sie Hymnen, die in ihrem Kernbestand auf den Kirchenvater Ambrosius von Mailand zurückgehen. Bis zum achten Jahrhundert hatte sich ein Grundstock von einundzwanzig Hymnen herausgebildet, deren Kenntnis auch in der *Allgemeinen Ermahnung* verlangt wird (Kap. 78). Dieser Kernbestand, das ältere benediktinische Hymnar, wurde bald um Lieder zu lokalen Feiertagen erweitert, sodass sich im neunten Jahrhundert ein neues benediktinisches Hymnar ausprägte, das vierunddreißig nach dem Kirchenjahr geordnete Fest- und Heiligenhymnen enthielt (Haubrichs 1995a, S. 200–201).

Die *Murbacher Hymnen,* die zwischen dem älteren und neuen Benediktiner-hymnar stehen, spiegeln diese Entwicklung. Die heute in der Bodleian Library in Oxford aufbewahrte Handschrift (Junius 25) umfasst siebenundzwanzig Hymnen, die sich auf zwei Entstehungsstufen zurückführen lassen. Zunächst wurde im Kloster Reichenau der benediktinische Grundbestand aufgezeichnet, später wurden im elsässischen, der Reichenau eng verbundenen Kloster Murbach sechs weitere Lieder für den eigenen Gebrauch nachgetragen.

Die von hoher Sprachkenntnis zeugenden *Murbacher Hymnen* sind das früheste Beispiel für die volkssprachliche Erschließung liturgischer Lieder. Die deutschen Wörter dienten nicht dem Gesang, sondern der schulischen Vermittlung des lateinischen Textes. Den Anlass für die Anfertigung der *Murbacher Hymnen* gab ein vom Reichenauer Abt und Baseler Bischof Hatto (763–836) zusammen-gestellter Lehrplan für die geistliche Erziehung junger Mönche (Sieber 1969). Der Plan fügte sich in die Bestrebungen ein, das mönchische Leben im Sinne der Karolingischen Renaissance zu reformieren. Die Klosterschüler sollten zunächst Psalmen und Hymnen auswendig lernen, bevor sie sich weiteren Inhalten wie der Klosterregel, den Evangelien, dem Leben der Kirchenväter und den Schulfächern Grammatik und Hermeneutik zuwandten (Haubrichs 1995a, S. 201–202).

Die liturgischen Lieder standen also im Lehrplan weit oben, und die *Mur-bacher Hymnen* waren Antwort auf diese Verpflichtung. Sie sind so konzipiert, dass die Hymnen zeilenweise mit deutschen Entsprechungen versehen werden, die den lateinischen Text Wort für Wort und Form für Form erschließen. Ein Beispiel bietet die Eingangsstrophe des ersten, für die sonntägliche Nokturn bestimmten Hymnus *Mediae noctis tempore.* Sie thematisiert das Gebot, um Mitternacht Gott in seiner Einheit als Vater und Sohn zu preisen: *Mediae noctis tempore / prophetica uox admonet: / dicamus laudes domino / patri semper ac filio* („Zur Zeit der Mitternacht / mahnt die prophetische Stimme: / Lasst uns dem Herrn Lob sagen, / der immer Vater und Sohn ist"). Die zwischen den Zeilen ein-getragenen deutschen Glossen lauten: *Mittera nahti zite / uuizaclichiu stimma manot / chuuedem lop truhtine / fatere simbulum ioh sune* (vgl. Müller 2007, S. 208–213, S. 365–367). So lassen sich zwei Lernerfolge zugleich erzielen, näm-lich das Memorieren und das Verstehen des lateinischen Lieds. Zugleich wird die deutsche Sprache gepflegt, denn sie wird nicht nur im Vokabular, sondern auch in der Syntax an der lateinischen Vorlage ausgerichtet.

Im Vergleich wird deutlich, wie Begriffe, die im klerikalen Latein selbst-verständlich gebraucht wurden, für die deutsche Sprache erst noch erschlossen werden mussten. So wird die „prophetische" als „weissagende" Stimme wieder-gegeben. Propheten kannte die Volkssprache noch nicht, Weissager aber durch-aus. Es scheint, dass der Lehrer, der die erste Strophe übersetzte, nicht nur auf Sinntreue, sondern auch auf Klangtreue achtete. Das viersilbige Wort *prophetica* wird mit einem viersilbigen Wort wiedergegeben, das die gleiche Betonung

aufweist: *uuizaclichiu* („weißsagliche"). Die lateinischen Wörter *admonet* und
semper werden mit deutschen Pendants wiedergegeben, die dem originalen
Wort auch phonetisch ähnlich sind: *manot* („mahnt") und *simbulum* („immer").
Wolfgang Haubrichs schloss daraus, dass die Interlinearversion den Schülern
„im althochdeutschen Wortgewand zusätzlich etwas von der poetischen Form der
ambrosianischen Hymnen zu vermitteln" suchte (Haubrichs 1995a, S. 203). Dies
mag in einigen Fällen zutreffen, doch gilt generell, dass Interlinearversionen keine
Übersetzungen und erst recht keine poetischen Übersetzungen sind: „Das Wortmaterial wird nicht in den Zusammenhang vom Deutschen her verständlicher und
verstandener Gefüge einbezogen. Es ergeben sich also keine [deutschen] Texte,
die selbständig, aus dem fremdsprachigen Zusammenhang gelöst, als solche
interpretiert sein wollen. Der Schritt zur Übersetzung ist nicht getan und nicht
beabsichtigt" (Thoma 1958, S. 750).

2.2.2 Übersetzungen des Vaterunsers

Diesen Schritt vollziehen erst die wörtlichen Übertragungen des Herrengebets
(wie man das Vaterunser auch nennt), des Glaubensbekenntnisses und des Tauf-
gelöbnisses. Während die Wörterbücher auf die Bedeutung des Einzelwortes
zielen und Interlinearversionen auf halbem Wege zwischen Worterklärung und
Satzbildung stehen bleiben, überschreiten die Wort-für-Wort-Übersetzungen die
Grenze zum volkssprachlichen Text. Dieser steht zwar nach wie vor in enger Verbindung mit der lateinischen Vorlage, kann aber auch ohne sie verstanden und verwendet werden.

Kenntnis und Verständnis der grundlegenden Glaubenstexte war eines der
Hauptanliegen der Karolingischen Renaissance. Das bezeugen zahlreiche Quellen
des späten achten bis frühen neunten Jahrhunderts (Haubrichs 1995a, S. 235–
241). Die oben bereits zitierte *Allgemeine Ermahnung* fordert, dass die Priester
„das Herrengebet selbst verstehen und allen verständlich predigen, damit jeder
weiß, worum er Gott bitten soll" (Kap. 68). Ein im Jahr 801 oder 802 erlassenes
Kapitular zur Prüfung von Klerikern *(Capitula de examinandis ecclesiasticis)*
fordert dasselbe: „Entsprechend sollen sie auch das Herrengebet auf diese Weise
verstehen; und das Gebet selbst und den Sinn des Glaubensbekenntnisses sollen
sie voll und ganz lernen, und sie sollen es für sich selbst wissen und anderen ein-
prägen können" (Kap. 9; vgl. Ehrismann 1918, S. 282). Vom Anfang des neunten
Jahrhunderts stammt auch eine lateinische Predigt mit dem Titel *Exhortatio ad
plebem Christianum* („Anrufung an das christliche Volk"), die die Christen zur
Kenntnis und zum Verständnis des Vaterunsers und des Glaubensbekenntnisses
ermahnt. Einerseits seien die Glaubenstexte kurz und leicht zu lernen, andererseits
drohten denen, die sich diese Mühe nicht machten, göttliche Strafen. Der Text ist
auch in einer bairischen Übersetzung erhalten; die Auszüge, die das Herrengebet
und das Glaubensbekenntnis betreffen, lauten wie folgt:

> Wie kann sich ein Mensch ‚Christ' nennen, der diese wenigen Worte des Glaubens-
> bekenntnisses *[galaupa]*, durch die er geheilt wird und durch die er genesen wird, und der
> auch die Worte des Herrengebets *[frono gapetes]*, die der Herr selbst als Gebet einsetzte,
> wie kann der Christi sein, der das nicht lernen und in seinem Gedächtnis behalten will?
> [...] Nun soll jeder Mensch, der Christ sein will, das Glaubensbekenntnis und auch das
> Herrengebet in aller Eile lernen und [...] lehren. (Müller 2007, S. 96–97)

Über die Sprache, in der die Glaubenstexte erlernt werden soll, wird nichts gesagt,
doch ist die Predigt Ausdruck einer Gesinnung, die die Anfertigung volkssprachlicher Übersetzungen und Auslegungen begünstigte. Zwischen 802 und 813 entstand ein *Bischöfliches Kapitular,* das die Kleriker des Bistums Basel darauf
verpflichtete, Vaterunser und Glaubensbekenntnis auf Latein *und* in der Volkssprache *(tam latine quam barbarice)* zu beherrschen. Nicht nur der Mund, sondern
auch das Herz solle sprechen:

> Zweitens wird befohlen, dass das Herrengebet, in dem alle Bedürfnisse des menschlichen
> Lebens umfasst sind, und das Apostolische Glaubensbekenntnis, in dem der katholische
> Glaube unversehrt umfasst ist, von allen gelernt werden soll, und zwar sowohl auf Latein
> als auch in der Volkssprache, damit sie das, was sie mit dem Mund bekennen, auch im
> Herzen zu glauben und zu verstehen vermögen. (Kap. 2; Capitularia Regum Francorum,
> S. 363)

Im Jahr 813 fordert die Mainzer Synode, dass auch die Laien Vaterunser und
Glaubensbekenntnis in lateinischer Sprache erlernen und, falls sie daran scheitern,
wenigstens im Wortlaut der eigenen Sprache *(sua lingua)* kennen sollen:

> Die Priester sollen das christliche Volk stets ermahnen, das Glaubensbekenntnis, welches
> das Zeichen des Glaubens ist, und das Vaterunser auswendig zu lernen, und wir wollen,
> dass denjenigen, die das Lernen vernachlässigen, eine angemessene Buße auferlegt werde,
> entweder durch Fasten oder irgendeine andere Züchtigung. Ferner halten wir es für sinn-
> voll, daß die Laien ihre Söhne zur Schule schicken, entweder in den Klöstern oder bei
> den Priestern, damit sie zu Hause andere zu belehren vermögen. Wer es aber anders nicht
> vermag, möge beides wenigstens in seiner Muttersprache lernen. (Kap. 45; Concilia Aevi
> Karolini I/1, S. 271)

Auch Hraban verlangt in seiner Schrift *Von der Kirchenzucht (De ecclesiastica
disciplina),* dass die schriftunkundigen Laien die christlichen Hauptstücke
sprechen und verstehen können. Das Vaterunser enthalte alles, was im irdischen
Leben nötig sei und für das künftige Leben Heil bringe. Das Glaubensbekenntnis sei ein sicheres Zeichen, dass sich die Gläubigen Gott überantworten und dem
Teufel entsagen. Um das richtige Verständnis zu sichern, fügt er dem Vaterunser
und dem Glaubensbekenntnis Auslegungen an:

> Daher ist es notwendig, dass er das Herrengebet in vollem Maße lernt, sodass er es nicht
> nur mit der Stimme hervorbringt, sondern auch versteht, damit geschehe, was der Apostel
> lehrte, als er sagte: „Ich will im Geist beten, ich will aber auch mit dem Verstand beten.
> Ich will im Geist lobsingen, ich will aber auch mit dem Verstand lobsingen" (1 Kor
> 14,15). Das Gebet enthält nämlich alles, was uns im gegenwärtigen Leben nötig ist und
> im künftigen zum Heil gereicht. (Patrologia Latina 112, Sp. 1221)

Der Zusammenhang mit der Karolingischen Renaissance wird in einer im frühen neunten Jahrhundert entstandenen Fuldaer Abschrift des *Sendbriefs über die Pflege der Wissenschaft* deutlich (Wolfenbüttel, Herzog August Bibl., Cod. Helmst. 496a), die ebenfalls Auslegungen des Vaterunsers und des Glaubensbekenntnisses enthält. Die *Pseudo-Bonifatianische Statuten* aus dem Jahr 840 fordern, dass die Priester die Gemeinde anweisen, Credo und Paternoster zu memorieren: „Die Priester sollen gebieten, dass – ob Frau, ob Mann – niemand aus dem heiligen Taufbrunnen Patenkinder hebe, sofern er nicht Glaubensbekenntnis und Vaterunser auswendig kann".

Diese Quellen beweisen, dass für Kleriker und Laien, Männer und Frauen in gleicher Weise die Pflicht bestand, die christlichen Grundtexte sprechen und deuten zu können, möglichst in lateinischer Sprache, mindestens aber in volkssprachlicher Übersetzung. Daher verwundert die Vielzahl der frühen Übersetzungen der christlichen Glaubenstexte nicht. Sowohl in der Seelsorge als auch in der Schule war der Einsatz deutscher Fassungen unabdingbar. Wie sie im Einzelnen aussahen, zeigt das Beispiel des Vaterunsers (vgl. Müller 2007, S. 172–183, 350–352). Vier Arten der deutschen Bearbeitung lassen sich unterscheiden:

- eigenständige Übertragungen,
- Übertragungen im Rahmen von Auslegungen,
- wörtliche Bibelübersetzungen und
- Versifizierungen im Rahmen von Bibeldichtungen.

Das lateinische Vaterunser

Den Übertragungen liegt in der Regel die liturgische Fassung des Vaterunsers zugrunde, die ihrerseits auf dem biblischen Text beruht. Das Herrengebet ist in zwei Evangelien überliefert, in kurzer Fassung bei Lukas (Lk 11,1–4) und in erweiterter Fassung bei Matthäus:

> Mt 6,9–15:
> [9]So sollt ihr beten: Unser Vater im Himmel, / geheiligt werde dein Name, [10]dein Reich komme, / dein Wille geschehe / wie im Himmel, so auf der Erde. [11]Gib uns heute das Brot, das wir brauchen! [12]Und erlass uns unsere Schulden, / wie auch wir sie unseren Schuldnern erlassen haben! [13]Und führe uns nicht in Versuchung, / sondern rette uns vor dem Bösen! [14]Denn wenn ihr den Menschen ihre Verfehlungen vergebt, dann wird euer himmlischer Vater auch euch vergeben.[15]Wenn ihr aber den Menschen nicht vergebt, dann wird euch euer Vater eure Verfehlungen auch nicht vergeben.

Die Evangelisten greifen auf eine gemeinsame Quelle zurück. Die Fassung des Matthäusevangeliums unterscheidet sich von der des Lukasevangeliums in vier Punkten: Sie streicht die szenische Einleitung, rückt das Gebet in die Mitte der Bergpredigt, fügt drei weitere Bitten hinzu und erläutert die Vergebungsbitte. Die zusätzlichen Bitten („dein Wille geschehe wie im Himmel so auf der

Erde"; „führe uns nicht in Versuchung, sondern rette uns vor dem Bösen") ent-
stammen anderen Überlieferungen, wie man aus Vergleichsstellen des Lukas- und
Johannesevangeliums schließen kann (Lk 22,42: „dein Wille soll geschehen"; Joh
17,15: „dass du sie vor dem Bösen bewahrst"). Die vorgenommenen Änderungen
zeigen, dass Matthäus das Vaterunser bereits für den Gebrauch in der urchrist-
lichen Gemeinde redigiert hat. Es ist seine Fassung, die Eingang in die lateinische
Liturgie fand.

Die liturgische Fassung ist im *Gelasianischen Sakramentar* überliefert, das den
römischen Ritus in der Mitte des achten Jahrhunderts spiegelt, aber traditionell
Papst Gelasius I. (Ende 5. Jh.) zugeschrieben wurde. Sie liegt den lateinischen und
volkssprachlichen Auslegungen des Vaterunsers zugrunde:

> Pater noster, qui es in coelis, sanctificetur nomen tuum, adveniat regnum tuum, fiat
> voluntas tua, sicut in caelo et in terra. panem nostrum cotidianum da nobis hodie et
> dimitte nobis debita nostra, sicut et nos dimittimus debitoribus nostris et ne nos inducas in
> tentationem sed libera nos a malo. (Patrologia Latina 74, 1092–1093)

> Vater unser, der du im Himmel bist, dein Name werde geheiligt, dein Reich komme, dein
> Wille geschehe wie im Himmel so auch auf Erden, gib uns heute unser tägliches Brot
> und vergib uns unsere Schuld, wie auch wir unseren Schuldnern vergeben. Und führe uns
> nicht in Versuchung, sondern erlöse uns vom Bösen.

Die Struktur des Herrengebets ist leicht zu erfassen. Auf die Anrede Gottes folgen
zunächst drei Du-Bitten und dann vier Wir-Bitten. Es werden, wie Hraban schrieb,
die Grundbedürfnisse des christlichen Lebens angesprochen: Ehrfurcht vor Gott,
Hoffnung auf sein Reich, Bitte um Lebensunterhalt, Vergebung der Schuld,
Rettung vor Versuchung und Hölle.

Eigenständige Übersetzungen
Die erste Gruppe der deutschen Bearbeitungen umfasst eigenständige Fassungen
wie das Ende des achten Jahrhunderts in alemannischem Dialekt verfasste *St.
Galler Vaterunser.* Der Text, der in die St. Galler *Abrogans*-Handschrift eingetragen wurde, lautet:

> Fater unseer, thu pist in himile, uuihi namun dinan, quheme rihhi din, uuerde uuillo diin,
> so in himile sosa in erdu. prooth unseer emezzihic kip uns hiutu, oblaz uns sculdi unseero,
> so uuir oblazem uns sculdikem enti ni unsih firleiti in khorunka, uzzer losi unsih fona
> ubile. (Braune 1994, S. 11)

Der Vergleich mit der lateinischen Fassung zeigt, dass die Übersetzung sehr wörtlich ist, oft bis in die Wortstellung hinein. Die Übertragung bereitet dem Verfasser
kaum Schwierigkeiten. Nur die erste Bitte war, wie auch damalige Vaterunser-
Auslegungen zeigen, nicht ohne weiteres verständlich. Warum sollte der Name
Gottes, der doch die Heiligkeit selbst ist, geheiligt werden und von wem? Die St.
Galler Fassung löst das Problem, indem sie das lateinische *sanctificetur* („geheiligt
werde") mit einer aktiven Form des Verbs *wīhen* („weihen") wiedergibt: Gott
selbst soll seinen Namen weihen *(uuihi)*. Zwei Wörter, die getreu übersetzt
werden, sind heute erklärungsbedürftig: „täglich" wird mit *emezzihic* im Sinne

von „beständig" (vgl. „emsig") wiedergegeben; „Versuchung" wird mit dem sinn-gleichen *khorunka* übertragen (vgl. „küren" im Sinne von „wählen").

Ein Blick auf die Handschrift zeigt die geringe Qualität des Pergaments, auf das das Herrengebet geschrieben wurde. Die gesamte *Abrogans*-Handschrift besteht aus Pergamentblättern mit Löchern, Rissen und fehlenden Ecken. Das Wörterbuch war eine Gebrauchshandschrift, die kein repräsentatives Äußeres verlangte. Das Blatt, auf dessen Vorder- und Rückseite das Vaterunser steht, ist besonders schadhaft. Es weist zwei kreisrunde Löcher oben links und unten rechts und einen ovalen Einschnitt im unteren Drittel der rechten Seite auf. Dass der Schreiber dennoch Wert auf ein ansprechendes Layout legte, zeigt sich an der über drei Zeilen reichenden F-Initiale zu Beginn. Er bezog die Löcher kreativ in das Schriftbild ein, indem er die Initiale links oberhalb des ersten Loches platzierte und den Text unmittelbar vor dem zweiten Loch enden ließ, das wie ein Schluss-punkt wirkt. So machte der Mönch aus der Not eine Tugend und nutzte die Löcher, um Anfang und Ende des Gebets hervorzuheben.

Auslegungen

Die zweite Gruppe deutscher Vaterunser-Fassungen bilden die volkssprachlichen Auslegungen des Herrengebets. Auch sie bieten wortgetreue Bearbeitungen des lateinischen Textes, unterbrochen von Kommentaren zu den einzelnen Versen. Hierher gehören das *Weißenburger* und das *Freisinger Vaterunser,* die im frühen neunten Jahrhundert überliefert sind. Von dialektalen Besonderheiten abgesehen (die Freisinger Fassung ist bairisch, die Weißenburger rheinfränkisch), sind sie dem *St. Galler Vaterunser* sehr ähnlich. Im Zusammenhang geschrieben, stellen sich die Übersetzungen wie folgt dar:

Freisinger Vaterunser
Fater unsēr, dū pist in himilum. Kauuīhīt sī namo dīn. Piqhueme rīhhi dīn. Uuesa dīn uuillo, sama sō in himile est, sama in erdu. Pilipi unsraz emizzīgaz kip uns eogauuanna. enti flāz uns unsro sculdi, sama sō uuir flāzzamēs unsrēm scolōm. Enti ni princ unsih in chorunka. Uzzan kaneri unsih fona allēm suntōn. (Braune 1994, S. 34)

Weißenburger Vaterunser
Fater unsēr, thu in himilom bist, giuuīhit sī namo thīn. quæme rīchi thīn. uuerdhe uuilleo thīn, sama sō in himile endi in erthu. Broot unseraz emezzīgaz gib uns hiutu. endi farlāz uns sculdhi unsero, sama sō uuir farlāzzēm scolōm unserēm. endi ni gileidi unsih in costunga. auh arlōsi unsih fona ubile. (Braune 1994, S. 34)

Aus der Ähnlichkeit der Fassungen ist nicht der Schluss zu ziehen, dass es eine kanonische Übersetzung gegeben hätte, die in verschiedenen dialektalen Varianten überliefert worden wäre. Vielmehr handelt es sich um stets neue Zugriffe, die sich aufgrund ihrer wörtlichen Treue zum lateinischen Text gleichen. Bei näherem Hin-sehen lassen sich Unterschiede erkennen. In der Freisinger Fassung soll Gottes Wille „sein" *(uues),* in der Weißenburger Fassung hingegen „werden" *(uuerdhe).* Die Freisinger Fassung bittet um den täglichen Lebensunterhalt *(pilipi),* der immer *(eogauuanna)* gegeben werden soll, die Weißenburger Fassung um das tägliche Brot *(broot),* das heute *(hiutu)* gegeben werden soll. In der Freisinger Fassung soll Gott den Menschen nicht in Versuchung *(chorunka)* bringen *(princ);* in der Weißenburger Fassung nicht in Versuchung *(costunga)* leiten *(gileidi).* In der Freisinger Fassung soll er sie von den Sünden *(sunton)* retten *(kaneri),* in der Weißenburger Fassung von den Übeln *(ubile)* erlösen *(arlosi).*

Die Kommentare, die den Versen beigegeben sind, unterscheiden sich deutlich. Das zeigt die Erläuterung der ersten Bitte, die besagt, dass Gottes Name „geheiligt" bzw. „geweiht" werden solle. Die Freisinger Auslegung erklärt, dass Gottes Name immer schon heilig gewesen sei, nun aber auch im Herzen der Gläubigen geheiligt, also geehrt werden solle:

> Nist uns des duruft, daz uuir des dikkēm, daz der sīn namo kauuīhit uuerda, der eo uuas uuīh enti eo ist; ūzzan des dikkamēs, daz der sīn namo in uns kauuīhit uuerda, enti de uuīhnassī, dē uuir in deru taufī fona imo intfengun, daz uuir dē ze demu suonotakin furi inan kahaltana pringan muozīn. (Braune 1994, S. 34)

> Es ist für uns nicht nötig, dass wir darum bitten, dass sein Name geweiht werde, der immer heilig war und es immer sein wird. Sondern wir bitten, dass sein Name in uns geheiligt werde und die Weihe, die wir in der Taufe von ihm empfingen, dass wir diese wohlbehalten beim Jüngsten Gericht zu ihm bringen können. (Müller 2007, S. 181)

Die Weißenburger Fassung erläutert die Bitte in ähnlicher Weise, aber knapper und konkreter:

> Gotes namo ist simbles giuuīhit: auh thanne uuir thiz quedhēm, thanne bittēm uuir, thaz sīn namo in uns mannom uuerdhe giuuīhit thuruh guodiu uuerc. (Braune 1994, S. 34–35)

> Gottes Name ist immer geweiht: Also wenn wir das sagen, dann bitten wir, dass sein Name in uns Menschen geweiht werde durch gute Taten. (Müller 2007, S. 179)

Die Differenz der Kommentare entspricht der Differenz des jeweiligen Kontextes. Die Handschriften weichen in Inhalt und Gebrauchsbestimmung voneinander ab. Das *Freisinger Vaterunser* steht, gemeinsam mit dem lateinischen Glaubensbekenntnis, am Ende einer Sammlung theologischer Schriften in lateinischer Sprache. Entsprechend ist der Auslegung auch der lateinische Text beigegeben. Das *Weißenburger Vaterunser* hingegen ist Teil des sogenannten *Weißenburger Katechismus,* einer Sammlung lateinischer und deutscher Texte, die auf die Sakramente der Taufe, Eucharistie und Buße zielen und drei Grundgebete in deutscher Sprache enthalten, nämlich die Vaterunser-Auslegung, das Glaubensbekenntnis und das Gloria. Der *Weißenburger Katechismus* ist wiederum Bestandteil einer umfangreichen Sammelhandschrift, die der Visitation und Prüfung von Priestern des Bistums Worms gedient haben dürfte (Haubrichs 1995a, S. 238–239).

Bibelübersetzungen
Einen dritten Fall stellen die Bibelübersetzungen dar. Die älteste Übersetzung in eine germanische Sprache bietet die gotische Bibel. Sie entstand in der Mitte des vierten Jahrhunderts, also noch in der Spätantike und zu einem Zeitpunkt, als sich die deutsche Sprache noch nicht formiert hatte. Verantwortlich zeichnete Bischof

Wulfila, ein Ostgote mit kappadokischen Vorfahren, der eine klassisch-antike Ausbildung empfangen hatte und neben seiner gotischen Muttersprache auch des Griechischen mächtig war. Das Vaterunser findet sich in seiner Wiedergabe des Matthäusevangeliums (Mt 6,9–13), einschließlich dem angehängten Lobpreis Gottes: „Denn dein ist das Reich und die Kraft und die Herrlichkeit in Ewigkeit. Amen". Obwohl die Übersetzung eintausendsiebenhundert Jahre alt ist, lässt sie sich recht gut nachvollziehen, wenn man zwei lautliche Veränderungen bedenkt: die Verschiebung des germanischen Reibelauts þ (der im englischen *th* erhalten ist) zum deutschen Verschlusslaut *d* und die Verschiebung des germanischen Verschlusslauts *t* (der ebenfalls im Englischen erhalten ist) zum deutschen Reibelaut *s:*

> Atta unsar þu in himinam, weihnai namo þein. qimai þiudinassus þeins. wairþai wilja þeins, swe in himina jah ana airþai. hlaif unsarana þana sinteinan gif uns himma daga. jah aflet uns þatei skulans sijaima, swaswe jah weis afletam þaim skulam unsaraim. jah ni briggais uns in fraistubnjai, ak lausei uns af þamma ubilin. unte þeina ist þiudangardi jah mahts jah wulþus in aiwins. amen. (Die gotische Bibel, S. 7)

Einige Wörter sind erklärungsbedürftig: *atta* ist der Vater, *hlaif* das Brot (vgl. engl. *loaf*), *skulam* die Schuld, *fraistubnjai* (vgl. ahd. *freissam,* „gefährlich") die Versuchung, *wulþus* die Herrlichkeit (vgl. engl. *wealth*), *aiwins* die Ewigkeit. Die gotischen Wörter für das Reich, *þiudinassus* und *þiudangardi,* enthalten den Stamm *þiud,* der auch im Wort „deutsch" enthalten ist.

Wie die gotische Übersetzung sich eng an die griechische Bibel hält, so folgt die älteste deutsche Bibelübersetzung, der sogenannte althochdeutsche *Tatian,* dem Wortlaut der lateinischen Bibel. Die althochdeutsche Fassung beruht im Unterschied zur gotischen Bibel, die die Bücher des Alten und Neuen Testaments separat wiedergibt, auf einer Evangelienharmonie. Darunter versteht man eine Widersprüche und Doppelungen ausgleichende Gesamtfassung der vier Evangelien. Der althochdeutsche *Tatian* basiert auf der lateinischen Fassung des *Diatessaron,* einer Evangelienharmonie des zweiten Jahrhunderts, die auf den syrischen Theologen Tatian zurückgeht.

Der althochdeutsche *Tatian* enthält eine Fassung des Vaterunsers, die dem Matthäusevangelium nahesteht. Die heute in St. Gallen aufbewahrte Handschrift wurde im zweiten Viertel des neunten Jahrhunderts in Fulda in ostfränkischem Dialekt verfasst. Der Text lautet:

> [F]ater unser, thu thar bist in himile, si giheilagot thin namo, queme thin rihhi, si thin uuillo, so her in himile ist, so si her in erdu, unsar brot tagalihhaz gib uns hiutu, inti furlaz uns unsara sculdi so uuir furlazemes unsaren sculdigon, inti ni gileitest unsih in costunga, uzouh arlosi unsih fon ubile. (Tatian 1892, S. 55–56)

Der althochdeutsche *Tatian* ist ein Schultext, der dem Verständnis der lateinischen Evangelien dient. Er ist Nebenprodukt der Arbeit am biblischen Text, die im Kloster Fulda gepflegt wurde. Entsprechend ist das enthaltene Vaterunser (wie alle anderen Vaterunser-Übersetzungen auch) nicht für den liturgischen Gebrauch bestimmt.

Bibeldichtungen

Während die bislang besprochenen Vaterunser-Fassungen vor allem aus sprach- und gebrauchsgeschichtlichen Gründen interessant sind, liegt der Reiz des vierten Typs, nämlich der Bearbeitung im Rahmen von Bibeldichtungen, in ihrem poetischen Anspruch. Den Bibeldichtern stellte sich die Aufgabe, nicht nur die Sprache, sondern auch die Form des Herrengebets zu wechseln, ohne seinen kanonischen Inhalt zu verfälschen. Zwei solcher Versuche liegen vor, in beiden Fällen handelt es sich (wie beim althochdeutschen *Tatian*) um Evangelienharmonien. Der erste Fall ist das stabgereimte Vaterunser im altniederdeutschen *Heliand,* der zweite das endgereimte Vaterunser im althochdeutschen *Evangelienbuch* Otfrids von Weißenburg. In beiden Fällen kann man den Dichtern auf die Finger schauen, denn die Strategien, die sie anwenden, um das Vaterunser an den Formtyp ihrer jeweiligen Evangeliendichtung anzupassen, treten im Vergleich mit der Vorlage deutlich hervor.

Der Dichter des um 840 entstandenen *Heliand* überführt das Vaterunser in stabgereimte Langzeilen (vgl. Haferland 2006, S. 22–23, S. 37). Langzeilen sind die vorherrschende Form in der volkssprachlichen Dichtung des frühen Mittelalters. Sie bestehen aus einem Anvers und einem Abvers, die durch eine Zäsur voneinander getrennt, aber durch Reim miteinander verbunden sind. Bis zur Mitte des neunten Jahrhunderts dominierte der Stabreim, danach der Endreim. Im folgenden Abdruck sind die Betonungen durch Akzente und die Stabreime durch Fettdruck hervorgehoben; es folgt die freie Nachdichtung von Karl Simrock:

1600   Fádar úsa   fíriho bárno,
          thu bíst an them **h**óhon   **h**ímila ríkea,
          ge**uu**íhid si thin námo   **uu**órdo gehuuílico.
          Cúma thín   **c**ráftag ríki.
          Uuérða thín **uu**ílleo   obar thesa **uu**érold álla,
1605   sô sáma an érðo,   sô thar **úpp**a íst
          án them **h**óhon   **h**ímilo ríkea.
          Gef us **d**ágo gehuuilikes rád,   **d**róhtin the gódo,
          thîna **h**élega **h**élpa,   endi alat ûs, **h**ébenes uuárd,
          mánagoro **m**énsculdio,   al so uue oðrum **m**ánnum dóan.
1610   Ne lát us farlédean   léða uuíhti
          so fórð an iro **uu**ílleon,   so uui **uu**írðige sínd,
          ac hélp ûs uuiðar **á**llun   **ú**bilon dádiun.

1600   Vater **u**nser,   **a**ller deiner Kinder,
          Der du bist im **h**ohen   Reiche der **H**immel,
          Geweiht werde dein Name   bei jeglichem **W**orte;
          Zu uns **k**omme   dein **k**räftiges Reich;
          Dein **W**ille **w**erde   über die **W**elt gewaltig,
1605   Hie* **u**nten auf Erden   wie er da **o**ben ist   *hier
          Hoch im **h**ohen   Reiche der **H**immel.
          Gib uns, **t**eurer Herr,   die **t**ägliche Notdurft,
          Deine **h**eilige **H**ilfe!   Erlass uns, **H**immelswart,
          Alle **Ü**beltat,   wie wir es **a**ndern tun,
1610   Und lass uns nicht leidige*   Wichte verleiten,   *üble
          Ihren **W**illen zu **w**irken,   wenn wir des **w**ürdig sind,
          Dass du uns von **a**llem   **Ü**bel erlösest.

An diesem Beispiel lässt sich aufzeigen, was grundsätzlich für die Form der stabgereimten Langzeile gilt (Hoffmann 1981, S. 22–30; Lühr 2018). Zunächst ist festzuhalten, dass jeder Vers zwei Betonungen aufweist. Da eine Langzeile aus zwei Versen (dem An- und dem Abvers) besteht, weist sie insgesamt vier Betonungen auf. Einer betonten Silbe können mehrere unbetonte Silben vorausgehen oder folgen, die Verse und Zeilen sind also frei gefüllt. Insbesondere in den Abversen kann es daher zu einem langen Anlauf vor der ersten betonten Silbe kommen. Weiter fällt auf, dass der Stabreim stets auf betonten Silben liegt. Unter einem Stabreim versteht man die Wiederholung eines bestimmten Konsonanten (vgl. „Haus und Hof", „Kind und Kegel") oder eines beliebigen Vokals (vgl. „Anfang und Ende") zu Beginn eines Wortes. Der Anvers hat einen oder zwei Stäbe, der Abvers nur einen. Während die Position des Stabs im Anvers wechselt, liegt der Stab im Abvers immer auf der ersten Betonung. Den stabilen Stab des Abverses bezeichnet man als ‚Hauptstab', die flexiblen Stäbe des Anverses als ‚Stützen'. Der Hauptstab gibt den Reim vor, die Stützen nehmen ihn auf. Der Stabreim wird also von hinten konstruiert. Simrock hat diese Regeln in seiner Nachdichtung befolgt, erlaubt sich aber aufgrund der syntaktischen Besonderheiten des Neuhochdeutschen eine Lizenz: Im Abvers darf der Stab auch auf der zweiten Betonung liegen.

Wie wir sahen, besteht das Vaterunser aus acht Einheiten, nämlich einer Anrede, drei Du-Bitten und vier Wir-Bitten. Da sich nicht jede Einheit in einer Langzeile wiedergeben lässt, musste der Dichter zusätzlichen Platz schaffen. Er beansprucht insgesamt dreizehn Langzeilen, um die Anrede und die sieben Bitten wiederzugeben. Zur Füllung der Verse braucht er folglich zusätzliches Wortmaterial, das aber den Sinn des Vaterunsers nicht beeinträchtigen darf. Diese Aufgabe löst er durch drei verschiedene Arten von Zusätzen, die man als pleonastisch, iterativ und exegetisch bezeichnen kann:

- pleonastische Zusätze verdoppeln den Sinn eines Wortes;
- iterative Zusätze wiederholen ein Wort, das an einer anderen Stelle des Gebets vorgegeben ist;
- exegetische Zusätze sind erläuternde Erweiterungen, die zeitgenössischen Vaterunser-Auslegungen entnommen sind.

Für das geschickte Vorgehen des *Heliand*-Dichters bietet die Anrede „Vater unser im Himmel" ein schönes Beispiel. Der Dichter zerlegt sie in zwei Hälften, denen er jeweils eine eigene Langzeile widmet. Aus dem Motiv des Vaters, das er im Anvers der ersten Langzeile unterbringt, leitet er den Zusatz „Menschenkinder" *(firiho barno)* ab, mit dem er den Abvers füllt. So erzeugt er formal den Stabreim auf f *(fadar/firiho)* und bietet inhaltlich eine sinnwahrende Ergänzung, indem er die Sprecher als „Kinder" *(barn)* ihres Vaters ausweist. Die zweite Langzeile setzt den zweiten Teil der Anrede um. Aus dem Motiv des Himmels wird der Stabreim auf h abgeleitet, der im pleonastisch ergänzten Attribut „hoch" wiederaufgenommen wird. Das hinzugefügte Motiv des Reiches wird aus der zweiten Bitte („dein Reich komme") vorgezogen und weist Gott schon in der Anrede als König aus.

Nach diesem Muster geht es in den drei Du-Bitten weiter. Die erste Bitte wird in einer Langzeile wiedergegeben. Der Anvers enthält den biblischen Text *(geuuihid si thin namo)*, der Abvers einen Zusatz, der zweierlei leistet: Er erzeugt den Stabreim auf w und erläutert die Bitte – ähnlich wie die Freisinger Auslegung – in dem Sinne, dass die Menschen Gott mit allen Worten *(uuordo gehuuilico)* ehren sollen. Die zweite Bitte erstreckt sich ebenfalls über eine Langzeile. Sie wird um ein Adjektiv erweitert, das den Stabreim auf k erzeugt und die königliche Macht Gottes unterstreicht: Das kommende *(Cuma)* Reich wird kräftig *(craftag)* sein. Der dritten Bitte werden drei Langzeilen eingeräumt. Zum einen wird, wie schon in der Anrede, das Motiv des Himmels ausgebaut („oben im hohen Himmelreich") und somit zum dritten Mal das Gottesreich zur Sprache gebracht; zum anderen werden Himmel und Erde in einem Dachbegriff zusammengefasst: „in all dieser Welt" *(oƀar thesa uuerold alla)*.

Auch die Wir-Bitten folgen dieser Methode. Die Brotbitte erstreckt sich über drei Kurzverse. Der Stabreim auf d, der mit *dago* („täglich") beginnt, wird in der zugesetzten Anrede *drohtin the godo* („guter Herr") fortgeführt. Das Brot wird, den Auslegungen entsprechend, zunächst als Sinnbild für alles Lebensnotwendige gedeutet, unter *rad* ist nicht nur der „Rat", sondern auch der „Vorrat" zu verstehen. Dann wird das Motiv verdoppelt, indem der gottgegebene *rad* noch einmal als „heilige Hilfe" *(helega helpa)* umschrieben wird. Die Vergebungsbitte gibt der Dichter ebenfalls in drei Kurzversen wieder. Dem Imperativ („Vergib uns") fügt er erneut eine Anrede hinzu, um den Stabreim zur vorausgehenden „heiligen Hilfe" zu produzieren; diesmal spricht er Gott als „Himmelswart" *(heƀenes uuard)* an, eine Variante auf den Himmelskönig. Den übrigen Teil der Bitte gibt der Dichter wörtlich wieder. Den dreifachen Stabreim auf m gewinnt er, indem er aus der Schuld die „Meinschuld" *(mensculdio,* vgl. Meineid) macht, das Attribut *managoro* (manche, viele) hinzufügt und die Schuldner verallgemeinernd als „Menschen" *(mannum)* wiedergibt. Der dritten Wir-Bitte, die in der karolingischen Theologie als erklärungsbedürftig galt (kann Gott den Menschen in Versuchung führen, ohne seinem Wesen zu widersprechen?), widmet der Dichter zwei Langzeilen und schafft so genügend Raum, um eine Erläuterung unterzubringen. Nicht Gott, sondern „böse Geister" *(leƀa uuihti:* „leidige Wichte") verführen den Menschen zu Handlungen, die „ihrem Willen" *(iro uuilleon),* also dem Streben des Teufels entsprechen. So argumentiert auch die Freisinger Auslegung, wohingegen die Weißenburger Auslegung betont, dass der Mensch sich selbst der Verführung aussetze. Die Erfüllung der Bitte wird davon abhängig gemacht, dass sich die Menschen als würdig erweisen: *so uui uuirðige sind.* Die gesamte Erläuterung, die sich über drei Kurzverse erstreckt, wird durch den Stabreim auf w übergebunden, in den auch der erste Abvers einbezogen ist *(uuihti).* Die abschließende Erlösungsbitte wird vorlagengetreu in einer Langzeile wiedergegeben. Unter dem Bösen, von dem Gott die Menschen erlösen soll, sind die „üblen Taten" *(uƀilon dadiun)* des Menschen zu verstehen. Der *Heliand*-Dichter fügt noch die Gebetsaufforderung an, die im Matthäusevangelium dem Vaterunser vorangestellt ist („So sollt ihr beten"). Um eine stabreimende Langzeile zu erzeugen, verdoppelt er sie inhaltlich: *So sculun gi biddean, than gi te bede hnigad.* Simrock übersetzt: „So sollet ihr bitten, wenn ihr zum Gebet euch neigt".

Einen anderen Weg wählte Otfrid von Weißenburg, der sein *Evangelienbuch* einige Jahrzehnte nach dem *Heliand* verfasste, nämlich zwischen 863 und 871. Otfrid hält am Prinzip der Langzeile fest, nimmt aber drei folgenreiche Änderungen vor.

- Erstens ersetzt er den Stabreim durch den Endreim, verschiebt also den Fokus vom Anfang auf das Ende der reimenden Wörter (Hoffmann 1981, S. 31–50).
- Zweitens führt Otfrid ein geregeltes Metrum ein. Jeder Kurzvers hat vier Hebungen, die Langzeile entsprechend acht Hebungen. Die Verse sind frei gefüllt, tendieren aber zur Alternation, also zum Wechsel von betonter und unbetonter Silbe. Otfrid hat die betonten Silben in einer der überlieferten Handschriften selbst teilweise mit Akzenten markiert.
- Drittens fasst er je zwei Langzeilen zu einer Strophe zusammen, die entsprechend vier Kurzverse umfängt.

Der Wechsel vom Stab- zum Endreim stellt in der deutschen Literaturgeschichte eine bedeutende Zäsur dar. Seit Otfrids *Evangelienbuch* ist die Ära der Stabreimdichtung vorüber. Zwar hat es bereits zuvor vereinzelt Endreime gegeben, so im *Hildebrandslied,* in den *Merseburger Zaubersprüchen* und im *Muspilli.* Doch Otfrid stellt die Langzeile konsequent auf den Endreim um, ohne dabei gänzlich auf Alliterationen als poetisches Ausdrucksmittel zu verzichten. Als Vorbild für die Verwendung von metrisch reguliertem Vers, Endreim und Strophenbindung dürften ihm die lateinische Dichtung, insbesondere die Hymnendichtung gedient haben (Haubrichs 1995a, S. 300–301).

Diese Änderungen wirken sich auf die Übersetzungstechnik aus. Nun gilt es nicht mehr zwei bis drei Wörter zu finden, die mit demselben Laut beginnen, sondern zwei Wörter, die, je nach Kadenz, mit demselben Vokal oder denselben Vokalen enden. Außerdem ist der eingeschränkten Silbenzahl sowie der paarweisen Zusammenfassung der Langzeilen zu Strophen Rechnung zu tragen.

In Otfrids Fassung und Johann Kelles Nachdichtung klingt das Vaterunser wie folgt (Buch II, Kap. 21, Z. 27–40). Kelle überträgt die Kurzverse in vierhebige Jamben, verzichtet aber auf den Endreim, um seiner Nachdichtung nicht allzu enge Grenzen zu setzen. Auch ordnet er den Text nicht mehr in Langzeilen, sondern in Kurzversen an. Damit die Strophen als solche erkennbar bleiben, rücke ich das jeweils zweite Verspaar ein:

> Fáter unser gúato, bist drúhtin thu gimýato
>> in hímilon io hóher, wíh si námo thiner.
> Biquéme uns thinaz ríchi, thaz hoha hímilrichi,
>> thára wir zua io gíngen joh émmizigen thingen.
> Si wíllo thin hiar nídare, sos ér ist ufin hímile;
>> in érdu hilf uns híare, so thu éngilon duist nu tháre.
> Thia dágalichun zúhti gib híut uns mit ginúhti,
>> joh fóllen ouh, theist méra, thínes selbes lera.
> Scúld bilaz uns állen, so wír ouh duan wóllen,
>> súnta thia wir thénken joh émmizigen wírken.
> Ni firláze unsih thin wára in thes wídarwerten fára,
>> thaz wír ni missigángen, thara ána ni gifállen.
> Lósi unsih io thánana, thaz wir sin thíne thegana,
>> joh mit ginádon thinen then wéwon io bimíden.

30

35

40

O, unser guter Vater, du,
Der du der gnadenvolle Herr
    Hoch oben in dem Himmel bist,
    Geheiligt sei der Name dein!
Es komme, Herr, dein Reich uns zu,
Das hocherhabne Himmelreich,
30   Das wir verlangen immerdar,
    Nach dem wir streben ohne Rast.
Dein Wille sei auf Erden hier,
Wie oben er im Himmel ist!
    Und hilf uns auf der Erde hier,
    So wie du hilfst den Engeln dort.
Nach dem Bedürfnis gib uns heut'
Das täglich Brot zum Unterhalt,
    Sowie, weit mehr ist dieses noch,
    Genugsam deine Lehre auch.
35 Erlass uns jeglichen die Schuld,
Gleichwie auch wir zu tun gewillt,
    Die Sünde, die wir immerfort
    Mit Denken und mit Tun begeh'n.
In der Versuchung unsers Feinds
Verlasse niemals uns dein Schutz,
    Dass wir durch sie nicht irre geh'n,
    Durch sie zum Falle kommen nicht!
Von ihm erlös' uns jeder Zeit,
Auf dass wir deine Diener sind,
40   Damit entgehen wir dem Weh
    Durch deine Gnade ewiglich.

Im Unterschied zum *Heliand* geht Otfrid in seiner Bearbeitung des Vaterunsers mit einer klaren quantitativen Strategie vor. Er widmet jeder Bitte eine Strophe, sodass sich sieben Zeilenpaare für sieben Bitten ergeben. Es liegt auf der Hand, dass Otfrid die heilige Siebenzahl unterstreicht, wie man sie von den sieben Sakramenten oder den sieben Werken der Barmherzigkeit kennt.

Die erste Strophe fasst die Anrede und die erste Du-Bitte zusammen. Der Wortlaut der Bitte bleibt unberührt, nur die Anrede wird erweitert. Der Vater wird zusätzlich als „Herr" *(druhtin)* angesprochen, dem zwei Eigenschaften zugeschrieben werden, nämlich „Güte" *(guato)* und „Gnade" *(gimuoto)*. Die Adjektive reimen sich, passen also nicht nur inhaltlich, sondern auch formal zusammen. Außerdem schreibt Otfrid – wie der *Heliand*-Dichter – dem Himmel das Adjektiv „hoch" zu, das die Vorstellung einer Hierarchie impliziert. Wenn der Vater zugleich ein Herr ist, der Gnade walten lässt und hoch im Himmel thront, so scheint ein herrscherliches Gottesbild durch. Die zweite Strophe ist der zweiten Du-Bitte gewidmet. Der Anvers der ersten Langzeile nimmt den kanonischen Text auf und erweitert ihn um ein Pronomen: Das Reich soll zu „uns" kommen. Alles Weitere ist Zusatz. Der Abvers der ersten Langzeile konkretisiert das Reich als „hohes Himmelreich". Die zweite Langzeile unterstreicht die Sehnsucht der Christen nach dem Reich Gottes durch eine synonyme, gereimte Doppelformel: „das wir immer begehren *(gingen)*", „das wir beständig erhoffen *(dingen)*". Die dritte Strophe gibt die dritte Du-Bitte wieder. Die erste Zeile bietet den biblischen

Wortlaut, die zweite umschreibt die Bitte noch einmal mit erläuternden Worten: Gott soll den Menschen unten auf der Erde ebenso helfen wie den Engeln oben im Himmel. Die vorgegebene Opposition von Himmel und Erde wird so um weitere Gegensätze erweitert: oben und unten, Engel und Menschen. Der Reim stützt die räumliche Vorstellung: *hiar nidare* („hienieden") ist das Gegenstück zu *ufin himile* („oben im Himmel"), *hiare* („hier") das Gegenstück zu *thare* („dort").

Die vierte Strophe formuliert die erste Wir-Bitte im Rückgriff auf die exegetische Tradition. Wie die Freisinger und Weißenburger Auslegung betonen, dass das Brot für alle menschlichen Bedürfnisse stehe, so gibt auch Otfrid das Brot verallgemeinernd mit dem Wort *zuhti* („Unterhalt") wieder. Das hinzugefügte Adverb *genuhti* („zur Genüge") dient der Herstellung des Reims. Die zweite Langzeile bietet eine weitere Deutung des Brotes, nämlich als Lehre Gottes. Auch dieses Motiv wird mit der Vorstellung der Fülle verknüpft (*follen ouch,* vgl. *genuhti*). Das Brot wird also zweifach metaphorisch verstanden, es steht für die Bedürfnisse des Körpers und der Seele. Die fünfte Strophe überträgt die zweite Wir-Bitte. Erneut gibt Otfrid die Bitte in der ersten Langzeile wörtlich wieder, um sie dann in der zweiten Langzeile zu erläutern. Die Erläuterung verweist auf die grundsätzliche Sündhaftigkeit der Menschen in ihrem Denken und Tun, dabei spielt sie auf das liturgische Schuldbekenntnis (*Confiteor*) an: „Ich habe gesündigt in Gedanken, Worten und Werken" (*peccavi cogitatione, verbo et opere*). In der sechsten Strophe, die die dritte Wir-Bitte thematisiert, erklärt Otfrid im Sinne der Auslegungen, dass nicht Gott die Menschen in Versuchung führt, sondern der Teufel. Entsprechend ändert er den Wortlaut ab. Die erste Langzeile bittet um göttlichen Schutz vor der teuflischen Nachstellung; dabei stützen die Reimwörter den Gegensatz: Der „Gefährdung" (*fara*) durch den Teufel steht die „Bewahrung" (*wara*) durch Gott gegenüber. Die zweite Langzeile bezieht die Bitte erläuternd auf den Sündenfall: Die Christen sollen nicht „irregehen" (*missigangen*), sie sollen nicht wie die ersten Menschen im Paradies zu Fall kommen (*gifallen*). Wieder reimen sich die synonymen Verben. Die abschließende Strophe, die die Erlösungsbitte enthält, variiert das bisherige Schema, in der ersten Zeile die Bitte wörtlich wiederzugeben und in der zweiten Zeile erläuternd zu umschreiben. Nun bildet die wörtliche Wiedergabe der Bitte einen Rahmen, denn der erste Teil („Erlöse uns") steht im Anvers des ersten, der zweite Teil („vom Bösen") im Abvers der zweiten Langzeile. Die Erläuterung bildet den Mittelteil. Otfrid fügt zwei Motive hinzu, die das Menschenbild betreffen. Der Mensch ist auf die göttliche Gnade angewiesen (*joh mit ginadon thinen*), daher soll er sich Gott dienend unterordnen (*thaz wir sin thine thegana*).

Zeugen der Vorzeit

3

Inhaltsverzeichnis

Die deutschsprachige Literatur, die man im Kloster schrieb, las und lehrte, war geistlichen Inhalts. Dies gilt nicht nur für die didaktischen und katechetischen (auf die Glaubensunterweisung bezogenen) Texte, von denen im vorigen Kapitel die Rede war, sondern auch für die poetischen Schriften, die im Mittelpunkt der nächsten Kapitel stehen. Sie handeln von Schöpfung und Apokalypse, vom Alten und Neuen Testament, von Heiligen und Königen. Doch hielten die Mönche auch solche Dichtungen auf dem Pergament fest, die im Kloster eigentlich nichts zu suchen hatten: Zeugnisse einer mündlichen Tradition, die der klösterlichen Kultur des frühen Mittelalters vorausging und sich dem Lebensalltag der Mönche entzog. Zu diesen Dichtungen zählen zwei Hauptgattungen, die man als ‚Heldenlieder‘ und ‚Zaubersprüche‘ bezeichnet. Heldenlieder sind Versdichtungen, die von heroischen Kämpfen und tragischen Konflikten erzählen. Zaubersprüche sind magische Formeln, mit deren Hilfe Gefangene befreit und Kranke geheilt, aber auch Bienen eingefangen werden sollten. Die wenigen Zeugnisse, die noch erhalten sind, wurden auf leeren Seiten lateinischer geistlicher Handschriften nachgetragen. Auf diesem Wege sind zwei Dichtungen erhalten, die man mit älteren, mündlichen Traditionen in Verbindung bringen kann: das *Hildebrandslied* und die *Merseburger Zaubersprüche*. Beide Handschriften stammen aus dem Kloster Fulda.

© Der/die Autor(en), exklusiv lizenziert durch Springer-Verlag GmbH, DE, ein Teil   41
von Springer Nature 2022
A. Kraß, *Die Anfänge der deutschen Literatur,*
https://doi.org/10.1007/978-3-662-64153-8_3

3.1   Heldenlieder

Lange vor Beginn der deutschen Literaturgeschichte wurde von den Kämpfen
großer Helden erzählt. Die Sagen verweisen auf das Ethos einer Kriegergesell-
schaft, das sich nicht ohne weiteres mit der christlichen Werteordnung vereinbaren
lässt. Vieles spricht dafür, dass Karl der Große Interesse an solchen Heldensagen
zeigte und sie aufschreiben ließ. Die Kleriker hingegen distanzierten sich von den
Heldenliedern, die sie als barbarisch und heidnisch ablehnten. Die Kleriker setzten
sich durch. Zwar gibt es Beispiele für Klöster, die in ihren Bibliotheken Bücher
mit Heldenliedern aufbewahrten, doch nur ein Zeugnis hat sich bis heute erhalten:
das *Hildebrandslied.*

3.1.1   Ein Heldenliederbuch?

Die Pflege der Wissenschaft, die Karl der Große im Rahmen seiner Bildungsreform forderte, betraf in erster Linie theologische und liturgische Schriften
und somit lateinische Texte religiösen Inhalts. Doch scheint er auch an der Auf-
zeichnung mündlicher Dichtungen interessiert gewesen zu sein, die in die Vorzeit zurückreichten. Wie sein Biograph Einhard mitteilt, ließ er einheimische
Sagen verschriftlichen, die von früheren Königen handeln: „Auch die uralten
heidnischen Lieder, in denen die Taten und Kriege alter Könige besungen
wurden, ließ er aufschreiben, um sie für die Nachwelt zu erhalten" (Einhard
1995, S. 54–55). Karl verfolgte demnach zwei Ziele: die Förderung des Christentums und die Erinnerung an die Geschichte der Königsherrschaft. Das erste Ziel
war an die lateinische Literatur und den Klerus gebunden, das zweite stellte die
literarische Kompetenz des Klerus in den Dienst eines weltlichen Zwecks, nämlich der schriftlichen Fixierung mündlich überlieferter Heldenlieder. Beide Ziele
waren Instrumente der Festigung der fränkischen Herrschaft. Die Förderung und
Verbreitung der christlichen Religion und Kultur diente der politischen Einheit,
die Erinnerung an frühere Fürsten wie den ostgotischen Herrscher Theoderich,
der nach dem Ende des weströmischen Reiches die Macht in Italien übernahm, erlaubte dem fränkischen Herrscher die Selbststilisierung als Nachfolger
berühmter Könige der Vergangenheit.

Karls Verehrung für Theoderich den Großen, der als Dietrich von Bern in die
Sagenwelt einging und auch im *Hildebrandslied* eine Rolle spielt, ist vielfach
belegt. So gab der Kaiser einem seiner Söhne (den seine Nebenfrau Adalind im
Jahr 807 geboren hatte) den Namen Theoderich (Schieffer 1977). Auch ließ er
ein Reiterstandbild Theoderichs des Großen von Ravenna nach Aachen bringen,
um es vor der Aula seines Palastes aufzustellen. Die vergoldete Bronzestatue ist
nicht erhalten, doch wissen wir von ihrer Existenz, weil Walahfrid Strabo sie in
seinem 829 verfassten und Ludwig dem Frommen gewidmeten Gedicht „Über
das Standbild Theoderichs" *(De imagine Tetrici)* beschrieb (vgl. Millet 2006,
S. 43–45). Das in lateinischen Hexametern verfasste Werk stellt Theoderich, der
„einst Beherrscher italischen Landes" (Vers 30) gewesen sei, als habgierigen,

hartherzigen, hochmütigen „Gottesverächter" (Vers 36) dar, dessen Reputation schon verblasse: „Nichts verblieb ihm auf Erden als nur ein verblichener Nachruhm" (Vers 33). Dagegen wird Ludwig als frommer Kaiser gepriesen: „Du stellst die Frömmigkeit her, die du im Versinken vermeintest" (Vers 96) (zitiert nach Homeyer 1983, S. 109–117). Während sich Karl als Kaiser in Theoderich spiegelt, baut Walahfrid einen religiös motivierten Gegensatz zwischen Theoderich und Ludwig auf. Zwar war Theoderich Christ, doch gehörte er der arianischen Konfession an, einer frühchristlichen Glaubensrichtung, die die Wesenseinheit von Gott und Christus bestritt und von römischer Seite als Häresie verurteilt wurde.

Wenn Einhard schreibt, dass Karl die alten Heldenlieder in deutscher Sprache habe aufschreiben lassen, dann lehnt er sich an die Tradition der römischen Kaiserviten an, insbesondere an Suetons Biographie des Kaisers Augustus. Sueton betont, dass Augustus die *Aeneis* Vergils als nationales Epos gefördert habe. Entsprechend verweist Einhard auf Karls Bemühen um die Lieder, die von den Taten alter Könige berichten (Haubrichs 1995a, S. 111–112). Die Vorstellung der älteren Forschung, dass Karl ein regelrechtes Heldenliederbuch in Auftrag gegeben habe, mag übertrieben sein. Es besteht aber kein Zweifel daran, dass es sich bei den gesammelten Liedern um volkssprachige Dichtungen *(barbara carmina)* handelte. Solche Sammlungen sind in der Bibliothek des Klosters Reichenau bezeugt. In einem Bücherkatalog des Bodenseeklosters aus den frühen 820er Jahren wird unter den Schulbüchern eines genannt, das den Titel „Von Liedern auf Deutsch ein Band" trägt *(De carminibus theodiscae volumen I)*. Zwischen den Jahren 835 und 842 listet der Reichenauer Lehrer und Bibliothekar Reginbert in seinem Bücherverzeichnis „zwölf Lieder, die in deutscher Sprache gedichtet wurden" *(XII carmina Theodiscae linguae formata)* und einen Band mit „verschiedenen Liedern, um die deutsche Sprache zu lernen" *(carmina diversa ad docendam Theodiscam linguam)* (Haubrichs 1995a, S. 114, 80).

Klerikaler Widerstand
Wie schon bald nach Karls Tod die Verehrung des Standbildes Theoderichs des Großen zurückgewiesen wurde, stieß auch die Sammlung volkssprachlicher Heldenlieder auf Ablehnung. Karls Sohn und Nachfolger Ludwig der Fromme, der unter dem Einfluss von Klerikern wie dem vorgenannten Walahfrid Strabo stand, wollte von Standbildern und Heldenliedern nichts mehr wissen. Das Selbstverständnis des Herrschers hatte sich gewandelt, der königliche Stolz Karls des Großen war der christlichen Demut Ludwigs des Frommen gewichen (Jussen 2014, S. 94–97). Dessen Biograph Thegan berichtet, Ludwig habe die „Lieder der heidnischen Dichter" *(poetica carmina gentilia)*, die er in seiner Jugend gelernt habe, verschmäht und weder lesen noch hören noch weitergeben lassen wollen (Haubrichs 1995a, S. 114). Wenn Ludwig beklagt, dass er in seiner Kindheit solche Lieder habe lernen müssen, so entspricht das dem Sachverhalt, dass das Kloster Reichenau deutsche Liedersammlungen für den Schulunterricht verwendete. Der von Thegan verwendete Ausdruck *gentilia*, der zwischen „Heiden" und „Stammesgenossen" schillert, dürfte sich auf volkssprachliche Heldenlieder beziehen. Dieselbe Bezeichnung hatte schon Alkuin benutzt, und zwar mit Blick

auf ein angelsächsisches Heldenlied über jenen Ingeld, der im *Beowulf* als König und Kämpfer auftritt. Alkuin baut einen Gegensatz zwischen dem Himmelskönig Christus und dem „Heidenkönig" Ingeld auf:

> In der Gemeinschaft der Priester soll man die Worte Gottes lesen; dort gehört es sich, dass man dem Vorleser lauscht und nicht dem Harfenspieler, den Predigten der Väter und nicht den Liedern der Heiden *[carmina gentilium]*. Was hat Ingeld mit Christus zu tun? Das Haus ist eng: beide kann es nicht fassen. Der Himmelskönig will nicht mit heidnischen und verkommenen sogenannten Königen Gemeinschaft haben; weil der König ewig im Himmel herrscht, klagt der verworfene Heide in der Hölle. Man soll die Stimmen der Lesenden in deinen Häusern hören, nicht das Gelächter der Menge in den Straßen. (Epistolae Karolini aevi II, S. 183; Übersetzung A.K.)

Hier werden zwei Formen von Literatur gegeneinander ausgespielt. Auf der einen Seite stehen das Wort Gottes und die Predigten der Väter, die in den Gotteshäusern vorgelesen werden und den Weg zum Himmel weisen; auf der anderen Seite stehen die heidnischen Lieder, die auf den Straßen bei Harfenspiel und Gelächter gesungen werden und in die Hölle führen.

Otfrid von Weißenburg teilte Alkuins Widerwillen gegen die deutschsprachigen Heldenlieder. In der Widmung seines *Evangelienbuchs* an den Erzbischof von Mainz distanziert er sich von den weltlichen Sängern, deren Lieder „nichtsnutzig" *(inutilium)* und „anstößig" *(obscenus)* seien. Implizit bezeugt er damit ihre Attraktivität und Verführungskraft:

> Als einst der Vortrag von nichtsnutzigem Zeug die Ohren vortrefflicher Männer beleidigte und das anstößige Gesinge der Laien sie in ihrer frommen Gesinnung beunruhigte, bin ich von einigen Mitbrüdern, die verdienen, daß man ihrer gedenkt, vor allem aber von einer verehrungswürdigen edlen Frau namens Judith mit allem Nachdruck gebeten worden, ihnen eine volksprachliche Evangelienharmonie zu schreiben, auf daß der Vortrag dieses heiligen Textes ein wenig die Unterhaltung durch weltliche Lieder zurückdränge und die Menschen, gefesselt von der Süße der Evangelien in der Muttersprache, lernten, sich von Gesängen nichtsnutzigen Inhalts abzuwenden. (Otfrid 1987, S. 16–17)

Otfrid sah seine Aufgabe darin, den weltlichen Liedern ein geistliches Werk entgegenzusetzen. Im Mittelpunkt seiner volkssprachlichen Bibeldichtung steht kein Sagenheld wie Ingeld, Dietrich oder Hildebrand, sondern Christus selbst, der, wie Otfrid im dritten Kapitel des ersten Buches ausführt, von König David abstamme und selbst ein Herrscher sei.

3.1.2   Das *Hildebrandslied*

Die deutschsprachigen Heldenlieder, die am Hof Karls des Großen und im Kloster Reichenau gesammelt und aufbewahrt wurden, haben sich nicht erhalten. Nur ein Heldenlied des frühen Mittelalters überlebte als Fragment: das *Hildebrandslied,* eine martialische, patriarchalische und tragische Erzählung. Martialisch ist das *Hildebrandslied,* weil es von Krieg und Kampf handelt. Zwei Heerführer begegnen einander, liefern sich einen feindseligen Wortwechsel und beginnen einen tödlichen Waffengang. Patriarchalisch ist das *Hildebrandslied,* da es von der Rivalität zwischen Vater und Sohn handelt, aber auch vom verhinderten Erbe des Vaters an den Sohn. Tragisch ist das *Hildebrandslied,* da der tödliche Konflikt der Heerführer nur deswegen unvermeidlich ist, weil der Sohn den Vater nicht erkennt. Damit ist ein weiteres Thema benannt: das Wissen des Helden. In der Welt des *Hildebrandslieds* ist nicht der Jüngere überlegen, sondern der Ältere, weil er über einen Wissensvorsprung verfügt.

Überliefert ist das *Hildebrandslied* als Nachtrag auf der ersten und letzten Seite einer sechsundsiebzig Blätter umfassenden theologischen Handschrift, die in den 830er Jahren im Kloster Fulda hergestellt wurde und heute in der Universitätsbibliothek Kassel aufbewahrt wird. Der aus Kalbspergament gefertigte Codex entstand in mehreren Schritten. Zunächst umfasste er zwei biblische Schriften des Alten Testaments, die der Weisheitsliteratur zuzurechnen sind: das Buch der Weisheit und das Buch Jesus Sirach. Dann wurden einige Blätter hinzugefügt, die Auszüge aus einem Sakramentar sowie Predigten des Kirchenvaters Origenes enthalten. Schließlich wurde das *Hildebrandslied* nachgetragen. Der Schluss fehlt – vermutlich, weil das Ende der letzten Seite erreicht war.

Das *Hildebrandslied* fällt aus dem Kontext heraus, denn es ist weder geistlichen Inhalts noch in lateinischer Sprache verfasst. Oft wird angenommen, dass es bereits im achten Jahrhundert in Oberitalien entstanden sei (wo es spielt) und in Fulda von einem niederdeutschen Schreiber nach einer bairischen Vorlage abgeschrieben wurde. Darauf verweist der eigentümliche Schriftdialekt, der bairisch geprägt, aber von niederdeutschen Einsprengseln durchsetzt ist. So heißt es in der ersten Zeile („Ich hörte das sagen") *ik* statt *ih* und *dat* statt *daz.* Eine weitere Besonderheit besteht darin, dass der Schreiber den Lautwert des Buchstaben w nicht, wie sonst üblich, mit doppeltem u wiedergab, sondern die *wynn*-Rune (ᚹ) aus dem altenglischen Alphabet übernahm. Dieses war ihm geläufig, da Fulda eine Gründung des Angelsachsen Bonifatius und somit der englischen Buchkultur verbunden war. Doch wird auch die These vertreten, dass das *Hildebrandslied* um 800 in Fulda selbst entstand (Lühr 1982).

Historische Hintergründe

Die historischen Ereignisse, vor deren Hintergrund das *Hildebrandslied* spielt, fanden bereits im fünften Jahrhundert statt, zur Zeit des Untergangs des weströmischen Reichs und der nachfolgenden Herrschaftsstreitigkeiten in Oberitalien. Der letzte legitime Kaiser Westroms, Julius Nepos, wurde im Jahr 475 von seinem Heermeister Orestes aus Ravenna vertrieben. Orestes setzte seinen fünfzehnjährigen Sohn als neuen Kaiser ein und nannte ihn Romulus Augustus. Der oströmische Kaiser Zenon erkannte den minderjährigen Herrscher nicht an und hielt am vertriebenen Julius Nepos fest. Bereits ein Jahr später beendete Odoaker, ein römischer Offizier aus dem Stamm der Skiren, die Herrschaft des Schattenkaisers. Odoaker, der am Hof des Hunnen Attila (in der Sage: Atli oder Etzel) aufgewachsen war, beanspruchte den Titel des „Königs von Italien" für sich, obwohl Julius Nepos noch bis 480 lebte. Er sandte die Insignien des weströmischen Kaisers nach Konstantinopel mit der Begründung, dass man in Ravenna keinen Kaiser mehr benötige, da man sich dem oströmischen Kaiser unterstelle. Nach zwölf Jahren

änderte sich die Lage, als Odoaker die vorrückenden Ostgoten abwehren musste.
Er bekam es mit Theoderich dem Großen zu tun, der seine Jugend am Hof des oströmischen Kaisers verbracht, ihm später als ranghoher Offizier auf dem Balkan
gedient hatte und nun seine Gunst besaß. Theoderich belagerte Ravenna mehrere
Jahre lang. Odoaker unterlag in den militärischen Auseinandersetzungen und
schloss, als eine Hungersnot drohte, am 27. Februar 493 einen Friedensvertrag,
der aber keinen Bestand hatte. Bereits wenige Tage später ermordete Theoderich in
Ravenna eigenhändig seinen Widersacher und trat die Herrschaft in Italien an.

Die Rivalität zwischen Odoaker und Theoderich um die Herrschaft in Italien
bildet sich im *Hildebrandslied* als Konfrontation zwischen Vater und Sohn ab. Der
politische Konflikt wird als familiärer Konflikt zugespitzt. Vater Hildebrand vertritt
die Partei Theoderichs des Großen *(Detrihhe)*, Sohn Hadubrand die Partei Odoakers
(Otachre). Wie Theoderich Odoaker ermordete, so tötet Hildebrand Hadubrand.
Allerdings kehrt das *Hildebrandslied* die politischen Verhältnisse um. Odoaker
wird als derjenige vorgestellt, der Theoderich und seine Gefolgsleute in jenes Exil
vertrieben hat, aus dem Hildebrand nun in die oberitalienische Heimat zurück-
kehrt. Der Sohn kennt (und erkennt) den Vater nicht, weil dieser als Gefolgsmann
Theoderichs einst seine Frau und sein noch ungeborenes Kind zurücklassen musste.

Form und Komposition
Die Form des *Hildebrandslieds* ist, der Tradition der Heldensage entsprechend,
die stabgereimte Langzeile. Doch gibt es Unregelmäßigkeiten. In die Dichtung
sind einige Kurzverse eingestreut (Z. 1, 29, 32, 38), und einige Zeilen weisen,
vermutlich überlieferungsbedingt, keinen Stabreim mehr auf (Z. 15, 31, 46, 60;
Lühr 2018, S. 190–191). Aus Gründen des Schriftdialekts gelten auch th/d und
in bestimmten Fällen p/b als Stabreime. Auch enthält das *Hildebrandslied* einige
Verse, die zusätzlich zum Stabreim Endreime aufweisen, ohne das klar wäre, ob es
sich um Zufall oder Absicht handelt (Z. 22, 58, 67).

I. Exposition (1–6)	
II. Streitrede (7–62)	
1. Hildebrand (7–13)	
2. Hadubrand (14–29)	
3. Hildebrand (30–35)	
4. Hadubrand (36–44)	
5. Hildebrand	Teil 1 (45–48)
	Teil 2 (49–57)
	Teil 3 (58–62)
III. Zweikampf (63–68)	

Das *Hildebrandslied* folgt einer durchdachten Komposition. Der Text beginnt mit
der Exposition, die die Begegnung zweier Heerführer schildert (Z. 1–6). Es folgen
zwei Konfrontationen: zunächst ein feindseliger Wortwechsel, der den Hauptteil der Dichtung bildet (Z. 7–62), und dann der tödliche Zweikampf, der nur

fragmentarisch überliefert ist (Z. 63–68). Der Wortwechsel lässt sich anhand der Redeanteile von Vater und Sohn weiter untergliedern. Die Abschnitte sind durch Inquit-Formeln („er sagte") markiert. Hildebrands letzte Rede ist außerdem durch weitere Inquit-Formeln noch einmal in sich gegliedert. Im Folgenden wird der Text gemäß dieser Einteilung erläutert. Die Nachdichtung ahmt die stabgereimte Langzeile im Stil von Simrocks *Heliand*-Bearbeitung nach (einschließlich der Lizenz, den Hauptstab gelegentlich am Ende des Abverses zu platzieren).

Exposition

Im ersten Teil des Gedichts, der Exposition, stellt der Erzähler die beiden Hauptfiguren vor (Z. 1–6; zitiert nach Braune und Ebbinghaus 1994, S. 84–85; Nachdichtung A.K.):

> Ik gihorta đat seggen,
> đat sih urhettun aenon muotin,
> Hiltibrant enti Hađubrant untar heriun tuem.
> sunufatarungo iro saro rihtun.
> 5 garutun se iro guđhamun, gurtun sih iro suert ana,
> helidos, ubar hringa, do sie to dero hiltiu ritun.

> Ich hörte das sagen,
> dass sich Angreifer einzeln trafen,
> Hildebrand und Hadubrand zwischen zwei Heeren.
> Sohn und Vater besorgten ihre Rüstung,
> 5 wappneten sich mit ihren Waffen, wanden ihre Schwerter,
> die Krieger, ums Kettenhemd, als sie in den Kampf ritten.

Der Kurzvers am Anfang des Lieds zitiert eine typische Einleitungsformel der Heldenepik: „Ich hörte das sagen". Sie zeigt an, dass eine mündlich überlieferte Dichtung, eine Sage zugrunde liegt. Der Verfasser stellt sich als namenloser Sänger vor, der ein Lied, das er aus mündlicher Quelle empfangen hat, erzählend weitergibt. So wird der schriftliterarische Charakter des *Hildebrandslieds* verbrämt. Der Erzähler stilisiert sich als mündlicher Vermittler, dem man zuhört – nicht als schriftlicher Verfasser, dessen Lied man liest oder vorliest.

Nach der Eingangsformel werden in abhängiger Rede die beiden Gegenspieler als militärische Führer vorgestellt, die sich, jeweils mit einem Heer im Rücken, gegenübertreten. Man hat ein geordnetes Bild vor Augen. Auf der einen Seite steht Hildebrand, auf der anderen Seite Hadubrand, hinter ihnen jeweils die Schar der Krieger, die sie anführen. Wenn in einer heroischen Welt zwei Krieger aufeinandertreffen, so steht ihnen nur ein Handlungsmuster zu Gebote, das aus drei Schritten besteht: Konfrontation, Domination und Attribution (Warning 1979). Sie greifen einander an, ringen um den Sieg, und der Überlegene beraubt den Unterlegenen, in diesem Fall nimmt er ihm das Leben. Die Tragik, dass hier Vater und Sohn aufeinandertreffen, wird dem Publikum gleich bewusst. Die bloße Nennung der Namen reicht aus, um das entsprechende Sagenwissen abzurufen. Absichernd schickt der Erzähler die Bemerkung nach, dass es Sohn und Vater (*sunufatarungo*) seien, die hier in den Clinch gehen.

Die Vorbereitung auf das Gefecht wird in drei Teilhandlungen geschildert. Die Gegner richten ihre Rüstungen her, legen ihre Kampfgewänder an und gürten sich ihre Schwerter um. Dann reiten sie zum Kampf – *do sie to dero hiltiu ritun.* Das Wort, das für den Kampf gewählt wird, ist zugleich der erste Namensbestandteil des Protagonisten Hildebrand: *hiltia.* Der Name Hadubrand ist gleichbedeutend, denn auch das althochdeutsche *hadu,* das noch im neuhochdeutschen „Hader" erhalten ist, bezeichnet den Kampf. Vater und Sohn repräsentieren somit zwei Varianten desselben Prinzips. *Hiltiu* und *hadu* verweisen auf den Kampf, *brant* auf das wie Feuer funkelnde Schwert. Die Helden verkörpern sich gewissermaßen in den Kampfschwertern, die sie sich umgürten: *gurtun sih iro suert ana.*

Der Stabreim wird genutzt, um die Namen, Rollen und Requisiten der handelnden Figuren zu markieren. In der dritten Zeile werden Hildebrand, Hadubrand und die Rolle als Heerführer verbunden (Stabreim auf h). In der vierten Zeile werden das Verwandtschaftsverhältnis und die Rüstung betont (Stabreim auf s). In der fünften Zeile werden weitere Elemente der Rüstung hervorgehoben (Stabreim auf g). In der sechsten Zeile wird der Blick von der Rüstung auf die kämpfenden Helden selbst zurückgelenkt (Stabreim auf h).

Streitrede

Auf die Exposition folgt der umfangreichste Teil der Erzählung, die Wechselrede der Kontrahenten. Sie wächst sich zu einem Wortgefecht aus, das schließlich in den Schwertkampf umschlägt. Dieser Teil gliedert sich in fünf Abschnitte, die die Reden der Gegner umfassen. Der Vater eröffnet und beendet das Gespräch, entsprechend hat der Sohn nur zwei statt drei Redeanteile. Die erste Rede, die Hildebrand hält, zielt auf die genealogische Herkunft des Rivalen (Z. 7–13; 10b und 11a nicht überliefert):

> Hiltibrant gimahalta (Heribrantes sunu): her uuas heroro man,
> ferahes frotoro; her fragen gistuont
> fohem uuortum, hwer sin fater wari
> 10 fireo in folche, ⟨…⟩
> ⟨…⟩ ,eddo hwelihhes cnuosles du sis.
> ibu du mi ęnan sages, ik mi de odre uuet,
> chind, in chunincriche: chud ist mir al irmindeot.'

> Hildebrand sprach (Heribrands Sohn), er war höher im Alter,
> voller Erfahrung; zu fragen begann er
> mit fordernden Worten, wer sein Vater wäre
> 10 unter den Leuten des Landes ⟨…⟩:
> ⟨…⟩ „Aus welchem Geschlecht bist du?
> Wenn du mir einen sagst, die andern weiß ich dann.
> Kind, im Königreich ist kund mir die ganze Heldenschar."

Der Übergang von der Erzählung zur Figurenrede erfolgt fließend. Zuerst spricht noch der Erzähler selbst (Z. 7–9a). Dann gibt er Hildebrands Worte in indirekter Rede wieder (Z. 9b–10), die bald in direkte Rede übergeht (Z. 11–13). Hildebrand, den der Erzähler als den Älteren und Erfahreneren ausweist, fragt nach der Herkunft seines Gegenübers. Er beansprucht Wissen *(uuet)* und Kenntnis *(chud)* für sich, während er den anderen als Kind anspricht und somit in die Rolle des Juniors verweist. Wenn er nur einen Namen erfahre, so behauptet Hildebrand, dann könne er daraus auf die gesamte Verwandtschaft schließen. Die Genealogie ist patrilinear bestimmt, die Linie führt vom Vater zum Sohn. Hadubrand ist Sohn seines Vaters Hildebrand, Hildebrand Sohn seines Vaters Heribrand. Die Einheit der Väter und Söhne wird durch Gleichklang und Bedeutungsgleichheit der Namen unterstrichen. Mütter spielen keine Rolle, denn sie zählen nicht zur Heldenschar *(irmindeot)*. Die Pointe der Szene besteht darin, dass Hildebrand nach sich selbst fragt. Noch weiß das Publikum mehr als die Figuren; aber bald wird der Vater aufholen, während der Sohn in Unwissenheit verharrt.

Es folgt Hadubrands Antwort, eingeleitet mit derselben Formel, die zuvor Hildebrands Rede ankündigte *(Hadubrant gimahalta)*. Wieder reicht der Erzähler den Namen des Vaters nach *(Hiltibrantes sunu)* und bestätigt so die patriarchalische Ordnung, aber auch den Sachverhalt, dass hier Verwandte aufeinandertreffen. Hadubrands Rede erfüllt ebenfalls einen doppelten Zweck, denn sie gibt nicht nur Antwort auf Hildebrands Frage, sondern informiert auch das Publikum, sozusagen im Auftrag des Erzählers, über die geschichtlichen Hintergründe (Z. 14–29):

> **H**adubrant gimahalta, **H**iltibrantes sunu:
> 15 ,**d**at sagetun mi usere liuti,
> **a**lte anti frote, dea **e**rhina warun,
> dat **H**iltibrant **h**ætti min fater: ich **h**eittu Hadubrant.
> **f**orn her ostar giweit, **f**loh her Otachres nid,
> hina miti **Th**eotrihhe enti sinero **d**egano filu.
> 20 her furlæt in **l**ante **l**uttila sitten
> **p**rut in **b**ure, **b**arn unwahsan,
> **a**rbeo laosa: her raet **o**star hina.
> des sid **D**etrihhe **d**arba gistuontun
> **f**ateres mines: dat uuas so **f**riuntlaos man.
> 25 her was **O**tachre **u**mmet tirri,
> **d**egano **d**echisto miti **D**eotrichhe ‹…›.
> her was eo **f**olches at ente: imo was eo **f**ehta ti leop:
> **ch**ud was her **ch**onnem mannum.
> ni waniu ih iu lib habbe.'

> **H**adubrand sprach, **H**ildebrands Sohn:
> 15 „Das **s**agten mir aus unserer **S**ippe
> **A**lte und Weise, die **e**hedem lebten,
> dass **H**ildebrand **h**eiße mein Vater. Ich **h**eiße Hadubrand.
> **E**inst ritt er gen **O**sten, entfloh **O**doakers Zorn,
> mit **D**ietrich und seiner **D**ienstmänner Schar.
> 20 Er **l**ieß im Lande die **L**iebste sitzen,
> das **K**ind in der Kammer, den **K**naben unerwachsen,
> des **E**rbes beschnitten. **O**stwärts ist er geritten.
> Denn **D**ietrich be**d**urfte
> meines **V**aters: der war ein **f**reundloser Mann.
> 25 Er war **O**doaker **u**nmäßig feind,
> **D**ankbar dem **D**ienstmann war **D**ietrich ‹…›.
> Er ritt den **K**riegern voran, zum **K**ampf strebte er:
> Be**k**annt war er **k**ühnen Männern.
> Nicht glaube ich, dass er noch lebt."

Nun wird auch für Hildebrand klar, dass die Stammesgenossen, nach denen er fragte, die eigenen sind. Als Hadubrand, wie zuvor schon der Erzähler, den Namen des Vaters nennt (Z. 17), ahnt dieser, wen er vor sich hat. Hadubrand erzählt Hildebrand, was dieser schon weiß, denn es ist seine eigene Geschichte. Sie hat zwei Seiten, eine familiäre und eine politische. Der familiäre Aspekt ist das Schicksal des Sohnes, der in früher Kindheit den Vater verlor. Dieser ließ seine junge Braut *(prut)* und den minderjährigen Sohn *(barn unwahsan)* zurück, ohne ihm ein Erbe zu hinterlassen. Grund dafür war die politische Situation. Hildebrand folgte seinem Fürsten Dietrich auf der Flucht vor Odoakers Feindschaft in den Osten. Wenn Hadubrand in seiner Rede erwähnt, dass sein Vater Hildebrand als Dietrichs Feldherr stets an der Spitze der Heerschar stand (Z. 27: *her was eo folches at ente*), so spiegelt dies die gegenwärtige Situation, denn Hildebrand und Hadubrand stehen sich ebenfalls zwischen zwei Heeren gegenüber. So verdichtet sich der Konflikt zwischen Dietrich und Odoaker im Konflikt zwischen Hildebrand und Hadubrand. Letzterer hat es unter Odoaker trotz ungünstiger Voraussetzungen seinerseits zum Heerführer gebracht und somit den Stand seines Vaters erreicht, nur auf entgegengesetzter Seite. Der politische Streit kulminiert in der Begegnung von Vater und Sohn.

Nach dem ersten Wortwechsel ist Hildebrand (wie vorher schon das Publikum) über die näheren Umstände der Begegnung in Kenntnis gesetzt. Während der Sohn glaubt, sein Vater sei gestorben, steht dieser leibhaftig vor ihm. Nun versucht Hildebrand Hadubrand zu erklären, dass dieser unverhofft seinen Vater wiedergefunden habe und somit, das ist die implizite Schlussfolgerung, der Kampf vermeidbar sei (Z. 30–35):

30   ,wettu **i**rmingot', quad Hiltibrant,   ,**o**bana ab heuane,
      dat du neo dana halt mit sus sippan man
      dinc ni gileitos.'
      want her do ar arme   **w**untane bauga,
      cheisuringu gitan,   so imo se der **ch**uning gap,
35   **H**uneo truhtin: ,dat ih dir it nu bi **h**uldi gibu.'

30   „Weiß der **A**llmächtige", sprach Hildebrand,   „**o**ben im Himmel,
      dass du noch nie mit einem so eng Verwandten
      einen Kampf je führtest!"
      Er **w**and sich vom Arm   einen gewundenen Reif,
      aus **K**aisermünze gemacht,   den ihm der **K**önig einst gab,
35   der **H**unnenherrscher: „Das will ich aus **H**uld dir nun geben!"

Hildebrand sendet zwei Botschaften, eine Rede und eine Geste. Zunächst bekundet er, dass Hadubrand noch nie mit einem so nah verwandten (31: *sus sippun*) Mann gekämpft habe, und deutet so auf seine Vaterschaft hin. Dann offeriert er ihm vor den Augen der Heere einen kostbaren, aus einem byzantinischen Kaisermedaillon gefertigten Ring als Geschenk und Zeichen seiner Huld, sucht also Feindschaft in Freundschaft umzuwandeln (Gebert 2011). Zugleich bietet er mit dem Goldring seinem Sohn symbolisch das bislang vorenthaltene väterliche Erbe an. Die Asymmetrie des Wissens – Hildebrand weiß, was Hadubrand nicht wissen kann – soll durch Berufung auf Gott ausgeglichen werden: *wettu irmingot* (30).

Hadubrand nimmt Hildebrands Friedensangebot nicht an, sondern unterstellt ihm unlautere Absichten, weil er die väterliche Geste fehldeutet. Wenn ihm der Gegner den Ring mit der Spitze seines Speeres darreiche, so könne das nur ein kaschierter Angriffsversuch sein (Z. 36–44):

>   Hadubrant gimahalta, Hiltibrantes sunu:
>   ,mit geru scal man   geba infahan,
>   ort widar orte.
>   du bist dir alter Hun, ummet spaher,
> 40   spenis mih mit dinem wortun, wili mih dinu speru werpan.
>   pist also gialtet man, so du ewin inwit fortos.
>   dat sagetun mi sęolidante
>   westar uber wentilsęo, dat inan wic furnam:
>   tot ist Hiltibrant, Heribrantes suno.'

>   Hadubrand sagte, Hildebrands Sohn:
>   „Mit dem Ger soll man   Gaben empfangen,
>   Spitze gegen Spitze.
>   Du bist, alter Hunne, allzu schlau,
> 40   umspinnst mich mit deinen Worten, willst deinen Speer nach mir werfen.
>   Bist schon ein alter Mann,   doch ewig vollführst du Listen.
>   Das sagten mir Seefahrer,
>   vom westlichen Weltmeer,   dass in Wirren er fiel:
>   Tot ist Hildebrand, Heribrands Sohn!"

Hadubrand hält die Geste für eine Finte und ändert abrupt den Gesprächston. Hildebrands freundliche Worte quittiert er mit einer beleidigenden Reizrede, die den Zweikampf (und dann wohl auch den Kampf der Heere) einleiten soll. Er beschimpft Hildebrand, der ihm den Ring aus dem Besitz des Hunnenkönigs darbietet, selbst als „alten Hunnen", der trotz seines hohen Alters immer noch listig und verschlagen sei. Von Seefahrern des Mittelmeers bezieht er die vermeintliche Kenntnis, dass sein Vater im Kampf gefallen sei. Die Tragik der Begegnung resultiert aus der Asymmetrie des Wissens. Der Vater will seinem Sohn die Augen öffnen, doch dieser ist mit Blindheit geschlagen.

Damit hat der Sohn seine letzten Worte gesprochen, und Hildebrand beschließt in einer langen, drei Bögen umfassenden Rede das Streitgespräch. Zunächst blickt er, wie zuvor schon Hadubrand, in die Vergangenheit zurück. An Hadubrands Rüstung liest er ab, dass dieser, trotz seiner vater- und besitzlosen Kindheit, im Dienst eines mächtigen Herrn (mit dem nur Odoaker gemeint sein kann) zum Heerführer aufgestiegen und, im Unterschied zum Vater, von der Erfahrung der Heimatlosigkeit verschont geblieben ist (Z. 45–48):

> 45   Hiltibrant gimahalta, Herbrantes suno:
>   ,wela gisihu ich in dinem hrustim,
>   dat du habes heme herron goten,
>   dat du noh bi sesemo riche reccheo ni wurti'.

> 45   Hildebrand sprach, Heribrands Sohn:
>   „Wohl sehe ich an deiner Rüstung,
>   dass du daheim habest einen guten Herrn,
>   dass du noch in seiner Herrschaft heimatlos nie wurdest."

Während es dem Sohn in der Heimat wohl ergangen sei, habe er selbst dreißig lange Jahre im Ausland leben und zahlreiche Kämpfe ausfechten müssen. Gemeint ist der Aufenthalt am Hof Etzels, dem er militärische Dienste leistete (Z. 49–57):

> ,welaga nu, waltant got', quad Hiltibrant,   ,wewurt skihit.
> 50   ih wallota sumaro enti wintro   sehstic ur lante,
>   dar man mih eo scerita   in folc sceotantero:
>   so man mir at burc enigeru   banun ni gifasta,
>   nu scal mih suasat chind   suerto hauwan,
>   breton mit sinu billiu,   eddo ih imo ti banin werdan.
> 55   doh maht du nu aodlihho,   ibu dir din ellen taoc,
>   in sus heremo man   hrusti giwinnan,
>   rauba birahenen,   ibu du dar enic reht habes.'

> „Weh nun, waltender Gott', sprach Hildebrand,   „Widriges geschieht!
> 50   Ich wanderte der Sommer und Winter   sechzig im Ausland,
>   wo man mich immer stellte   zum Trupp der Schützen:
>   Bei keiner Festung hat man   zu Fall mich gebracht;
>   Nun soll mich mein eigener Sohn   mit dem Eisen zerhauen,
>   erschlagen mit seinem Schwert,   oder ich ihm zum Schicksal werden.
> 55   Doch magst du nun kurzerhand,   wenn dir deine Kraft reicht,
>   von einem welkenden Mann   die Waffen erlangen,
>   als Raub erringen,   wenn du ein Recht darauf hast.'

Nun aber, zurück in der Heimat, muss Hildebrand einen schicksalshaften Kampf antreten, der nur mit dem eigenen Tod oder dem Tod des Sohnes enden kann. Auch wenn es sich um den Kampf zweier Heerführer handelt, wiegt die verwandtschaftliche Beziehung schwerer als die militärische Handlung. Nach dieser Erkenntnis schlagen Hildebrands Worte in eine Reizrede um, die den unabwendbaren Zweikampf eröffnen. Er provoziert Hadubrand, indem er in Anspielung auf das eigene Alter den Mut des Gegners und dessen Recht auf Beute in Zweifel zieht.

Im letzten Abschnitt seiner Rede zeigt sich Hildebrand kampfentschlossen. Trotz seines Alters, das er noch einmal hervorhebt, will er sich nicht der Feigheit bezichtigen lassen. Er bezeichnet sich nun selbst als Mann des Ostens, obwohl er ursprünglich aus dem Westen stammt, und betont so nicht mehr das Gemeinsame, sondern das Trennende (Z. 58–62):

> ,der si doch nu argosto', quad Hiltibrant,   ,ostarliuto,
> der dir nu wiges warne,   nu dih es so wel lustit,
> 60   gudea gimeinun: niuse de motti,
> hwerdar sih hiutu   dero hregilo rumen muotti,
> erdo desero brunnono   bedero uualtan.'

> „Der Ärgste sei nun der", sprach Hildebrand,   „aus der Ostleute Heer,
> der dem Streit sich nicht stellte,   den so stark du begehrst,
> 60   dem gemeinsamen Kampf: Erprobe, wer muss,
> wer von uns heute   den Harnisch verliere
> und wer diese Brünnen   beide erlange.'

Der Kampf ist unausweichlich, Rücksicht auf den Sohn kann nicht mehr genommen werden. Die Möglichkeit eines freiwilligen Selbstopfers zeichnet sich nicht ab, könnte aber den tragischen Konflikt auch nicht lösen, da der Sohn auf diese Weise zwar sein Leben behielte, aber zum Mörder seines Vaters würde. Noch einmal wird der Kampf von der Beute her gedacht: Wer siegt, gewinnt die Rüstung des anderen; wer die Rüstung des anderen gewinnt, ist Sieger.

Zweikampf
Nach diesen Worten, die den unmittelbar bevorstehenden Kampf vorwegnehmen, lassen die Herausforderer schließlich ihre Waffen sprechen (Z. 63–68):

> do lẹttun se ærist   asckim scritan,
> scarpen scurim: dat in dem sciltim stont.
> 65 do stoptun to samane   staimbort chludun,
> heuwun harmlicco   huittẹ scilti,
> unti im iro lintun   luttilo wurtun,
> giwigan miti wabnum ‹…›.

> Da ließen sie erst   die Lanzen stieben,
> in scharfem Stoß,   dass in den Schilden sie steckten.
> 65 sie rammten spaltend   die runden Bretter,
> hieben voll Harm   auf die hellen Schilde,
> bis das Holz erzitterte   und vom Hieb zersplitterte,
> zerkleinert von den Klingen ‹…›.

Bei der Kampfschilderung rückt der Erzähler, der wieder in den Vordergrund tritt, den Fokus ganz auf die Waffen. Die Speere fliegen, die Schwerter schlagen, die Schilde splittern. Von den Körpern der Kämpfer ist keine Rede; die Waffen verkörpern die Kämpfer, deren Namen ja nichts anderes bedeuten als das Kampfschwert. An dieser Stelle bricht der Text ab; aber es steht außer Frage, dass der Vater die Oberhand behalten und seinen Sohn erschlagen wird. Das höhere Alter zeichnet Hildebrand als geistig Überlegenen aus, als denjenigen, der über heroisches Wissen verfügt und das Schicksal in die eigene Hand nimmt – auch wenn es den Tod des eigenen Sohnes kostet. Damit wird die Ermordung Odoakers durch Theoderich vorweggenommen, denn wie die *Geschichte Theoderichs (Gesta Theoderici)* aus dem siebten Jahrhundert weiß: „Wenig später wurde Odoaker von Theoderich in Treue aufgenommen, dann aber von ihm in grausamer Weise ermordet" (Gesta Theoderici regis, S. 204).

Christlicher Horizont
Ist das *Hildebrandslied* als mündlich überliefertes Heldenlied einzuschätzen, das von Mönchen mehr oder minder getreu aufgezeichnet wurde? Oder handelt es sich um eine genuin schriftliterarische Dichtung, die den Sagenstoff aus christlicher Perspektive deutet und ihr eine providentielle Perspektive verleiht (Störmer-Caysa 2018)? Die poetische Sprache, die elaborierte Komposition und die Anrufungen Gottes sprechen für die schriftliterarische Prägung. Der Verfasser

des *Hildebrandslieds* war ein schreibkundiger Mönch, der die lateinische Dichtungstradition kannte. Er gestaltete die mündlich übermittelte Sage anhand von literarischen Mustern, die ihm geläufig waren. Sobald aber eine mündliche Sage in ein schriftliches Epos transformiert worden ist, gibt es keinen Weg mehr zurück. Das gilt ähnlich für die Epen Homers oder das *Nibelungenlied*. Man kann die Vorgeschichte erahnen, darf das schriftliterarische Werk aber nicht mit der mündlichen Überlieferung, das frühmittelalterliche Lied nicht mit der Sage einer früheren Epoche verwechseln.

Die christlichen Motive sind nicht zu übersehen. Zweimal wendet sich Hildebrand an Gott – im Unterschied zu Hadubrand, der sich allein auf die Kunde der Stammesgenossen und Seefahrer verlässt. Zunächst ruft Hildebrand den „Herrgott oben im Himmel" (Z. 30: *irmingot obana im heuane*) als Zeugen an, dann erbittet er den Schutz des „waltenden Gottes" (Z. 49: *waltant got*). Diese Apostrophen sind so formuliert, dass sie als Anrufungen des christlichen Gottes zu verstehen sind. Theoderich und Odoaker waren Christen, entsprechend auch Hildebrand und Hadubrand. Doch geht nur derjenige Kämpfer, der sich Gott anvertraut, als Sieger aus dem Konflikt hervor; derjenige, der sich auf die Menschen verlässt, verliert sein Leben. Die militärische Auseinandersetzung zwischen Vater und Sohn wird nicht als Kampf zwischen Gut und Böse, sondern als tragischer Konflikt zwischen Verwandten dargestellt, die in ihren militärischen Rollen befangen sind und dem Kampf auf Leben und Tod nicht entgehen können.

Christlich ist also in erster Linie der Blick auf die heroische Geschichte: „[E]s steht hinter dem Lied zwar eine christliche Position, es wird von ihr aus aber eine Welt geschildert, in der eine christliche Lösung von Konflikten nicht im Bereich des Möglichen liegt; die Welt der Heldensage erscheint hier als eine zutiefst sinnlose Welt" (Haug und Vollmann 1991, S. 1034). Der Verfasser, ein christlicher Mönch, blickt auf die fremde Welt der Krieger, die sich wissend oder unwissend ins Unheil stürzen, da Strategien der friedfertigen Konfliktlösung nicht zur Verfügung stehen oder nicht greifen. Wenn ein Heerführer dem anderen ein Geschenk anbietet, so reicht er es ihm mit der Speerspitze; der Empfänger muss daher mit der Möglichkeit rechnen, dass er nicht nur das Geschenk erlangt, sondern auch von der Speerspitze durchbohrt wird. Versöhnliche Worte werden als Hinterhalt ausgelegt und schlagen in provozierende Reizreden um, die wiederum zur Folge haben, dass man die Waffen sprechen lässt. Wer den Herausforderer tötet, tötet in ihm den Verwandten, wird zum Mörder, ob er will oder nicht. Die Rivalität zwischen Vater und Sohn ist aus christlicher Sicht nur die dramatische Verdichtung eines grundsätzlichen Problems. Die Unentrinnbarkeit des Unheils und die Unausweichlichkeit der Schuld, die im *Hildebrandslied* verhandelt werden, lesen sich wie eine christliche Deutung der heroischen Welt im Zeichen der Erbsünde. Die heldische Welt der Krieger folgt Spielregeln und Zielen, die notwendig in den Untergang führen.

Tragischer Konflikt
Aufgrund der unentrinnbaren Kollision zwischen familiären und militärischen Anforderungen ist das *Hildebrandslied* als tragische Dichtung aufzufassen. In seiner Rolle als Vater will sich Hildebrand seinem Sohn zu erkennen zu geben, um

die tödliche Auseinandersetzung abzuwenden, denn das Gesetz verbietet den Verwandtenmord. Zugleich ist er in seiner Rolle als Heerführer gezwungen, auf die Provokation des Gegners hin in den Kampf einzutreten und den Herausforderer zu töten. Die tragische Perspektive wird durch die Technik der Sympathielenkung des Erzählers gestützt (Toepfer 2016). Zwar hält sich der Erzähler zurück, er gibt keine Einblicke in die Psyche seiner Figuren und verzichtet auf Wertungen. Die Figuren charakterisieren sich selbst in den wörtlichen Reden, die den größten Teil des Lieds einnehmen. Doch favorisiert der Erzähler Hildebrand, der vom Bonus des Protagonisten profitiert. Das liegt daran, dass Hildebrand – wie auch das Publikum – mehr weiß als sein Gegenspieler. Das überlegene Wissen schafft Nähe zwischen Hauptfigur und Publikum. Hinzu kommt, dass Hildebrand den größeren Redeanteil hat. Er ist es, der den Dialog beginnt und beendet, er hat das erste und letzte Wort. Wenn er die ausweglose Lage beklagt, erzeugt er einen Affekt, den das Publikum teilt. Ferner fällt ins Gewicht, dass nur er sich auf Gott beruft und so die Gunst des christlichen Publikums erlangt.

Denkt man die Konstellation zwischen Vater und Sohn theologisch weiter, so ergeben sich eine Parallele und eine Differenz. Gemäß dem christlichen Glauben opfert Gottvater seinen Sohn, wie schon Abraham Isaak zu opfern bereit war (Schürr 2013, S. 82). Christus muss sterben, um die Welt stellvertretend von der Schuld zu erlösen. Es ist ein sinnstiftender Tod, der durch die Auferstehung des Sohnes und die göttliche Natur, die er mit dem Vater teilt, relativiert wird. Im *Hildebrandslied* liefert der Vater den Sohn ebenfalls dem Tod aus, der aber keinerlei Sinn stiftet. Es handelt sich nicht um ein erlösendes Opfer, sondern um einen Tod wider besseres Wissen. Tragisch ist die Geschichte also nur im Rahmen einer Werteordnung, die beide Gesetze anerkennt: das Gesetz der Familie und das Gesetz des Krieges. In einer christlichen Perspektive hingegen, die das fünfte Gebot (Dekalog) und das Gebot der Nächsten- und Feindesliebe (Bergpredigt) ernstnimmt, geht es weniger um Tragik als um die Dekonstruktion einer heroischen Weltordnung. Die Welt der Krieger ist immer schon in Schuld und Leid verstrickt. Die Welt der Mönche hingegen vermag diesen Zusammenhang zu erkennen und einen alternativen Lebensentwurf zu verwirklichen – jedenfalls ihrem Anspruch nach.

Wissen ist Macht

Die tragische Dimension ist, wie angedeutet, eng mit dem Problem des Wissens verknüpft. In der Welt der Krieger entscheidet sich Überlegenheit nicht nur an der Kampfkraft, sondern auch an dem Wissen, über das die Gegner verfügen. Die Asymmetrie zwischen Vater und Sohn ist nicht nur eine des Alters, sondern auch des Wissens (Störmer-Caysa 2012). Hildebrand verfügt als epischer Held über besondere Kenntnisse, über heroisches Wissen (vgl. Müller 1992). Er kann von sich sagen, dass ihm die gesamte Welt der Helden bekannt sei: *chud ist mir al irmindeot* (Z. 13). Dieses Wissen teilt er mit dem Erzähler und dem Publikum. Hadubrand hingegen partizipiert nicht am heroischen Wissen seines Vaters, sondern beruft sich auf das, was die Alten und Weisen (Z. 16: *alte anti frote*) seiner Sippe ihm sagten. Eine gewisse Ironie besteht darin, dass Hildebrand, dem Hadubrand keinen Glauben schenken will, selbst einer der Alten und Weisen ist. Hadubrand betont ferner, dass sein Vater den kühnen Männern seines Volks bekannt gewesen sei: *chud was her chonem mannum* (Z. 28), ihm selbst aber nicht. Dies liegt nicht an einem Mangel an Kühnheit, sondern daran, dass die Verbindung zum Vater, der ihn früh verließ, gekappt ist. Man gewinnt den Eindruck, dass auch das heroische Wissen vom Vater an den Sohn weitergegeben wird; die Bemühungen des Vaters, dies nun verspätet nachzuholen, schlagen fehl. Auch dies ist ein Grund, warum der Sohn von der Hand des Vaters sterben muss.

Aus der Perspektive der Mönche, die das *Hildebrandslied* auf- und abgeschrieben haben, stellt sich die Wissensfrage in anderer Weise. Sie glauben an den allwissenden Gott, können aber auch für sich selbst Bildung und Gelehrsamkeit in Anspruch nehmen, die dem heroischen Wissen der Krieger überlegen sind. Die Krieger schreiben Geschichte, indem sie kämpfen, töten und sterben; die Kleriker aber können diese Ereignisse in die Heilsgeschichte einordnen, da sie über das nötige Wissen und die nötigen Weihen verfügen.

Patriarchat

Eine weitere Differenz zwischen den Sphären der Kleriker und Krieger besteht im Verhältnis zum Patriarchat. Wie schon deutlich wurde, sind die genealogischen Verhältnisse des *Hildebrandslieds* patrilinear bestimmt. Es begegnen sich Vater und Sohn, aber der Vater ist seinerseits Sohn eines Vaters, dessen Name ebenfalls genannt wird. Der Erzähler weist Hildebrand als Heribrands Sohn (Z. 7) und Hadubrand als Hildebrands Sohn (Z. 14) aus. Die erste Frage, die Hildebrand an Hadubrand richtet, ist, wer sein Vater sei (Z. 9: *hwer sin fater wari*). Die gleichklingenden Namen zeigen die Verwandtschaft an: Heribrand, Hildebrand, Hadubrand. Alle Namen beginnen mit einem H, alle stellen sich als Kompositum mit *brand* dar, alle stammen aus dem Wortfeld des Kampfes (*heri* verweist auf das Heer). Die Söhne sind mit ihren Vätern identisch, und die gesamte Sippe ist mit dem Handwerk identisch, auf das sie sich versteht: Kampf und Krieg. Frauen kommen in dieser Welt nur am Rande vor, im *Hildebrandslied* als namenlose, von Hildebrand verlassene Braut. Die patrilineare Abfolge wird in zweifacher Weise gekappt: indem der Vater seinen Sohn im Kindesalter verlässt und somit um Stand, Erbe und Wissen bringt und indem der Vater – aus eben diesen Gründen – sich am Ende gezwungen sieht, seinen Sohn zu töten.

Für die Kleriker stellt sich die Lage anders dar. Zwar ist auch ihr Denken patriarchalisch bestimmt, aber die weltliche wird durch geistliche Verwandtschaft ersetzt. Im Kloster sind die Mönche geistliche Brüder, und der Abt ist ihr geistlicher Vater, stellvertretend für den göttlichen Vater, dessen Kinder alle Menschen sind. Auch in dieser Hinsicht kollidiert die Situation der Mönche, die das *Hildebrandslied* aufschreiben, mit der Situation der Krieger, von denen das *Hildebrandslied* erzählt.

Sage und Mythos

Ein letzter Aspekt kommt noch hinzu, er betrifft das Erzählen selbst. Der Sachverhalt, dass das *Hildebrandslied* auf einer Sage beruht, die historische Ereignisse in mythische Erinnerung transformiert, spiegelt sich in der erzählten

Geschichte. Das Verhältnis zwischen vergangenem Geschehen und vergegenwärtigter Geschichte prägt die Begegnung von Vater und Sohn. Zwei Vaterbilder treffen aufeinander. Auf der einen Seite steht das Bild des in der Gegenwart handelnden Vaters, das der Erzähler seinem Publikum vermittelt. Auf der anderen Seite steht, gewissermaßen eingeschachtelt, das Bild, das der Sohn von seinem Vater entwirft, und zwar auf Grundlage der Geschichten, die man ihm in der Vergangenheit über ihn erzählt hat und die er nun seinerseits seinem Gegenüber erzählt. In dem Maße, wie der Sohn das mythische, auf Hörensagen basierende Bild des Vaters aufruft, verkennt er dessen tatsächliche, körperliche Gegenwart. Da der Sohn Vergangenheit und Gegenwart, Mythos und aktuelles Geschehen nicht miteinander zu verbinden vermag, spaltet sich das Bild. Der mythische Vater ist ein Heros, von dem Hadubrand sagt, er sei kampffreudig gewesen, habe stets an der Spitze des Heeres gestanden und sei im Volk berühmt gewesen. Den physischen Vater, der tatsächlich vor ihm steht (kampfbereit, an der Spitze des Heeres, dem Publikum bekannt), verkennt er hingegen als listigen alten Hunnen, der ihm nach dem Leben trachte. Hadubrand hält seinen Vater für tot und transformiert ihn, indem er von ihm erzählt, in eine mythische Gestalt, holt also eben das nach und nimmt eben das vorweg, was die mündlichen Erzähler der Hildebrandssage taten, bis sie ins *Hildebrandslied* mündete. Dies ist eine Schleife zwischen der mythischen Geschichte und dem Prozess ihrer Verfertigung. Der Sohn fällt dem Mythos zum Opfer, denn die Geschichte, die er von seinem Vater erzählt, macht ihn blind für die Geschichte, die sich vor seinen Augen abspielt – und die der Erzähler des *Hildebrandslieds* seinem Publikum mitteilt (vgl. Bleumer 2014).

3.2 Zaubersprüche

Wie das *Hildebrandslied* ein heroisches Ereignis aufruft, das weit in die Geschichte zurückreicht, so beschwören die *Merseburger Zaubersprüche* eine Vorzeit, in der die vorchristliche Götterwelt noch intakt ist. Sie stehen für eine religiöse Tradition, die von den Missionaren und Theologen so massiv abgewehrt wurde, dass Zaubersprüche erst sehr spät und nur in geringer Zahl überliefert sind (Haubrichs 1995a, S. 345).

3.2.1 Abwehr des Aberglaubens

Bis heute bekannt ist die Legende, wie der angelsächsische Missionar Bonifatius in der Nähe des im thüringisch-hessischen Grenzgebiet gelegenen Geismar eine dem Gott Donar geweihte Eiche fällte. Der Mainzer Bischof Willibald berichtet in seiner um 760 entstandenen Biographie von diesem Ereignis, das sich im Jahr 732 zugetragen haben soll. Demnach hielten viele der im hessischen Raum siedelnden Chatten trotz früherer Missionierungsversuche an den alten Riten fest, zu denen auch die Zaubersprüche zählten:

[E]inige auch opferten heimlich Bäumen und Quellen, andere taten dies ganz offen; einige wiederum betrieben teils offen, teils im geheimen Seherei und Wahrsagerei, Losdeuten und Zauberwahn [*incantantiones*]; andere dagegen befaßten sich mit Amuletten und Zeichendeuterei und pflegten die verschiedensten Opfergebräuche. (Leben des heiligen Bonifazius, S. 31)

Der alte Glaube wird als Naturreligion vorgestellt, in der Bäume und Quellen als Kultorte dienen. Darunter nimmt die Eiche eine besondere Stellung ein. Für die Chatten war sie ein verehrungswürdiges Heiligtum, für den Missionar aber ein Götzenbild, das es zu vernichten galt. Willibald erzählt, wie Bonifatius mit Unterstützung einiger bereits zum Christentum bekehrter Mitglieder des Stammes ein Zeichen gesetzt und die dem Donar geweihte Eiche (die er in römischer Analogie als Jupiter-Eiche bezeichnet) in vier Stücke zerhauen habe:

Mit deren Rat und Hilfe unternahm er es, eine ungeheure Eiche, die mit ihrem alten heidnischen Namen die Jupiter-Eiche genannt wurde, in einem Orte, der Gäsmere [Geismar] hieß, im Beisein der ihn umgebenden Knechte Gottes zu fällen. Als er nun in der Zuversicht seines standhaften Geistes den Baum zu fällen begonnen hatte, verwünschte ihn die große Menge der anwesenden Heiden als einen Feind ihrer Götter lebhaft in ihrem Innern. Als er jedoch nur ein wenig den Baum angehauen hatte, wurde sofort die gewaltige Masse der Eiche von höheren göttlichen Wehen geschüttelt und stürzte mit gebrochener Krone zur Erde, und wie durch höheren Winkes Kraft barst sie sofort in vier Teile, und vier ungeheuer große Strünke von gleicher Länge stellten sich, ohne daß die umstehenden Brüder etwas dazu durch Mitarbeit getan, dem Auge dar. Als dies die vorher fluchenden Heiden gesehen, wurden sie umgewandelt, ließen von ihrem früheren Lästern ab, priesen Gott und glaubten an ihn. Darauf aber erbaute der hochheilige Bischof, nachdem er sich mit den Brüdern beraten, aus dem Holzwerk dieses Baumes ein Bethaus und weihte es zu Ehren des heiligen Apostels Petrus. (Leben des heiligen Bonifazius, S. 31–32)

Als die Zerstörung der Eiche nicht zur Rache des beleidigten Gottes führt, wenden sich die Ungläubigen von ihrem Gott ab und lassen sich bekehren. Bonifatius aber lässt aus dem Holz der Eiche eine christliche Kapelle zu Ehren des heiligen Petrus errichten.

Drei Jahrzehnte später ging auch Karl der Große gegen den vorchristlichen Glauben vor. In der *Allgemeinen Ermahnung* verfügte er zweifach, dass keinerlei Zauber, sei es Wetter-, Schaden-, Schutz- oder Heilzauber, geduldet werden dürfe. Zunächst beruft er sich auf das Konzil von Laodikea (4. Jh.), um Zauberer beiderlei Geschlechts zu verbieten:

Ebenso in demselben Konzil, dass man Wetterzauberer, Schadenzauberer, Heilzauberer [*incantatores*] oder Heilzauberinnen [*incantatrices*] nicht gewähren lasse. (Kap. 18)

Dann wiederholt er das Verbot und ordnet ferner an, Naturheiligtümer wie Bäume, Felsen und Quellen zu vernichten:

Deshalb verordnen wir, dass es weder Wahrsager noch Heil-, Wetter- oder Schutzzauberer [*incantatores*] geben darf, und wo immer sie sind, sollen sie gebessert oder verurteilt werden. Ebenso erteilen wir hinsichtlich der Bäume und Felsen und Quellen, wo einige Toren Lichter anbringen oder andere Kulte abhalten, überhaupt den Befehl, diesen überaus schlechten und Gott widerwärtigen Brauch, wo immer er vorgefunden wird, zu beseitigen und niederzureißen. (Kap. 64)

Diese Anordnung liest sich wie eine nachträgliche Rechtfertigung der Fällung der Donar-Eiche durch Bonifatius. Sie legt Zeugnis ab von der Langlebigkeit des angestammten Kults.

Taufgelöbnisse

Ein weiteres Zeugnis für die Ablehnung der Zauberei bieten die volkssprachlichen Taufgelöbnisse, die in der Missionsarbeit eingesetzt wurden. Die Missionare stellten das Sakrament der Taufe als Herrschaftswechsel von den alten Göttern zum christlichen Gott dar. Sie propagierten die Vorstellung, dass der Täufling im Taufritual, das ein Bad, eine Salbung, eine Einkleidung und einen Exorzismus umfasst, zu einem neuen Menschen werde. Die exorzistische Befragung ist derjenige Teil des Rituals, in dem die Täuflinge den alten Göttern und Kulten abschwören. Die volkssprachlichen Taufgelöbnisse mussten zwar dem lateinischen Ritus entsprechen, um gültig zu sein, sollten aber auch so eindrucksvoll formuliert sein, dass sie den Täuflingen als wirksam erschienen. Man musste glauben können, dass die Worte und Gebärden des Taufsakraments die Person und Zugehörigkeit dessen, der sich der Taufe unterzog, tatsächlich änderte und ihn zum Mitglied einer neuen Gemeinschaft, nämlich der christlichen Kirche, werden ließ. Die poetische Gestalt der volkssprachlichen Taufgelöbnisse sagt viel aus über die konkrete Situation der Mission. Sie richten sich an die zu missionierenden Franken und Sachsen, die hinsichtlich ihres Verhältnisses zum Christentum verschiedene Voraussetzungen mitbrachten. Während die Franken bereits seit dem sechsten Jahrhundert den christlichen Glauben angenommen hatten (ein zentrales Datum ist die Taufe des merowingischen Königs Chlodwig um das Jahr 500), wurden die Sachsen erst im Zuge des dreißigjährigen Krieges, den Karl der Große Ende des achten Jahrhunderts gegen sie führte, missioniert und, oftmals unter Androhung der Todesstrafe, zwangsgetauft.

Ein besonders eindrucksvolles Zeugnis ist das *Sächsische Taufgelöbnis,* das in altsächsischer Sprache verfasst ist und bei der Sachsenmission zum Einsatz gekommen sein dürfte. Es ist in einer aus Mainz stammenden Handschrift überliefert, die um 800 angefertigt wurde. Der Text dürfte bereits zwei oder drei Jahrzehnte früher, also noch während der von Mainz aus organisierten Sachsenmission entstanden sein. Das zehn Blätter umfassende Büchlein, das heute im Vatikan aufbewahrt wird (Palat. lat. 577), diente ursprünglich der Mission und Visitation einer sächsischen Gemeinde, deren Mitglieder zum Teil noch dem alten Glauben anhingen (Haubrichs 1995a, S. 234–235). Auf das Taufgelöbnis folgt ein lateinisches „Verzeichnis abergläubischer und heidnischer Gebräuche" *(Indiculus superstitionum et paganiarum),* das volkssprachliche Wörter enthält und sächsische Götter nennt, deren Namen es jedoch durch lateinisch-römische Pendants ersetzt (Müller 2007, S. 319). Das Taufgelöbnis lautet:

> Forsachistu diobolae? et respondet: ec forsacho diabolae. end allum diobolgeldę?
> respondet: end ec forsacho allum diobolgeldae. end allum dioboles uuercum? respondet:
> end ec forsacho allum dioboles uuercum and uuordum, Thunaer ende Uuoden ende Saxnote
> ende allum them unholdum, the hira genotas sint. gelobistu in got alamehtigan fadaer? ec
> gelobo in got alamehtigan fadaer. gelobistu in Crist, godes suno? ec gelobo in Crist, gotes
> suno. gelobistu in halogan gast? ec gelobo in halogan gast. (Braune 1994, S. 39)

Entsagst du dem Teufel? Und er antwortet: Ich entsage dem Teufel. Und allem Teufelsopfer? Und er antwortet: Und ich entsage allem Teufelsopfer. Und allem Teufelswerk?
Und er antwortet: Und ich entsage allen Werken und Worten des Teufels, Donar und
Wotan und Saxnot und allen Unholden, die ihre Genossen sind. Glaubst du an Gott, den
allmächtigen Vater? Ich glaube an Gott, den allmächtigen Vater. Glaubst du an Christus,
Gottes Sohn? Ich glaube an Christus, Gottes Sohn. Glaubst du an den heiligen Geist? Ich
glaube an den heiligen Geist. (Müller 2007, S. 98–101)

Der erste Teil enthält die Absage an den Teufel, der zweite das Glaubensbekenntnis. Beide Teile sind durch die jeweils genannte Dreizahl der göttlichen Personen
verklammert. Im ersten Teil werden Donar, Wotan und Saxnot angeführt, im
zweiten die Dreifaltigkeit des christlichen Gottes, die Vater, Sohn und Geist
umfasst. Während Donar und Wotan geläufige Götternamen sind, begegnet Saxnot
nur an dieser Stelle. Vielleicht handelt es sich bei ihm, dessen Name wörtlich
„Schwertgenosse" bedeutet (*sax* ist das Schwert, *not* der Genosse), um eine christliche Erfindung, die der Dreizahl geschuldet ist (Patzold 2019). Ferner werden alle
Unholde angesprochen, die ihrerseits „Genossen" *(genotas)* der genannten Götter
sind. Entscheidend ist, dass die dritte Antwort des Gelöbnisses in ihrer offen-
kundig erweiterten Form das nachfolgende trinitarische Glaubensbekenntnis vor-
bereitet.

Dass die Dreiheit des christlichen Gottes im Unterschied zur Dreizahl der
genannten sächsischen Götter eine Einheit darstellt, ist die wesentliche Differenz.
Die Christen verehren einen Gott in drei Personen, die Sachsen hingegen haben
drei und mehr Götter. Dieser Unterschied wird durch eine implizite Parallele zum
Ausdruck gebracht. Gegen die Dreizahl der sächsischen Götter wird die Dreieinig-
keit des christlichen Gottes ausgespielt. Die trinitarische Lehre lässt sich in der
Weise missverstehen, dass die Christen ihrerseits über mehrere Götter verfügen,
die es mit der Mehrzahl der sächsischen Götter aufnehmen können, denn der
trinitarische Gedanke wird nicht weiter erläutert. Dieses Missverständnis könnte
sich günstig auf den Missionierungserfolg ausgewirkt haben.

3.2.2 *Merseburger Zaubersprüche*

Die *Merseburger Zaubersprüche* sind als Nachtrag auf dem Vorsatzblatt eines
lateinischen Sakramentars überliefert, das heißt eines liturgischen Buches, das
die Gebetstexte des zelebrierenden Priesters enthält. Die ursprünglich aus Fulda
stammende Handschrift überliefert neben den *Merseburger Zaubersprüchen* zwei
weitere deutsche Texte, nämlich das *Fränkische Taufgelöbnis* und das *Merseburger Gebetsbruchstück* (Henkel 2011). Die Nachträge unterscheiden sich im
Schriftbild kaum von den sie umgebenden liturgischen Texten. Die heute in der
Domstiftsbibliothek Merseburg aufbewahrte Handschrift stammt aus dem ersten
oder zweiten Drittel des zehnten Jahrhunderts. Gleichwohl nimmt man an, dass
die Zaubersprüche deutlich vor ihrer Niederschrift entstanden und somit als
authentisches vorchristliches Glaubenszeugnis gelten dürfen. Wolfgang Haubrichs
betont, dass sich der „genuin heidnische und germanische Charakter" der Zauber-

sprüche „nicht ernstlich erschüttern ließe"; vielmehr sei erklärungsbedürftig, „wie
und zu welchem Zwecke heidnisches Traditionsgut auf christliches Mönchsperga-
ment gelangte" (Haubrichs 1995a, S. 358).

Die Entdeckung

Die *Merseburger Zaubersprüche* wurden im Jahr 1841 von einem jungen
Historiker und Philologen namens Georg Waitz entdeckt. Als er zufällig in der
Merseburger Dombibliothek bei der Durchsicht der Handschrift auf sie stieß,
teilte er den Fund Jacob Grimm mit. Dieser nutzte die Gelegenheit, um sich mit
einem Vortrag über die *Merseburger Zaubersprüche* als neuberufener Professor
an der Berliner Universität vorzustellen. In seiner Antrittsvorlesung, die er am 3.
Februar 1842 vor der Berliner Akademie der Wissenschaften hielt, präsentierte er
den spektakulären Fund erstmals der Öffentlichkeit. Grimm nahm in seiner Vor-
lesung die „ehrwürdigen überreste[] der vorzeit" zum Anlass, den Ursprung der
deutschen Kultur zu preisen. Bei dem „überraschende[n] fund" handele es sich um
zwei „gedichte, deren abfassung über die christliche zeit unsers vaterländischen
alterthums weg noch in die heidnische zurückweicht". Dem antiken Götterhimmel
vergleichbar, habe „ein reicher und nicht unausgebildeter götterglauben unserer
voreltern" existiert, der vom Christentum „mit aller gewalt zurückgedrängt"
worden sei und „allenthalben weichen und schlupfwinkel suchen muste, nicht aber
also gleich ausgetilgt werden konnte". Einer dieser Schlupfwinkel sei die Merseburger Handschrift:

> [D]ie reichhaltige bibliothek des domcapitels zu Merseburg [ist] von gelehrten oft
> besucht und genutzt worden. alle sind an einem codex vorübergegangen, der ihnen, falls
> sie ihn näher zur hand nahmen, nur bekannte kirchliche stücke zu gewähren schien,
> jetzt aber, nach seinem ganzen inhalte gewürdigt, ein kleinod bilden wird, welchem die
> berühmtesten bibliotheken nichts an die seite zu setzen haben.

Wie Grimm weiter ausführt, erscheinen in diesem Codex

> von einer hand, die ich mit sicherheit dem beginn des 10. jahrh. beizulegen glaube, mitten
> unter kirchlichen und frommen Sätzen zwölf altdeutsche zeilen, in denen man alsbald
> zwei unter sich unzusammenhängende, alliterierende gedichte, offen heidnischen inhalts,
> erstaunt anerkennt [...]. In diesen gedichten finden sich, auszer andern merkwürdigen
> bezügen auf heidnischen brauch und glauben, sieben namen von göttern und göttinnen,
> deren zwei dem vollständigen system der nordischen mythologie gänzlich unbekannt sind.
> (Grimm 1842, S. 2)

Der Nachtrag umfasst drei Stücke. Die ersten vier Zeilen enthalten den ersten
Spruch, die nachfolgenden acht Zeilen den zweiten Spruch. Beide Sprüche
beginnen jeweils mit einer Initiale. Der zweite Spruch ist vom ersten abgesetzt,
das erste Wort in den linken Rand vorgezogen. Als dritter Text folgt, von den
Sprüchen mit einer Leerzeile getrennt und wieder mit einer Initiale beginnend, ein
lateinisches Segensgebet, das die restlichen sechs Zeilen des Blatts füllt. Während
der erste Spruch mit einem Zeichen endet, das einem H gleicht (vielleicht eine
Verschreibung von N, dem Platzhalter des einzusetzenden Namens), schließt

der lateinische Text mit einem horizontal durchstrichenen P, einer geläufigen Abkürzung für einen formelhaften Gebetsschluss (s. Abb. 3.1). Es ist möglich, dass die Nachbarschaft zwischen dem vorchristlichen Zauber und dem christlichen Gebet beabsichtigt war.

Grimm bietet in seiner Antrittsrede eine detaillierte Analyse der Zaubersprüche, die viele richtige Beobachtungen, aber auch abenteuerliche Fehldeutungen enthält. Der Wunsch, der Götterwelt der Griechen und Römer ein germanisches Pendant zur Seite zu stellen, verführte ihn dazu, in den zauberkräftigen Frauen, von denen im ersten Spruch die Rede ist, kranzwindende Nymphen zu erkennen. Das unmissverständliche Wort *haptbandun,* das sich aus den Wörtern „Haft" und „Band" zusammensetzt und die Fessel meint, deutete er aufgrund vermeintlicher nordischer Parallelen als Bezeichnung für einen germanischen Gott. Aufgrund solcher Vorannahmen gelangte er zu Fehlschlüssen, die den Sinn verdunkelten. Erst Wilhelm Wackernagel erkannte, dass es sich um einen Befreiungszauber handelt. Viele Fehldeutungen lassen sich vermeiden, wenn man die Komposition der Sprüche ernstnimmt. Sie sind so absichtsvoll durchgeformt, dass ihre

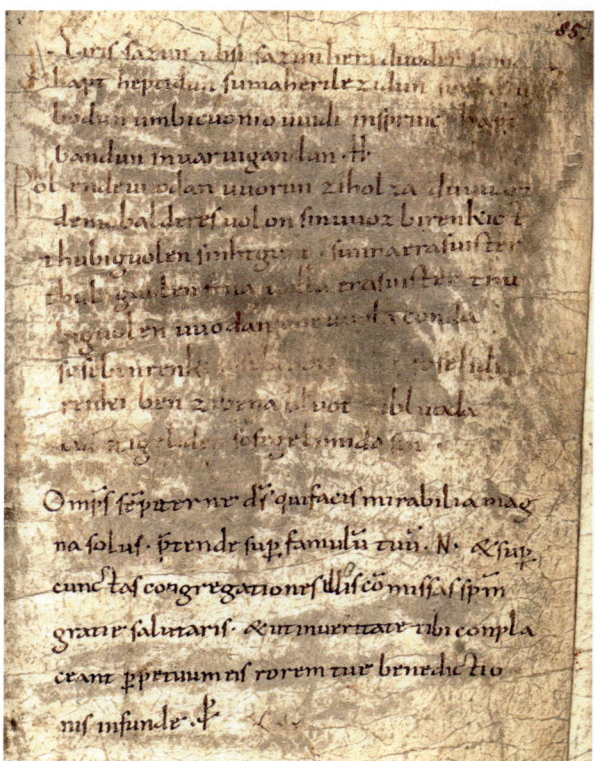

Abb. 3.1 Die *Merseburger Zaubersprüche.* (Merseburg, Domstiftsbibliothek, Cod. 136, fol. 85r)

poetische Gestalt entscheidende Anhaltspunkte für die Deutung liefern kann. Inzwischen gilt als Konsens, dass die Themen der beiden Zaubersprüche Rettung und Heilung sind. Im ersten Spruch geht es um die Befreiung von Gefangenen aus Feindeshand, im zweiten um die Heilung verrenkter Körperglieder.

Die Frage lautet, wie es den Verfassern mit sprachlichen Mitteln gelang, die Zauberwirkung der Sprüche glaubhaft zu machen. Antworten geben Walter Benjamin mit seinen Überlegungen zur heilenden Wirkung von Erzählungen und Bronislaw Malinowski mit seiner Analyse typischer Merkmale des magischen Effekts.

Erzählung und Heilung

Benjamin äußert sich in einem Abschnitt seiner *Denkbilder,* der die Überschrift „Erzählung und Heilung" trägt, über die therapeutische Wirkung von Geschichten. Die Gesundung setze oft schon ein, wenn eine Mutter ihrem kranken Kind Geschichten erzähle:

> Das Kind ist krank. Die Mutter bringt's zu Bett und setzt sich zu ihm. Und dann beginnt sie, ihm Geschichten zu erzählen. Wie ist das zu verstehen? Ich ahnte es, als N. mir von der sonderbaren Heilkraft sprach, die in den Händen seiner Frau gelegen habe. Von diesen Händen aber sagte er: „Ihre Bewegungen waren höchst ausdrucksvoll. Doch hätte man ihren Ausdruck nicht beschreiben können ... Es war, als ob sie eine Geschichte erzählten." Die Heilung durch Erzählen kennen wir schon aus den Merseburger Zaubersprüchen. Es ist ja nicht nur, daß sie Odins Formel wiederholen; vielmehr erzählen sie den Sachverhalt, auf Grund von dem er sie zuerst benutzte. Auch weiß man ja, wie die Erzählung, die der Kranke am Beginn der Behandlung dem Arzte macht, zum Anfang eines Heilprozesses werden kann. Und so entsteht die Frage, ob nicht die Erzählung das rechte Klima und die günstigste Bedingung manch einer Heilung bilden mag. Ja ob nicht jede Krankheit heilbar wäre, wenn sie nur weit genug – bis an die Mündung – sich auf dem Strome des Erzählens verflößen ließe? Bedenkt man, wie der Schmerz ein Staudamm ist, der der Erzählungsströmung widersteht, so sieht man klar, daß er durchbrochen wird, wo ihr Gefälle stark genug wird, alles, was sie auf diesem Wege trifft, ins Meer glücklicher Vergessenheit zu schwemmen. Das Streicheln zeichnet diesem Strom ein Bett. (Benjamin 1972, S. 430)

Benjamin erläutert die heilende Macht des Erzählens im Bild des Flusses. Der Schmerz gleiche einer Stauung, die sich löse, wenn der drängende Strom des Erzählens den Damm breche und alles Hemmende mit sich nehme ins Meer des Vergessens. Heilung durch Erzählung ist nach Benjamin auch das Wirkprinzip der *Merseburger Zaubersprüche:* „Es ist ja nicht nur, daß sie Odins Formel wiederholen; vielmehr erzählen sie den Sachverhalt, aufgrund von dem er sie zuerst benutzte". In der Tat sind die *Merseburger Zaubersprüche* zweiteilig komponiert. Der erste Teil enthält jeweils eine kleine Geschichte aus mythischer Zeit, der zweite eine Beschwörungsformel, die sich auf die erzählte Szene zurückbezieht.

Magischer Effekt

Einen weiteren Ansatzpunkt bietet der Sozialanthropologe Bronislaw Malinowski (1884–1942). In seinem 1925 erstmals erschienenen Essay *Magie, Wissenschaft und Religion* kommt er zu dem Ergebnis, dass die Gattung der Zaubersprüche über drei typische Elemente verfügt, die Glauben an ihre Wirksamkeit erzeugen. Das erste Merkmal betrifft die Phonetik, die erzielten Klangeffekte:

> Die Erforschung von Zauber-Texten und -Formeln der primitiven Magie ergibt, daß drei typische Elemente mit dem Glauben an magische Wirksamkeit assoziiert sind. Es gibt erstens die phonetischen Effekte, Imitationen natürlicher Geräusche, wie das Pfeifen des Windes, das Rollen des Donners, das Tosen des Meeres und die Stimmen von allerlei Tieren. Diese Geräusche symbolisieren bestimmte Phänomene, und so glaubt man, daß sie jene magisch produzieren. Oder sie drücken bestimmte emotionale Zustände aus, die dem gewünschten Ziel assoziiert sind, das durch die Magie verwirklicht werden soll. (Malinowski 1983, S. 58)

Das zweite Merkmal betrifft die Rhetorik, also die besondere Wahl und Anordnung der Wörter:

> Das zweite Element […] ist der Gebrauch von Worten, die das Gewünschte heraufbeschwören, statuieren oder befehlen. So erwähnt der Zauberer alle Symptome der Krankheit, die er ‚anhext‘, oder er beschreibt in dem todbringenden Spruch das Ende seines Opfers. In der heilenden Magie kleidet der Zauberer Bilder von Gesundheit und körperlicher Kraft in Worte. In der ökonomischen Magie wird das Wachsen der Pflanzen, das Auftauchen von Tieren und Schwärmen von Fischen anschaulich geschildert. Oder der Magier gebraucht Worte und Sätze, welche die Emotion, unter deren Druck er seine Magie ausübt, und die Handlung, die dieser Emotion Ausdruck verleiht, deutlich machen. Der Zauberer muß in wütendem Tonfall Wörter wie diese wiederholen: „Ich breche – ich verdrehe – ich verbrenne – ich zerstöre", indem er mit jedem dieser Ausdrücke auf die verschiedenen Teile des Körpers und der inneren Organe seines Opfers weist. Dies zeigt uns, daß die Beschwörungen fast genau nach dem Muster der Riten aufgebaut sind und daß die Wörter aus den gleichen Gründen wie die Substanzen der Magie gewählt werden. (Malinowski 1983, S. 58)

Das dritte Merkmal betrifft die Mythologie, also den Verweis auf Ahnen und Helden:

> Drittens existiert in fast jeder Beschwörung ein Element, zu dem es kein Gegenstück im Ritual gibt. Ich meine die mythologischen Anspielungen, die Bezugnahme auf Ahnen und Heroen der betreffenden Kultur, von denen diese Magie übernommen worden ist. (Malinowski 1983, S. 58)

Wolfgang Haubrichs hat Malinowskis Hinweis auf die phonetische und rhetorische Dimension der Zaubersprüche weiter ausgeführt. Er betont die Bedeutung des Wortes für den Zauber und die „Sorgsamkeit, mit der viele Zaubersprüche, Zauberformulare sprachlich komponiert sind. Sie sind sich ihrer sprachlichen Mittel wohl bewußt und haben ihren eigenen Stil, der bestimmt ist von Alliteration und Reim, von syntaktischem und gedanklichem Gleichlauf, von kunstvoller Variation und Wiederholung" (Haubrichs 1995a, S. 342).

Die beiden Bestandteile eines typischen Zauberspruchs bezeichnet man als *historiola* und *incantatio*. Die *historiola* (kleine Geschichte) bietet eine mythische Szene aus der Vergangenheit, in der Göttinnen und Götter eine Handlung vollziehen, die dem praktischen Anliegen des Zauberspruchs entspricht. Die *incantatio* (Anrufung) schließt sich unmittelbar an, sie geht mit einem Sprung von der Vergangenheit in die Gegenwart einher und enthält einen Götterspruch, den sie diejenigen, die den Zauberspruch sprechen, gewissermaßen in den Mund legen. Dieser unvermittelte Kurzschluss zwischen Vergangenheit und Gegenwart, Erzählung und Anrufung, Indikativ und Imperativ trägt zum magischen Effekt des Zauberspruchs bei.

Gefangene befreien

Wie das *Hildebrandslied* sind die *Merseburger Zaubersprüche* in einer männlichen Welt angesiedelt, einer Welt der Reiter und Krieger. Im Unterschied zum *Hildebrandslied* kommen auch Frauen als handelnde Gestalten vor. Es handelt sich um göttliche Wesen, die Gefangene befreien können (erster Spruch) und sich an der Heilung von Pferden beteiligen (zweiter Spruch). Beide Sprüche folgen derselben Komposition. Zuerst wird eine mythische Szene aufgerufen *(historiola)*, dann eine Beschwörungsformel ausgesprochen *(incantatio)*. Der erste Spruch lautet wie folgt (zitiert nach Braune und Ebbinghaus 1994, S. 89; Nachdichtung A.K.):

Eiris **s**azun idisi, **s**azun hera duoder.
suma **h**apt **h**eptidun, suma **h**eri lezidun,
suma **c**lubodun umbi **c**uoniouuidi:
insprinc haptbandun, **i**nuar uigandun.

Vor Zeiten **s**etzten Frauen sich, sie **s**etzten hier und dort sich hin.
Manch eine **f**este **F**esseln wand, manch eine hielt den **F**eind gebannt,
manch eine **kn**üpfte mit Verstand die scharfen Weiden**kn**oten auf:
„**E**ntspring der **F**essel, die dich band! **E**ntweich geschwind der **F**eindeshand!"

Schauen wir uns den Spruch unter den von Malinowski benannten Gesichtspunkten näher an: Mythologie, Rhetorik und Phonetik. Die mythische Geschichte wird in den ersten drei Zeilen erzählt. Sie stellt eine Schar von Frauen vor, die über magische Fähigkeiten verfügen. Sie werden als Idisen bezeichnet. Oft wird darunter ein Eigenname verstanden, dem das althochdeutsche Wort *itis,* das eine Frau oder Jungfrau bezeichnet, zugrundeliegt. Die Idisen, heißt es weiter, „setzen sich hierhin und dorthin" *(sazun hera duoder)*. Sie lassen sich also an drei verschiedenen Plätzen nieder, wo sie unterschiedlichen Tätigkeiten nachgehen. Die Mehrzahl der Frauen wird durch das wiederholte Wort *suma* („einige", vgl. engl. *some*) zum Ausdruck gebracht. Die erste Gruppe knüpft Fesseln *(hapt heptidun),* die zweite hält das Heer auf *(heri lezidun),* die dritte klaubt *(clubodun)* Fesseln auf. Unter *cuoniouuidi* sind wohl Fesseln aus scharfen *(cuonio)* Weidenruten *(uuidi)* zu verstehen; sie werden also über das Material definiert, aus dem sie bestehen. Dasselbe Wort ist auch im *Abrogans* (s. Abschn. 2.2.1) überliefert, wo es in einer Reihe mit den lateinischen Wörtern *catena* („Kette") und *laqueus* („Schlinge") sowie dem deutschen Wort *strikhi* („Strick") steht. Aufgrund ihrer Handlungen werden die Idisen oft mit den Walküren der (freilich erst Jahrhunderte später überlieferten) nordischen Mythologie in Verbindung gebracht.

Walküren sind Todesengel, deren Namen auf den Krieg verweisen, denn sie
wählen aus („küren"), wer im Kampf sterben soll (altnordisch *valr* bezeichnet die
„Gefallenen"). Wenn die Idisen über die Fähigkeit verfügen, die Krieger sowohl
in Fesseln zu schlagen wie auch aus ihren Fesseln zu befreien, bestimmen sie wie
die Walküren das Kriegsgeschick. Die vierte Zeile geht von der Erzählung zur
Beschwörung über. Dieser Wechsel ist mit einem Sprung von der Vergangenheit
in die Gegenwart markiert. Während die ersten drei Zeilen in der dritten Person
Präteritum von einer früheren Begebenheit berichten, formuliert die vierte Zeile
einen Imperativ, der auf die Gegenwart verweist. Was die Idisen einst taten, sollen
sie jetzt wieder tun, und zwar in Form einer Sprechhandlung, die eben das vollzieht, was sie besagt. Die Idisen sollen die Gefangenen befreien, indem sie –
durch die Münder derer, die den Zauberspruch sprechen – sagen: „Entspringe den
Fesseln, entfliehe den Feinden!"

Die Gefangenen befinden sich offenbar in so auswegloser Lage, dass es für
ihre Rettung keine andere Hoffnung mehr gibt als den Zauberspruch. Damit
die Worte den magischen Effekt bewirken können, müssen sie gut formuliert
sein. Es reicht nicht aus, eine mythische Erzählung ins Gedächtnis zu rufen,
sondern es müssen rhetorische Mittel genutzt werden, um die Zauberwirkung
zu entfalten. Der erste *Merseburger Zauberspruch* setzt nicht weniger als
neun Wort-, Satz- und Sinnfiguren ein: Anapher, Antithese, Isokolie, Iteration,
Klimax, Parallelismus, Pleonasmus, Synonym und Endreim. Die ursprüng-
lichen Sprecherinnen und Sprecher dürften sich solcher Figuren intuitiv bedient
haben. Die Mönche hingegen, die die Zaubersprüche aufschrieben, wussten
die Figuren auch zu benennen, denn sie hatten eine rhetorische Schulbildung
absolviert. Es ist gut möglich, dass sie bei der Niederschrift der zuvor mündlich überlieferten Sprüche die poetische Form verdichteten. Das hieße, dass die
Mönche die Zaubersprüche nicht nur aufschrieben, sondern auch bearbeiteten,
um ihre dichterische Qualität zu steigern. Eine Anapher liegt vor, wenn das
Wort *suma* dreimal am Anfang eines Teilverses steht. Sie geht mit einer Klimax
(einer dreigliedrigen Steigerung) einher, deren dritte Phrase die gesamte Langzeile umfasst. Zugleich ergibt sich eine Antithese, denn während die erste Handlung auf das Knoten der Fesseln zielt, bewirkt die dritte Handlung im Gegenteil
das Lösen der Fesseln. Ein Pleonasmus liegt vor, wenn die erste Handlung in
verdoppelter Form als „Knoten knoten" *(hapt heptidun)* umschrieben wird;
dasselbe Wort wird noch einmal in der letzten Zeile aufgenommen: *haptbandun*.
Insofern liegt eine Wiederholung desselben Wortstamms vor (die man in der
Rhetorik als *figura etymologica* bezeichnet): *hapt – heptidun – haptbandun*.
Das letzte Wort schließt zugleich eine dreiteilige Reihe von Synonymen ab,
die alle dasselbe meinen, nämlich Fesseln: *hapt, cuoniouuidi, haptbandun*.
Die Beschwörung in der letzten Zeile ist als Parallelismus gebaut, denn sie
besteht aus zwei syntaktisch identischen Formeln: *insprinc haptbandun, inuar
uigandun*. Logisch betrachtet ist der zweite Vorgang eine Folge des ersten, denn
indem die Gefangenen ihren Fesseln entspringen, können sie den Feinden entrinnen. Dasselbe gilt für den Parallelismus in der zweiten Zeile *(suma hapt
heptidun, suma heri lezidun):* Indem den Kriegern Fesseln angelegt werden,

wird das gesamte Heer aufgehalten. Schließlich ist noch die Technik der Isokolie zu nennen, die von der rhetorischen zur phonetischen Form des Spruchs überleitet. Gemeint ist, dass in verschiedenen Zeilen an entsprechender Stelle Wörter stehen, die die gleiche Silbenzahl umfassen. Dies trifft auf den Anfang aller vier Langzeilen zu, deren An- und Abverse stets mit einem zweisilbigen Wort beginnen. Ferner fällt auf, dass an entsprechender Stelle des ersten und zweiten Abverses die Wörter *hera* und *heri* stehen, die klanglich verbunden sind, obwohl sie semantisch nichts miteinander zu tun haben.

Damit wären wir bei der klanglichen Gestaltung von Bedeutung. Dazu gehören die phonetischen Effekte, von denen Malinowski spricht. Im Falle der *Merseburger Zaubersprüche* sind neben dem Stabreim weitere Klangfiguren zu nennen. Aber auch der Rhythmus der Zaubersprüche kann in diesem Zusammenhang angeführt werden. Wie das *Hildebrandslied* bestehen die *Merseburger Zaubersprüche* aus stabgereimten Langzeilen, die sich in An- und Abverse teilen. Der Stabreim ist nur eine Sonderform dessen, was man als Konsonantismus bezeichnet, nämlich die Häufung bestimmter Mitlaute. Besonders eindrucksvoll wird der Reibelaut s eingesetzt, der in stimmhafter und stimmloser Form vorliegt. In der stimmhaften Variante bildet er den Stabreim des ersten Verses *(sazun)* und wiederholt sich dann in *idisi* sowie im dreifachen *suma* des zweiten und dritten Verses. In der stimmlosen Variante begegnet er ebenfalls mehrfach: zunächst in der ersten Zeile in *Eiris* und am Anfang der zweiten Silbe von *sazun* (das z wird als ß gesprochen) und dann wieder zu Beginn des letzten Verses *(insprinc)*. Der Reibelaut s zieht sich also in beiden Spielarten durch den gesamten Spruch und verleiht ihm somit einen teils summenden, teils flüsternden Ton. Eine ähnliche Wirkung entfaltet der gehauchte Laut h, der den dreifachen Stabreim des zweiten Verses bildet *(hapt, heptidun, heri),* aber schon in der ersten Zeile eingeführt *(hera)* und in der letzten Zeile wieder aufgegriffen wird *(haptbandun).* Während die Reibelaute s und h in der Aussprache gedehnt werden können, lässt sich der Verschlusslaut k, der als Stabreim die dritte Zeile bestimmt, nur für den Bruchteil einer Sekunde artikulieren. Er unterbricht den flüsternden, summenden, hauchenden Grundton der Strophe und lässt die Wörter, die das erwünschte Aufknoten *(clubodun)* der Fesseln *(cuoniouuidi)* bezeichnen, in den Vordergrund treten. Zum Konsonantismus tritt der Vokalismus hinzu, also die Häufung und Modulation von Selbstlauten. Der Wechsel von hellen und dunklen, hohen und tiefen Vokalen trägt entscheidend zur magischen Wirkung des Zauberspruchs bei. In der ersten Zeile klingt zunächst das spitze i als Grundton an *(Eiris, idisi);* doch setzt sich bald das bereits in der ersten Zeile *(sazun)* angestimmte dunkle u in der zweiten *(suma, heptidun, lezidun)* und dritten *(suma, clubodun, umbi, cuonio)* Zeile durch, um dann am Ende des dritten *(uuidi)* und im Verlauf der vierten Zeile *(insprinc, inuar)* wieder dem hellen Vokal i zu weichen. Auffällig ist auch der identische Endreim im zweiten und vierten Vers, der jeweils zum Stabreim hinzutritt *(heptidun, lezidun; haptbandun, uigandun)* und auch in der dritten Zeile anklingt *(clubodun).*

Das übergreifende poetische Prinzip des ersten *Merseburger Zauberspruchs* besteht in der Verschränkung und Verdichtung der Zeilen. Der Akt des Flechtens,

Fesselns und Knüpfens, der im Mittelpunkt des Spruchs steht, wird durch die Wiederholung von Wörtern und Klängen nachgeahmt. So vollzieht der Spruch das, wovon er inhaltlich spricht, auch auf formaler Ebene. Im ersten Teil, der *historiola,* lässt sich dies besonders am zweifachen *sazun* und dreifachen *suma* ablesen, aber auch an der pleonastischen Doppelung in *hapt heptidun.* Diesen Effekt stützt auch die Perspektive der Strophe, die man mit einer bewegten Bildregie vergleichen kann. Zunächst wird gezeigt, wie die Idisen von oben herabfahren, um sich an verschiedenen Orten niederzulassen, dann werden diese Orte in Bildsprüngen der Reihe nach fokussiert. Am längsten verweilt der Blick am dritten Ort, wo die Idisen Fesseln lösen, also die Gefangenen befreien. Hier nähert sich der Blick so sehr an die Szene an, dass man die materielle Beschaffenheit der Fesseln *(cuoniouuidi:* scharfe Weidenruten) erkennen kann. Zugleich wird die manuelle Tätigkeit so scharf gestellt, dass man den Idisen geradezu auf die Finger blickt, während sie in einer kreisenden Bewegung *(umbi)* an den Fesseln „klauben" *(clubodun)* – ein konkreterer Vorgang als das vorausgehende „Heften" *(haptidun)* und „Hemmen" *(lezidun).* Bleibt man im Bild der Kamerafahrt, so tragen der stete Richtungswechsel in der Vertikalen (von oben nach unten) und Horizontalen (an drei verschiedene Orte) sowie der gestufte Übergang von der Totalen (die alle Frauen zeigt) zum Close-up (das die klaubenden Finger der dritten Frauengruppe zeigt) zum Gesamteindruck des Windens und Flechtens bei. Doch wird auch der gegensätzliche Vorgang, das Lösen der Fesseln, sinnlich fassbar gemacht. Denn die dritte Zeile erzeugt eine spannungssteigernde Verzögerung, wenn sich die Beschreibung der Tätigkeit nun erstmals dehnend über die gesamte Langzeile erstreckt.

Der Schritt von der Erzählung zur Beschwörung geht mit Sprüngen einher: erstens mit dem Zeitsprung von der Vergangenheit in die Gegenwart; zweitens mit dem Perspektivwechsel von der dritten in die zweite Person; drittens mit dem Übergang von einem langen Satzbogen, der zwei Zeilen verbindet, zum Staccato zweier Imperative, die eine Zeile teilen; und viertens mit der Ablösung dunklerer durch hellere Töne. So wird der spontane Sprung, der abrupte Bruch im Übergang vom ersten zum zweiten Teil deutlich. Gleichwohl bleibt die Verbindung der Teile bestehen, denn die vierte Zeile nimmt Formulierungen der zweiten und dritten Zeile wieder auf. Das Wort *haptbandun* bezieht sich auf *hapt* und *heptidun* zurück und die Feinde *(uigandun)* entsprechen dem aufgehaltenen Heer *(heri).*

Pferde heilen

Der zweite Spruch weist zahlreiche Parallelen zum ersten auf. Wieder treten göttliche Frauen auf, die an der Beseitigung einer Bredouille mitwirken, in die Männer geraten sind. Diesmal geht es nicht um die Befreiung von Gefangenen, sondern um die Heilung eines Pferdes. Erneut teilt sich der Zauberspruch in eine mythische Szene (Z. 1–5) und eine beschwörende Formel (Z. 6–8); erneut werden sprachliche Mittel eingesetzt, um den magischen Effekt zu erzielen. Der Spruch lautet (zitiert nach Braune und Ebbinghaus 1994, S. 89; Nachdichtung A.K.):

Phol ende Uuodan   uuorun zi holza.
du uuart demo Balderes uolon   sin uuoz birenkit.
thu biguol en Sinthgunt,   Sunna era suister;
thu biguol en Friia,   Uolla era suister;
5 thu biguol en Uuodan,   so he uuola conda:
sose benrenki,   sose bluotrenki, sose lidirenki:
ben zi bena,   bluot zi bluoda,
lid zi geliden,   sose gelimida sin.

Einst zogen Phol und Wodan aus   und ritten in den Wald hinein.
Herrn Balders Füllen strauchelte,   verrenkte sich das Fußgelenk.
Da sprach Frau Sinthgunt einen Spruch   und Sunna, ihre Schwester, auch.
Da sprach Frau Frija einen Spruch   und Volla, ihre Schwester, auch.
5 Da sprach Herr Wodan einen Spruch,   so wunderbar war seine Kunst,
sprach das Gebot: „Verrenktes Bein,   verrenktes Blut, verrenktes Glied:
Nun füg sich wieder Bein zu Bein!   Gestillt soll nun die Blutung sein!
Nun füg sich wieder Glied zu Glied!   Sie seien wieder glatt verleimt!"

Schauen wir uns wieder die mythische, rhetorische und phonetische Gestaltung an. Die Geschichte, die im ersten Teil erzählt wird, handelt vom Ausritt der Götter Wodan und Balder in den Wald, wo sich Balders Reittier (gemeint ist ein junges Pferd) den Fuß verrenkt. An den Reitunfall schließt sich die magische Heilung des Pferdes an, die in drei Schritten erfolgt. Zunächst treten zwei göttliche Schwesternpaare auf, um das verletzte Pferd zu beschwören: Sinthgunt und Sunna sowie Frija und Volla. Die Heilung wird schließlich durch Wodan, den heilkräftigen Göttervater, erfolgreich vollzogen. Der Name Phol, mit dem der Spruch beginnt, wird als Beiname Balders gedeutet (wie in der griechisch-römischen Mythologie Apollon den Beinamen Phöbus und Athene den Beinamen Pallas trägt). Der sonst nicht belegte Name könnte wegen seines Gleichklangs mit dem „Fohlen" und der Göttin Volla gewählt worden sein. In der um 1220 bis 1225 kompilierten *Prosa-Edda* des isländischen Dichters Snorri Sturluson ist Balder der Sohn von Wodan (Odin) und Frija (Frigg) (vgl. Simek 2018). Während Wodan und Balder, Frija und Volla (Fulla) geläufige Gottheiten sind, kommen Sunna und Sinthgunt nur an dieser Stelle vor. Bei Sunna könnte es sich um eine Gottheit handeln, die mit der Sonne in Verbindung steht, oder um die Schutzgöttin Syn, die in der *Prosa-Edda* bezeugt ist (Beck 2011, S. 172–175). Im zweiten Fall wären Sunna und Sinthgunt mit den Idisen des ersten Zauberspruchs vergleichbar. Jedenfalls handelt es sich um eine Art Familienausflug. Der Sohn reitet mit dem Vater aus, und als sich sein Pferd den Fuß verstaucht, kommen Mutter und Tante sowie ein weiteres Schwesternpaar zu Hilfe.

Die rhetorische Gestaltung des Zauberspruchs lebt wiederum von Wiederholungen und Steigerungen. Es gibt drei Paare von Göttern und Göttinnen, und es gibt eine Klimax von drei Beschwörungshandlungen, deren letzte die Heilung bewirkt, weil Wodan es „gut konnte". Diese Dreiteiligkeit wird von Anaphern begleitet: *thu biguol* am Anfang des dritten, vierten und fünften Verses, *sose* am Anfang der Glieder des sechsten Verses. Diese Dreierreihen sind jeweils als Parallelismen formuliert. Während in der Geschichte nur von verrenkten Gliedern die Rede ist, werden in der Beschwörung auch verrenkte Beine und „verrenktes Blut" genannt (Z. 7). So entsteht eine Dreierreihe, die noch einmal unter dem Gesichtspunkt der Heilung wiederholt wird (Z. 8). Glieder und Beine verhalten sich synonym zueinander, mit dem Blut wird ein neues Motiv ins Spiel gebracht, das möglicherweise die blutende Wunde meint. Auch hierfür gibt es ein Vorbild im ersten *Merseburger Zauberspruch,* wo in der dreiteiligen Reihe die Motive „Fesseln knüpfen", „Heer hemmen" und „Fesseln lösen" die ersten beiden Elemente auf die Behinderung der Feinde und das dritte Element auf die Befreiung der Freunde zielt.

Bis zu diesem Punkt folgt meine Darstellung vorherrschenden Deutungen. Doch bleiben einige Fragen offen. Warum sollte ein Nebengott mit zwei verschiedenen Namen eingeführt (Phol, Balder) und schon vor dem Hauptgott (Wodan) genannt werden? Warum „fuhren" die beiden Götter in den Wald, wenn sie doch zu Pferd unterwegs waren, also ritten? Warum sollten sich zunächst vier Frauen, die erst noch herbeigeholt werden müssen, an der Heilung des Pferdes versucht haben, wenn doch nur der bereits anwesende Wodan die Heilung erfolgreich zu vollziehen vermag? Diese Fragen führten den Sprachwissenschaftler Elmar Seebold zu der These, dass der überlieferte Text entstellt und eine ältere Fassung zu veranschlagen sei, in der nicht Wodan und Balder in den Wald ritten, sondern die Göttinnen Volla (verderbt zu Phol) und Sunna (ersetzt durch Wodan) in einem Wagen in den Wald fuhren (Seebold 2015). Balder sei in der zweiten Zeile erst später hinzugefügt worden; ursprünglich sei hier nur vom Pferd die Rede gewesen, das den Wagen gezogen habe. Auch hätten nicht Sunna *und* Sinthgunt, Volla *und* Frija das Pferd behandelt, sondern nur Sinthgunt als Vertraute der Sunna und Frija als Vertraute der Volla. Demnach ginge die Geschichte so: Volla und Sunna fahren mit einem Wagen in den Wald. Da verstaucht sich das Pferd, das den Wagen zieht, den Fuß. Zunächst versuchen die Vertrauten der Göttinnen, das Pferd zu heilen, doch erst Wodan, der zur Hilfe herbeieilt, bewirkt die Genesung. Freilich ist auch diese Lesart problematisch (wie Seebold freimütig einräumt); vor allem ist die angebliche Ersetzung von Sunna durch Wodan spekulativ.

In jedem Fall lässt sich festhalten, dass die rhythmische und phonetische Gestaltung zum magischen Effekt beiträgt. Wieder handelt es sich um stabgereimte Langzeilen. Als Stäbe dienen in der ersten Zeile das f (*Phol* [bzw. *Uolla*], *uuoren*), in der zweiten Zeile wiederum das f *(uolon, uuoz),* in der dritten Zeile das s, das die Namen der Göttinnen verknüpft *(Sinthgunt, Sunna),* in der vierten Zeile erneut das f, das ebenfalls die Namen der Göttinnen verknüpft (*Friia* und *Uolla*), in der fünften Zeile das w (*Uodan* und *uuola*), in der sechsten und siebten Zeile das b *(ben, bena, bluot, bluoda),* in der letzten Zeile das l *(lid, geliden, gelimida).* In vielen Fällen liegt der Stabreim also auf Reibelauten (f, s, w) und Fließlauten (l), also auf solchen Konsonanten, die man in der Aussprache dehnen kann.

Das poetische Prinzip des ersten *Merseburger Zauberspruchs* ist die formale Nachahmung des Inhalts. Das Knoten der Fesseln bildet sich im Verflechten der Wörter und Laute ab. Im zweiten Spruch liegt eine vergleichbare Strategie vor. Das Einrenken der Glieder, das Zusammenfügen des Zusammengehörigen wird sprachlich inszeniert. Dies betrifft zum einen das Offensichtliche, nämlich die Wiederholungsstruktur in der Beschwörungsformel „Glied zu Glied, Bein zu Bein, Blut zu Blut". Einen ähnlichen Effekt hat auch die Nennung der Schwesternpaare, deren Namen jeweils durch Stabreim verbunden sind. Weniger offensichtlich, aber vielleicht gerade deswegen besonders wirksam, ist die beständige Wiederholung des Silbenklangs *fol* in *Phol* (Balders Beiname), *uolon* (Balders „Fohlen") und *Uolla* (der Göttin Volla). In einer stimmhaften Variante klingt diese Silbe auch in dem Wort *uuola* („wohl") nach. Der Vokal o wiederum dominiert den Spruch insgesamt. So erklärt sich auch noch einmal die Wahl des Götternamens *Phol* (bzw. in der zweiten Lesart: *Volla*) am Anfang des Gedichts, denn er gibt gewissermaßen den Ton für den gesamten Spruch vor. Der Spruch leimt, wie es im letzten Abvers heißt, zusammen, was zusammengehört. Zusammengeleimt werden auch die Worte, die ein Gott in der Vergangenheit sprach, und die Worte des Menschen, der sie in der Gegenwart nachspricht.

Das Interesse der Mönche
Worin bestand das Interesse der Mönche an Zaubersprüchen, die von Bonifatius bis Alkuin einhellig als heidnische Bräuche abgelehnt worden waren? Warum wurden sie in Fulda, einer theologischen Hochburg des frühen Mittelalters (s. Abschn. 2.1.2), aufgeschrieben? Man könnte sich vorstellen, dass die Sprüche durch biblische Entsprechungen christlich eingebunden werden sollten. So hielt man es damals mit vorchristlichen Dichtungen der Antike, wenn zum Beispiel der an den Schiffsmast gefesselte Odysseus auf Christus, den am Kreuz hängenden Erlöser, bezogen wurde. Solche typologischen Brückenschläge boten sich durchaus an. Das Wort, mit dem der erste Spruch die Zauberfrauen bezeichnet, bezog später Otfrid von Weißenburg im Zusammenhang der Verkündigungsszene auf die Gottesmutter Maria (*itis frono*: „heilige Herrin"; Otfrid 1987, S. 56–57). Man könnte also die Eva-Maria-Typologie bemühen, die besagt, dass Eva die Menschen in Schuld verstrickte, Maria als die neue Eva aber die Menschen aus der Schuld befreite, indem sie den Erlöser gebar. Auch beim zweiten Spruch liegt eine typologische Lesart nahe, die einen Bezug zu Christus herstellt, der am Palmsonntag auf einem Esel in die Stadt Jerusalem reitet, um dort die Menschen vom Gebrechen der Sünde zu heilen. Hier lässt sich wiederum auf Otfrid von Weißenburg verweisen, der in seinem *Evangelienbuch* in der betreffenden Bibelstelle von einem *fulin* („Füllen") spricht (Otfrid 1987, S. 118–119).

Dies sind freilich Spekulationen, denn die geistliche Handschrift, in der die *Merseburger Zaubersprüche* als Nachtrag überliefert sind, enthält keine derartigen Auslegungen. Immerhin findet sich am Ende der Seite ein lateinisches Gebet, das von anderer Hand angefügt wurde, und es lohnt sich, diese Nachbarschaft auszuwerten. Der Text lautet:

> Omnipotens sempiterne deus qui facis mirabilia magna solus, pretende super famulum tuum N. et super cunctas congregationes illis commissas spiritum gratie salutaris. Et ut in ueritate tibi conplaceant perpetuum eis rorem tue benedictionis infunde. Per [Dominum nostrum Iesum Christum, Filium tuum, qui tecum vivit et regnat in unitate Spiritus Sancti Deus, per omnia saecula saeculorum]. (vgl. Haeseli 2011, S. 130)

Allmächtiger ewiger Gott, der du allein große Wunder bewirkst, ergieße über deinen
Diener N. und über alle versammelten Gemeinden den Geist der heilbringenden Gnade;
und damit sie in Wahrheit dir gefallen, gieße den ewigen Tau deines Segens auf sie herab.
Durch (unseren Herrn Jesus Christus, deinen Sohn, der mit dir lebt und herrscht in der
Einheit des Heiligen Geistes von Ewigkeit zu Ewigkeit).

Das auch anderweitig überlieferte Gebet stellt dem Zauber der Merseburger
Sprüche einen christlichen Segen entgegen. Wie in den Zaubersprüchen ein
Magier oder eine Magierin die Worte spricht, um einen Gefangenen zu befreien
oder ein Pferd zu heilen, so spricht im Gebet ein Priester, um Gnade und Segen
Gottes auf die Gemeinde und eine einzelne Person herabzurufen. Gott wird
als derjenige angesprochen, der Wunder zu bewirken vermag; und auch in den
Zaubersprüchen werden Wunder vollzogen, wenn auch nicht mit der Hilfe des
christlichen Gottes, sondern vorchristlicher Götter und Göttinnen. Das Segensgebet vermag also den Zauber der als heidnisch erachteten Sprüche gerade deswegen abzuleiten, weil er diesen Sprüchen ähnlich ist, weil die Analogie zwischen
Zauber und Segen so sinnfällig hervortritt. Wenn es heißt, dass „Gott allein"
Wundertaten vollbringe, dann ist das eine Absage an die nichtchristliche Götterwelt, aber zugleich eine Bezugnahme auf die *historiola,* wie auch die nachfolgende Segensformel als Gegenstück zur *incantatio* gelesen werden kann. Das
Prinzip, das dieser Handschrift zugrunde liegt, wendet also auch das Substitutions-
prinzip an, das in der Bonifatius-Legende vorgestellt wird. Wie Bonifatius die
Göttereiche fällt, um aus ihrem Holz eine christliche Kapelle zu bauen, so ersetzt
der Mönch die Zaubersprüche durch ein Segensgebet, das er darunterschreibt.

Ein christlicher Zauberspruch

Noch deutlicher wird dieser Substitutionsprozess in christlich überformten Zaubersprüchen, die sich ebenfalls in althochdeutscher Zeit finden. Ein Beispiel bietet
der *Trierer Pferdesegen,* der sich wie eine christliche Antwort auf den zweiten
Merseburger Zauberspruch liest. Er ist als Nachtrag auf den Seitenrändern einer
lateinischen Handschrift des zehnten Jahrhunderts überliefert, die lateinische
Glossen enthält (Stadtbibliothek Trier, Hs 40/1018 8°). Der Nachtrag stammt aus
dem elften Jahrhundert, dürfte aber auf einer Vorlage beruhen, die mindestens
bis ins zehnte Jahrhundert zurückreicht. Auch in diesem Spruch geht es um die
Heilung eines kranken Pferdes. Statt der alten Gottheiten Wodan und Balder treten
Christus und der heilige Stephan auf. Sie reiten nicht in den Wald, sondern in die
Stadt Jerusalem. An der Heilung des Pferdes sind keine weiteren Personen beteiligt
als Christus, der wie Wodan die Rolle des göttlichen Heilers einnimmt. Die Krankheit des Pferdes wird mit einem medizinischen Fachbegriff als Fußlahmheit
(spurihalz) bezeichnet, die an den verrenkten Fuß von Balders Pferd erinnert:

Incantatio contra eqvorum egritvdinem quam nos dicimus spvrihalz. Quam Krist endi
sancte Stephan zu ther burg Saloniun; thar uuarth sancte Stephanes hros entphangan.
Soso Krist gibuozta themo sancte Stephanes hrosse thas entphangana, so gibuozi ihc it
mid Kristes fullesti thessemo hrosse: Pater noster. Uuala Krist, thu geuuertho gibuozian
thuruch thina gnatha thesem hrosse thaz antphangana atha thaz spurialza, sose thu themo
sancte Stephanes hrosse gibuoztos zi thero burg Saloniun Amen. (Braune 1994, S. 92)

Beschwörung gegen die Krankheit der Pferde, die wir Fußlahmheit nennen. Es kamen Christus und Sankt Stephan in die Stadt Jerusalem. Da wurde Sankt Stephans Pferd befallen. Wie Christus Sankt Stephans befallenes Pferd heilte, so heile ich mit Christi Beistand dieses Pferd: Vater unser. „Wohlan, Christus, geruhe du durch deine Gnade zu heilen dieses Pferd, das befallen ist von der Fußlahmheit, wie du Sankt Stephans Pferd heiltest in der Stadt Jerusalem." Amen. (Müller 2007, S. 272–273)

Die Geschichte, die zu Beginn erzählt wird, hat nur teilweise biblischen Anhalt. Die Evangelien berichten, wie Christus auf einem jungen Esel in Jerusalem einreitet: „Sie brachten das Fohlen zu Jesus, legten ihre Kleider auf das Tier und er setzte sich darauf. […] Und er zog nach Jerusalem hinein, in den Tempel" (Mk 11,7.11). Die Apostelgeschichte erzählt die Geschichte des heiligen Stephanus, der in der christlichen Gemeinde von Jerusalem ein Amt bekleidete und für seinen Glauben starb (Apg 6–7). Doch haben Christus und Stephanus einander nicht gekannt, und von einem Pferd des Heiligen ist nirgends die Rede. Der Segensspruch verknüpft also biblische Motive mit der volkstümlichen Verehrung des heiligen Stephanus als eines Pferdeheiligen und formt daraus eine Szene, die sich als Gegenstück zur einheimischen Mythologie präsentiert.

Der Vergleich zwischen dem Merseburger Pferdezauber und dem Trierer Pferdesegen zeigt die Grenzen auf, die der Christianisierung vorchristlicher Bräuche gesetzt waren. Der Versuch, einem vorchristlichen Zauber einen christlichen Segen entgegenzustellen, der dessen Form und Inhalt aufnimmt, führt zu einem abergläubischen Gebilde. Während die Zaubersprüche immerhin in sich konsistent sind, mischen sich im Pferdesegen christliche und nichtchristliche Elemente, die Zweifel wecken, ob der Versuch der Vereinnahmung gelungen ist. Vielmehr scheint der *Trierer Pferdesegen* ein Beispiel dafür zu sein, dass der vorchristliche Glaube so beharrlich war, dass er christliche Motive in sich aufzunehmen vermochte, ohne sich gänzlich dem Christentum preiszugeben. Der Unterschied zwischen Zauber und Segen, Magie und Liturgie ist ohnehin eher eine Frage der gewählten Perspektive als der verwendeten Formelemente.

Inhaltsverzeichnis

Die bislang besprochenen Texte können noch nicht den Anspruch erheben, am Anfang der deutschen Literaturgeschichte zu stehen. Die frühen volkssprachlichen Übersetzungen zentraler Glaubenstexte, die am Beispiel des Vaterunsers vorgestellt wurden (s. Abschn. 2.2.2), sind Prosatexte und gehören daher in den Bereich der pragmatischen Schriftlichkeit. Das *Hildebrandslied* und die *Merseburger Zaubersprüche* (s. Kap. 3) stehen zwar für eine weit zurückreichende Dichtungstradition, die ihren Ort aber in der Mündlichkeit hatte und erst spät verschriftlicht wurde (das *Hildebrandslied* in den 830er Jahren, die *Merseburger Zaubersprüche* gar erst im zehnten Jahrhundert).

Deutlich früher entstanden zwei schriftliterarische Werke deutscher Sprache: ein Schöpfungsgedicht, das als *Wessobrunner Spruch* bezeichnet wird, und ein apokalyptisches Gedicht mit dem Titel *Muspilli*. Sie bilden ein thematisches Paar, da sie vom Anfang und vom Ende der Welt erzählen. Der *Wessobrunner Spruch* beschreibt, wie Gott aus dem Chaos den Kosmos erschuf, das *Muspilli* hingegen, wie der Kosmos ins Chaos zurückfällt, wenn am Ende der Zeit die Welt untergeht. Auch in formaler Hinsicht bilden diese Gedichte eine Einheit, denn sie sind die einzigen geistlichen Dichtungen althochdeutscher Sprache, die in stabgereimten Langzeilen verfasst sind. Beide Gedichte haben zudem einen politischen Aspekt: das Schöpfungsgedicht, weil es die Überlegenheit der christlichen Religion

A. Kraß, *Die Anfänge der deutschen Literatur*,
https://doi.org/10.1007/978-3-662-64153-8_4

unterstreicht, auf der das fränkische Reich basiert, und das Endzeitgedicht, weil es zeitgenössische Rechtsvorstellungen spiegelt.

4.1   Die Schöpfung

Am Anfang der deutschen Literaturgeschichte steht ein Gedicht, das sich mit dem Anfang der Welt befasst: der *Wessobrunner Spruch* (Gold u. a. 2018). Er wurde um das Jahr 814 aufgeschrieben, dürfte aber schon gegen Ende des achten Jahrhunderts im Augsburger Raum entstanden sein (Huismann 1987; Stolz 2003). Er besteht aus einem Gedicht und einem nachträglich angefügten Gebet. Letzteres schließt sich insofern an die volkssprachliche Übersetzungsliteratur an, als es die deutsche Fassung einer lateinischen Vorlage bietet. Das Gedicht knüpft hingegen an die Tradition der einheimischen Spruchdichtung an. Es ist nicht nur in stabreimenden Langzeilen verfasst, sondern verweist auch, im Zusammenhang mit dem Gebet, auf die gattungstypische Zweiteilung des Zauberspruchs in *historiola* und *incantatio*. Der erste Teil des *Wessobrunner Spruchs* (das Gedicht) bezieht sich auf den biblischen Schöpfungsbericht, der zweite Teil (das Gebet) formuliert eine Segensbitte an Gott. Der *Wessobrunner Spruch* greift also auf vertraute Klänge und Formen der mündlichen Dichtungstradition zurück, um einen zentralen christlichen Glaubensinhalt so zu gestalten, dass er als etwas Unerhörtes, Sagenhaftes, Überwältigendes erscheint.

4.1.1   Schöpfungslieder

Der *Wessobrunner Spruch* steht in einer langen Tradition mittelalterlicher Lieder, die sich mit der Schöpfung befassen. Am Beginn stehen ein Schöpfungshymnus des altenglischen Dichters Cædmon, ein im altenglischen Heldenepos *Beowulf* enthaltenes Lied und das altnordische, in der *Lieder-Edda* überlieferte Gedicht *Völuspá*. Wie sich zeigen wird, unterscheidet sich der *Wessobrunner Spruch* von den übrigen Liedern in einem entscheidenden Punkt, nämlich der Vorstellung der Schöpfung aus dem Nichts *(creatio ex nihilo)*. Im Unterschied zu anderen Schöpfungsdarstellungen setzt der *Wessobrunner Spruch* die Lehre voraus, dass Gott bereits vor der Materie existierte und auch diese erschuf. Die in der frühchristlichen Theologie entwickelte Vorstellung wurde in der Mission als Argument für die Überlegenheit des christlichen Gottes eingesetzt.

Biblischer Schöpfungsbericht
Die vorgenannten Lieder beziehen sich auf den ersten Schöpfungsbericht des Buches Genesis (Gen 1,1–2,4), der vom zweiten, der unmittelbar folgenden Erzählung vom Sündenfall im Paradies, zu unterscheiden ist. Die Erschaffung der Welt vollzieht sich als Reihe von Unterscheidungen, die Gott nacheinander vornimmt. Ausgangspunkt ist die Urflut, über der Gottes Geist schwebt. Das Wasser, mit dem die ungeschiedene Materie gemeint ist, existiert schon, bevor der Schöpfer sein Werk beginnt:

1 ¹Im Anfang schuf Gott Himmel und Erde. ²Die Erde war wüst und wirr und Finsternis lag über der Urflut und Gottes Geist schwebte über dem Wasser.

Am ersten Tag scheidet er Licht und Finsternis und führt somit den Wechsel von Tag und Nacht und folglich die Dimension der Zeit ein:

³Gott sprach: Es werde Licht. Und es wurde Licht. ⁴Gott sah, dass das Licht gut war. Und Gott schied das Licht von der Finsternis. ⁵Und Gott nannte das Licht Tag und die Finsternis nannte er Nacht. Es wurde Abend und es wurde Morgen: erster Tag.

Am zweiten Tag wird die Urflut räumlich geschieden. Die unteren Wasser bilden das Meer, die oberen Wasser das Gewölbe des Himmels. Die blaue Farbe des Himmels und der Regen, der vom Himmel fällt, dürften die Vorstellung begünstigt haben, dass auch der Himmel ein Gewässer sei:

⁶Dann sprach Gott: Es werde ein Gewölbe mitten im Wasser und scheide Wasser von Wasser. ⁷Gott machte das Gewölbe und schied das Wasser unterhalb des Gewölbes vom Wasser oberhalb des Gewölbes. Und so geschah es. ⁸Und Gott nannte das Gewölbe Himmel. Es wurde Abend und es wurde Morgen: zweiter Tag.

Am dritten Tag erfolgt die Scheidung von Wasser und Land. Indem sich das untere Wasser zurückzieht, tritt das Land in Erscheinung, und sogleich wachsen Pflanzen und Bäume. Vermutlich steht im Hintergrund die Erfahrung der jährlichen Nilschwemme, die für fruchtbaren Boden sorgt:

⁹Dann sprach Gott: Es sammle sich das Wasser unterhalb des Himmels an einem Ort und das Trockene werde sichtbar. Und so geschah es. ¹⁰Und Gott nannte das Trockene Land und die Ansammlung des Wassers nannte er Meer. Gott sah, dass es gut war. ¹¹Dann sprach Gott: Die Erde lasse junges Grün sprießen, Gewächs, das Samen bildet, Fruchtbäume, die nach ihrer Art Früchte tragen mit Samen darin auf der Erde. Und so geschah es. ¹²Die Erde brachte junges Grün hervor, Gewächs, das Samen nach seiner Art bildet, und Bäume, die Früchte tragen mit Samen darin nach ihrer Art. Gott sah, dass es gut war. ¹³Es wurde Abend und es wurde Morgen: dritter Tag.

Erst am vierten Tag werden die Himmelskörper erschaffen: Sonne, Mond und Sterne. Sie dienen nicht der (schon am ersten Tag erfolgten) Trennung von Licht und Finsternis, sondern der kalendarischen Ordnung. Der Mond bezeichnet nicht nur die Nacht, sondern auch den Monat; die Sonne nicht nur den Tag, sondern auch das Jahr. Die sechs Werktage und einen Ruhetag umfassende Schöpfungswoche bildet selbst das Vorbild für die Einheit der Wochen, die sich ihrerseits zu Monaten und Jahren fügen:

¹⁴Dann sprach Gott: Lichter sollen am Himmelsgewölbe sein, um Tag und Nacht zu scheiden. Sie sollen als Zeichen für Festzeiten, für Tage und Jahre dienen. ¹⁵Sie sollen Lichter am Himmelsgewölbe sein, um über die Erde hin zu leuchten. Und so geschah es. ¹⁶Gott machte die beiden großen Lichter, das große zur Herrschaft über den Tag, das kleine zur Herrschaft über die Nacht, und die Sterne. ¹⁷Gott setzte sie an das Himmelsgewölbe, damit sie über die Erde leuchten, ¹⁸über Tag und Nacht herrschen und das Licht von der Finsternis scheiden. Gott sah, dass es gut war. ¹⁹Es wurde Abend und es wurde Morgen: vierter Tag.

Am fünften Schöpfungstag erschafft Gott die Tiere des Wassers und des Himmels:

> [20]Dann sprach Gott: Das Wasser wimmle von Schwärmen lebendiger Wesen und Vögel sollen über der Erde am Himmelsgewölbe fliegen. [21]Und Gott erschuf die großen Wassertiere und alle Lebewesen, die sich fortbewegen nach ihrer Art, von denen das Wasser wimmelt, und alle gefiederten Vögel nach ihrer Art. Gott sah, dass es gut war. [22]Gott segnete sie und sprach: Seid fruchtbar und mehrt euch! Füllt das Wasser im Meer und die Vögel sollen sich auf Erden vermehren. [23]Es wurde Abend und es wurde Morgen: fünfter Tag.

Und am sechsten Schöpfungstag folgt schließlich die Erschaffung der Landtiere und Menschen:

> [24]Dann sprach Gott: Die Erde bringe Lebewesen aller Art hervor, von Vieh, von Kriechtieren und von Wildtieren der Erde nach ihrer Art. Und so geschah es. [25]Gott machte die Wildtiere der Erde nach ihrer Art, das Vieh nach seiner Art und alle Kriechtiere auf dem Erdboden nach ihrer Art. Gott sah, dass es gut war. [26]Dann sprach Gott: Lasst uns Menschen machen als unser Bild, uns ähnlich! Sie sollen walten über die Fische des Meeres, über die Vögel des Himmels, über das Vieh, über die ganze Erde und über alle Kriechtiere, die auf der Erde kriechen. [27]Gott erschuf den Menschen als sein Bild; als Bild Gottes erschuf er ihn. Männlich und weiblich erschuf er sie. [28]Gott segnete sie und Gott sprach zu ihnen: Seid fruchtbar und mehrt euch, füllt die Erde und unterwerft sie und waltet über die Fische des Meeres, über die Vögel des Himmels und über alle Tiere, die auf der Erde kriechen. [29]Dann sprach Gott: Siehe, ich gebe euch alles Gewächs, das Samen bildet auf der ganzen Erde, und alle Bäume, die Früchte tragen mit Samen darin. Euch sollen sie zur Nahrung dienen. [30]Allen Tieren der Erde, allen Vögeln des Himmels und allem, was auf der Erde kriecht, das Lebensatem in sich hat, gebe ich alles grüne Gewächs zur Nahrung. Und so geschah es. [31]Gott sah alles an, was er gemacht hatte: Und siehe, es war sehr gut. Es wurde Abend und es wurde Morgen: der sechste Tag.

Mit dem fünften und sechsten Schöpfungstag wiederholt sich die Abfolge des zweiten (Wasser/Himmel) und dritten Tages (Land) und wird zugleich eine Hierarchie gestiftet. Vögel und Fische sind auf einer anderen Ebene angesiedelt als Landtiere und Menschen. Die Menschen aber stehen an der Spitze, denn sie beherrschen die Tiere und verzehren die Pflanzen. Als Ebenbilder Gottes stehen die Menschen ihm von allen Lebewesen am nächsten. Auch die Menschen selbst werden noch einmal unterschieden, nämlich in Mann und Frau, aber von einer Überordnung des Mannes über die Frau ist noch keine Rede.

Am siebten Tag gönnt sich der Schöpfer eine Ruhepause:

> 2 [1]So wurden Himmel und Erde und ihr ganzes Heer vollendet. [2]Am siebten Tag vollendete Gott das Werk, das er gemacht hatte, und er ruhte am siebten Tag, nachdem er sein ganzes Werk gemacht hatte. [3]Und Gott segnete den siebten Tag und heiligte ihn; denn an ihm ruhte Gott, nachdem er sein ganzes Werk gemacht hatte. [4]Das ist die Geschichte der Entstehung von Himmel und Erde, als sie erschaffen wurden.

Damit ist das Schöpfungswerk vollendet und die Woche des Menschen gestiftet, die aus sechs Werktagen und einem geheiligten Ruhetag besteht.

Die Predigt der Königin

Auf dem ersten biblischen Schöpfungsbericht basieren die oben genannten Schöpfungslieder. Ihnen kann man noch eine Anekdote voranstellen, die Gregor von Tours im sechsten Jahrhundert in seiner *Geschichte der Franken* erzählt, einer lateinischen Chronik mit fiktiven Zügen. Im zweiten Buch (Kap. 29) berichtet er, wie Chrodechilde, die Gattin des merowingischen Königs Chlodwig, ihren Mann zur Taufe des gemeinsamen Sohnes überredet (vgl. Becher 2011, S. 177–179). Im Gespräch mit Chlodwig, der noch dem alten Glauben anhängt, zieht die christliche Königin die Existenz der von ihm verehrten Götter in Zweifel:

> Der König bekam nun von der Königin Chrodichilde den ersten Sohn. Sie wollte ihn taufen lassen, und drang deshalb unaufhörlich in ihren Gemahl und sprach: „Nichts sind die Götter, die ihr verehrt, denn sie können sich und andern nicht helfen. Sie sind nämlich ein Gebilde aus Stein, Holz oder Erz." (Gregor von Tours 1955, Bd. I, S. 114–115)

Gregor legt der Königin Worte in den Mund, die Chlodwig beeindrucken sollen. Zuerst belehrt sie ihn, dass die Götterbilder wirkungslose Skulpturen aus Erz, Holz und Stein, also von Menschenhand geschaffene Artefakte seien. Damit bereitet sie das Argument vor, dass der christliche Gott im Unterschied zu den heidnischen Götzen nicht geschaffen, sondern selbst ein Schöpfer sei.

Im weiteren Verlauf des Gesprächs klärt die Königin ihren Mann darüber auf, dass seine Götter in Wahrheit Menschen seien, die bestenfalls über Zauberkünste verfügten:

> „Und die Namen, die ihr ihnen beigelegt, gehörten einst Menschen an, nicht Göttern: wie Saturnus ein Mensch war, der seinem Sohne durch die Flucht entronnen sein soll, damit er nicht sein Königreich verliere, und wie Jupiter selbst, der allerschmutzigste Eheschänder, der Männer schändete, Weiber, die ihm blutsverwandt waren, beschimpfte und mit seiner eigenen Schwester in Blutschande lebte, wie sie selbst sagt, sie sei ‚des Gottes Schwester und Gattin zugleich'. Und Mars und Mercurius, wie weit reichte denn ihre Macht? Zauberkünste mochten ihnen zu Gebot stehen, aber die Macht einer Gottheit hatten sie nimmer". (Gregor von Tours 1955, Bd. I, S. 114–115)

Gregor von Tours bedient sich der *interpretatio Romana,* benennt also die einheimischen Götter anhand ihrer römischen Entsprechungen. Damit folgt er dem Beispiel, das der römischen Geschichtsschreiber Tacitus in seiner *Germania* gab. Während Tacitus Merkur, Herkules und Mars nennt, wenn er Wodan, Donar und Tiu meint (Simek 2016, S. 57), spricht Gregor von fünf männlichen und weiblichen Gottheiten: Saturn, Jupiter, Juno, Mars und Merkur. Es scheint, dass er, passend zur Vorstellung der Schöpfungswoche, auf die Wochentage anspielt, denn er führt diejenigen Götter an, die im römischen Kalender den Dienstag (Mars), Mittwoch (Merkur), Donnerstag (Jupiter) und Samstag (Saturn) bezeichnen. Anhand der Namen der einheimischen Wochentage lassen sich die Götter erschließen, auf die Gregor anspielt. Hinter Mars verbirgt sich Tiu *(Tuesday),* hinter Merkur Wodan *(Wednesday),* hinter Jupiter Donar („Donnerstag"). Für Saturn *(Saturday)* fehlt ein Gegenstück. Venus, die Patronin des römischen

Freitags, nennt Gregor nicht, spielt aber auf Jupiters Gattin Juno und somit auf
Wodans Gattin Frija an, die dem Freitag den Namen gab (Simek 2016, S. 65–66).
Doch geht es Gregor nicht um religionsgeschichtliche Details, sondern darum,
anhand des fränkischen Königspaars die Opposition von christlichem und nicht-
christlichem Glauben in Szene zu setzen. Entscheidend ist für ihn das Argument, dass die nichtchristlichen Götter, ob sie nun mit ihren römischen oder
germanischen Namen bezeichnet werden, in Wahrheit Menschen seien. Er
wendet die biblische Vorstellung, dass Gott die Menschen nach seinem Ebenbild
erschaffen habe, gegen die Nichtchristen, die umgekehrt ihre Götter nach mensch-
lichem Ebenbild erschaffen hätten. Bestenfalls, so räumt Gregor ein, verfügen die
für Götter gehaltenen Menschen über Zauberkünste – wie Wodan und Frija im
zweiten *Merseburger Zauberspruch* (s. Abschn. 3.2.2).

Im nächsten Schritt betont die Königin, dass der christliche Gott als Schöpfer
der Welt den heidnischen Scheingöttern überlegen sei. Sie stimmt einen Lobpreis
auf die Erschaffung der Welt an, den man als Schöpfungslied in sieben Versen
deuten kann (entsprechend füge ich Versstriche ein):

> „Wie viel mehr muß nicht der verehrt werden, / der Himmel und Erde, Meer und alles,
> was darinnen ist, durch sein Wort aus dem Nichts geschaffen hat, / der die Sonne leuchten
> ließ und den Himmel mit Sternen schmückte, / der das Wasser mit Gewürm, das Land mit
> Tieren und die Luft mit Vögeln erfüllte, / auf dessen Wink die Erde sich schmückt mit
> Früchten, der Baum mit Obst und der Weinstock mit Trauben, / durch dessen Hand das
> Menschengeschlecht erschaffen ist, / durch dessen Güte alle Kreatur seinem Menschen,
> den er geschaffen, dienet und willig ist!" (Gregor von Tours 1955, Bd. I, S. 114–115)

Auf die anfängliche Aufforderung, Gott zu preisen, folgen sechs Relativsätze, die ihn
als Schöpfer beschreiben. Die ersten drei beginnen mit dem Pronomen „der" *(qui),*
die letzten drei mit dem Pronomen „dessen" *(cuius).* Im Unterschied zu den vorchristlichen Göttern wird der christliche Gott nicht beim Namen genannt, sondern
durch die wiederholte Umschreibung seines schöpferischen Wirkens zur Geltung
gebracht. Die ersten Relativsätze beinhalten jeweils eine Dreierreihe. Der erste nennt
Himmel, Land und Meer; der zweite Himmel, Sonne und Sterne; der dritte ordnet
dem Himmel die Vögel, dem Land die Tiere und dem Meer das Gewürm zu; der
vierte spricht von Erde, Bäumen und Weinstöcken und dem, was sie hervorbringen,
nämlich Feldfrüchte, Baumobst und Trauben. Der fünfte Relativsatz nennt die
Menschheit als Krone der Schöpfung; der sechste und letzte charakterisiert die Tiere
als Diener der Menschen (wie der Mensch seinerseits Gott dienen soll).

Das Bild der Schöpfung, das Gregor der Königin in den Mund legt, verdichtet
den biblischen Bericht über die Erschaffung der Welt. Der Vergleich bestätigt, dass
sich Gregor an den sechs Schöpfungstagen orientiert. Nur in zwei Details weicht
er vom biblischen Bericht ab. Er nennt die Tiere vor den Pflanzen, und er fügt den
Früchten die Weintrauben hinzu, die auf das Sakrament der Eucharistie verweisen.
Der entscheidende Punkt besteht aber darin, dass Gott die Welt aus dem Nichts
erschaffen habe *(ex non extantibus procreavit).* Hier spricht Gregor als Theologe.
Er zitiert einen Glaubenssatz, der im zweiten Jahrhundert formuliert wurde und
besagt, dass Gott auch die Materie erschaffen habe. In der Bibel steht das freilich
nicht. Zwar heißt es dort, die Erde sei „wüst und wirr" gewesen, und „Finsternis"

habe über der „Urflut" geherrscht, auf deren „Wasser" der Geist Gottes schwebte. Der biblische Schöpfungsbericht behauptet folglich nicht, dass Gott schon *vor* der Materie, sondern dass er *mit* der Materie existiert habe. Die ungeformte Materie, der chaotische Stoff, aus dem der Kosmos erschaffen wird, ist von Anfang an da. Gott schafft die Materie nicht, sondern formt und ordnet sie schrittweise, indem er Unterschiede erzeugt. Er geht der Schöpfung voraus, nicht aber der Materie. Die erste Unterscheidung ist immer schon vorgegeben, nämlich die von Geist und Materie. Im Anfang *(in principio)* schafft Gott nicht die Materie, sondern die Welt, indem er Wasser, Himmel und Land voneinander scheidet.

Von alledem lässt sich Chlodwig wenig beeindrucken. Er willigt zwar in die Taufe seines Sohnes ein, bleibt aber seinem Glauben treu:

> Aber wie oft auch die Königin so sprach, sie konnte doch des Königs Gemüt nicht zum Glauben bekehren. „Auf unserer Götter Geheiß, sagte er, wird alles geschaffen und erzeugt, euer Gott vermag augenscheinlich nichts und ist, was noch mehr ist, nicht einmal vom Stamme der Götter." (Gregor von Tours 1955, Bd. I, S. 114–115)

Nicht *ein* Gott schuf seiner Meinung nach die Welt, sondern viele Götter, und im Übrigen könne ein Gott, der Mensch geworden sei, kaum von sich behaupten, vom Stamme der Götter zu sein. Als sein Sohn noch im Taufkleid stirbt, sieht sich Chlodwig bestätigt. Erst als er später im Namen Christi eine Schlacht gewinnt, erklärt er sich bereit, den katholischen Glauben anzunehmen – und macht aus seiner Taufe ein repräsentatives Ereignis. So stellt es jedenfalls Gregor von Tours da, der großen Wert auf den heilsgeschichtlichen Sieg des Christentums legt und Chlodwig nach dem Vorbild Konstantins des Großen modelliert.

Die Weissagung der Seherin

Wenn Chlodwig seiner Frau entgegnet, dass die Welt auf „unserer Götter Geheiß" erschaffen worden sei, so stellt sich die Frage, welche Götter damit gemeint sein könnten. Die Frage bleibt offen, denn Gregor von Tours geht nicht näher darauf ein, und die Götter, die er nennt, bezeichnet er anhand der römischen Namen. Doch lässt sich die Leerstelle füllen, wenn man auf eine altnordische Götterdichtung blickt, die allerdings erst im dreizehnten Jahrhundert verschriftlicht wurde. Sie spiegelt nicht die fränkische Epoche des frühen Mittelalters wider, sondern die Zeit der Wikinger im hohen Mittelalter. Gleichwohl vermag sie eine Ahnung davon zu vermitteln, wie die Schöpfungsmythologie der Franken vor ihrer Romanisierung und Christianisierung ausgesehen haben könnte. Was für Gregors Darstellung der einheimischen Götter gilt, gilt auch für die *Völuspá* (die „Weissagung der Seherin"), wie das Gedicht zu Beginn der *Lieder-Edda* genannt wird. Es reagiert bereits auf die christliche Schöpfungsvorstellung, belässt aber den nordischen Göttern die Oberhand.

Der älteste und wichtigste Textzeuge der *Lieder-Edda* ist der vermutlich um 1270 geschriebene Codex Regius. Die heute in Reykjavik aufbewahrte Handschrift basiert auf einer Vorlage aus der ersten Hälfte des dreizehnten Jahrhunderts. Die *Völuspá* dürfte bereits um das Jahr 1000 entstanden sein, damit wäre sie zweihundert Jahre jünger als der *Wessobrunner Spruch*. Sie erzählt in sechsundsechzig überlieferten Strophen vom Anfang und Ende der Welt, die dazwischenliegende Zeit wird ausgespart. Man nimmt an, dass die *Völuspá* ein in sich geschlossenes Lied darstellt, das von einem einzigen Verfasser geschrieben wurde. Sie beginnt mit einer zwei Strophen umfassenden Einführung, in der die Seherin, die das Schöpfungslied vorträgt, um Andacht bittet. Die Erschaffung der Welt ist Thema der dritten bis sechsten Strophe. Die dritte Strophe beschreibt den Zustand vor der Schöpfung:

> Ár var alda þar er Ýmir bygði,
> vara sandr né sær né svalar unnir,
> jörð fannsk æva né upphiminn,
> gap var ginnunga, en gras hvergi (Brugge 1867, S. 1-2).

> Urzeit war es, als Ymir lebte;
> es gab weder Sand noch Meer noch kühle Wogen,
> Erde existiert nicht noch Himmel darüber,
> den Schlund der Urleere gab es, aber nirgends Gras. (Krause 2018, S. 10-11)

Es herrscht jener klaffende Abgrund, von dem auch die Bibel spricht. Die Vorzeit wird als Abwesenheit von Land, Meer, Himmel und Vegetation beschrieben. Im Unterschied zur Bibel ist auch das Wasser noch nicht existent: „weder [...] Meer noch kühle Wogen". Dennoch handelt es sich nicht um eine *creatio ex nihilo,* denn Ymir ist schon da, ein Riese, der die Materie verkörpert, aus der die Götter die Welt erschaffen. Die Welt beginnt mit einem Mord, den die Götter am Urriesen verüben, um aus seinem Körper das Geschaffene zu formen.

In der vierten Strophe geht die negative in die positive Darstellung der Schöpfung über. Nun wird nicht mehr geschildert, was noch nicht geschaffen ist, sondern wie das Geschaffene Schritt um Schritt ins Sein tritt. Zuerst werden die Göttersöhne tätig, um die Mittelerde („Midgard") zu erschaffen, das heißt den Erdkreis, auf dem Menschen, Tiere und Pflanzen leben. Genannt wird zunächst nur die Vegetation („grünes Gras"), die dort entsteht, wo die Sonne auf die Erde scheint:

> Áðr Burs synir bjöðum um ypðu,
> þeir er Miðgarð mœran skópu;
> sól skein sunnan á salar steina,
> þá var grund gróin grœnum lauki.

> Bis Burrs Söhne das Land hoben,
> sie, die Midgard, den mächtigen, schufen;
> die Sonne schien von Süden auf die Steine des Grunds,
> da wuchs aus der Erde grünes Gras.

Die Parallelen zur Bibel setzen sich in den nächsten Strophen fort. Die fünfte Strophe deutet an, dass die Götter den vormals ortlosen Gestirnen ihren Platz am Himmelsgewölbe geben:

> Sól varp sunnan, sinni mána,
> hendi inni hœgri um himinjódyr;
> sól þat ne vissi hvar hon sali átti,
> máni þat ne vissi hvat hann megins átti,
> stjörnur þat ne vissu hvar þær staði áttu.

Die Sonne legte von Süden,   die Gefährtin des Mondes,
die rechte Hand   an den Himmelsrand;
die Sonne wusste nicht,   wo sie ihren Saal hatte,
der Mond wusste nicht,   was er an Kraft besaß,
die Sterne wussten nicht,   wo ihre Heimstatt war.

Die Erschaffung von Sonne, Mond und Sternen erinnert an den biblischen
Schöpfungsbericht, nicht aber die Vorstellung, dass Sonne und Mond Gefährten
seien und der Sonnenstrahl einer ausgestreckten Hand gleiche. Mithilfe der
Gestirne ordnen die Götter nun die Zeit:

Þá gengu regin öll   á rökstóla,
ginnheilug goð,   ok um þat gættusk;
nátt ok niðjum   nöfn um gáfu,
morgin hétu   ok miðjan dag,
undorn ok aptan,   árum at telja.

Da schritten alle Rater   zum Richterstuhl,
die heiligsten Götter,   und beratschlagten:
Nacht und Neumond   gaben sie Namen,
Morgen benannten sie   und Mitte des Tags,
Nachmittag und Abend,   die Zeit zu zählen.

Die zeitliche Ordnung ist Folge des Ratschlusses einer Götterversammlung, die
den Tag in Morgen, Mittag, Nachmittag und Abend einteilen.

Die Schilderung der Schöpfung in der *Völuspa* ist synkretistisch, d. h. aus ver-
schiedenen Traditionen zusammengesetzt. Einerseits nimmt sie unverkennbar
Bezug auf christliche Vorstellungen, die auf dem biblischen Schöpfungsbericht
beruhen; andererseits stilisiert sie eine eigene Mythologie, die polytheistische
Züge trägt und die Existenz von Riesen und Zwergen einschließt. An der
Schöpfung beteiligt ist Odin, wie Wodan im Norden heißt, aber er erscheint
nicht als Göttervater, sondern als einer von drei Göttersöhnen. Der Verfasser der
Völuspá zeichnet nicht einen Mythos auf, der mehr als tausend Jahre zurückreicht,
sondern gestaltet ein literarisches Werk, das sich von mündlichen Überlieferungen
und dem biblischen Schöpfungsbericht zugleich inspirieren lässt. Gleichwohl
gibt die *Völuspá* eine Ahnung davon, was hinter Chlodwigs Bemerkung stecken
könnte, dass „auf unserer Götter Geheiß […] alles geschaffen und erzeugt"
worden sei.

Der Hymnus des Hirten

Das älteste Schöpfungslied, das in einer germanischen Sprache überliefert ist,
stammt von dem altenglischen Dichter Cædmon. Es wurde im späten siebten
Jahrhundert verfasst, ist also einhundert Jahre älter als der *Wessobrunner Spruch*.
Der englische Theologe Beda Venerabilis erzählt in seiner Kirchengeschichte die
Entstehungslegende dieser Dichtung. Cædmon, Hirte in einem nordenglischen
Kloster, habe im Traum den Auftrag erhalten, den „Anfang der Geschöfe"
(principium creaturarum) zu besingen (Kiening und Beil 2012, S. 117–136). Die
Pointe der Erzählung besteht darin, dass das Schöpfungslied aus dem Mund eines

ungelehrten Hirten stammt, der nur der Volkssprache mächtig ist. Beda hat seiner Erzählung eine lateinische Übersetzung des Lieds beigefügt (Beda 1838, S. 308). Das neun stabgereimte Langzeilen umfassende Schöpfungslied ist in zahlreichen Handschriften überliefert; die älteste, um das Jahr 737 entstandene Abschrift liegt heute in Cambridge (MS Kk.5.16, Bl. 128v). Das Lied wird als Beleg dafür gewertet, dass christliche Schöpfungslieder von adeligen Sängern an Fürstenhöfen vorgetragen wurden (Haubrichs 1995a, S. 244). Cædmons Lied thematisiert weniger die Schöpfung als den Schöpfer. Es stellt Gott als Baumeister und Architekten vor, der einen wohldurchdachten Plan in die Tat umsetzt:

> Nū scylun hergan   hefaenrīcaes Uard,
> metudæs maecti   end his mōdgidanc,
> uerc Uuldurfadur,   suē hē uundra gihwaes
> ēci dryctin   ōr āstelidæ
> 5   hē ǣrist scōp   aelda barnum
> heben til hrōfe   hāleg scepen.
> Thā middungeard   moncynnæs Uard,
> eci Dryctin,   æfter tīadæ
> firum foldu,   Frēa allmectig. (Hamer 2015, S. 126)

> Nun sollen wir huldigen   des Himmelreichs Schützer,
> der Macht des Vermessers   und seinem Meisterplan,
> dem Werk des Waltenden,   wie jegliches Wunder
> der ewige Herr   im Anfang erdachte.
> 5   Zuerst erschuf er   den irdischen Kindern
> den Himmel zum Dache,   der heilige Schöpfer;
> dann Mittelgart*,   der Menschenbeschützer,   *Erdkreis
> der ewige Herr,   einige Zeit später
> dem Volke die Flur, der Fürst mit Allmacht. (Übersetzung A.K.)

Hinsichtlich der Schöpfung werden nur Himmel und Erde genannt. Von einem Abgrund und einer Urflut, die der Schöpfung vorausgegangen wäre, ist ebenso wenig die Rede wie von Sternen, Tieren und Pflanzen. Die Menschen leben auf dem Land, der Himmel dient ihnen als Dach – das ist alles, was über die Schöpfung gesagt wird. Stattdessen wird Gott in zahlreichen Titeln gepriesen: als Beschützer *(uard)* des Himmels und der Erde, planvoller Vermesser *(metudæs),* gnädiger Vater *(ulduruadur),* ewiger Herr *(dryctin),* heiliger Schöpfer *(scepen)* und allmächtiger Fürst *(frēa).*

Das Lied des Hofsängers

Ein weiteres Schöpfungslied erklingt im altenglischen Heldengedicht *Beowulf,* das in einer zwischen den Jahren 975 und 1010 entstandenen, heute in der British Library in London aufbewahrten Handschrift überliefert ist, dem sogenannten „Nowell Codex" (Cotton Vitellius A.XV). Das Epos wurde in England aufgeschrieben, spielt aber im skandinavischen Raum. Die Entstehung wird von der Forschung zwischen 725 und 730 oder noch früher angesetzt (Beowulf 2003, S. 3). Der *Beowulf* zeichnet sich durch mehrere Lieder aus, die in die Erzählung eingelassen sind; darunter befindet sich auch ein Schöpfungslied. Ein Sänger bringt es mit Harfenbegleitung in der Halle des Fürsten zum Vortrag. Es umfasst achteinhalb stabgereimte Langzeilen, entspricht in der Länge also ungefähr Cædmons Schöpfungslied und dem *Wessobrunner Spruch.* Der Inhalt des Lieds, das die Frage nach dem „Ursprung der Menschen" *(frumsceaft fīra)* beantwortet, wird in indirekter Rede wiedergegeben (Z. 90–98):

> 90 […] **S**ægde **s**ē þe c**ū**þe
> **f**rumsceaft **f**īra **f**eorran reccan,
> cwæð þæt se Æl**m**ihtiga **e**orðan **w**orhte,
> **w**lite-beorhtne **w**ang, s**w**ā **w**æter beb**ū**geð:
> **g**esette **s**ige-hrēþig **s**unnan ond **m**ōnan
> 95 **l**ēoman tō **l**ēohte **l**and-būendum,
> ond ge**f**rætwade **f**oldan scēatas
> **l**eomum ond **l**ēafum; **l**īf ēac gescēop
> **c**ynna gehwylcum, þāra ðe **c**wice hwyrfaþ (Beowulf 2001, S. 8).

> 90 […] **E**r **s**agte, der da konnte
> **D**en **U**rsprung der Menschen von **a**lters her berichten,
> **E**r erzählte, daß der **A**llmächtige die **E**rde erschuf,
> **D**ie **f**unkelnde **F**lur, soweit die **F**lut sie umschließt,
> **A**uch daß der **S**iegreiche **s**etzte **S**onne und Mond
> 95 **A**ls **L**icht und **L**euchte den **L**andbewohnern
> Und **sch**mückte sehr **sch**ön den **Sch**oß der Erde
> Mit **B**lütenzweigen und **B**lättern; **b**lühendes Leben auch schuf er
> **J**eder Art **w**irkenden **W**esens, das sich bewegt voll Lust. (Beowulf 2004, S. 32-33)

Der Akzent liegt im Unterschied zu Cædmons Schöpfungslied auf der Erschaffung der Welt. Der Zustand, der der Schöpfung vorausgeht, wird nicht erwähnt; von Abgrund und Urflut ist keine Rede. Das Lied beschreibt die Schöpfung als kreativen Akt, der in mehreren Schritten erfolgt. Zuerst trennt Gott Land und Meer, dann erschafft er Himmelskörper, Pflanzen und Tiere einschließlich der Menschen. So folgt das Lied in verkürzter Form dem biblischen Sechstagewerk, hebt aber nur den dritten (Scheidung von Wasser und Land, Erschaffung der Pflanzen), vierten (Erschaffung der Himmelskörper), fünften und sechsten (Erschaffung der Tiere und Menschen) Tag hervor. Die abschließende Feststellung, dass die Menschen ein sorgenfreies, lustvolles und friedliches Leben geführt hätten, bezieht sich nicht auf den Schöpfungsbericht, sondern auf die nachfolgende Erzählung vom Sündenfall im Garten Eden. Kosmos und Paradies werden miteinander identifiziert. Da das Lied in einer Fürstenhalle zum Vortrag kommt, spiegelt die Schöpfung die Festfreude der anwesenden Gäste. Wie der „siegreiche" Gott Herr der Welt ist, so ist auch der Fürst Herr über sein Volk.

4.1.2   Der *Wessobrunner Spruch*

Die Anekdote aus der fränkischen Geschichte Gregors von Tours bezeugt den missionarischen Impetus, der sich mit der christlichen Schöpfungsvorstellung verbindet. Die altenglischen Schöpfungslieder von Cædmon und aus dem *Beowulf* zeigen eine positive Darstellung des Schöpfers und der Schöpfung, die den

Zustand vor der Erschaffung der Welt überspringt. Das Schöpfungsgedicht zu Beginn der *Völuspá* zeigt, wie ein stilisierter nordischer Mythos auf den christlichen Schöpfungsgedanken antwortet. Während Gregor von Tours die Vorstellung der Schöpfung aus dem Nichts propagiert, spielt sie für die altenglischen Schöpfungslieder keine Rolle.

Der *Wessobrunner Spruch* geht insofern eigene Wege, als er die Schöpfung *ex negativo* beschreibt und somit den Gedanken der Schöpfung aus dem Nichts radikalisiert. Im Unterschied zu den altenglischen Schöpfungsliedern blickt er nicht auf das Geschaffene, sondern auf den Zustand, als das Geschaffene noch nicht war (Schwarzbach-Dobson 2016, S. 39–43). Ist die Vorstellung, dass ein Gott die Welt erschafft, schon überwältigend, so entzieht sich der Gedanke, dass Gott bereits vor der Erschaffung der Welt, vor Anbeginn der Zeit existent war, der Vorstellbarkeit.

Der Impuls für die Entstehung dieses Gedichts dürfte ein doppelter gewesen sein. Zum einen sah die von Alkuin konzipierte und Karl dem Großen erlassene *Allgemeine Ermahnung* (s. Abschn. 2.1.1) vor, dass die Priester in ihren Predigten den Glauben an den dreifaltigen Schöpfergott verbreiten sollten:

> An allererster Stelle ist allen insgesamt zu predigen, dass sie glauben sollen dass Vater, Sohn und Heiliger Geist ein einziger Gott ist, allmächtig, ewig, unsichtbar, der Himmel und Erde schuf, das Meer und alles in ihnen, und dass es eine Gottheit ist, ein Wesen und eine Hoheit in den drei Personen des Vaters und des Heiligen Geistes. (Kap. 80)

Zwar handelt es sich um eine Paraphrase der ersten Verse des Glaubensbekenntnisses („Ich glaube an Gott, den Vater, den Allmächtigen, den Schöpfer des Himmels und der Erde. Und an Jesus Christus, seinen eingeborenen Sohn, unsern Herrn"), doch wird dem Himmel und der Erde noch das Meer hinzugefügt und alles, was in den drei Elementen lebt. Damit ist der Bogen zu den Schöpfungsliedern geschlagen, und man könnte argumentieren, dass der Verfasser des *Wessobrunner Spruchs* die Aufforderung der *Allgemeinen Ermahnung* umsetzte, die Erschaffung der Welt zu predigen. Ein weiterer Impuls könnte Cædmons angelsächsisches Schöpfungslied gewesen sein. Es war durch Bedas Kirchengeschichte wohlbekannt; auch ist die Brücke von der angelsächsischen zur fränkischen Theologie und Frömmigkeit durch Alkuin bestens bezeugt. Ferner fällt auf, dass die Handschrift, die den *Wessobrunner Spruch* überliefert, eine theologische Sammelhandschrift, die um 814 in der Augsburger Region geschrieben wurde, als Abkürzung der Silbe *ga* die sogenannte Sternrune verwendet, ein mögliches Zeichen für angelsächsischen Einfluss.

Wie gesagt, hebt sich der *Wessobrunner Spruch* von früheren Liedern ähnlichen Inhalts dadurch ab, dass er sich an die theologische Lehre von der Schöpfung aus dem Nichts anlehnt, auf die bereits Gregors von Tours anspielt. Diese Lehre prägte sich im frühen Christentum in Abgrenzung von platonischen Weltbildungsmodellen aus (May 1978). Platon lehrt in seinem *Timaios,* dass der als Baumeister (Demiurg) vorgestellte Schöpfergott die bereits vorhandene Materie ordnete, also das Chaos in den Kosmos überführte: „Weil nämlich der Gott wollte, dass alles gut und nach Möglichkeit nichts minderwertig sei, so führte er alles, was sichtbar war und was er nicht in Ruhe, sondern in verworrener und ungeordneter Bewegung übernahm, aus der Unordnung in eine Ordnung" (Platon 2009, S. 41). Der biblische Schöpfungsbericht impliziert eine ähnliche Vorstellung, wenn er lehrt, dass vor der Erschaffung der Welt der Geist Gottes über den Wassern schwebte, also bereits die Urflut vorhanden war. Die christliche Theologie der Spätantike suchte sich von der platonischen Philosophie abzugrenzen, indem sie behauptete, Gott habe auch die Materie erschaffen. Diese Lehre vertrat im zweiten Jahrhundert der christliche Theologe Tatian. Zu Beginn des dritten Jahrhunderts war sie bereits zu einem Fundamentalsatz der christlichen Theologie avanciert. Die Überlegung, die hinter diesem Satz steht, ist folgende: Wäre die Materie wie Gott präexistent, also anfangslos, so wäre sie ein gottgleiches Prinzip; damit wäre aber Gott als absoluter Schöpfer in Frage gestellt. Daher vertrat man die These, dass Gott zunächst das stoffliche Substrat, die Materie, hervorgebracht habe, bevor er aus ihr formend die Welt erschuf. Dieser Gedanke wird im *Wessobrunner Spruch* poetisch gestaltet.

Der *Wessobrunner Spruch* (s. Abb. 4.1) setzt sich aus zwei Teilen zusammen, die in ihrer Kombination der Gattung des Zauberspruchs nahestehen. Der erste

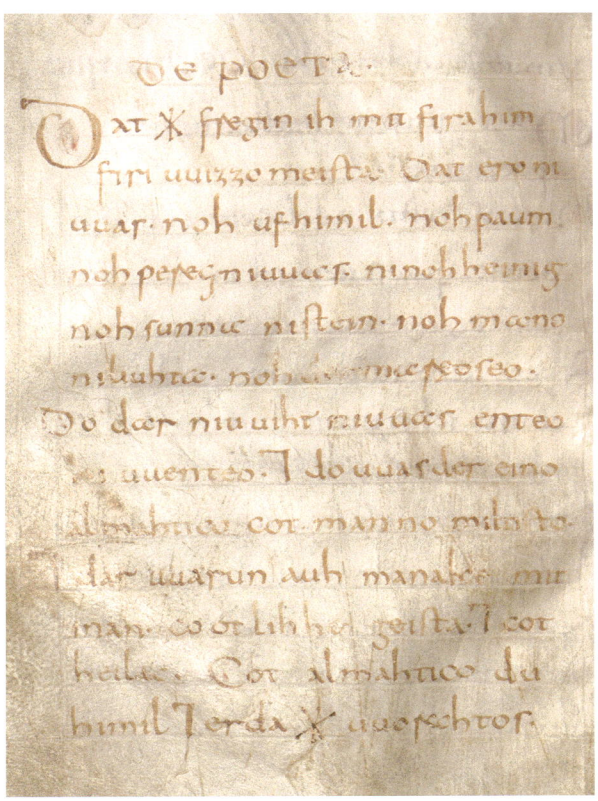

Abb. 4.1 Das *Wessobrunner Gebet*. (München, Bayerische Staatsbibliothek, Clm 22053, Bl. 65v)

Teil ist ein stabgereimtes Gedicht im Ton mündlicher Dichtung, der zweite ein Gebet (zitiert nach Braune und Ebbinghaus 1994, S. 85–86; Nachdichtung A.K.):

De Poeta

Dat gafregin ich mit firahim   firiuuizzo meista,
dat ero ni uuas   noh ufhimil,
noh paum   noh pereg ni uuas,
ni *sterro* nohheinig   noh sunna ni scein,
noh mano ni liuhta,   noh der mareo seo.
Do dar niuuiht ni uuas   enteo ni uuenteo,
enti do uuas der eino   almahtico cot,
manno miltisto,   enti dar uuarun auh manake mit inan
cootlihhe geista,   enti cot heilac.

5

Cot almahtico, du himil enti erda gauuorahtos, enti du mannun so manac coot for gapi, forgip mir in dino ganada rehta galaupa enti cotan uuilleon, uuistom enti spahida enti craft, tiuflun za uuidarstantanne enti arc za piuuisanne enti dinan uuilleon za gauurchanne.

Vom Schöpfer

Das erfuhr ich im Volke   mit größtem Befremden:
Noch war nicht die Erde,   noch oben der Himmel,
noch waren nicht Bäume,   noch waren nicht Berge,
noch waren nicht Sterne,   noch schien nicht die Sonne,
nicht Leuchten des Mondes,   nicht Glänzen des Meeres.
Als weitum nichts war,   nicht Ende noch Wende,
da war doch der Eine,   war Gott schon mit Allmacht,
der mildeste Mann,   und manche auch mit ihm,
die göttlichen Geister.   Und heilig war Gott!

5

Allmächtiger Gott, du hast Himmel und Erde gewirkt, du hast den Menschen so manch Gutes gegeben, gib gnädig mir rechten Glauben und guten Willen, Weisheit und Klugheit und Kraft, den Teufeln zu widerstehen und das Böse zu vermeiden und deinen Willen zu wirken.

Zunächst ist eine Anmerkung zur Textgestalt vonnöten (vgl. Gottzmann 1987; Schwaab 2003b; Búa 2003). Im Einklang mit den meisten Editionen habe ich den Wortlaut des althochdeutschen Textes an zwei Stellen korrigiert. Beide betreffen den vierten Vers. Der erste Eingriff besteht in der Ergänzung des Wortes *sterro* (Stern), um die offensichtliche Lücke, die die Handschrift an dieser Stelle lässt, zu füllen. Der Vorschlag stammt bereits von Jacob Grimm, er hat sich in der Forschung durchgesetzt. Für die Ergänzung dieses Worts spricht der Kontext, denn auch der biblische Schöpfungsbericht nennt die Dreiheit von Sonne, Mond und Sternen. Gegen den Vorschlag ist einzuwenden, dass *sterro* und *sunna* keinen sauberen Stabreim bilden; doch liegt eine Unregelmäßigkeit auch in der sechsten Zeile vor, wo der Stab auf der zweiten Betonung des Abverses liegt.

Der zweite Eingriff besteht in der Abwandlung von *stein* („Stein") zu *scein* („schien"). Hierfür muss nur der Buchstabe t durch den Buchstaben c ersetzt werden, die im Schriftbild der karolingischen Minuskel ohnehin kaum unterscheidbar sind. Wieder spricht der inhaltliche Zusammenhang für die Korrektur. Von Steinen ist im biblischen Schöpfungsbericht keine Rede, aber die Sonne verlangt das Verb „scheinen" als Entsprechung zum Leuchten des Mondes im folgenden Vers. Es gibt noch weitere Unstimmigkeiten, die mit Störungen in der Überlieferung zusammenhängen können, aber nicht so gravierend sind, dass man den Text verändern müsste. So scheinen im Anvers der dritten Langzeile einige Silben (vielleicht ein Wort, das sich auf den Baum reimt) zu fehlen, und so weist die sechste Langzeile keinen Stabreim auf (wohl aber einen Binnenreim im Abvers). Im Abvers der neunten Langzeile erwartet man ein Hilfsverb wie „war" *(uuas),* das sich auf Gott bezieht, aber auch dies ist nicht zwingend.

Das Gedicht

Das Gedicht, der erste Teil des *Wessobrunner Spruchs,* lässt sich anhand der handschriftlichen Initialen in zwei Abschnitte gliedern: eine Beschreibung der Schöpfung (Z. 1–5) und eine Beschreibung des Schöpfers (Z. 6–9; vgl. Reinhardt 2004). Man hat überlegt, ob die Fünfzahl des ersten Abschnitts auf die fünf Sinne und die Vierzahl des zweiten Abschnitts auf die vier Evangelien anspielen, denn so begründet Otfrid von Weißenburg, warum er die vier Evangelien in fünf Büchern wiedergibt (Schwab 2003b, S. 361; s. Abschn. 5.2). Die Gedankenfigur, dass Gott schon war, als noch nichts war, hat Vorbilder in der Bibel. In den Psalmen heißt es über Gott: „Ehe geboren wurden die Berge, ehe du unter Wehen hervorbrachtest Erde und Erdkreis, bist du Gott von Ewigkeit zu Ewigkeit" (Ps 90,2). In den Sprichwörtern besingt die personifizierte Weisheit Gottes, dass sie schon vor Anbeginn der Welt gegenwärtig gewesen sei (Spr 8,22–30):

> [22]Der Herr hat mich geschaffen als Anfang seines Weges, vor seinen Werken in der Urzeit; [23]in frühester Zeit wurde ich gebildet, am Anfang, beim Ursprung der Erde. [24]Als die Urmeere noch nicht waren, wurde ich geboren, als es die Quellen noch nicht gab, die wasserreichen. [25]Ehe die Berge eingesenkt wurden, vor den Hügeln wurde ich geboren. [26]Noch hatte er die Erde nicht gemacht und die Fluren und alle Schollen des Festlands. [27]Als er den Himmel baute, war ich dabei, als er den Erdkreis abmaß über den Wassern, [28]als er droben die Wolken befestigte und Quellen strömen ließ aus dem Urmeer, [29]als er dem Meer sein Gesetz gab und die Wasser nicht seinen Befehl übertreten durften, als er die Fundamente der Erde abmaß, [30]da war ich als geliebtes Kind bei ihm […].

Mit diesen Versen teilt der *Wessobrunner Spruch* auch das Motiv der Berge, das im biblischen Schöpfungsbericht fehlt.

Der *Wessobrunner Spruch* beginnt mit einer Formel, die man aus der angelsächsischen *(Beowulf)* und altsächsischen *(Heliand)* Dichtung kennt: *Dat gafregin ich* („Das erfuhr ich"; Schwab 2003b, S. 365 mit Anm. 35). Es spricht ein Ich, das eine ihm mitgeteilte Erzählung aus der Vorzeit wiedergibt. Das Ich des *Wessobrunner Spruchs* inszeniert sich somit als jemand, der in einer mündlichen Überlieferungstradition steht, obwohl der Spruch selbst eine schriftliterarische Schöpfung ist. Charakteristisch für den heldenepisch anmutenden Einstieg ist auch, dass der Erzähler sich einem Kollektiv zurechnet und betont, wie wunderbar das Geschehen sei, von dem er berichtet. Gegenstand der Erzählung ist also eine unerhörte Begebenheit. Das Wort, das der *Wessobrunner Spruch* hierfür wählt, lautet *firiuuizzo,* also eigentlich „Fürwitz". Gemeint ist das, was Neugier und Verwunderung erregt. Die aufmerksamkeitsheischende Einleitungsformel weckt die Erwartung, dass der Erzähler von einer wunderbaren Heldentat aus der Vorzeit berichtet.

Diese besteht darin, dass es einen Gott gab, der die Welt aus dem Nichts erschuf. Dieser Gott geht der Welt voraus und ist selbst nicht gezeugt und nicht geschaffen. Das Gedicht liest sich wie eine poetische Anwendung der Empfehlung, die Daniel, Bischof von Winchester, zwischen 723 und 725 in einem Brief an Bonifatius formulierte. Der Missionar solle die „Heiden" nicht beleidigen oder verlachen, sondern im Gespräch überzeugen:

> Wenn sie sich aber haben belehren lassen müssen, dass ihre Götter als voneinander erzeugt einen Anfang haben, dann wäre ebenso zu fragen, ob ihrer Ansicht nach diese Welt einen Anfang hat oder ohne Anfang von jeher bestanden hat. Wenn sie einen Anfang gehabt hat, wer hat sie dann geschaffen? [...] Wenn sie aber behaupten, die Welt sei ohne Anfang immer vorhanden gewesen [...], so frage sie, wer vor der Geburt der Götter in der Welt geherrscht, wer sie regiert habe. Wie konnten sie aber eine Welt, die schon vorher und von jeher bestand, ihrer Herrschaft unterwerfen und von sich abhängig machen? Woher und von wem und wann aber war der erste Gott und die erste Göttin eingesetzt und geboren worden? Sind sie der Meinung, dass immer noch Götter und Göttinnen andere zeugen? Und wenn das nicht mehr der Fall ist, wann und warum haben sie das Zeugen und Gebären aufgegeben? Wenn sie es aber doch noch tun, dann ist die Zahl der Götter bereits eine unermessliche geworden, und wer nun eigentlich unter so vielen und großen ein mächtigerer sei, das wissen die Sterblichen nicht, und man muss sich sehr in acht nehmen, dass man nicht bei einem Mächtigeren anstoße. (Krutzler 2011, vgl. Reinhardt 2004, S. 7–8)

So halten es auch Gregor von Tours, die altenglischen Schöpfungslieder und der *Wessobrunner Spruch.*

Das Gedicht des *Wessobrunner Spruchs* entfaltet die Vorstellung des ungeschaffenen und daher immer schon seienden Schöpfers in zwei Schritten. Zunächst wird durch eine Kette von Verneinungen der Zustand des Nichts vor der Erschaffung der Welt beschworen. Die Vorstellung der Abwesenheit alles Seienden dürfte als so schwindelerregend empfunden worden sein wie heute die Vorstellung des unendlichen Weltalls. Was der Schöpfung vorausgeht, das absolute Nichts, wird als Abwesenheit des Geschaffenen beschrieben. Stilistisch betrachtet handelt es sich um eine parataktische Reihung von Objekten, die mit den negierenden Konjunktionen *ni* und *noch* („weder noch") verknüpft werden. Jede Zeile enthält zwei Elemente, die gepaart und verneint werden. In der ersten Zeile ist von Erde und Himmel die Rede, in der zweiten von Baum und Berg, in der dritten von Stern und Sonne, im vierten von Mond und Meer. Das erste *(ero/ ufhimil)* und zweite *(paum/pereg)* Wortpaar sind jeweils durch Alliteration verknüpft. Das dritte Wortpaar hat nur einen lockeren konsonantischen Anklang *(sterro/sunna),* denn das zweite s ist stimmhaft, das erste hingegen stimmlos und Teil einer Konsonantenverbindung. Die Wörter des vierten Paars sind einander durch Chiasmus (Kreuzstellung: Mond/leuchten/glänzen/Meer) und Stabreim zugeordnet. Der Stabreim verbindet den Mond *(mano)* mit dessen Glanz *(mareo),* der auf dem Meer erstrahlt.

Die Reihung der Wortpaare orientiert sich am biblischen Schöpfungsbericht, ohne diesem strikt zu folgen. Möglicherweise nehmen Auswahl und Anordnung der genannten Phänomene Rücksicht auf kosmologische Vorstellungen der vorchristlichen Religion (Gottzmann 1987). Himmel und Erde erscheinen auch im biblischen Bericht am Anfang, und zwar noch vor dem ersten Tag. Baum und Berg stehen exemplarisch für das Land und seine Vegetation und lassen sich auf den dritten Tag beziehen. Sonne und Sterne verweisen auf die Himmelskörper und somit auf den vierten Tag. Der Mond wird hingegen mit dem Meer verknüpft, das auf den zweiten Tag verweist, nämlich die Scheidung von Land und Meer. Gleichwohl bilden Mond und Meer eine Einheit, die sich mit astronomischen Vorstellungen begründen lässt. Es gibt also einen Zusammenhang mit dem biblischen Text, doch folgt der Spruch einer eigenen poetischen Gesetzmäßigkeit und emanzipiert sich ästhetisch von seiner Vorlage.

Der zweite Abschnitt beginnt mit einem neuen Satz *(Do dar)*, der die Brücke von der Abwesenheit des Raums zur Abwesenheit der Zeit schlägt. Vor der Erschaffung der Welt gab es weder *wende,* das heißt die zyklische Wiederkehr der Tage, Monate, Jahre und Jahreszeiten, noch *ende,* das heißt einen begrenzten Zeitraum. Das Nichts herrschte in leerem Raum und ewiger Zeit, Raum und Zeit waren noch nicht strukturiert. Das gereimte Wortpaar *ende ni wende* erinnert stilistisch und inhaltlich an das biblische *tōhū wā-bōhū* (Gen 1,2: „wüst und wirr"; vgl. Edwards 2002; Schwab 2003b, S. 372–375). Bis zu dieser Zeile gestaltet der Spruch die Unvorstellbarkeit des absoluten Nichts durch die verneinende Aufzählung dessen, was noch nicht da war. Je länger die Aufzählung dauert, desto größer werden Staunen und Schaudern. Es sind nicht weniger als fünfzehn Negationen, die von der zweiten bis zur sechsten Zeile gereiht werden. Den Schluss- und Höhepunkt setzt die sich der menschlichen Erfahrung entziehende Absenz der Zeit.

Aber dann ist da doch etwas, nämlich der allmächtige Gott. Wenn Gott schon vor der Zeit da war, dann ist er zugleich ein präexistenter Gott – eine weitere Steigerung des Mysteriums der Schöpfung. Diesen Sachverhalt beschreibt der Spruch auf redundante Weise. In der siebten und achten Zeile erscheint das Verb „sein" (*uuas* mit Bezug auf Gott, *uuarun* mit Bezug auf die Geister) explizit, in der neunten, elliptisch formulierten Zeile implizit. Das wiederholte „Sein" betont die Lehre von der Präexistenz Gottes. Dreimal ist in wechselnden Aspekten vom Göttlichen die Rede: zunächst vom einigen und allmächtigen *(der eine almahtico cot),* dann vom freigebigen *(manno miltisto)* und schließlich vom heiligen Gott *(cot heilac).* Die zweite Nennung verweist auf die Herrschertugend der Großzügigkeit *(milte)* und liefert damit ein traditionelles Fürstenprädikat. So gewinnt die Gottesvorstellung einen monarchischen Zug: Gott ist nicht nur Schöpfer, sondern auch König. Entsprechend wird er männlich gedacht *(manno).* Dieser König hat ein Gefolge, das zunächst summarisch als die „Vielen" *(manake* als stabreimendes Pendant zu *manno)* und dann konkret als „göttliche Geister" *(cootlihhe geista)* bezeichnet wird. Letztere erinnern einerseits an den göttlichen Geist, der im biblischen Schöpfungsbericht über den Wassern schwebt, andererseits lassen sie sich auf die Engel beziehen. Die gehäufte Nennung Gottes und seiner Geister bildet das Gegengewicht zur gehäuften Nennung der Dinge, die vor der Schöpfung noch nicht existierten. Der Vielheit des Irdischen, das *noch nicht* ist, wird die Vielheit des Überirdischen, das *schon* ist, entgegengesetzt. Daher enden die Zeilen mit einem emphatischen Bekenntnis zur Heiligkeit Gottes und schlagen zugleich die Brücke zum folgenden Prosagebet.

Das Gebet

Das Gebet ist erst nachträglich mit den vorausgehenden Versen zu einem Spruch zusammengefügt worden. Der Redaktor formte ein traditionelles Gebet so um, dass es inhaltlich und formal als Antwort auf das Gedicht passte. Während das Gedicht den Zustand vor der Schöpfung, die Absenz der Welt und die Präexistenz Gottes beschwört, ruft das Gebet Gott um Stärke im Glauben und Schutz gegen das Böse an. Diese Bitte appelliert implizit an die überwältigende Allmacht des Schöpfers, die im Zentrum des vorausgehenden Gedichts steht. Inhaltlich greift das Gebet eine Formel auf, die in volkssprachiger Gestalt im zeitgenössischen *Fränkischen Gebet* gemeinsam mit der lateinischen Fassung erhalten ist: „Herr Gott, hilf du mir und schenke mir Weisheit und guten Glauben, deine Liebe und guten Willen, Heil und Gesundheit und deine gute Gnade" (*Truhtin god, thu mir hilp indi forgip mir gauuitzi indi guodan galaupun, thina minna indi rehtan uuilleon, heili indi gasunti indi thina guodun huldi;* Müller 2007, S. 196). Die Übereinstimmungen betreffen den Inhalt dessen, was von Gott erbeten wird. Vier erwünschte Gaben sind identisch, nämlich Gnade, rechter Glaube, guter Wille und Weisheit. Das *Fränkische Gebet* nennt außerdem Liebe, Heil und Gesundheit, kennt also sieben Gaben. Das Gebet des *Wessobrunner Spruchs* bietet gegenüber dem *Fränkischen Gebet* zwei Erweiterungen, die ihrerseits traditioneller Herkunft sind. Zum einen spricht es Gott als allmächtigen Schöpfer an und schlägt so die Brücke zurück zum vorausgehenden Gedicht: „Allmächtiger Gott, du hast Himmel und Erde gewirkt, du hast den Menschen so manch Gutes gegeben". Zum anderen modifiziert es die sieben Gaben, von denen das *Fränkische Gebet* spricht. Drei Gaben fehlen (Liebe, Heil, Gesundheit), dafür wird der Weisheit die „Klugheit" (*spahida*) zugesellt und außerdem die dreifache Kraft (*craft*) erbeten, „den Teufeln zu widerstehen", „das Böse zu vermeiden" und „deinen Willen zu wirken". Fasst man die synonyme Doppelformel (Weisheit und Klugheit) zusammen und zählt die drei Aspekte der Kraftbitte separat, kommt man wiederum auf eine Siebenzahl. Diese ist jedoch anders strukturiert, nämlich nicht als Aufzählung, sondern als Begründung: Die Betenden brauchen die sieben Gaben, um ein gottgefälliges Leben zu leben.

Das Gebet greift Inhalt und Form traditioneller Vorbilder auf, ist aber zugleich stilistisch auf das vorausgehende Gedicht abgestimmt. Die Anrufung des allmächtigen Gottes, mit der das Gebet beginnt (*cot almahtico),* schließt an die letzten Worte des Gedichts an (*got heilac*) und bietet somit eine Gelenkstelle zwischen den Teilen. Zugleich antwortet es auf die vorletzte Zeile des Gedichts, die ebenfalls vom allmächtigen Gott spricht (*enti do uuas der eine almahtico cot*). Beide Teile sind auch durch das charakteristische Schöpfungsmotiv der Gesamtheit von Himmel und Erde verbunden (Gedicht: *ero/ufhimil,* Gebet: *himil enti erda*). Wiederholungen sind ferner das Motiv des Mannes, das im Gedicht auf Gott (*manno),* im Gebet auf die Menschen (*mannun)* bezogen ist, sowie das Motiv der

Freigebigkeit, das sowohl im Gedicht *(manno miltisto)* wie im Gebet erscheint *(so manac coot forgapi)*.

Auch in struktureller Hinsicht zeigt sich eine Parallele, denn wie das Gedicht besteht das Gebet aus drei Teilen: einer Apostrophe, die den Schöpfergott günstig stimmen soll, einer Bitte um Gaben und einer Bestimmung des Zwecks der erbetenen Gaben. Auch in klanglicher Hinsicht stellt das Gebet eine Antwort auf das Gedicht dar. Wie in einem Echo kehren die Alliterationen auf m (Gedicht: *mano, mareo, manno miltisto manake;* Gebet: *mannun, manac)* und g (Gedicht: *cootlihhe geista, got;* Gebet: *cot, coot, forgapi, forgip, cotan)* wieder. Darüber hinaus ist das Gebet durch die siebenfache Häufung des Konsonanten w klanglich verdichtet *(gauuorahtos, uuilleon, uuistom, uuidarstantanne, piuuisanne, uuilleon, gauurchanne).* Dabei werden die Motive des Willens und der Werke durch Wiederholung aufeinander bezogen. Einmal geht es um den menschlichen, dann um den göttlichen Willen; einmal um das göttliche, dann um das menschliche Wirken.

Entscheidend ist der spruchtypische Sprung von der Erzählung *(historiola)* zur Anrufung *(invocatio),* der sich im Übergang vom Gedicht zum Gebet vollzieht. Das Ich, das im Gedicht spricht, ist ein anderes als das, das sich im Gebet äußert. Im Gedicht spricht ein erzählendes Ich, das sich formelhaft als Vermittler einer mythischen Begebenheit stilisiert; im Gebet spricht hingegen ein bittendes Ich, das sich mit seinem Anliegen direkt an Gott wendet. Zugleich geht der Wechsel vom Gedicht zum Gebet mit einem Zeitsprung einher. Im Gedicht wird die Zeit *vor* der Schöpfung angesprochen, das Gebet setzt hingegen die Zeit *nach* der Schöpfung voraus. Der eigentliche Schöpfungsakt wird also ausgespart. Die Pointe dürfte in der Vorstellung des gebenden Gottes bestehen. In der Schöpfung gibt Gott all das, was dem Leben der Menschen dient, nämlich Himmel und Erde, Sonne und Mond, Tiere und Pflanzen; später bitten ihn die Menschen darum, ihnen auch die Gaben des Geistes zu geben, derer sie bedürfen, um ein gottgefälliges Leben zu führen und am Ende in die Heiligkeit Gottes einzutreten. Das Gebet unterstreicht die Bedeutung der Gaben, indem es das betreffende Wort unmittelbar wiederholt, dabei aber von der Vergangenheit *(forgapi:* „du hast gegeben") in die Gegenwart *(forgip:* „nun gib") wechselt. Die Vergangenheitsform zielt auf die Gaben, die Gott bereits gegeben hat, die Gegenwartsform auf die Gaben, die sich der Mensch noch von ihm erhofft. Der bittende Charakter des Gebets wird durch die Häufung des Wortes „du" unterstrichen. Während das Gedicht in der dritten Person von Gott spricht, wählt das Gebet viermal ein Pronomen der zweiten Person Singular: *du, du, dino, dinan.*

Auch das Gebet wurde mit dichterischem Willen geformt. Es ist zwar in rhythmischer Prosa verfasst, weist aber doch zahlreiche poetische Gesten auf, die an das Gedicht anschließen. Auf diese Weise wird die Einheit zwischen Gedicht und Gebet und somit noch einmal die Anlehnung des Schöpfungsspruchs an die Gattung der Zaubersprüche unterstrichen. Der Übergang vom Gedicht zum Gebet geht einher mit dem Wechsel von der *historiola* zur *invocatio,* vom Indikativ zu Imperativ, von der vergegenwärtigten Vergangenheit zur erhofften Zukunft. Das Gedicht liefert den Präzedenzfall aus mythischer Zeit, das Gebet leitet daraus die Bitte um gegenwärtiges Heil ab.

Die rätselhafte Überschrift

Ein Rätsel gibt die Überschrift auf, die über dem Spruch steht. *De poeta* heißt „Über den Dichter". Man kann daraus den Schluss ziehen, dass es sich beim *Wessobrunner Spruch* nicht zuletzt auch um einen poetologischen Text handelt, einen Text also, der das Dichten selbst thematisiert. Zugleich ist zu bedenken, dass *poeta* die lateinische Form des griechischen Wortes *poietés* ist, das im griechischen Glaubensbekenntnis den Schöpfer bezeichnet. So verstanden lässt sich der Titel auch als „Über den Schöpfer" lesen. Es scheint nicht abwegig, dass der Titel den Doppelsinn beabsichtigt, dass er eine Analogie zwischen Schaffen und Dichten, Schöpfung und Gedicht herstellt (vgl. Stolz 2003; Klein 2012). Denn in der Tat leistet der Verfasser genau das – er schafft das erste Gedicht deutscher Sprache aus dem Nichts. Der Zauber des Anfangs ist ein doppelter, denn das Gedicht ist eine poetische Schöpfung, die die göttliche Schöpfung zum Inhalt hat. Gewiss wollte sich der Schöpfer des Gedichts nicht mit dem Schöpfer der Welt gleichsetzen. Aber eine poetische Schöpfung aus dem Nichts ist der *Wessobrunner Spruch* dennoch, denn er ist in der deutschen Literaturgeschichte voraussetzungslos.

4.2 Der Weltuntergang

Das Gegenteil der Schöpfung ist der Weltuntergang, und auch dieses Sujet wurde zu Beginn der deutschen Literaturgeschichte behandelt. So erstaunlich der Gedanke erschien, dass es eine Vorzeit gab, in der noch nichts existierte, so erschreckend muss die apokalyptische Vorstellung gewesen sein, dass das Geschaffene ins Nichts zurückfallen werde. Der Weltuntergang geht nach christlicher Auffassung mit dem Jüngsten Gericht einher, insofern ist der apokalyptische zugleich auch ein juridischer Text.

4.2.1 Weltzeitalter

Die Bibel berichtet, dass Gott die Welt in sechs Tagen erschaffen und am siebten Tag geruht habe. Diese Erzählung bietet eine Ätiologie, eine Geschichte vom Ursprung der sieben Wochentage, die sich in sechs Werktage und einen Ruhetag teilen. Der Bezug der Woche zu den Gestirnen, die Gott am vierten Tag erschuf, kommen in den Bezeichnungen für den Sonn- und Montag zum Ausdruck, die auch im römischen Kalender auf Sonne und Mond bezogen sind. Seit der christlichen Spätantike wurde die Schöpfungswoche auf die Dauer der Weltgeschichte hochgerechnet. Der Kirchenvater Augustinus formulierte die Lehre von den sechs Weltaltern. Die ersten fünf Epochen umfassen den Alten Bund, die sechste den Neuen Bund. Die erste Epoche beginnt mit Adam, die zweite mit Noah, die dritte mit Abraham, die vierte mit David und die fünfte mit dem Babylonischen Exil. Das sechste Zeitalter setzt mit der Geburt Jesu Christi ein und währt bis in die Gegenwart. Eine Zusammenfassung dieser Lehre bietet der Kirchenvater Augustinus in seiner Schrift *Vom ersten katechetischen Unterricht (De catechizandis rudibus)*:

So waren also fünf Zeitalter vollendet: das erste beginnt mit der Erschaffung des Menschengeschlechtes, d. h. mit Adam, dem erstgeschaffenen Menschen, und reicht bis Noe, der in der Sintflut seine Arche baute; das zweite währte von da bis Abraham, welcher der Vater all jener Völker genannt wurde, die ihn in seinem Glauben nachahmten; der fleischlichen Abstammung nach war er der Vater des künftigen Volkes der Juden, das noch bevor die Völker den christlichen Glauben annahmen, allein auf dem ganzen Erdkreis den wahren Gott verehrte und aus dem Christus, der Erlöser, dem Fleische nach hervorgehen sollte. Diese beiden Zeitabschnitte sind ganz klar schon in den Büchern des Alten Testamentes umrissen. Über die drei letzten Abschnitte aber erklärt sich auch das Evangelium [Mt 1,17] dort, wo es von der leiblichen Abstammung des Herrn Jesus Christus berichtet. Das dritte Zeitalter reicht nämlich von Abraham bis zum König David, das vierte von David bis zu der bekannten Überführung des Volkes Gottes nach Babylon, das fünfte schließlich reicht von jener Überführung bis zur Ankunft unseres Herrn Jesus Christus, seit dessen Ankunft wir nun das sechste Zeitalter haben. In diesem soll die Gnade des Geistes, die bis dahin nur den wenigen Patriarchen und Propheten bekannt war, allen Völkern offenbar werden; ein jeder soll nunmehr den Dienst Gottes durchaus uneigennützig leisten, nicht wegen zeitlicher Belohnung oder wegen der Glückseligkeit dieser Welt, sondern einzig und allein im Verlangen nach dem ewigen Leben, wo Gott selbst unser Lohn sein soll. Und so soll in diesen sechs Zeitaltern der Menschengeist nach dem Bilde Gottes wieder hergestellt werden, geradeso wie am sechsten Tage der Mensch nach dem Bilde Gottes geschaffen wurde. (Augustinus 1925, Kap. 22)

Das siebte Zeitalter, das dem siebten Tag der Schöpfung entspricht, umfasst die Ewigkeit des messianischen Reichs. Doch bevor es anbrechen kann, muss die irdische Welt untergehen und Gericht über die Menschen gehalten werden. In der karolingischen Epoche glaubte man das Ende des sechsten Zeitalters erreicht zu haben und rechnete mit dem baldigen Untergang der Welt, gefolgt vom Jüngsten Gericht (Haubrichs 1995a, S. 317). Die Erwartung der Endzeit, seit den Anfängen des Christentums ein zentrales Thema der geistlichen Literatur, drang nun auch in die volkssprachliche Dichtung des frühen Mittelalters ein.

Muspilli ist das volkssprachliche Wort für den Weltuntergang. So klar der Inhalt des Wortes ist, das in seinen althochdeutschen, altniederdeutschen und altnordischen Varianten *mūspilli*, *mūdspelli* und *muspel* lautet, so unklar bleibt die Etymologie. Es wird als Kompositum aufgefasst, dessen erster Bestandteil mit der „Welt" (lat. *mundus*) oder dem „Mund" (as. *mūth*) und dessen zweiter Bestandteil mit dem „Zerstören" (as. *spildian*) oder der „Rede" (ahd./as. *spel*) in Verbindung gebracht wird. Entsprechend konkurrieren verschiedene Deutungen des Wortes, vor allem als „Weltzerstörung", als „Mundzerstörung" (vgl. Offb 19,15: „Aus seinem Mund kam ein scharfes Schwert; mit ihm wird er die Völker schlagen") und als „Mundspruch" (im Sinne eines Urteils oder Richtspruchs) (Jeske 2006).

Im *Heliand* (s. Abschn. 5.1.1) kommt das Wort zweimal vor. Den Zusammenhang bilden die Endzeitreden Jesu, die in den Evangelien überliefert sind. Die erste Nennung ist Teil des Gleichnisses vom Unkraut im Weizen, das Endzeit und Gericht mit einer Ernte vergleicht, bei der die Spreu vom Weizen getrennt wird (Mt 13,24–30):

[24]Jesus legte ihnen ein anderes Gleichnis vor: Mit dem Himmelreich ist es wie mit einem Mann, der guten Samen auf seinen Acker säte. [25]Während nun die Menschen schliefen, kam sein Feind, säte Unkraut unter den Weizen und ging weg. [26]Als die Saat aufging und sich die Ähren bildeten, kam auch das Unkraut zum Vorschein. [27]Da gingen die Knechte

zu dem Gutsherrn und sagten: Herr, hast du nicht guten Samen auf deinen Acker gesät? Woher kommt dann das Unkraut? [28]Er antwortete: Das hat ein Feind getan. Da sagten die Knechte zu ihm: Sollen wir gehen und es ausreißen? [29]Er entgegnete: Nein, damit ihr nicht zusammen mit dem Unkraut den Weizen ausreißt. [30]Lasst beides wachsen bis zur Ernte und zur Zeit der Ernte werde ich den Schnittern sagen: Sammelt zuerst das Unkraut und bindet es in Bündel, um es zu verbrennen; den Weizen aber bringt in meine Scheune!

Die Deutung schließt sich wenig später an (Mt 13,36–43):

[36]Und seine Jünger kamen zu ihm und sagten: Erkläre uns das Gleichnis vom Unkraut auf dem Acker. [37]Er antwortete: Der den guten Samen sät, ist der Menschensohn; [38]der Acker ist die Welt; der gute Samen, das sind die Kinder des Reiches; das Unkraut sind die Kinder des Bösen; [39]der Feind, der es gesät hat, ist der Teufel; die Ernte ist das Ende der Welt; die Schnitter sind die Engel. [40]Wie nun das Unkraut aufgesammelt und im Feuer verbrannt wird, so wird es auch beim Ende der Welt sein: [41]Der Menschensohn wird seine Engel aussenden und sie werden aus seinem Reich alle zusammenholen, die andere verführt und Gesetzloses getan haben, [42]und werden sie in den Feuerofen werfen. Dort wird Heulen und Zähneknirschen sein. [43]Dann werden die Gerechten im Reich ihres Vaters wie die Sonne leuchten. Wer Ohren hat, der höre!

Der Ackerbauer ist der Messias, seine Diener sind die Engel, sein Feind ist der Teufel. Der Weizen steht für die guten, das Unkraut für die bösen Menschen. Die Pointe besteht darin, dass das Unkraut erst bei der Ernte ausgerissen wird, dass also gute und böse Menschen bis zur Endzeit miteinander leben, ohne dass Gott schon eingreift.

Das Gleichnis wird im *Heliand* getreu wiedergegeben. Wo der Evangelist vom „Ende der Welt" *(consummatio saeculi)* spricht, setzt der altsächsische Dichter das Wort *mûdspelli* ein (Z. 2589–2592):

> [...] thoh sculun sie hêr **uu**ahsen forð,
> 90   thea for**g**riponon **g**umon, sô samo sô thea **g**ôdun man,
> anttat **m**ûdspelles **m**egin o**b**ar **m**an ferid,
> **e**ndi thesaro uueroldes. [...]

> [...] Doch mögen sie **w**achsen,
> 90   Die **g**ottvergeßnen wie die **g**uten Männer,
> Bis des Weltbrands **M**acht über die **M**enschen fährt,
> Das **E**nde dieser Welt. [...]

Der zweite Beleg findet sich im Rahmen eines weiteren Gleichnisses, das auf die Unvorhersehbarkeit des Weltuntergangs und des Jüngsten Gerichts hinweist. Im Matthäusevangelium lehrt Jesus (Mt 24,43–44):

[43]Bedenkt dies: Wenn der Herr des Hauses wüsste, in welcher Stunde in der Nacht der Dieb kommt, würde er wach bleiben und nicht zulassen, dass man in sein Haus einbricht. [44]Darum haltet auch ihr euch bereit! Denn der Menschensohn kommt zu einer Stunde, in der ihr es nicht erwartet.

Der altsächsische Dichter fügt das Wort *mûdspelli* ein und liefert die Deutung gleich mit (Z. 4358–4361):

>   […] **M**ûtspelli cumit
>   an **th**iustrea naht, al sô **th**iof ferid
> 60   **d**arno mid is **d**âdiun, sô kumid the **d**ag mannun,
>   the **l**azto theses **l**iohtes, sô it êr these **l**iudi ni uuitun.

>   […] Das Welt**e**nde kommt
>   In **d**üstrer Nacht wie ein **D**ieb geschlichen,
> 60   Der sein **T**un verbirgt: so bricht der **T**ag herein,
>   Der **l**etzte dieses Lichtes, eh es die Leute denken.

Gemeint ist der Jüngste Tag *(dag lazto)*. Ganz ähnliche Vorstellungen entfaltet auch Otfrid in seinem *Evangelienbuch* (Buch V, Kap. 19–23; s. Abschn. 5.2), doch benutzt er das Wort *muspilli* nicht.

Die Belege im altsächsischen *Heliand* und im althochdeutschen *Muspilli*, das gleich besprochen wird, zeigen, dass das Wort im neunten Jahrhundert in der geistlichen Dichtung des gesamten deutschsprachigen Raums geläufig war. Vierhundert Jahre später begegnet es in der altnordischen *Völuspá*, die auch an dieser Stelle christliche Vorstellungen in den stilisierten nordischen Mythos integriert (vgl. Abschn. 4.1.1). Der Weltuntergang wird als Kampf der Götter und Giganten dargestellt. Eingeleitet wird er durch Loki, der auf einem Schiff die apokalyptischen Riesen herbeiholt. Letztere werden als „Muspells Leute" bezeichnet (Str. 51):

> **K**jóll ferr austan, **k**oma munu Muspells
> um **l**ög **l**ýðir, en Loki stýrir;
> **f**ara **f**íflmegir með **f**reka allir,
> þeim er **b**róðir **B**yleists í för.

> Ein Schiff kommt von Osten, es werden Muspells Leute
> übers Meer kommen, und Loki steuert;
> alle wilden Burschen kommen mit dem Wolf;
> Byleists Bruder bringen sie mit. (Krause 2018, S. 24)

Was die erste Strophenhälfte erzählt, wiederholt die zweite: Loki wird als Byleists Bruder umschrieben, die Riesen als „wilde Burschen". Der Wolf, der sich in dieser unheilvollen Gesellschaft befindet, ist ein von Loki mit einer Riesin gezeugtes Ungeheuer, der Fenriswolf, der Odin verschlingen wird. Die folgende Beschreibung des Weltuntergangs lehnt sich eng an die biblischen Endzeitreden Jesu an. In Anlehnung an Mt 24,29 („Sofort nach den Tagen der großen Drangsal wird die Sonne verfinstert werden und der Mond wird nicht mehr scheinen; die Sterne werden vom Himmel fallen und die Kräfte des Himmels werden erschüttert werden") heißt es in Strophe 57:

> **S**ól tér **s**ortna, **s**ígr fold í mar,
> **h**verfa af **h**imni **h**eiðar stjörnur;
> geisar **ei**mi ok **a**ldrnari,
> leikr hár **h**iti við **h**imin sjálfan.

> Die Sonne verdunkelt sich, das Land versinkt im Meer,
> vom Himmel stürzen die hellen Sterne;
> es wüten Feuer und Rauch,
> große Hitze steigt selbst bis zum Himmel empor.

In Anlehnung an Mt 24,30 („[M]an wird den Menschensohn auf den Wolken des Himmels kommen sehen, mit großer Kraft und Herrlichkeit") kündigt Strophe 65 ein messianisches Gericht an: „Dann kommt der Mächtige zum erhabnen Gericht, / der Starke von oben, der alles lenkt" *(Þá kemr inn ríki at regindómi / öflugr ofan, sá er öllu rǽðr)*.

4.2.2 Das *Muspilli*

Das früheste poetische Zeugnis der Endzeiterwartung ist eine althochdeutsche Versdichtung, die wenig später als der *Wessobrunner Spruch* entstanden sein dürfte. Es handelt sich um eine Mahnrede über das Schicksal der Seele nach dem Tod und im Jüngsten Gericht. Sie wird nach dem althochdeutschen Wort für den Weltuntergang als *Muspilli* bezeichnet. Die Dichtung beruht auf denselben biblischen Passagen, auf die sich später auch der *Heliand* und die *Völuspá* beziehen, wenn sie von *mûdspelli* und *muspell* sprechen.

Überlieferung und Komposition

Das Gedicht ist in einer theologischen Handschrift des neunten Jahrhunderts überliefert, die im Kloster St. Emmeram bei Regensburg entstand und heute in der Bayerischen Staatsbibliothek in München aufbewahrt wird. Es wurde von ungeübter Hand auf leeren Blättern und Blatträndern nachgetragen. Anfang und Schluss des Gedichts fehlen, sie befanden sich auf Vorsatzblättern, die beim Zusammenbinden mit einer anderen Handschrift verlorengingen. Das Gedicht könnte schon Ende des achten Jahrhunderts entstanden sein. Die Sprache weist in den bayerischen Raum. Es teilt seinen predigthaften Charakter mit der lateinischen Schrift, in die es eingefügt wurde, einer „Predigt gegen Juden, Heiden und Arianer", die man früher Augustinus zuschrieb. Wenn man von einer absichtsvollen Textnachbarschaft ausgeht, könnte man annehmen, dass das deutsche Gedicht die als gegnerisch betrachteten Gruppen mit dem Antichrist, dem endzeitlichen Gegenspieler Christi, in Verbindung brachte (Gottzmann 2002).

Die mangelnde Sorgfalt der Abschrift könnte ein Grund dafür sein, dass einige Stabreime fehlen (Z. 61, 73, 97) und einige Zeilen als Prosa erscheinen (Z. 13, 18, 97, 99a). Doch ist die Reimtechnik ohnehin recht locker, denn es gibt doppelte Stäbe (Z. 80), Stäbe auf der vierten Betonung (Z. 15, 30, 37, 57–59, 62, 78), Stäbe auf der dritten *und* vierten Betonung (Z. 3, 39, 49, 60, 90) und viele Endreime (Z. 7, 28, 37, 48, 49, 61, 62, 78, 79, 87, 96; Hoffmann 1981, S. 27–28; Lühr 2018, S. 192–197). Zu prüfen ist, ob diese Unregelmäßigkeiten, insbesondere die Endreime, als stilistische Mittel dienen, um die inhaltliche Gliederung zu unterstützen.

Da das Gedicht mehrere thematische Sprünge aufweist, hat man kontrovers diskutiert, ob es aus einem Guss sei. Oft wird es für eine Kompilation von Texten verschiedener Herkunft gehalten (Mohr und Haug 1977; Janota 2000). Andere erkennen darin eine zahlensymmetrisch gegliederte Einheit (Minis 1966). In jedem Fall lässt sich festhalten, dass das Gedicht drei Hauptteile umfasst, die sich jeweils in drei weitere Abschnitte gliedern lassen. Der erste Hauptteil handelt vom Kampf um die Seele der Verstorbenen (Z. 1–30), der zweite vom Weltuntergang (Z. 31–72) und der dritte vom Jüngsten Gericht (Z. 73–103). Da am Anfang und Ende des fragmentarisch überlieferten Gedichts jeweils einige Zeilen fehlen, scheint es möglich, dass die Hauptteile ursprünglich ungefähr die gleiche Länge aufwiesen.

I. Kampf um die Seele (1–30)	
	1. Ankunft der Engel und Teufel (1–7)
	2. Beschreibung von Himmel und Hölle und erste Mahnung (8–20)
	3. Beschreibung der Hölle und zweite Mahnung (21–30)
II. Weltuntergang (31–72)	
	1. Aufgebot des Gerichts (31–36)
	2. Kampf zwischen Elias und Antichrist (37–62)
	3. Ankunft der Menschen (63–72)
III. Jüngstes Gericht (73–103)	
	1. Ankunft des Richters mit seinen Heerscharen (73–89)
	2. Gericht über die Menschen (90–99a)
	3. Christologisches Finale (100–103)

Kampf um die Seele

Der erste Abschnitt des ersten Teils beschreibt die Schlacht himmlischer und höllischer Mächte um die Seele des verstorbenen Menschen (Z. 1–7; zitiert nach Braune und Ebbinghaus 1994, S. 86–89; Nachdichtung A.K.):

> … sin **t**ac piqueme,   daz er **t**ouuan scal.
> uuanta **s**ar so sih diu **s**ela   in den **s**ind arheuit,
> enti si den **l**ihhamun   **l**ikkan **l**azzit,
> so quimit ein **h**eri   fona **h**imilzungalon,
> 5   daz andar fona **p**ehhe: dar **p**agant siu umpi.
> **s**orgen mac diu **s**ela,   unzi diu **s**uona arget,
> zu uuederemo **h**erie   si gi**h**alot uuerde.

> Es kommt sein **T**ag,   dass der **T**od ihn hole.
> Wenn **s**ogleich die **S**eele   das Weite **s**ucht
> und sie den **L**eichnam   dort **l**iegen lässt,
> so kommt ein **H**eer   vom **H**immel herab,
> 5   ein andres vom **F**euer.   Sie **f**echten um sie.
> Es **s**orgt sich die **S**eele,   bis der **S**ühnspruch ergeht,
> welchem der **H**eere   sie dann wohl ge**h**öre.

Wenn der Körper stirbt, lebt die Seele weiter. Sobald sie die körperliche Hülle verlässt, nähern sich die Heerscharen der Engel und Teufel, deren Herkunft metaphorisch umschrieben wird. Das eine Heer kommt von den Sternen des Himmels, das andere aus dem Pech der Hölle. Sie kämpfen um die Seele, doch entscheiden sich Sieg und Niederlage erst am Tag des Jüngsten Gerichts, wenn der

Messias sein Urteil spricht. Bis dahin bleibt die Seele der Sorge um ihr Heil ausgeliefert. Der Endreim in Zeile 7 unterstreicht die Bedeutung der widerstreitenden
Heere.

Im zweiten Abschnitt werden die Mächte des Himmels und der Hölle näher
beschrieben (Z. 8–17):

> uuanta ipu sia daz Satanazses   kisindi kiuuinnit,
> daz leiti sia sar   dar iur leid uuirdit,
> 10   in fuir enti in finstri: daz ist rehto uirinlih ding.
> upi sia auar kihalont die   die dar fona himile quemant,
> enti si dero engilo   eigan uuirdit,
> die pringent sia sar uf in himilo rihi:
> dar ist lip ano tod,   lioht ano finstri,
> 15   selida ano sorgun: dar nist neoman siuh.
> denne der man in pardisu   pu kiuuinnit,
> hus in himile,   dar quimit imo hilfa kinuok.

> Wenn sie des Satans   Gesinde gewinnt,
> das leitet sie dorthin,   wo Leid ihr bestimmt ist,
> 10   zu Feuer und Finsternis: ein furchtbarer Schrecken.
> Doch wenn die sie holen,   die vom Himmel kommen,
> und sie den Engeln   zu eigen wird,
> sie bringen sie schnell ins himmlische Reich.
> Da ist Leben ohne Tod   und Licht ohne Finsternis,
> 15   ein Sitz ohne Sorgen,   und niemand ist siech.
> Wer im Paradies   einen Platz gewinnt,
> ein Haus im Himmel,   dem wird Hilfe zuteil.

Der Dualismus zwischen Himmel und Hölle wird ausgemalt. Von der einen Seite
naht das Gefolge des Satans, von der anderen die Schar der Engel. Die Hölle steht
im Zeichen von Feuer und Finsternis, Leid und Schrecken; der Himmel zeichnet
sich hingegen durch Licht und Leben und die Abwesenheit von Sorge und Krankheit aus. Eine dreifache Klimax, die mit Stabreimen gestützt wird, bestätigt,
was Christus den geretteten Seelen verheißt: einen Sitz ohne Sorgen *(selida ano
sorgun)*, einen Platz im Paradies *(in pardisu pu)*, ein Haus im Himmel *(hus in
himile;* vgl. Joh 14,2: „Im Haus meines Vaters gibt es viele Wohnungen").

Die Schilderung läuft auf eine erste Ermahnung zu. Diese besagt, dass der
Mensch den Willen Gottes erfüllen solle (Z. 18–20):

> pidiu ist durft mihhil
> allero manno uuelihemo,   daz in es sin muot kispane,
> 20   daz er kotes uuillun   kerno tuo.

> Drum ist sehr bedürftig
> ein jeder der Menschen,   dass sein Mut ihn antreibe,
> 20   dass Gottes Willen   er gerne erfülle.

Der Unterordnung unter Gottes Willen soll aber dem eigenen Willen entspringen,
wie in synonymer Doppelung unterstrichen wird. Der Gehorsam soll freiwillig
(muot kispane) und bereitwillig *(kerne)* erfolgen.

Dann wird die im zweiten Abschnitt begonnene Schilderung der Hölle fortgesetzt. Dabei werden sowohl Motive der ersten Höllenbeschreibung aufgegriffen, als auch Motive der Himmelsbeschreibung ins Gegenteil verkehrt (Z. 21–27):

> enti **h**ella fuir   **h**arto uuise,
> **p**ehhes **p**ina: dar **p**iutit der Satanasz altist
> **h**eizzan lauc. so mac **h**uckan za diu,
> **s**orgen drato, der si**h** **s**untigen uueiz.
> 25 uue demo in **u**instri scal sino **u**irina stuen,
> **p**rinnan in **p**ehhe: daz ist rehto **p**aluuic dink,
> daz der man **h**aret ze gote enti imo **h**ilfa ni quimit.

> und das Feuer der Hölle **h**eftig zu scheuen,
> die **P**ein des **P**echs: da **p**lagt ihn der alte Satan
> mit **s**iedender Hitze. So soll sich be**s**innen
> mit großen **S**orgen, wer **s**ündig sich weiß.
> 25 Weh dem, der in **F**insternis soll seinen **F**revel büßen,
> brennen im **P**ech: das ist wirklich **p**einvoll,
> wenn der Mensch **b**etet zu Gott, doch **B**eistand ihm nicht kommt.

Wieder wird mit Feuer und Finsternis gedroht, wieder fällt das Wort *uirina*, das zuvor den Schrecken meinte, der auf die büßenden Seelen wartet (Z. 13), und nun auf den Frevel zielt, für den die Seelen büßen müssen (Z. 25). Die Formulierung *daz ist rehto paluuic dink* (Z. 26: „das ist eine üble Sache") greift wie ein Kehrvers die Formulierung *daz ist rehto uirinlih ding* (Z. 13: „das ist eine schreckliche Sache") wieder auf. Während die Seele im Himmel sorglos ist (Z. 15: *ano sorgun*), muss sich der Sünder vor den Höllenqualen sorgen (Z. 24: *sorgen drato*). Der größte Schrecken besteht darin, dass der Mensch, der in die Hölle geholt wird, rettungslos verloren ist. Seine Gebete um Gottes Beistand kommen zu spät. „Tu, der du eintrittst, alle Hoffnung ab", wird es später in Dantes *Göttlicher Komödie* heißen (dritter Gesang, Vers 9).

Es schließt sich eine weitere Ermahnung an, die wieder nur drei Zeilen umfasst. Der Mensch soll sich nicht täuschen: Wer im Diesseits versagt, wird im Jenseits bestraft. Die göttliche Gnade bemisst sich an den Werken des Menschen zu seinen Lebzeiten (Z. 28–30):

> **uu**anit sih kinada   diu **uu**enaga sela:
> ni ist in ki**h**uctin   **h**imiliskin gote,
> 30 **uu**anta hiar in **uu**erolti   after ni **uu**erkota.

> Dass **H**uld ihr nicht fehle,   **h**offt die arme Seele:
> Sie ist nicht im **H**erzen   des **h**immlischen Gottes,
> 30 weil hier in der **W**elt   ihr **W**irken nicht taugte.

Mit der zweiten Mahnung endet der erste Hauptteil.

Wie im Rückblick deutlich wird, ist der Gedankengang des ersten Hauptteils wohlbedacht. Zunächst wird der Kampf von Himmel und Hölle um die Seele des Verstorbenen geschildert. Dann wird in einem ersten Anlauf geschildert, was die Seele in Himmel und Hölle zu erwarten hat. Die Beschreibung mündet in eine Mahnung. Der Mensch soll dem Willen Gottes folgen, um jene Höllenstrafen zu vermeiden, die dann im zweiten Anlauf ausführlicher beschrieben werden. Den Schlusspunkt bildet eine weitere Mahnung: Aus der Hölle gibt es keinen Weg zurück. Indem der Akzent von der Beschreibung des Himmels auf die Beschreibung der Hölle verschoben wird, dominiert am Schluss der bedrohliche Ton.

Weltuntergang

Der zweite Hauptteil wechselt das Thema. Nun steht nicht mehr der Tod des einzelnen Menschen, sondern der Untergang der gesamten Welt im Fokus. Der Dichter entwirft eine apokalyptische Vision, die wiederum als Kampf zweier Mächte geschildert wird. Die Endzeit erscheint als Weltenbrand, der an das zuvor beschworene Höllenfeuer erinnert. Wieder lassen sich mehrere Abschnitte unterscheiden. Der erste kündigt das Gottesgericht an. Er schließt an das bereits im ersten Hauptteil eingeführte Motiv der *suona* (Z. 6) an und deutet auf den dritten Hauptteil voraus, der das Jüngste Gericht im Einzelnen schildern wird (Hintz 2016). Der zweite und dritte Abschnitt erzählen vom Zweikampf zwischen Elias und dem Antichrist, die als Heerführer Gottes und Satans auftreten. Dieses Duell zieht den Untergang der Welt nach sich. Die Schöpfung gelangt an ihr Ende, sie wird ausgelöscht. Der vierte Abschnitt formuliert wieder eine Ermahnung: Der Mensch soll die Sünde der Bestechung vermeiden, wenn er das Jüngste Gericht überstehen will.

Zunächst wird geschildert, wie Gott das Gericht aufbietet. Die Szene folgt weniger biblischen als lebensweltlichen Vorstellungen. Auch der fränkische Herrscher ist König und Richter zugleich, der von Zeit zu Zeit einen Gerichtstag abhält (Z. 31–36):

> So denne der **m**ahtigo khuninc   daz **m**ahal kipannit,
> dara scal **q**ueman   **c**hunno kilihaz:
> denne ni kitar **p**arno nohhein   den **p**an furisizzan,
> ni allero **m**anno uuelih   ze demo **m**ahale sculi.
> 35   dar scal er uora demo **r**ihhe   az **r**ahhu stantan,
> pi daz er in **uu**erolti   ki**uu**erkot hapeta.

> Wenn der **m**ächtige König   den Rechtstag ver**m**eldet,
> dann wird ihn be**s**uchen   jegliche **S**ippe:
> Dann wird niemand **w**agen   die **W**eisung zu meiden,
> kein Mann aus dem Volke,   zum Rechtstag be**f**ohlen.
> 35   Dort wird er dem **R**ichter   **R**echenschaft geben,
> was in der **W**elt er   an **W**erken vollbrachte.

Das Gericht unterstreicht die Einheit des Reichs. Wenn der König Recht spricht, finden sich alle Untertanen zusammen: kollektiv als Sippe *(chunno)* und individuell als Mensch *(manno)*.

Nun leitet der Dichter zur Schilderung der Apokalypse über, neu einsetzend mit einer sagentypischen Formel, wie sie bereits im *Hildebrandslied (Ik gihorta đat seggen)* und im *Wessobrunner Spruch (Dat gafregin ih)* begegnete: *Daz hortih rahhon* – „Das hörte ich sagen". Als Informationsquelle werden die Weisen benannt, die sich auf das weltliche Recht verstehen *(uueroltrehtuuison)*. Diese Passage, die durch drei Endreime hervorgehoben wird, ist in zwei

Abschnitte zu je dreizehn Zeilen geteilt. Zunächst geht es um den Kampf zwischen Elias und dem Antichrist. Diese Szene hat ein Vorbild im biblischen Buch der Offenbarung, dessen Verfasser (nach mittelalterlicher Auffassung der Evangelist Johannes) vielleicht einer der Weisen ist, auf die sich der Dichter beruft (Offb 11,3.5–7):

> [3]Und ich will meinen zwei Zeugen auftragen, im Bußgewand aufzutreten und prophetisch zu reden, zwölfhundertsechzig Tage lang. […] [5]Wenn ihnen jemand Schaden zufügen will, schlägt Feuer aus ihrem Mund und verzehrt ihre Feinde; so muss jeder sterben, der ihnen schaden will. [6]Sie haben Macht, den Himmel zu verschließen, damit kein Regen fällt in den Tagen ihres Wirkens als Propheten. Sie haben auch Macht, das Wasser in Blut zu verwandeln und die Erde zu schlagen mit allen möglichen Plagen, sooft sie wollen. [7]Wenn sie ihren Auftrag als Zeugen erfüllt haben, wird das Tier, das aus dem Abgrund heraufsteigt, Krieg mit ihnen führen, sie besiegen und töten.

Die Theologie deutete das Tier traditionell als Antichrist und einen der beiden namenlosen Zeugen als wiedergekehrten Propheten Elija (im *Muspilli* Elias genannt) (Ehrismann 1918, 10). Das Endzeitgedicht wandelt die biblische Szene in zwei Punkten ab. Elias tritt allein gegen den Antichrist an; und er wird auch nicht sterben, sondern nur eine – allerdings verhängnisvolle – Wunde davontragen (Z. 37–49):

> Daz hortih **rahhon** die uueroltrehtuui**s**on,
> daz sculi der **a**ntichristo mit **E**liase pagan.
> der **uu**arch ist ki**uu**afanit, denne **uu**irdit untar in **uu**ic arhapan.
> 40 **kh**enfun sint so **kr**eftic, diu **k**osa ist so mihhil.
> **E**lias stritit pi den **e**uuigon lip,
> uuili den **r**ehtkernon daz **r**ihhi kistarkan:
> pidiu scal imo **h**elfan der **h**imiles kiuualtit.
> der **a**ntichristo stet pi demo **a**ltfiante,
> 45 stet pi demo **S**atanase, der inan uar**s**enkan scal:
> pidiu scal er in deru **uu**icsteti **uu**nt piuallan
> enti in demo **s**inde **s**igalos uuerdan.
> doh uuanit des uilo … gotmanno,
> daz Elias in demo **uu**ige ar**uu**artit **uu**erde.

> Ich **h**örte, das beschwören die **h**ohen Rechtsgelehrten,
> es werde der **A**ntichrist mit Elias kämpfen.
> Der **F**eind wird sich wappnen, die **F**ehde anfangen.
> 40 So **st**ark sind die Kämpfer, der **St**reitfall so bedeutend.
> **E**lias streitet fürs **e**wige Leben,
> er will den **Ge**rechten das **R**eich jenseits sichern.
> Dabei wird ihm **h**elfen des **H**immels Gewalt.
> Der Antichrist steht dem **E**rzfeind zur Seite,
> 45 er steht bei dem **S**atan, der wird ihn ver**s**enken.
> Er wird auf dem **F**elde **f**allen mit Wunden.
> er wird **s**olcherweise des **S**ieges entbehren.
> Doch so mancher Gottesmann führt dies als seine Meinung an:
> Der **W**idersacher focht so hart, dass Elias ver**w**undet ward.

Der Kampf zwischen den Stellvertretern Gottes und Satans führt den im ersten Hauptteil geschilderten Kampf des himmlischen und höllischen Heeres um die

Seele des Menschen in apokalyptischer Dimension weiter. Auf der einen Seite steht Elias, der die Sache Gottes und des Himmels vertritt, auf der anderen der Antichrist, der die Sache Satans und der Hölle führt. Der Streitfall ist das ewige Leben der Gerechten. Wie in einem Heldenlied wird geschildert, wie sich die Feinde wappnen, ihre Fehde beginnen und auf dem Feld fallen oder verwundet werden. Doch ist der Kampf schon entschieden, bevor er beginnt, denn der göttliche Sieg über den teuflischen Widersacher steht außer Frage. Satan hat keine Macht über Gott und wird daher seinen Stellvertreter nicht vor der Niederlage schützen können. Im Gegenteil – Satan selbst wird den Antichrist zu Fall bringen. Elias siegt, aber er trägt eine Verletzung davon (Groos und Hill 1980). Das Blut, das aus der Wunde tropft, löst schließlich den Weltenbrand aus; und wieder beschließen Endreime den Abschnitt (Z. 50–62):

```
50    so daz Eliases pluot   in erda kitriufit,
      so inprinnant die perga,  poum ni kistentit
      enihc in erdu,   aha artruknent.
      muor varsuuilhit sih,   suilizot lougiu der himil,
      mano uallit,   prinnit mittilagart,
55    sten ni kistentit,   uerit denne stuatago in lant,
      uerit mit diu uuiru  uiriho uuison:
      dar ni mac denne mak andremo   helfan uora demo muspille.
      denne daz preita uuasal  allaz uarprinnit,
      enti uuir enti luft  iz allaz arfurpit,
60    uuar ist denne diu marha,   dar man dar eo mit sinen magon piehc?
      diu marha ist farprunnan,   diu sela stet pidungan,
      ni uueiz mit uuiu puaze:   so uerit si zah uuize.
```

```
50    Wenn Elias' Blut   in die Erde tropft,
      so brennen die Berge,   kein Baum bleibt stehen,
      nicht einer auf Erden,   die Auen vertrocknen,
      das Moor verschluckt sich,   Flammen verschlingen den Himmel,
      der Mond fällt herab,   Feuer fängt die Erde.
55    Kein Stein bleibt stehen,   am Tag der Strafe.
      Er kommt mit Feuer,   die Menschen zu finden:
      Nicht weiß der Verwandte zu helfen   beim Weltuntergang.
      Die weiten Fluren   entflammen alle,
      Feuer und Wind   verwüsten alles.
60    Wo ist dann der Boden,   um den sich bitter Verwandte balgten?
      Die Erde ist verbrannt,   die Seele ist verbannt.
      Büßt sie nicht auf der Stelle,   steigt sie hinab zur Hölle.
```

Alles Geschaffene wird untergehen in jenem Feuer, das aus dem Blut des Propheten entspringt: Berge und Bäume, Himmel und Erde, Wasser und Mond. Dieselben Motive werden im *Wessobrunner Spruch* aufgezählt; das *Muspilli* fügt noch Moor (*muor*), Stein (*sten*) und Mark (*marha*) hinzu. Die apokalyptische Vorstellung, dass der Mond vom Himmel falle, erinnert an jenen Bibelvers (Mt 24,29), auf den, wie wir sahen, auch die *Völuspá* anspielt. Wenn die Himmelskörper ihren Platz verlieren, ist es mit der Ordnung der Zeit vorbei. Der Weltuntergang erscheint als umgekehrte Schöpfung, er macht die Entstehung der Welt rückgängig. Wie in der Schöpfung aus dem Chaos der Kosmos hervorging, fällt nun der Kosmos ins Chaos zurück. Dies spiegelt sich im Rechtswesen. Wenn damals, als die Welt noch Bestand hatte, Verwandte im Streit lagen, so konnte das Gericht Ordnung schaffen, indem es Recht sprach (Z. 60). Wenn die Welt aber untergeht, dann können Verwandte einander nicht mehr Rechtsbeistand leisten, um drohendes Unheil abzuwenden, denn dann gibt es nichts mehr, um das man noch streiten könnte (57). Das Gericht, das die Seele am Ende der Zeit erwartet, ist das letzte Gericht. Nun wird sich entscheiden, ob die Seele eine Chance auf Rettung hat, weil sie schon zu Lebzeiten Buße tat, oder ob die unwiderrufliche Höllenstrafe *(uuize)* über sie verhängt wird.

Der letzte Abschnitt des zweiten Teils kehrt zum Gerichtsthema zurück. Die Welt ist untergangen, der Jüngste Tag bricht an. Nun entscheidet sich, wer in der Vergangenheit gerecht war und daher in der Zukunft auf Rettung hoffen darf (Z. 63–72):

Pidiu ist demo **m**anne so guot,   denner ze demo **m**ahale quimit,
daz er **r**ahono uueliha   **r**ehto arteil.
65   denne ni darf er **s**orgen,   denne er ze deru **s**uonu quimit.
ni **uu**eiz der **uu**enago man,   uuielihan **uu**artil er habet,
denner mit den **m**iaton   **m**arrit daz rehta,
daz der **t**iuual dar pi   **k**itarnit stentit.
der hapet in **r**uouu   **r**ahono uueliha,
70   daz der man er enti sid   **u**piles kifrumita,
daz er iz allaz **k**isaget,   denne er ze deru **s**uonu quimit;
ni scolta sid **m**anno nohhein   **m**iatun intfahan.

Es **r**ettet den Menschen,   wenn er zum **R**echtstag kommt,
dass er die **S**ache   stets **s**auber beurteilt.
65   Den muss dann nichts **r**euen   wenn er zum **G**ericht kommt.
Der Elende **w**eiß nicht,   wer ihn bewacht,
wenn mit Bes**t**echung   das Recht er ver**st**ümmelt,
dass dort der **T**eufel   ge**t**arnt bei ihm steht.
Der hat schon be**z**iffert   die **Z**ahl aller Taten,
70   die **fr**üher der Mensch   voll **Fr**evel beging,
er wird alles be**r**ichten,   wenn er zum **G**ericht kommt.
Der Mensch sollte **st**ets   Bes**t**echung verweigern!

In den ersten drei Zeilen geht es um die Integrität des Menschen zu Lebzeiten. Wer stets gerecht geurteilt hat (diese Aussage „weist die Adressaten als zum Richteramt fähig aus; angesprochen ist also ein adeliges Publikum"; Müller 2007, S. 365), muss nichts befürchten, wenn er selbst vor das Jüngste Gericht tritt. Andernfalls muss er Rechenschaft über seine Sünden ablegen, die er nun nicht mehr verbergen kann. Denn der Teufel, der die Menschen wie ein Schatten begleitet, führt Buch über die Untaten, zu denen er selbst sie verleitet hat. Zynischerweise ist er Verführer und Ankläger zugleich. Als Beispiel wird die Bestechlichkeit angeführt, die Beugung des Rechts mit materiellen Versprechen.

Das Jüngste Gericht

Der dritte Teil des Gedichts ist dem Jüngsten Gericht gewidmet. Er lässt sich in drei Abschnitte einteilen. Der erste handelt von der Einberufung des Gerichts (Z. 73–89), der zweite schildert das Verhör der Menschen vor dem Richterstuhl Gottes

(Z. 90–99a), der dritte schließt mit dem christologischen Motiv des Kreuzes, in dessen Zeichen das Gericht abgehalten wird (Z. 100–104).

Zunächst wird geschildert, wie Gott mit einem gewaltigen Heer zum Tag des Jüngsten Gerichts aufbricht. Da die Überlieferung gestört ist, bleibt offen, ob sich aus dem erhaltenen Text tatsächlich eine eigene Zeile 74a rekonstruieren lässt. Wieder sind die Zeilen mit Endreimen angereichert:

> So daz himilisca horn   kilutit uuirdit,
> enti sih der suanari   ana den sind arheuit
> 74a [der dar suannan scal   toten enti lepenten],
> 75 denne heuit sih mit imo   herio meista,
> daz ist allaz so pald,   daz imo nioman kipagan ni mak.
> denne uerit er ze deru mahalsteti,   deru dar kimarchot ist:
> dar uuirdit diu suona,   dia man dar io sageta.
> denne uarant engila   uper dio marha,
> 80 uuechant deota,   uuissant ze dinge.
> denne scal manno gilih   fona deru moltu arsten.
> lossan sih ar dero leuuo uazzon: scal imo auar sin lip piqueman,
> daz er sin reht allaz   kirahhon muozzi,
> enti imo after sinen tatin   arteilit uuerde.
> 85 denne der gisizzit,   der dar suonnan scal
> enti arteillan scal   toten enti quekkhen,
> denne stet dar umpi   engilo menigi,
> guotero gomono: gart ist so mihhil.
> dara quimit ze deru rihtungu so uilo   dia dar ar resti arstent.

> Wenn das himmlische Horn   dann einst erschallt
> und sich der Richter   auf die Reise begibt
> 74a [der da richten wird   Tote und Lebendige],
> 75 dann erhebt sich mit ihm   das größte Heer;
> es ist so kühn,   niemand kann es bekämpfen.
> Dann reist jeder zur Stätte,   die ihm bestimmt ist:
> Dort tagt dann das Gericht,   von dem man ringsum spricht.
> Dann ziehen Engel aus,   übers Land hinaus,
> 80 um die Toten zu wecken,   zum Tribunal sie zu weisen.
> Dann steht ein jeder   vom Staube auf,
> löst sich vom Grabe,   empfängt einen Leib,
> dann kann der Beklagte   sich völlig erklären,
> dann wird für sein Tun   ihm der Richtspruch erteilt.
> 85 Dort wird jener sitzen,   der Sühne verlangt,
> den Richtspruch erteilt   über Tote und Lebende.
> Ringsum wird man sehen   die Engel dort stehen
> und auch die Gerechten,   der Ring ist sehr groß.
> Da kommt jeder zur Sühne,   dem Sarg entstiegen.

Das Bild des Heeres schlägt einen Bogen zurück zum ersten Hauptteil des Gedichts, der den Kampf der himmlischen und höllischen Heerscharen um die Seele des Menschen schilderte. Es gibt weitere Bezüge. Wie sich im ersten Teil die Seele auf den Weg macht (Z. 2: *in den sind arheuit*), so begibt sich nun Gott auf die Reise (Z. 74: *ana den sind arheuit*). Wie im ersten Teil die Engel vom Himmel kommen, um für die Seele zu streiten, so begleiten sie nun Gott auf seiner Reise und sammeln die Seelen der Verstorbenen ein. Die in epischer Monumentalität geschilderte Handlung umfasst drei Stationen: Aufbruch, Reise und Ankunft. Das Hornsignal, das den Aufbruch ankündigt, erinnert an die Posaunen, von denen in den apokalyptischen Schriften des Neuen Testaments die Rede ist: „Dann machten sich die sieben Engel bereit, die sieben Posaunen zu blasen" (Offb 8,61); „[d]ie Posaune wird erschallen, die Toten werden als Unverwesliche auferweckt" (Kor 15,52). Eindrucksvoll ist das Bild, wie ein gewaltiger Kreis aus Engeln und Heiligen den thronenden Richter umringt, der sein Urteil über die Auferstandenen spricht. Wieder klingt ein Paulusbrief an: „Denn wir alle müssen vor dem Richterstuhl Christi offenbar werden, damit jeder seinen Lohn empfängt für das Gute oder Böse, das er im irdischen Leben getan hat" (2 Kor 5,10). Zugleich spielt die Schilderung auf das Glaubensbekenntnis an, in dem es heißt: „Von dort wird er kommen zu richten die Lebenden und die Toten" (vgl. Z. 74a).

Der zweite Abschnitt wechselt von der Totalen, die das Tableau des Jüngsten Gerichts zeigt, zum Fokus auf den Einzelnen, der vor den Richter tritt. Der Angeklagte ist dem Richter völlig ausgeliefert. Er kann nichts verbergen, denn seine eigenen Körperteile gestehen die Verbrechen, die sie begingen (Z. 90–99a):

90	so dar **m**anno nohheini uuiht pi**m**idan ni **m**ak,
	dar scal denne **h**ant sprehhan, **h**oupit sagen,
	allero **l**ido uuelihc unzi in den **l**uzigun uinger,
	uuaz er unter desen **m**annun **m**ordes kifrumita.
	dar ni ist eo so **l**istic man der dar iouuiht ar**l**iugan megi,
95	daz er ki**t**arnan megi **t**ato dehheina,
	niz al fora demo **kh**uninge ki**ch**undit uuerde,
	uzzan er iz mit alamusanu **f**urimegi
	enti mit **f**astun dio **u**irina ikpuazti.
	denne der **p**aldet der gi**p**uazzit hapet,
99a	denner ze deru suonu quimit.

90	Es kann dann kein **M**ensch das **M**indeste ver**m**eiden,
	die **H**and wird dann sprechen, das **H**aupt wird gestehen,
	der **K**örper wird **k**lagen bis zum **k**leinen Finger,
	wie unter den **M**enschen er **M**orde beging.
	Kein **l**istiger Mensch vermag noch zu **l**ügen,
95	vermag noch zu **t**arnen jegliche **T**aten,
	er **k**ann nicht verhehlen dem **K**önig sein Fehlen.
	Wer aber Almosen gegeben hat,
	und wer mit **F**asten den **F**revel gebüßt,
	und wer **B**uße geleistet, der muss nicht **b**eben,
99a	wenn er zum Jüngsten Gericht kommt.

Das Gedicht entwirft eine Phantasie der totalen Kontrolle, die man mit Michel Foucault als „Geständnisse des Fleisches" bezeichnen könnte. Der Angeklagte hat es also mit zwei Anklägern zu tun, denen er nicht entrinnen kann. Der eine ist der Teufel, der den Menschen zur Sünde antrieb, der andere der Körper, mit dessen Gliedern der Mensch die Sünde vollzog gemäß der paulinischen Lehre vom Leib und seinen Gliedern (1 Kor 12–27). Der Mensch kann der Schuld nicht entgehen, wohl aber der Strafe, wenn er zu Lebzeiten Buße getan hat. Zwei Möglichkeiten werden genannt: Fasten und Almosen. So mündet die Mahnrede in eine

Aufforderung zur Umkehr. Das Schreckensgemälde des Jüngsten Gerichts soll die Gläubigen dazu bewegen, ein gottgefälliges Leben zu führen, die Bedürfnisse einzuschränken, vom Besitz abzugeben und für die Sünden Buße zu tun.

Das Gedicht schließt mit einem christologischen Finale, wenn es das Bild des thronenden Richters mit dem Bild des gekreuzigten Erlösers überblendet (Z. 100–103):

> 00   uuirdit denne furi kitragan   daz frono chruci,
>   dar der heligo Christ   ana arhangan uuard.
>   denne augit er dio masun,   dio er in deru menniski anfenc,
>   dio er duruh desse mancunnes   minna fardoleta.

> 00   Dann wird man erheben   das heilige Kreuz,
>   an das man den heiligen   Christus gehängt hat.
>   Dann zeigt er die Male,   die als Mensch er empfing,
>   aus Liebe zur Menschheit   erlitt er die Marter.

Der Richter erweist sich schließlich als Heiland, der die Menschen mit seinem Tod von der Sünde erlöst hat. Der Passionsgedanke relativiert den Gerichtsgedanken. Der liebende und erlösende Gott verdrängt den richtenden und rächenden Gott. So schließt das apokalyptische Gedicht mit einer versöhnlichen Geste, die den Schrecken der Endzeit die Hoffnung auf Gnade entgegensetzt.

Anklänge ans Heldenlied

Das *Muspilli* lässt sich nicht nur mit dem *Wessobrunner Spruch,* sondern auch mit dem *Hildebrandslied* (s. Abschn. 3.1.2) vergleichen. Das Heldenlied schildert die Konfrontation zweier Feldherren, die jeweils eine Heerschar hinter sich versammeln und nach verbalem Schlagabtausch in den Zweikampf eintreten. Sie sind Stellvertreter zweier rivalisierender Könige, denen sie als Heerführer dienen: Odoaker auf der einen, Theoderich auf der anderen Seite. Eine ähnliche Konstellation präsentiert in apokalyptischer Wendung das *Muspilli*. Im ersten Teil sind es die himmlischen und höllischen Heerscharen, die den Kampf um die Seele des Menschen führen, im zweiten Teil Elias und der Antichrist, die als Stellvertreter Gottes und Satans einen Zweikampf auf Leben und Tod ausfechten. Im dritten Teil rückt Gott, der als König und Richter vorgestellt wird, mit einem großen Heer an, um über sein Volk Gericht zu halten. Der Verfasser des *Muspilli* tritt nicht nur als mahnender Prediger auf, der die apokalyptischen Schriften der Bibel zitiert, sondern auch als epischer Erzähler, der Elemente der Heldendichtung aufgreift, um die Ereignisse der Endzeit anschaulich zu machen.

Das totale Gericht

Zugleich bezieht sich das *Muspilli* auf die zeitgenössische Rechtspraxis. Die Festsetzung des Gerichtstages, die Entsendung der Boten, die Ankunft des Richters, der Vollzug der Rechtsprechung erinnern an die Gerichtsbarkeit der fränkischen Herrscher, die Könige und Richter zugleich waren. Doch überschreitet das *Muspilli* den lebensweltlichen Horizont, wenn es die Phantasie einer absoluten Gerechtigkeit entwirft. Im Jüngsten Gericht, wie es das *Muspilli* beschreibt, verschiebt sich der Fokus vom Ankläger auf den Angeklagten. Er ist aus zwei Gründen gezwungen, ein totales Geständnis abzulegen. Dies liegt zum einen am Wirken des Teufels, der ihn wie ein Schatten durchs Leben begleitet und wieder und wieder zum Bösen verführt, um dann schließlich beim Jüngsten Gericht als Ankläger aufzutreten, der dem armen Sünder die begangenen Fehltritte gnadenlos vorrechnet. Es liegt zum anderen am Wirken des Fleisches, denn die Hände, die die sündhaften Taten ausführten, erheben selbst Anklage gegen den Menschen, dessen Glieder sie sind. Liest man dieses Szenario psychologisch, so verweist der Teufel auf das schlechte Gewissen, das den Menschen am Ende seiner Tage ereilt, und der Körper auf die Erinnerung an jede einzelne Missetat, die der Mensch beging. In dieser Vorstellung ist das Gericht nicht mehr ein äußerliches Ereignis, in dem Ankläger und Angeklagter, Richter und Zeugen aufeinandertreffen, sondern es verlagert sich in das Innere der Person. Es ist die Phantasie eines totalen Gerichts, in dem der Mensch, der vor die Richterbank tritt, ein umfassendes Schuldbekenntnis ablegt, ohne dass es noch eines Anklägers bedürfte. Dessen Geschäft besorgt der Angeklagte selbst. Man hat das *Muspilli* als politisches Gedicht gedeutet, das den Willen Ludwigs des Deutschen zur Reform des Rechts spiegelt (Janota 2000, S. 39–44). Wenn diese Annahme zutrifft, darf man ihm die Vision einer totalitären Rechtsvorstellung zuschreiben, die der christlichen Vorstellung des Jüngsten Gerichts abgeschaut ist und auf diese zurückwirkt.

Die Bibel auf Deutsch

5

Inhaltsverzeichnis

Seit Ende des achten Jahrhunderts wurden biblische Schriften ins Deutsche übertragen, als wörtliche Übersetzung und poetische Bearbeitung. Der *Wessobrunner Spruch* (s. Abschn. 4.1.2) und das *Muspilli* (s. Abschn. 4.2.2) sind Beispiele für frühe dichterische Gestaltungen biblischer Stoffe. Im Mittelpunkt dieses Kapitels stehen zwei umfangreiche Bibeldichtungen des neunten Jahrhunderts, die als Hauptstücke der frühmittelalterlichen deutschen Literatur gelten: der um 840 entstandene *Heliand* („Heiland") und das zwischen 863 und 871 verfasste *Evangelienbuch* Otfrids von Weißenburg. Beide Werke gestalten die Geschichte vom Leben und Sterben Jesu, wie sie in den vier Evangelien erzählt wird, in epischer Breite aus. Doch sind sie hinsichtlich Form, Sprache und Publikum sehr verschieden. Der niederdeutsche *Heliand* umfasst 5983 stabgereimten Langzeilen und richtet sich an die Sachsen; das hochdeutsche *Evangelienbuch* besteht aus 7104 endgereimten Langzeilen und zielt auf die Franken. Beide Werke sind auch in politischer Hinsicht von Bedeutung, denn sie stehen mit Ludwig dem Deutschen in enger Verbindung. Eine lateinische Vorrede zum *Heliand* nennt ihn als Auftraggeber, Otfrid hat ihm sein *Evangelienbuch* gewidmet. Wenn sich der Dichter des niederdeutschen *Heliand* an die Sachsen richtet, so ist nur ein Teil des ostfränkischen Reiches angesprochen; wenn aber Otfrid von den Franken spricht, so zielt er aufs Ganze.

© Der/die Autor(en), exklusiv lizenziert durch Springer-Verlag GmbH, DE, ein Teil
von Springer Nature 2022
A. Kraß, *Die Anfänge der deutschen Literatur*,
https://doi.org/10.1007/978-3-662-64153-8_5

5.1   Das Evangelium der Sachsen

Gemeinsam mit dem *Heliand,* dem ‚Evangelium der Sachsen', ist die *Alt-sächsische Genesis* überliefert, eine eng verwandte niederdeutsche Bibeldichtung, die sich auf das Alte Testament bezieht und in Verbindung mit dem *Heliand* eine Art Auswahlausgabe der Bibel für das sächsische Publikum darstellt. Im Folgenden wird zunächst der *Heliand* ausführlich vorgestellt und anschließend ein Blick auf eines der überlieferten Fragmente der *Altsächsischen Genesis* geworfen.

5.1.1   Der *Heliand*

Der *Heliand* ist zwar die erste große Bibeldichtung in deutscher Sprache, aber er ist nicht ohne Vorbilder. Zu nennen sind vier Bezugspunkte, an denen sich der Verfasser orientieren konnte:

- Als Quelle diente ihm eine lateinische Evangelienharmonie.
- Zur Deutung zog er lateinische Bibelkommentare heran.
- Die Gattung war ihm aus der lateinischen Bibelepik bekannt.
- Die Form entlehnte er der volkssprachlichen mündlichen Dichtung.

Vorbilder
Als Quelle lag dem Verfasser des *Heliand* eine Evangelienharmonie vor, das heißt eine Gesamtfassung der vier Evangelien, die Doppelungen und Widersprüche ausgleicht. Es handelt sich um das sogenannte *Diatessaron* („Aus Vieren"), ein um 170 verfasstes Werk des syrischen Theologen Tatian, von dem schon im Zusammenhang des *Wessobrunner Spruchs* als Vertreter der Lehre von der Schöpfung aus dem Nichts die Rede war (s. Abschn. 4.1.2). Tatian wählte als Rahmen das Johannesevangelium und ergänzte es um Zusätze aus den synoptischen Evangelien. Eine lateinische Fassung des *Diatessaron* wurde in Fulda bearbeitet und um 830 wörtlich ins Althochdeutsche übertragen. Die Übersetzung, der sogenannte *Tatian,* ist gemeinsam mit der lateinischen Vorlage überliefert. Es handelt sich um ein „typisches Produkt der Klosterschule", das dem volkssprachlichen Nachvollzug der lateinischen Vorlage diente (Kartschoke 1975a, S. 13). Folglich wurde die lateinische Fassung des *Diatessaron* zweimal für die Volkssprache angeeignet: zunächst als fränkische Übersetzung *(Tatian),* dann als sächsisches Epos *(Heliand).*

In Fulda fand der *Heliand*-Dichter nicht nur die Evangelienharmonie, sondern auch die Bibelkommentare vor, an denen er sich bei der Ausgestaltung seines Werks orientieren konnte. Er konsultierte Bedas Kommentar zum Lukasevangelium, Alkuins Kommentar zum Johannesevangelium und Hrabans Kommentar zum Matthäusevangelium. Auch die in Klosterschulen gepflegte Tradition der antiken Rhetorik scheint ihm geläufig gewesen zu sein (Mierke 2009).

Außerdem konnte sich der Dichter auf die Gattung der lateinischen Bibelepik stützen. Zwei Werke sind hervorzuheben:

- Um 330 verfasste der spanische Dichter Juvencus eine in vier Bücher eingeteilte Evangeliendichtung, die 3211 Zeilen umfasst *(Evangeliorum libri quattuor)* (Frank 1991; Röttger 1996).
- In der ersten Hälfte des fünften Jahrhunderts komponierte der italienische oder südgallische Dichter Sedulius eine in fünf Bücher eingeteilte Evangeliendichtung, die 1753 Zeilen enthält *(Paschale Carmen)* (Jeudy 1995; Speyer 2000).

Beide Dichter wählten als Versform den an Vergil geschulten Hexameter. Das Evangelienbuch des Juvencus war im Mittelalter Schullektüre und dürfte dem Dichter des *Heliand* bekannt gewesen sein.

Die lateinische Vorrede

Wer aber war der Verfasser des anonym überlieferten *Heliand,* der Tatians *Diatessaron,* Hrabans Matthäuskommentar und Juvencus' Evangeliendichtung kannte? Rückschlüsse erlaubt eine lateinische „Vorrede zu einem alten, in sächsischer Sprache geschriebenen Buch" *(Praefatio in librum antiquum lingua Saxonica conscriptum),* die man Hrabanus Maurus oder seinem Umkreis zuschreibt. Allerdings ist sie erst im sechzehnten Jahrhundert und ohne expliziten Bezug auf Hraban oder den *Heliand* überliefert (Krogmann 1973; Haubrichs 1973; Hellgardt 2004). Sie findet sich in der zweiten Auflage des „Katalogs der Wahrheitszeugen" *(Catalogus testium veritatis),* den der reformatorische Theologe Matthias Flacius Illyricus 1562 veröffentlichte (vgl. Hartmann 2001). Flacius war mit der karolingischen Bibeldichtung wohlvertraut, er besorgte 1571 auch die erste Druckausgabe von Otfrids *Evangelienbuch* (s. Abschn. 8.2.1). Man vermutet, dass er die Vorrede einer mittelalterlichen Handschrift entnahm, die heute nicht mehr erhalten ist. Die Zuordnung zum *Heliand* – sowie zur *Altsächsischen Genesis,* die mit dem altsächsischen *Heliand* gemeinsam überliefert ist – wird kaum bestritten. Diese Werke sind die einzigen altsächsischen Bibeldichtungen, die überhaupt bekannt sind; und alles, was in der Vorrede gesagt wird, trifft auf sie zu.

Die Vorrede hat den Charakter eines Promulgationsschreibens, d. h. sie dient der offiziellen Bekanntmachung des Werks und gibt ausführlich Auskunft über seinen Zweck. Der Dichter schrieb es angeblich im Auftrag des „frommen Kaisers Ludwig" *(Ludovicus piissimus Augustus).* Welcher Ludwig ist gemeint? Die einen sehen in ihm Ludwig den Frommen (Hellgardt 2004, S. 198–199), die anderen Ludwig den Deutschen (Haubrichs 1995a, S. 278). Für Ludwig den Frommen sprechen das Attribut *pius* und der Titel *Augustus,* für Ludwig den Deutschen (der nicht minder fromm war und in vielen Quellen ebenfalls als Augustus tituliert wird) die Tatsache, dass ihm Otfrids *Evangelienbuch* gewidmet ist. In beiden Fällen gelangt man zu einer Datierung um 840, denn Ludwig der Fromme regierte bis zu diesem Jahr und Ludwig der Deutsche dürfte gegebenenfalls den *Heliand* schon vor der 843 vollzogenen Reichsteilung in Auftrag gegeben haben (so lässt sich jedenfalls die Formulierung *imperii tempore* deuten: „zur Zeit der Reichseinheit"; vgl. Haubrichs 1995a, S. 278). Welcher Ludwig auch gemeint ist – die Vorrede hebt die Absicht hervor, die er mit der volkssprachlichen Bibeldichtung verband. Die Heilige Schrift, die bislang nur für lateinkundige Schriftgelehrte verständlich war, sollte für die Ungelehrten, die nur die deutsche Sprache sprachen *(Theudisca locens lingua),* zugänglich gemacht werden:

> Denn da früher nur die Schreib- und Lesefähigen und die Gebildeten die Kenntnis der göttlichen Bücher hatten, so ist es neuerdings aufgrund seines Bemühens und zur Zeit seiner Regierung, jedoch durch die Allmacht und das Beginnen Gottes auf wunderbare Weise ins Werk gesetzt, dass das ganze seiner Herrschaft untergebene und die theodiske [deutsche] Sprache sprechende Volk um nichts weniger die Kenntnis eben jener göttlichen Lesung empfing. (Hellgardt 2004, S. 181–182)

Daher habe Ludwig einem berühmten sächsischen Sänger den Auftrag erteilt, die Bibel auf poetische Weise *(poetice)* in die deutsche Sprache *(Germanicam linguam)* zu übersetzen:

> Er befahl nämlich einem gewissen Mann aus dem Stamm der Sachsen, der bei den Seinen als ein sehr angesehener Sänger galt, dass er sich anstrengen sollte, das Alte und das Neue Testament poetisch in die germanische Sprache zu übertragen, damit nicht nur den Schriftkundigen, sondern auch den Schriftunkundigen die heilige Lesung der göttlichen Gebote sich erschließe. Dieser gehorchte den kaiserlichen Befehlen bereitwillig und das freilich um so leichter, als er (dazu) schon eher von oben her ermahnt worden war, und er machte sich sogleich an diese so schwierige und harte Arbeit, freilich aber eher im Vertrauen auf Hilfe wegen seines Gehorsams als auf die Geringfügigkeit seiner Begabung.

Der Dichter, so heißt es weiter, habe das Werk mit der Schöpfungsgeschichte begonnen, ein möglicher Hinweis auf die *Altsächsische Genesis.* Ferner betont die Vorrede in Anspielung auf die Lehre vom mehrfachen Schriftsinn, dass sich der Dichter mit Rücksicht auf das sächsische Publikum auf den Inhalt der Geschichte *(sensus historicus)* konzentriert und den verborgenen Sinn *(sensus mysticus)* nur gelegentlich erläutert habe:

> Er begann also mit der Schöpfung der Welt, wählte alles Bedeutendere nach Hauptpunkten (durch eine Wiedergabe) gemäß der geschichtlichen Wahrheit aus, und führte (das Werk), indem er bisweilen manches, wo er es für angemessen hielt, der mystischen Bedeutung nach ausmalte, bis ans Ende des ganzen Alten und Neuen Testaments durch Übersetzen auf dichterische Weise mit sehr geschliffener Beredsamkeit zum Schluss.

Aufschlussreich sind auch die Bemerkungen über Form und Komposition der volkssprachlichen Bibeldichtung:

> Dieses Werk gestaltete er so lichtvoll und in solch auserlesener Weise mit den Mitteln der Eigenart jener Sprache, dass es den Hörenden und Verstehenden einen sehr großen Genuss seiner Pracht gewährt. Gemäß der Beschaffenheit jenes Gedichtes aber teilte er das ganze Werk in Fitten ab, die wir Lese- oder Sinnabschnitte nennen können.

Mit den eigentümlichen Sprachmitteln *(idioma illius linguae)* dürften Form und Stil der stabgereimten Langzeile gemeint sein. Die Gliederung in Fitten *(vitteae),* d. h. Abschnitte, verweist – im Unterschied zu den Büchern *(libri),* in die Juvencus und Sedulius ihre Werke einteilen – auf mündliche Vortragseinheiten. Das volkssprachliche Bibelepos sollte nicht still gelesen, sondern vor einem Publikum rezitiert werden.

Das lateinische Gedicht über den Dichter

An die Vorrede schließt sich ein in lateinischen Hexametern verfasstes Gedicht an, das den Titel *Versus de poeta* („Verse über den Dichter") trägt:

> Verse über den Dichter und Übersetzer dieses Buchs.
>
> Es macht Freude, das Los und den Eifer, die fröhlichen Mühen und das abgeschiedene Leben eines Mannes im Lied vorzutragen, der bis vor kurzem mit eingedrücktem Pflug die Erde wendete und angestrengt seine Nahrung in einem kargen Acker suchte. Zufrieden war er gewesen mit einem Häuschen, das strohgedeckte Dächer und schiefe Türpfosten gehabt hatte. Nie zertrat ein Ross seine Schwellen, und nur um Rinder kümmerte er sich mit seiner Fürsorge. O überaus Glücklicher, der es vorzog, vom eigenen Ertrag zu leben, den brennenden Zündstoff grässlichen Neides auszulöschen und Ruhe des Geistes zu verwirklichen! Ruhmsucht bewegte ihn nicht, nicht die hohen Paläste der Könige, nicht die Reichtümer der Welt, nicht schreckliche Gier. Von niemandem wurde er beneidet, noch war er neidisch auf irgend jemanden. Sorglos brach er mit dem Pflug die weite Erde. Und er setzte seine Hoffnung allein auf sein bescheidenes Gütchen.
>
> Sobald die Sonne mit ihrem Licht begann, ihre Strahlen über das Geviert der Welt zu streuen, wenn die schwarzen Schatten (der Nacht) wichen, hatte er seine kleinen, wenigen Rinder hinausgetrieben und führte sie vom Haus durch die Weidegründe der Waldeswildnis. Fröhlich und begeistert ließ er sie auf breiter Wiese grasen, und als er ermüdet unter dem weiten Dach (des Himmels) die ermatteten Glieder überwältigt ruhigem Schlaf hingab, sogleich senkte sich da tönend vom hohen Himmel herab eine göttliche Stimme: „O Seher, was tust du, warum versäumst du die Zeit zum Gesang? Beginne nach der Ordnung zu verkünden die göttlichen Gesetze, in deine eigene Sprache zu übertragen die allerherrlichsten Lehren!"
>
> Nach den Wundern eines so großen Geheißes hatte es kein Zögern gegeben. Der zuvor ein Landmann gewesen war, war alsbald auch ein Dichter. Da verfasste der Seher gänzlich von der Liebe zum Gesang durchdrungen dann Lieder in Versen mit kundiger Sprache. Er begann vom ersten Ursprung der Weltentstehung; indem er die fünf Zeiten des hingleitenden Zeitlaufs durchlief, gelangte er zur Ankunft Christi, der durch sein Blut aus Erbarmen die Welt dem Rachen des grässlichen Avernus [der Unterwelt] entriss. (Hellgardt 2004, S. 182–183)

Das Gedicht präsentiert einen völlig anderen Autortyp als die Vorrede. Als Verfasser wird nun ein ungelehrter Bauer und Viehhirt vorgestellt, den nicht der König, sondern Gott selbst zu einem volkssprachlichen Lied inspiriert. Der Bauer, der vormals mit seinem Pflug das Feld bestellte, wird zur Metapher des Dichters, der die Volkssprache in regelmäßige Zeilen einteilt. Die Entstehungsgeschichte ist unverkennbar an die Legende angelehnt, die Beda Venerabilis über den angelsächsischen Dichter Cædmon erzählt (s. Abschn. 4.1.1). Sie will keine historische Wahrheit vermitteln, sondern die Autorität des Dichters unterstreichen und ihn als erleuchteten Empfänger und Vermittler des göttlichen Wortes stilisieren.

Dichter und Publikum

Wer genau der berühmte Sänger aus dem Stamm der Sachsen war, von dem die Vorrede spricht, wissen wir nicht. Dass er kein ungelehrter Bauer, sondern ein theologisch und rhetorisch geschulter Mönch war, dürfte außer Frage stehen (auch wenn es Spekulationen gibt, dass der Dichter ein illiterater, im Medium der Mündlichkeit agierender Sänger gewesen sein könne, der seine theologischen Einsichten der Zuarbeit eines gelehrten Beraters verdankte; vgl. Haferland 2001, 2002a, 2002b, 2006, 2014). Als Ort seines Wirkens kommt vor allem Fulda in Frage, zumal der Dichter das dort verfügbare lateinische *Diatessaron* sowie Hrabans Kommentar zum Matthäusevangelium heranzog; aber auch Werden an der Ruhr wird vorgeschlagen.

Fulda und Werden waren Stützpunkte der Sachsenmission. Im Unterschied zu den Franken waren die Sachsen erst wenige Jahrzehnte vor Abfassung des *Heliand* christianisiert worden. Wie das *Sächsische Taufgelöbnis* zeigt, waren die Götter Wodan, Donar und Saxnot den Sachsen noch lange vertrauter als der dreieinige Gott der Christen (s. Abschn. 3.2.1). Noch im elften Jahrhundert beklagt Bischof Thietmar von Merseburg, dass die Sachsen nur selten zur Kirche gingen und die Autorität der Pfarrer missachteten: „Sie verehren ihre heimischen Götter, hoffen fest auf ihre Hilfe und opfern ihnen" (Haubrichs 1995a, S. 272). Auch von einem Götzenbild, zu dessen Ehren kultische Gelage abgehalten worden seien, will er gehört haben.

Dies ist die besondere Situation, die Auftraggeber und Verfasser des *Heliand* im Blick hatten. Sie erklärt, dass sich das Werk in Sprache und Form an der mündlichen Dichtungstradition orientiert. Juvencus und Sedulius hatten in lateinischen Hexametern gedichtet. Der Dichter des *Heliand* wählte hingegen deutsche Langzeilen, um sein Evangelienbuch zu gestalten. Die Verschmelzung des biblischen Inhalts mit der einheimischen Form und Sprache verweist auf die Adressatenkreise, für die der *Heliand* bestimmt ist. Er richtet sich nicht, wie man nach Lektüre des Gedichts über den Dichter annehmen könnte, an Bauern und Hirten, sondern an Mönche, darunter viele Laienbrüder, und Adelige. Für die Mönche war eher die Form, für die Adeligen eher der Inhalt neu. Die Mönche hatten schon viel über das Leben Jesu gehört, aber noch nicht in stabgereimten Langzeilen. Die Adeligen hatten schon viele Heldenlieder gehört, aber noch nicht die Geschichte eines Herrschers, der mit seinem Tod die Welt erlöst. „Was hat Ingeld mit Christus zu tun", fragte einst Alkuin. Viel, scheint der Dichter des *Heliand* zu antworten, denn man kann von Christus in derselben Form und Sprache erzählen wie von einem einheimischen Helden.

Die Vorrede äußert sich auch zur Art des Vortrags. Sie hebt hervor, dass die Bibeldichtung in „heiliger Lesung" *(sacra lectio)* präsentiert worden sei. Darunter kann man sich die Tischlesung im Kloster und den feierlichen Vortrag am Hof vorstellen. Hinweise auf die Darbietungsform liefert auch die handschriftliche Überlieferung, die in der Mitte des neunten Jahrhunderts im niederdeutschen

Raum beginnt, im dritten Viertel des neunten Jahrhunderts Mainz erreicht und in der zweiten Hälfte des zehnten Jahrhunderts nach Südengland springt (ein weiterer Hinweis auf den gemeinsamen Kulturraum der Sachsen und Angelsachsen).

Unter den niederdeutschen Handschriften sind zwei besonders hervorzuheben, weil sie Rückschlüsse auf die Aufführungssituation erlauben. Eine Handschrift, die in oder bei Bremen entstand, markiert den Text mit Akzenten, die auf einen rezitativen Vortrag schließen lassen. Eine Handschrift aus dem Stift Corvey enthält Neumen (mittelalterliche Notenzeichen) und belegt, dass der *Heliand* gesangsartig vorgetragen werden konnte (s. Abb. 5.1).

Der *Heliand* umfasst rund sechstausend Stabreimverse, die sich auf mehr als siebzig Fitten unterschiedlichen Umfangs verteilen (Rathofer 1973; Tiefenbach 2007). Da der Schluss des *Heliand* nicht erhalten ist, bleibt unklar, wie viele Abschnitte er genau enthielt. Die Gesamtzahl dürfte, wie es auch in Otfrids *Evangelienbuch* der Fall ist, ästhetischen und theologischen Gesichtspunkten gefolgt sein. Es ist mit einer Komposition zu rechnen, die auf der Addition und Multiplikation heiliger Zahlen beruht (Rathofer 1973). Oft wird angenommen, dass der *Heliand* zweiundsiebzig Fitten hatte. Diese Zahl lässt sich als Summe von zwei (Christus hat zwei Naturen) mal drei (Gott ist dreifaltig) mal zwölf (Christus erwählte zwölf Apostel) deuten.

Die Fitten lassen sich thematisch in drei biographische Einheiten gliedern: Kindheit Jesu (1–10), Wirken Jesu (11–44) und Leiden Jesu mit Auferstehung und Himmelfahrt (45–71). Die Verklärung Jesu (Fitte 38) stellt, gemessen an der Gesamtzahl der Langzeilen, die kompositorische Mitte des Werks dar. Wenn der Prolog, der Teil der ersten Fitte des *Heliand* ist, zweiundsiebzig Zeilen umfasst (die Zahl hängt davon ab, wie man die unvollständig überlieferten Anfangsverse rekonstruiert und die erste Fitte gliedert), nimmt die Zahl der Prologverse die Zahl der Fitten vorweg.

Ein Vergleich mit dem *Hildebrandslied* (s. Abschn. 3.1.2) vermag die besondere Verstechnik des *Heliand* zu illustrieren. In beiden Fällen handelt es sich um stabgereimte Langzeilen, die aber in unterschiedlicher Weise ausgeformt sind. Im Unterschied zum *Hildebrandslied,* das auf einer mündlich überlieferten Sage beruht, ist der mündliche Stil des *Heliand* fingiert, denn dieser ist ein schriftliterarisches Werk, das seinerseits auf Büchern (*Diatessaron,* Bibelkommentare, Bibelepen) basiert. Das *Hildebrandslied* lässt noch die „Wucht der alten Langzeile" erahnen, die von parataktischem Satzbau, blockhaftem Zusammenfall von Vers- und Satzgrenzen und affektiver Betonung sinntragender Wörter durch den Stabreim lebt (Kartschoke 1975a, S. 146). Die modifizierte Form der Langzeile, wie sie im *Heliand* begegnet, hat Andreas Heusler schon 1919 beschrieben. Er unterscheidet zwischen dem „Liedstil" des *Hildebrandslieds* und dem „Epenstil" des *Heliand.* Heusler benennt fünf Merkmale, die die epische Langzeile des *Heliand* kennzeichnen: Hakenstil, Hypotaxe, abhängige Rede, Schwellverse und Variation.

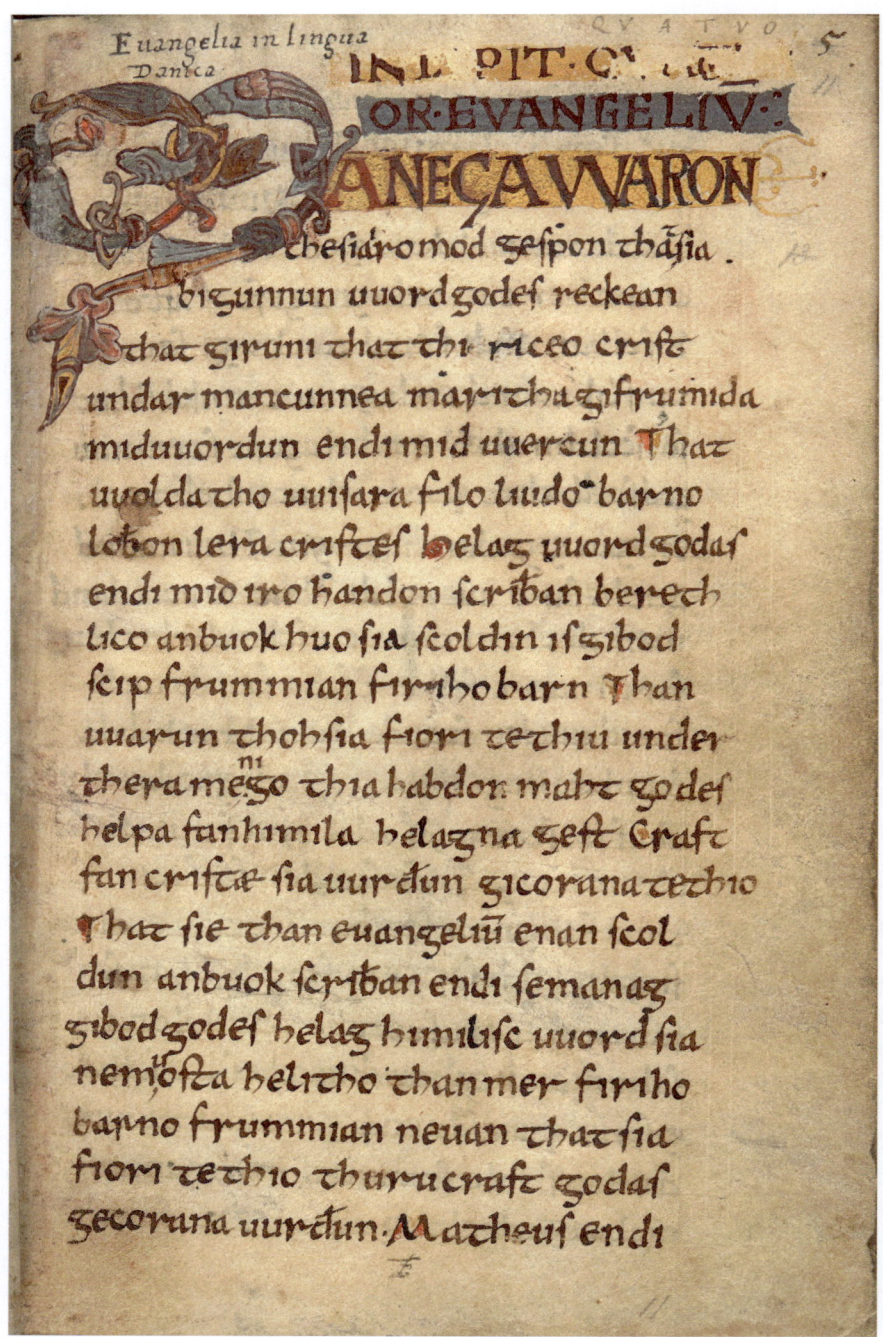

Abb. 5.1 Die *Heliand*-Handschrift aus dem Stift Corvey. (London, British Library, MS Cotton Calig. A. VII, Bl. 5r [11r])

Die Geburt Jesu

Schauen wir uns als Beispiel die Episode an, die von der Geburt Jesu handelt. Der Wortlaut des lateinischen *Diatessaron,* auf den sich der *Heliand* bezieht, ist an dieser Stelle mit dem Lukasevangelium identisch, dem einzigen Evangelium, das auf die Umstände der Geburt Jesu näher eingeht (Lk 2,6–7). Zum Vergleich folgen der althochdeutsche *Tatian* und die moderne Einheitsübersetzung der Bibel:

> [6]Factum est autem cum essent ibi, impleti sunt dies ut pareret, [7]et peperit filium suum primogenitum et pannis eum involvit et reclinavit eum in praesepio quia non erat eis locus in diversorio. (Juvencus 1827, 1, S. 61)

> [6]Thô sie thar uuarun, vvurðun taga gifulte, thaz siu bari, [7]inti gibar ira sun êristboranon inti biuuant inan mit tuochum inti gilegita inan in crippea, bithiu uuanta im ni uuas ander stat in themo gasthuse. (Tatian 1892, S. 23–24)

> [6]Und als sie daselbst waren, kam die Zeit, dass sie gebären sollte. [7]Und sie gebar ihren Sohn, den Erstgeborenen. Sie wickelte ihn in Windeln und legte ihn in eine Krippe, weil in der Herberge kein Platz für sie war.

Lukas und mit ihm die lateinische Evangelienharmonie schildern eine ärmliche Szene. Maria wickelt das Kind in Tücher (lat. *pannis,* ahd. *tuochum*) und legt es in eine Krippe (lat. *praesepio,* ahd. *crippea*). Juvencus wandelt die Bibelverse in drei Hexameter um, die die Ärmlichkeit der Szene, aber auch die Zärtlichkeit der Gottesmutter betonen (Z. 155–157):

> Illic virgo novum completo tempore foetum
> Edidit, et leni pannoso tegmine motu
> Texit; cui durum cunas praesepe ministrat.

> Dort gebar die Jungfrau, als die Zeit erfüllt war, das Kind, und bedeckte es in sanfter Bewegung mit einer zerlumpten Decke; ihm diente eine harte Krippe als Wiege.

Die als Wiege dienende Krippe ist hart *(durum),* die Bewegung, mit der Maria das Jesuskind wickelt, aber sanft *(leni).*

Anhand dieser Vorgaben entwirft der Dichter des *Heliand* eine umfangreiche Szene, die zwanzig Langzeilen umfasst. Er greift in die biblische Darstellung ein, indem er die Königswürde des göttlichen Kindes herausstreicht (Fitte 5, Z. 367–386; zitiert nach Behaghel 1996; Nachdichtung Simrock 1856):

> [...]   Thar gifragn ic, that sie thiu **b**erhtun giscapu,
> **M**ariun gi**m**anodun   endi **m**aht godes,
> that iru an them **s**îða   **s**unu ôdan uuarð,
> 70   gi**b**oran an **B**ethleem   **b**arno strangost,
> allaro **c**uningo **c**raftigost: **c**uman uuarð the **m**âreo,
> **m**ahtig an **m**anno lioht,   sô is êr **m**anagan dag
> **b**iliði uuârun   endi **b**ôgno filu
> gi**uu**orðen an thesero **uu**eroldi.   Thô uuas it all gi**uu**ârod sô,

75 sô it êr **sp**âha man   **gisp**rocan habdun,
    thurh huilic **ô**dmôdi   he thit erðrîki herod
    thurh is selbes craft   sôkean uuelda,
    managaro **m**undboro.   Thô ina thiu **m**ôdar nam,
    biuuand ina mid **uu**âdiu   **uu**îbo scôniost,
80 **f**agaron **f**ratahun,   endi ina mid iro **f**olmon tuuêm
    legda lioblîco   luttilna man,
    that **k**ind an êna **c**ribbiun,   thoh he habdi **c**raft godes,
    manno drohtin.   Thar sat thiu **m**ôdar biforan,
    uuîf **uu**acogeandi,   **uu**ardoda selbo,
85 **h**eld that **h**êlaga barn: ni uuas ira **h**ugi tuuîfli,
    thera **m**agað ira **m**ôdsebo.   […]

    […] Da hört ich, dass der Schickung* Gebot   *Schicksal
    Marien mahnte   und die Macht Gottes,
    Dass ihr ein Sohn   da sollte beschert werden,
70 In Bethlehem geboren,   der Geborenen stärkster,
    Aller Könige kräftigster.   Da kam an der Menschen Licht
    Der mächtige Held,   wie schon manchen Tag
    Davon der Bilder viel   und der Zeichen geboten
    Waren in dieser Welt.   Da ward das alles wahr,
75 Was spähende Männer   vordem gesprochen,
    Wie er in Niedrigkeit   hernieder auf Erden
    Durch seine einige Kraft   zu kommen gedächte,
    Der Menschen Mundherr*.   Da ihn die Mutter nahm,   *Schutzherr
    Mit Gewand bewand ihn   der Weiber* Schönste   *Frauen
80 Zierlichen Zeugen*,   und mit den zweien Händen   *Sachen
    Legte sie liebreich   den lieben kleinen Mann,
    Das Kind, in eine Krippe,   das doch Gottes Kraft besaß,
    Der Menschen Mächtigster.   Die Mutter saß davor,
    Die wachende Frau,   und wartete selber
85 Und hütete das heilige Kind.   In ihr Herz kam Zweifel nicht,
    In der Magd* Gemüt.   […]   *Jungfrau

Anhand dieser Verse, die den Umfang der Vorlage vervielfachen, lassen sich die von Heusler beschriebenen poetischen Techniken illustrieren (Heusler 1919).

1. Die erste betrifft die Abkehr vom Zeilenstil, das heißt von der Einheit von Zeile und Satz. Stattdessen wird der *Hakenstil* eingeführt, bei dem der Satz über die Langzeile hinausschießt. Indem die Satzgrenze vom Zeilenende in die Zeilenmitte vorrückt, wird der Erzählfluss beständig vorangetrieben. Ist der Satz zu Ende, strebt die Zeile noch weiter; ist die Zeile zu Ende, strebt der Satz noch weiter. So beginnt und endet auch die Krippenszene in der Zeilenmitte, und auch im übrigen Text überkreuzen sich Sätze und Zeilen.

2. Das zweite Merkmal ist die Tendenz zur *Hypotaxe*. Die Sätze und Satzglieder werden nicht mehr parataktisch gereiht, sondern hypotaktisch geschachtelt. An die Stelle einfacher Hauptsätze treten komplexe Ordnungen von Haupt- und Nebensätzen. Dies ist auch in der Krippenszene der Fall.

3. Mit dem Wechsel von der Parataxe zur Hypotaxe geht das dritte Merkmal einher: die Bevorzugung der *abhängigen* gegenüber der direkten *Rede*. Die Worte,

die eine Figur spricht, werden an den Erzähler zurückgebunden und auf diese Weise perspektiviert; der Erzähler behält das Zepter in der Hand, wenn er die Rede einer Figur wiedergibt. So gibt der Erzähler auch in der Krippenszene in indirekter Rede wieder, was er erzählen hörte (Z. 67 ff.) und was die Propheten einst verhießen (Z. 75 ff.). Außerdem wirft er einen Blick in das Innere der Gottesmutter: „In ihr Herz kam Zweifel nicht, / in der Magd Gemüt" (Z. 85–86).

4. Das vierte Merkmal sind die *Schwellverse*. Die Zeilen nehmen vor und zwischen den stabgereimten Wörtern langen Anlauf; sie erzeugen durch die Überzahl der Silben eine Spannung, die sich erst mit Verzögerung entlädt. Der gesteigerte Wortreichtum löst die Grenzen der Zeilen auf und erzeugt einen breit fließenden Sprachfluss, der auf feierliche Rezitation angelegt ist. Dies ist in der Krippenszene vor allem in den überladenen Abversen der Fall. Zum Beispiel kommt das stabreimende Wort im Abvers der Zeile 367 *(berhtun)* erst in der achten Silbe zum Zuge.

5. Als fünftes und letztes Merkmal tritt die *Variation* hinzu. Sie betrifft nicht nur die Form, sondern auch den Inhalt. Heusler beschreibt diese Technik als „ein *Zurücklenken* zu einem Begriff oder Gedanken, den der Hörer schon verlassen glaubte; noch eh der Dichter einen Ruhepunkt erreicht hat, *wiederholt* er das Gesagte, aber mit einem neuen ,variierenden' Ausdruck, so, dass diese Wiederholung logisch und syntaktisch rein entbehrlich, lostrennbar wäre" (Heusler 1919, S. 32).

Die Geburtsszene bietet auch hierfür ein markantes Beispiel. Der Dichter nutzt die Technik der Variation, um theologische Aussagen über die Doppelnatur Jesu als Gott und Mensch sowie die Doppelnatur Marias als Jungfrau und Mutter zu machen (Sahm 2014, S. 103–106). Er löst die theologischen Paradoxien auf, indem er in variierender Wiederholung zunächst den einen und dann den anderen Aspekt benennt. In der ausführlichen Einleitung, die fast vollständig auf das Konto des *Heliand*-Dichters geht, wird Jesus zunächst als Sohn (Z. 369: *sunu*) und Kind (Z. 370: *barno*), dann aber als kräftiger, berühmter, mächtiger König (Z. 371–372: *allaro cuningo craftigost* […] *the mârio / mahtig*) eingeführt. Dies wiederholt sich in der eigentlichen Krippenszene, wenn Jesus zuerst als „kleiner Mann" (Z. 381: *luttilna man*) und „Kind" (Z. 382: *kind*) angesprochen wird, was auf die menschliche Natur verweist, dann aber noch einmal mit Blick auf seine göttliche Natur als „heiliges Kind" (Z. 385: *hêlaga barn*), das von der „Kraft Gottes" (Z. 382: *craft godes*) erfüllt und „Herr der Menschen" (Z. 383: *manno drohtin*) sei. Die Variation wird durch Ausschmückungen gesteigert. Die menschliche Natur erweist sich in der Ärmlichkeit der Krippe, die göttliche Natur in der königlichen Kleidung. Maria wickelt den Knaben nicht in Tücher, sondern hüllt ihn in ein Gewand (Z. 379: *uuâdiu*) und ziert ihn mit „herrlichem Schmuck" (Z. 380: *fagaron fratahun*). Entsprechend wird auch das Bild Marias variiert. Sie ist nicht nur *môdar* (Z. 383: „Mutter"), sondern auch *magað* (Z. 386: „Jungfrau"), und sie wird, um die Königswürde des Kindes zu unterstreichen, als „Schönste der Frauen" (Z. 379: *uuîbo scôniost*) geehrt. Wenn sie als „wachende Frau" (Z. 384:

uuîf uuacogeandi) dargestellt wird, die ihr Kind „hütet" *(uuardoda),* so ist dies als Anspielung darauf zu verstehen, wie ungewöhnlich es ist, dass eine Königsmutter selbst den Ammendienst versieht. Die Variationstechnik dient also zwei Zwecken: zum einen, um die theologischen Paradoxa der Gottmenschlichkeit Jesu und der jungfräulichen Mutterschaft Marias zu vermitteln; zum anderen, um die Krippenszene in eine Königsszene umzumünzen, die dem göttlichen Wesen Jesu gerecht wird. Schon als Kind ist Christus Herrscher der Welt, und Maria ist sich seines Auftrags bewusst, wie der Erzähler (wiederum variierend) vermeldet: „In ihr Herz kam Zweifel nicht, / In der Magd Gemüt".

Der Prolog

Dem *Heliand* ist ein Prolog vorangestellt, in dem sich der Dichter implizit zu seinem Selbstverständnis äußert (Mierke 2009; Kipf 2017). Der Prolog umfasst drei Abschnitte, die wiederum dem *Diatessaron* folgen. Dieser beginnt mit dem Prolog des Lukasevangeliums, schiebt dann einen Auszug aus dem Prolog des Johannesevangeliums ein und kehrt schließlich zum Bericht des Lukasevangeliums zurück. Der *Heliand*-Dichter nutzt diese Vorgaben, um im ersten Teil von den vier Evangelisten, im zweiten vom Schöpfergott und den sechs Weltaltern (s. Abschn. 4.2.1) und im dritten von der Römerherrschaft in der Provinz Judäa zu sprechen. Die drei Teile sind je verschieden akzentuiert. Der erste präsentiert eine poetologische, der zweite eine missionarische und der dritte eine politische Aussage. Schauen wir uns die Abschnitte des Prologs der Reihe nach an, um mehr über den Dichter, sein Werk und sein Publikum zu erfahren.

Der fünfte Evangelist

Im ersten Abschnitt des Prologs reflektiert der Dichter über sein eigenes Tun, während er vordergründig über die vier Evangelisten spricht. Als Anknüpfungspunkt dient ihm der Prolog des Lukasevangeliums. Der Evangelist betont, dass vor ihm bereits viele Lebensberichte Jesu verfasst worden seien, die sich auf Augenzeugen berufen konnten. Sein eigener Bericht, der sich an einen gewissen Theophilus richtet, beruhe hingegen auf Quellenrecherchen und solle dazu dienen, die christliche Lehre zu bestätigen (Lk 1,1–4):

> [1]Schon viele haben es unternommen, eine Erzählung über die Ereignisse abzufassen, die sich unter uns erfüllt haben. [2]Dabei hielten sie sich an die Überlieferung derer, die von Anfang an Augenzeugen und Diener des Wortes waren. [3]Nun habe auch ich mich entschlossen, nachdem ich allem von Beginn an sorgfältig nachgegangen bin, es für dich, hochverehrter Theophilus, der Reihe nach aufzuschreiben. [4]So kannst du dich von der Zuverlässigkeit der Lehre überzeugen, in der du unterwiesen wurdest.

Auf dieser Basis entwirft der Dichter des *Heliand* den ersten, sehr viel umfangreicheren Abschnitt seines eigenen Prologs (Z. 1–37):

> **M**anega uuâron,   the sia iro **m**ôd gespôn,
> ....,   that sia bigunnun uuord godes,
> **r**eckean that gi**r**ûni,   that thie **r**îceo Crist
> undar **m**ancunnea   **m**âriða gifrumida

5 mid **uu**ordun endi mid **uu**ercun. That uuolda thô **uu**îsara filo
liudo barno **l**obon,   **l**êra Cristes,
hêlag uuord godas,   endi mid iro **h**andon scrîban
berehtlîco an **b**uok,   huô sia is gi**b**odscipi
frummian, **f**iriho barn. Than uuârun thoh sia **f**iori te thiu
10 under thera **m**enigo,   thia habdon **m**aht godes,
helpa fan **h**imila,   **h**êlagna gêst,
craft fan **C**riste, –   sia uurðun gi**c**orana te thio,
that sie than ê**u**angelium   ênan scoldun
an **b**uok scrîban   endi sô manag gi**b**od godes,
15 **h**êlag **h**imilisc uuord: sia ne muosta heliðo than mêr,
firiho barno **f**rummian,   neuan that sia **f**iori te thio
thuru **c**raft godas   ge**c**orana uurðun,
Matheus endi **M**arcus,   – sô uuârun thia **m**an hêtana –
Lucas endi Iohannes;   sia uuârun gode lie**b**a,
20 **uu**irðiga ti them gi**uu**irkie. Habda im **uu**aldand god,
them **h**eliðon an iro **h**ertan   **h**êlagna gêst
fasto bi**f**olhan   endi **f**erahtan hugi,
sô manag **uu**îslîk **uu**ord   endi gi**uu**it mikil,
that sea scoldin a**h**ebbean   **h**êlagaro stemnun
25 **g**odspell that **g**uoda,   that ni habit ênigan **g**igadon huergin,
thiu **uu**ord an thesaro **uu**eroldi,   that io **uu**aldand mêr,
drohtin **d**iurie   eftho **d**erbi thing,
firinuuerc **f**ellie   eftho **f**îundo nîð,
st**r**îd uui**d**erstande –,   huand hie habda **s**tarkan hugi,
30 **m**ildean endi guodan,   thie thes **m**êster uuas,
að**a**lordfrumo **a**lomahtig.
That scoldun sea **f**iori thuo   **f**ingron scrîban,
settian endi **s**ingan   endi **s**eggean forð,
that sea fan **C**ristes   **cr**afte them mikilon
35 gi**s**âhun endi gi**h**ôrdun,   thes hie **s**elbo gisprac
gi**uu**îsda endi gi**uu**arahta,   **uu**ndarlîcas filo,
sô **m**anag mid **m**annon   **m**ahtig drohtin.

Manche waren,   die ihr Ge**m**üt dazu trieb,
Dass sie **G**ottes Wort   be**g**innen wollten,
Das Geheimnis zu ent**h**üllen,   das der **h**eilige Christ
Hier unter Menschen   **h**errlich vollendete
5 Mit **W**orten und **W**erken. Uns wollten viel **w**eiser
Leute Kinder **l**oben   die **L**ehre Christs,
Des **H**erren **h**eilig Wort,   und mit **H**änden schreiben
Offen**b**ar in ein **B**uch,   wie seinen Ge**b**oten
Die **V**ölker **f**olgen sollten. Doch **v**iere nur fanden sich
10 Unter der **M**enge,   die **M**acht von Gott hatten,
Hilfe vom **H**immel,   **h**eiligen Geist
Und **K**raft von **Ch**rist. Sie **k**or* er dazu   *erwählte
Von **a**llen **a**llein,   das **E**vangelium
In ein **B**uch zu **b**ringen,   die Ge**b**ote Gottes,
15 Das **h**eilige **H**immelswort. Das **h**atten nicht andre noch
Aus dem **V**olke zu **f**ördern,   da nur diese **v**iere
Durch die **K**raft Gottes   dazu ge**k**oren wurden.
Matthäus und **M**arkus   hießen die **M**änner,
Lukas und Johannes: sie waren Gott **l**ieb

20   Und des Werkes würdig: der waltende Gott
     Hatt ihren Herzen   heiligen Geist
     Fest anbefohlen   und frommen Sinn,
     Weise Worte verliehen   und großes Wissen,
     Dass sie erheben möchten   mit heiligen Stimmen
25   Die gute Gotteskunde,   die ihr Gleichnis nicht hat
     In Worten dieser Welt,   die so den waltenden
     Herrscher verherrlichten,   und heillose Tat,
     Frevelwerk fällten   und dem tückischen Feind
     Im Streit widerstünden;   denn starken Sinn hatte,
30   Milden und guten,   welcher der Meister war,
     Der edle Urheber,   der allmächtige.
     Sie viere sollten   mit Fingern schreiben,
     Setzen und singen   und gründlich sagen,
     Was sie von Christi   Kraft, der großen,
35   Gesehen und gehört,   das er selber gesprochen,
     Gewirkt und gewiesen,   des Wunderbaren viel,
     Vor den Menschen und mancherlei,   der mächtige Herr.

Zunächst unterscheidet der Dichter zwischen den biblischen und außerbiblischen Evangelien. Viele hätten beabsichtigt, das Leben Jesu aufzuschreiben, doch nur vier Evangelisten seien von Gott auserwählt worden. Sie allein hätten sich dieser Aufgabe als würdig erwiesen (Z. 20: *uuirðiga*). Nach dem moralischen Eignungstest habe Gott sie mit vier Gaben beschenkt, damit sie ihre Aufgabe erfüllen konnten, nämlich mit heiligem Geist (Z. 21: *hêlagna gêst*), klugen Gedanken (22: *ferahtan hugi*), weisen Worten (Z. 23: *uuîslîk uuord*) und großem Wissen (Z. 23: *giuuit mikil*). Damit ist gesagt, dass die Evangelisten aufgrund göttlicher Inspiration (heiliger Geist) über die intellektuellen Fähigkeiten (kluge Gedanken, großes Wissen) und rhetorischen Kompetenzen (weise Worte) verfügten, ihr Werk zu vollbringen.

Auch der Zweck der Evangelien wird genannt. Aus der Perspektive des *Heliand* zielen sie weniger darauf, den Glauben zu bestätigen als ihn zu verteidigen. Die Evangelien sollen ihre Adressaten vom Begehen böser Taten (Z. 27: *derƀi thing; Z. 28: firinuuerc*) abhalten und gegen den Hass des Feindes (Z. 28: *fiundo nîð; Z. 29: strîd*) wappnen, womit der Teufel als Widersacher Gottes gemeint sein dürfte. Hier klingt bereits der missionarische Aspekt an.

Diese Aussagen sind zwar auf die Evangelisten gemünzt, lassen aber das Selbstverständnis des *Heliand*-Dichters durchscheinen. Auch er bedarf der Inspiration Gottes, wenn er sein Werk, das Evangelium für die Sachsen, intellektuell und rhetorisch bewältigen will. Auch er will mit seinem Evangelium einen Beitrag zum christlichen Kampf gegen das Böse leisten. Am deutlichsten wird die Selbstreferenz, wenn er wiederholt vom Schreiben des Buches spricht. Er betont, dass die Evangelisten das Wort Gottes „mit ihren Händen verständlich in einem Buch aufschreiben" wollten (Z. 7b–8a: *mid iro handon scrîƀan berehtlîco an buok*), dass nur „sie allein das Evangelium in einem Buch aufschreiben sollten" (Z. 14–15: *that sie than êuangelium ênan scoldun an buok scrîban*) und dass „diese vier mit ihren Fingern schreiben, setzen, singen und sagen sollten" (Z. 32–33: *That scoldun sea fiori thuo fingron scrîƀan, / settian endi singan endi seggean forð*), was sie als Augenzeugen des Wirkens Jesu erlebten. Die wiederholte Bezugnahme auf den Akt des Schreibens erinnert an die Bedeutung der karolingischen Schrift- und Buchkultur. Der Verfasser versteht sich nicht nur als Schreiber *(scrîban)*, sondern auch als Dichter *(settian endi singan endi seggean)*.

Wenn er hervorhebt, dass nur vier Männer auserwählt worden seien, um das Wort Gottes aufzuschreiben, so schließt er sich implizit selbst als fünften Evangelisten in diesen Kreis mit ein. Die beständige Bezugnahme auf das Schreiben und Dichten zeigt, dass er sich selbst als Buchautor versteht. Gleichwohl bemüht er mehrfach eine heldenepische Formel, die auf einen mündlichen Erzähler verweist: *Thar gifragn ic* (Fitte 5: Geburt Jesu, Fitte 13: Versuchung Jesu, Fitte 32: Gleichnis vom Fischnetz, Fitte 54: Verrat Jesu). So spielt der Dichter des *Heliand* eine Doppelrolle. Er verbirgt seine literarische Autorrolle hinter der Maske des Skops, d. h. eines Sängers, der innerhalb eines Kollektivs eine Sage weitergibt. Doch sollte man auf die fingierte Mündlichkeit, die den schriftliterarischen Charakter des Werks kaschiert, nicht hereinfallen.

Das sechste Weltalter

Der zweite Abschnitt des Prologs nimmt den poetologischen Aspekt noch einmal auf, wenn er die Brücke schlägt vom Wort Gottes in der Bibel zum Wort Gottes in der Schöpfung. Wie im *Wessobrunner Spruch* ist mit einer Analogie zwischen Dichter und Schöpfer zu rechnen. Den Schöpfungsgedanken entnimmt er den Versen des Johannesevangeliums, die auch das *Diatessaron* an dieser Stelle einschiebt (vgl. Joh 1,1–5):

> [1]Im Anfang war das Wort und das Wort war bei Gott und das Wort war Gott. [2]Dieses war im Anfang bei Gott. [3]Alles ist durch das Wort geworden und ohne es wurde nichts, was geworden ist. [4]In ihm war Leben und das Leben war das Licht der Menschen. [5]Und das Licht leuchtet in der Finsternis und die Finsternis hat es nicht erfasst.

Der *Heliand*-Dichter übernimmt das Motiv, dass im Anfang das Wort bei Gott war und ohne es nichts geschaffen wurde. Mit dem Wort ist Christus, der Logos, gemeint, der präexistent und somit beim Schöpfungswerk zugegen war. Die Metaphern des Lichts und der Finsternis lässt der Dichter entfallen, dafür fügt er die Lehre von den Weltaltern ein, deren erstes mit der Schöpfung und deren sechstes mit der Geburt Jesu beginnt (Z. 38–53):

> all so hie it fan them **a**nginne thuru is **ê**nes craht,
> **uu**aldand gisprak, thuo hie **ê**rist thesa **uu**erold giscuop
> 40 endi thuo **a**ll bifieng mid **ê**nu uuordo,
> himil endi **e**rða endi al that sea bihlidan **ê**gun
> gi**uu**arahtes endi gi**uu**ahsanes: that uuarð thuo all mid **uu**ordon godas
> **f**asto bi**f**angan, endi gi**f**rumid after thiu,
> huilic than **l**iudscepi **l**andes scoldi
> 45 **uu**îdost gi**uu**aldan, eftho huar thiu **uu**eroldaldar
> endon scoldin. **Ê**n uuas **i**ro thuo noh than
> **f**iriho barnun bi**f**oran, endi thiu **f**îbi uuârun agangan:
> scolda thuo that **s**ehsta **s**âliglîco
> **c**uman thuru **c**raft godes endi **C**ristas giburd,

50   hêlandero bestan,   hêlagas gêstes,
      an thesan middilgard   managon te helpun,
      firio barnon ti frumon   uuið fiundo nîð,
      uuið dernero duualm. […]

      Was von Anbeginn   durch seine einige Kraft
      Der Waltende sprach,   da er die Welt erschuf,
40   Und da alles befing*   mit einem Wort,   *umfing
      Himmel und Erde   und alles, was darin
      Gewirkt war und gewachsen: das ward mit Gottes Wort
      All fest befangen   und zuvorbestimmt,
      Welcher Leute Volk   des Landes sollte
45   Am weitesten walten   und wie die Welt dereinst
      Ihre Alter enden sollte. Deren eins nur stand
      Noch bevor den Völkern: fünfe waren hin;
      Das sechste sollte   nun seliglich kommen
      Durch die Kraft Gottes   und Christi Geburt,
50   Des besten Heilands,   dass sein heilger Geist
      In dieser Mittelwelt   den Menschen helfe
      Und vielen fromme*   wider der Feinde Drang,   *nütze
      Böser Geister Zauber. […]

Dass die Schöpfung häufig als missionarisches Argument angeführt wurde, hatten
wir bereits im Zusammenhang des *Wessobrunner Spruchs* gesehen (s. Abschn. 4.1).
Im *Heliand* wird jedoch nicht die Schöpfung aus dem Nichts, sondern die
Schöpfung mit dem Wort geltend gemacht. Der theologische Gedanke des prä-
existenten Logos, der einem volkssprachlichen Publikum kaum vermittelbar ist,
wird aufgegeben zugunsten der Vorstellung, dass der christliche Gott sich von
anderen Göttern dadurch unterscheide, dass er das Geschaffene nicht mit Werken,
sondern Worten hervorbringe. Er benutze nicht die Hände, sondern die Zunge, um
Himmel und Erde zu erschaffen. Das zweite Argument, dass der Dichter anführt, ist
die göttliche Providenz, die in der Schöpfung walte. Gott habe die Geschichte vor-
herbestimmt, sie entfalte sich gemäß seinem Heilsplan. Inzwischen sei die Welt mit
der Geburt des Erlösers in ihr sechstes Alter eingetreten. Dieser Gedanke verbindet
die Sachsen, die den *Heliand* hören, mit den frühen Christen, die die Evangelien
hörten. Vergangenheit und Gegenwart werden überblendet. Wenn erneut davon
die Rede ist, dass der Hass der Feinde *(fiundo nîð)* und böser Zauber *(dernero
duualm)* die Menschen bedrohe, so lässt sich dies als Warnung gegen den Rückfall
in den Aberglauben lesen. Die Gefahr scheint groß gewesen zu sein, dass die zum
Christentum bekehrten Sachsen zu ihren alten Göttern zurückkehrten, denen sie im
Taufgelöbnis abgeschworen hatten. Hinzukommt die Erwartung der Endzeit. Weil
sich das sechste Zeitalter dem Ende zuneigt, ist es umso wichtiger, am christlichen
Glauben festzuhalten. Das Evangelium der Sachsen soll dabei helfen.

Das vierte Reich
Der dritte und letzte Abschnitt des Prologs knüpft erneut an das Lukasevangelium
an: „Es gab in den Tagen des Herodes, des Königs von Judäa […]" (Lk 1,5).
Diese Zeitangabe nimmt der *Heliand*-Dichter zum Anlass für Ausführungen über

die politische Situation während der Geburt Jesu, die Herrschaft der Römer in der Provinz Judäa. Zugleich schlägt er eine Brücke vom Prolog zur eigentlichen Erzählung (Z. 54–72):

> [...] Than habda thuo **d**rohtin god
> **R**ômano liudeon farliuuan **r**îkeo mêsta:
> 55 habda them **h**eriscipie **h**erta gisterkid,
> that sia habdon bi**t**huungana **t**hiedo gihuilica,
> habdun fan **R**ûmuburg **r**îki giuunnan
> **h**elmgitrôsteon, sâton ira **h**eritogon
> an **l**ando gihuem, habdun **l**iudeo giuuald
> 60 allon elitheodon. Ê**r**odes uuas
> an Hierusalem ober that **I**udeono folc
> gi**c**oran te **k**uninge, sô ina thie **k**êser tharod,
> fon **R**ûmuburg **r**îki thiodan
> satta undar that gisîði. Hie ni uuas thoh mid **s**ibbeon bilang
> 65 a**b**aron **I**sraheles, e**ð**iligiburdi,
> **c**uman fon iro **c**nuosle, ne**b**an that hie thuru thes **k**êsures thanc
> fan **R**ûmuburg **r**îki habda,
> that im uuârun sô gi**h**ôriga **h**ildiscalcos,
> a**b**aron **I**sraheles **e**lleanruoba:
> 70 suîðo un**uu**anda **uu**ini, than lang hie giuuald êhta,
> E**r**odes thes **r**îkeas endi **r**âdburdeon held
> **I**udeo liudi. [...]

> [...] Zu der **Z**eit lieh Gott
> Den **R**ömerleuten der **R**eiche größtes:
> 55 Er hatt ihrem **H**eergeleit das **H**erz gestärkt,
> Dass sie **Z**ins zu **z**ahlen alle Völker **z**wangen.
> Von **R**omburg aus hatten sie das **R**eich gewonnen,
> Den **H**elm auf dem **H**aupte. Ihre **H**erzoge saßen
> In jeglichem **L**ande, der **L**eute gewaltend*   *herrschend
> 60 Über alle **R**eiche. Herodes war
> In **J**erusalem über der **J**uden Volk
> Zum **K**önig gekoren: der **K**aiser von Rom
> Hatt ihn da**h**in, der mächtige **H**errscher,
> Mit dem Gesinde gesetzt, obwohl nicht ge**s**ippt*   *verwandt
> 65 Israels A**b**kommen*, noch durch edle Geburt   *Herkunft
> Ihrem Ge**s**chlecht entstammt: nur des Kaisers Be**s**timmung
> Von **R**omburg hatt ihm das **R**eich verliehen,
> Dass ihm ge**h**orchten die **H**eldengeschlechter,
> Die kraftkundigen Nachkommen Israels,
> 70 Unwankende Freunde, dieweil da **w**altete
> Herodes, des **R**eiches und Gerichtes pflegend
> Über die Leute. [...]

Es geht um die Frage der Rechtmäßigkeit der römischen Herrschaft. Der Dichter betont, dass Gott selbst den Römern die Macht in Judäa verliehen (Z. 54: *farliuuan*) habe. Wenn die politischen Verhältnisse so ausführlich diskutiert werden, dürfte das daran liegen, dass sie die zeitgenössische Situation durchscheinen lassen, in die der *Heliand* interveniert. Die Analogie ist möglich, weil sich das fränkische Reich als

Erneuerung und Fortsetzung des Römischen Reichs verstand. Karl der Große und Ludwig der Fromme waren zu römischen Kaisern gekrönt worden. Zu bedenken ist ferner, dass die Sachsen erst wenige Jahrzehnte zuvor nach langen Kriegen in das fränkische Reich integriert worden waren. So liegt die Schlussfolgerung nahe, dass die Herrschaft der Römer über die Juden als Folie für die Herrschaft der Franken über die Sachsen gelesen werden konnte (zur Darstellung der Juden im *Heliand* vgl. Murphy 2010b; Friedrich 2010). Wenn es im dritten Abschnitt des Prologs heißt, dass der römische Kaiser Herodes als König der Juden eingesetzt habe, obwohl dieser nicht mit dem jüdischen Volk verwandt war, so verweist das vielleicht darauf, dass die Sachsen ihrerseits unter der Herrschaft von Fürsten standen, die dem fränkischen Oberhaupt verpflichtet und selbst keine Sachsen waren. So wird die gottgegebene Herrschaft der Römer über die Juden, die der *Heliand* so sehr betont, für das sächsische Publikum unmittelbar relevant. Die Römerherrschaft zu Lebzeiten Jesu nimmt die in der Gegenwart bestehenden Machtverhältnisse vorweg und rückt die Sachsen in die Position der Juden. Historisch betrachtet, hinkt der Vergleich, denn erstens war das Römische Reich damals noch nicht christianisiert und zweitens war Jesus selbst Jude. Doch taten diese Anachronismen der Evidenz dieser Analogie offenbar keinen Abbruch – im Gegenteil.

Akkommodation
Noch auf einen weiteren Anachronismus ist hinzuweisen, der unsere eigene Gegenwart betrifft. Bis zur Mitte des zwanzigsten Jahrhunderts (und teilweise noch darüber hinaus) wollte man den *Heliand* als Zeugnis einer „Germanisierung" des Christentums verstehen. Die Vorstellung eines „germanischen Volks" und einer „germanischen Kultur" wird heute nicht mehr vertreten (vgl. Pohl 2004; Bleckmann 2009; Hawes 2018, S. 1–26). Die Germanisierungsthese, die das Verständnis des *Heliand* eher blockierte als förderte, lässt sich auf den lutherischen Theologen August Friedrich Christian Vilmar zurückführen, der in seiner 1845 veröffentlichten *Geschichte der deutschen National-Literatur* schrieb:

> Es ist Christus in Deutschland, Christus unter den Sachsen, der uns hier entgegentritt. So erscheint er […] als ein gewaltiger Völkerfürst, der, umgeben von seinen Getreuen, im Gefolge unzählbarer Scharen daher zieht […]. Es ist dieß Gedicht das in deutsches Blut und Leben verwandelte Christentum. (Vilmar 1845, S. 34–35)

Diese nationalistische Sichtweise wurde fortan in den Literaturgeschichten und Schulbüchern kolportiert. Im Nationalsozialismus war sie besonders willkommen. Der Jurist und Mediävist Felix Genzmer – seit 1933 förderndes Mitglied der SS, Unterzeichner des „Bekenntnisses der Professoren an den deutschen Universitäten und Hochschulen zu Adolf Hitler und dem nationalsozialistischen Staat", seit 1934 Ordinarius für Nordische Germanenkunde und Rechtswissenschaft in Tübingen, seit 1937 Mitglied der NSDAP, seit 1942 Mitarbeiter beim „Kriegseinsatz der Geisteswissenschaften" in der Forschergruppe „Lebensmächte und Wesen des Indogermanentums" mit einem Projekt zu „Frühformen des germanischen Rechts" (Wilms 2003; Klee 2015, S. 178–179) – veröffentlichte 1948 im Reclam-Verlag eine Übersetzung des *Heliand,* die bis 2001 aufgelegt wurde. In der Einleitung teilt er mit, dass die Dichtkunst ein „prachtvoll entwickelter Zweig der altgermanischen Gesittung" gewesen sei, und preist den Dichter des *Heliand* dafür, dass er „die geistliche Ependichtung der Germanen auf ihren Gipfel geführt" habe; das Werk sei „seiner ganzen Kunstform nach […] *germanisch*" und ein Zeugnis dafür, dass Gefolgschaftstreue „heilige Pflicht für den Germanen" gewesen sei (Heliand 1977, S. 3, 11, 13). Genzmer fügte seiner Übersetzung ein Glossar an, das Wörter wie *Dietwald* („Volksherrscher"), *Gerfeind* („speerführender Feind") und *Hehlhelm* („unsichtbar machender Helm") für den deutschen Sprachgebrauch empfiehlt. Erst 1989 wurde die Ausgabe mit einer neuen Einleitung versehen, die von Bernhard Sowinski verfasst wurde.

Johannes Rathofer hat die Germanisierungsthese 1962 in einer Studie zum theologischen Sinn des *Heliand* gründlich widerlegt und stattdessen den Begriff der Akkommodation in die Diskussion eingeführt. Darunter versteht er den Sachverhalt der „bewußten und wissenden Rücksichtnahme auf Herkommen, Verständnis und Vorstellungsbereiche des Publikums", an das sich der theologisch gebildete und literarisch bewanderte Dichter wandte (Rathofer 1962, 192). Seitdem hat sich die Auffassung, dass der *Heliand*-Dichter das Evangelium an das kulturelle Milieu seiner Hörer- und Leserschaft angepasst habe, in der Forschung durchgesetzt und ist weiter ausgearbeitet worden (Kartschoke 1975a, S. 49–50; Kartschoke 1975b, S. 186–197; Gantert 1998; Haubrichs 2005; Mierke 2008; Mierke 2009; Sahm 2017b). Nur wenige Forscherinnen und Forscher halten an der These einer „germanischen Transformation" des Evangeliums im *Heliand* fest (Murphy 1989, 1999, 2010a, 2010b). Stephan Müller nennt einige Beispiele, wie der sächsische Dichter den biblischen Bericht teils eingemeindet, teils in seiner Fremdheit ausstellt. Zur Eingemeindung zählen beispielsweise die Stilisierung Jesu als Herrscher und seiner Jünger als Gefolgsmänner sowie die Schilderung des Prozesses gegen Jesus aus dem Blickwinkel sächsischer Rechtsvorstellungen. Zur Verfremdung zählen zum Beispiel die Darstellung der Geburtstagsfeier des Herodes, in deren Verlauf die tanzende Tochter des Königs den Kopf Johannes' des Täufers fordert (die Sachsen feierten weder Geburtstage, noch mischten sich Männer und Frauen beim Tanz), und die Beschreibung der (den Sachsen unbekannten) Hinrichtungsart der Kreuzigung (Müller 2013, S. 86–88).

5.1.2   Die *Altsächsische Genesis*

Ein Beispiel für die Akkommodation des biblischen Textes an das kulturelle Milieu des Publikums bietet auch die *Altsächsische Genesis,* die in der lateinischen Vorrede zum *Heliand* mitgemeint und gemeinsam mit dem *Heliand* überliefert ist. Als Bibeldichtung in stabgereimten Langzeilen weist sie ähnliche Merkmale auf wie der *Heliand,* nämlich Hakenstil, Hypotaxe, Schwellvers und Variationstechnik. Zugleich lässt sie eigene Akzente erkennen in der Handhabung der Variationstechnik und der wörtlichen Rede (Amstätter 2000; Sahm 2004). Hinsichtlich der Verfasserfrage werden zwei Thesen vertreten. Es kann sich um verschiedene Autoren handeln (der *Genesis*-Dichter wird oft als Schüler des

Heliand-Dichters aufgefasst) oder auch um denselben Autor, der seine poetische Technik von Werk zu Werk modifizierte.

Von der *Altsächsischen Genesis* sind nur drei Bruchstücke im Gesamtumfang von 926 Langzeilen erhalten. Das erste Fragment behandelt die Vertreibung Adams und Evas aus dem Paradies (Gen 3), das zweite den Brudermord Kains an Abel (Gen 4), das dritte die Vernichtung der Stadt Sodom (Gen 18–19). Wie man aus der *Angelsächsischen Genesis,* die einige Episoden der *Altsächsischen Genesis* einbaut, schließen kann, enthielt letztere ursprünglich auch die apokryphe Erzählung vom Fall der Engel. Es scheint, dass der Dichter nicht die gesamte Genesis bearbeitete, sondern Episoden auswählte und ergänzte, die von Sünden-fällen handeln (Wisniewski 2008, S. 77).

Am Beispiel der ersten Szene lässt sich zeigen, wie eigenständig der Dichter der *Altsächsischen Genesis* die biblischen Geschichten formt. Er gestaltet eine Klagerede, in der sich Adam nach der Vertreibung aus dem Paradies bitterlich bei Eva beschwert, als hätte sie den Sündenfall allein zu verantworten (Sager 2013, 2015). Die Bibel weiß nichts von einer solchen Klagerede. Anfang und Ende des Fragments sind nicht überliefert, können aber aus der *Angelsächsischen Genesis* ergänzt werden (zitiert nach Behaghel 1996; Nachdichtung Heusler 1921):

> [Adam gemælde and to Evan spræc:]
> „Uuela, that thu nu, Êua, habas,“ quað Âdam, „ubilo gimarakot
> unkaro selbaro sîð. Nu maht thu sehan thia suarton hell
> ginon grâdaga; nu thu sia grimman maht
> hinana gihôrean, nis hebanrîki
> 5 gelîc sulîcaro lôgnun: thit uuas alloro lando scôniust,
> that uuit hier thuruh unkas hêrran thank hebbian muostun,
> thar thu them ni hôrdis, thie unk thesan haram giried,
> that uuit uualdandas uuord farbrâkun,
> hebankuningas. Nu uuit hriuuig mugon
> 10 sorogon for them sîða, uuand he unk selbo gibôd,
> that uuit unk sulic uuîti uuardon scoldin,
> haramo mêstan. Nu thuingit mi giu hungar endi thrust,
> bitter balouuerek, thero uuâron uuit êr bêðero tuom.
> Hû sculun uuit nu libbian, efto hû sculun uuit an thesum liahta uuesan,
> 15 nu hier huuîlum uuind kumit uuestan efto ôstan,
> sûðan efto norðan? Gisuuerek up dribit,
> kumit haglas skion himile bitengi,
> ferid forð an gimang (that is firinum kald):
> huîlum thanne fan himile hêto skînit,
> 20 blîkit thiu berahto sunna: uuit hier thus bara standat,
> unnuuerid mið giuuâdi: nis unk hier uuiht biuoran
> ni te skadoua ni te scûra, unk nis hier scattas uuiht
> te meti gimarcot: uuit hebbiat unk giduan mahtigna god,
> uualdand uurêðan. Te huî sculun uuit uuerðan nu?
> 25 Nu mag mi that hreuuan, that ik is io bad hebanrîkean god,
> uualdand th... [Þæt hê Þê her worhte to me
> of liðum mînum, nu Þu mê forlæred hæfst
> on mines herran hete. Swa me nu hreowan mæg
> æfre to aldre, Þæt ic Þê minum eagum geseah.“

Andreas Heusler legte im Jahr 1921 eine poetische Übersetzung in Simrocks Stil vor, die sich auf die überlieferten Zeilen der *Altsächsischen Genesis* beschränkt. Ich ergänze den fehlenden Anfang und Schluss anhand der *Angelsächsischen Genesis:*

> [Adam redete,   zu Eva sprach er:]
> Fürwahr hast du, Eva, nun   zum Übel gewandt
> Unser beider Geschick! Nun magst du die **sch**warze Hölle
> **G**ähnen sehn, die gierige,   **g**ellen magst du sie
> Von **h**innen* **h**ören.   Nicht ist das **H**immelreich   *von hier aus
> 5   Gleich solcher Lohe*:   das war aller Länder schönstes,   * Flamme
> Das wir durch unsres **H**erren Gunst   be**h**alten durften,
> Wo du nicht **h**örtest auf den,   der diesen **H**arm* uns riet,   *Kummer
> Dass **w**ir des **W**altenden   **W**orte brachen,
> Des **r**eichen Königs.   Nun mögen **r**euig wir
> 10   **S**orgen um unser Geschick,   weil er **s**elbst uns gebot,
> Dass wir vor solchem **H**arme   uns **h**üten sollten,
> Vor der **h**öchsten Strafe.   Schon zwingt mich **H**unger und Durst
> **B**ittre Ent**b**ehrung: des waren wir **b**eide einst ledig!
> Wie sollen wir nun **l**eben,   wie in diesem **L**ichte bestehn,
> 15   **W**enn zu**w**eilen nun **W**ind kommt   von **W**est oder Ost,
> Von Süd oder Nord,   **N**achtdunkel sich sammelt
> **H**agelgewölk kommt,   zum **H**immel reichend,
> Bricht **v**or mittendrein   (das ist **f**ürchterlich kalt),–
> Zuweilen dann vom **H**immel   **h**eiß wieder scheint,
> 20   Brennt die **h**elle Sonne: und wir so bloß **h**ier stehn,
> **B**ar der Gewänder;   nichts **b**ietet sich uns hier
> Zu **Sch**atten noch zu **Sch**irm,   an **Sch**ätzen ist uns nichts
> Zur **Z**ehrung ge**z**ollt.   Wir haben den **Z**orn Gottes,
> Des **W**altenden, ge**w**eckt.   Was soll nun **w**erden aus uns?
> 25   **J**etzt mag mich das **j**ammern,   dass ich **j**emals bat
> **G**ott, den Himmelsherrscher, dass aus meinen **G**liedern er
> Dich **m**ir erschuf,   [nun da du **m**ich verleitet hast
> Zum **H**ass meines **H**errn.   **H**ärmen kann es mich nun,
> **I**mmer und **e**wig,   dass mit meinen **A**ugen ich dich je sah."]

Die Szene ist eine poetische Eigenleistung des altsächsischen Dichters. Wenn Adam die widrigen Lebensbedingungen jenseits des Paradieses beklagt, so schildert er als erfüllte Tatsache, was Gott den gefallenen Menschen prophezeite (Gen 3,16–19):

[16]Zur Frau sprach er: Viel Mühsal bereite ich dir und häufig wirst du schwanger werden. / Unter Schmerzen gebierst du Kinder. / Nach deinem Mann hast du Verlangen / und er wird über dich herrschen. [17]Zum Menschen sprach er: Weil du auf die Stimme deiner Frau gehört und von dem Baum gegessen hast, von dem ich dir geboten hatte, davon nicht zu essen, ist der Erdboden deinetwegen verflucht. / Unter Mühsal wirst du von ihm essen alle Tage deines Lebens. [18]Dornen und Disteln lässt er dir wachsen / und die Pflanzen des Feldes wirst du essen. [19]Im Schweiße deines Angesichts / wirst du dein Brot essen, / bis du zum Erdboden zurückkehrst; / denn von ihm bist du genommen, / Staub bist du / und zum Staub kehrst du zurück.

Die Gestaltung einer wörtlichen Rede Adams könnte eine Anregung aus dem apokryphen „Leben Adams und Evas" *(Vita Adae et Evae)* sein, das das raue Dasein der ersten Menschen jenseits des Paradieses ausmalt und mit wörtlichen Reden Adams und Evas durchsetzt. Ein gravierender Unterschied besteht jedoch darin, dass im apokryphen Bericht Eva ihre Schuld eingesteht und Adam dazu auffordert, sie zu töten, damit wenigstens er ins Paradies zurückkehren könne. Von einer solchen Entschuldigung und Opferbereitschaft Evas kann in der *Altsächsischen Genesis* keine Rede sein. Der volkssprachliche Dichter legt Adam Worte in den Mund, die von unverhohlener Frauenfeindlichkeit geprägt sind. Auch die in kräftigen Farben ausgemalte Klage Adams darüber, dass er nun ungeschützt Kälte, Hitze, Wind und Hagel ausgesetzt sei und Hunger und Durst leiden müsse, dürfte manchen an den eigenen Lebensalltag erinnert haben. Wenn Adam bereut, Gott jemals um eine Gefährtin gebeten zu haben, so spiegelt das nicht nur seine Wut, sondern auch die Blindheit, die mit der Wut einhergeht. Ohne Gefährtin wäre Adam vielleicht im Paradies, aber auch allein geblieben, und die Menschheitsgeschichte hätte nie ihren Anfang genommen.

Man vermutet, dass die *Altsächsische Genesis* (dem einen Rechtsdiskurs führenden *Muspilli* ähnlich, s. Abschn. 4.2.2) auf die konkrete Situation ihrer Zeit bezogen war (Wisniewski 2008). Es fällt auf, dass die erzählten Sündenfälle auf verschiedene Aspekte und Elemente der Gesellschaft verweisen: die Scheidung der Engel auf das Lehnswesen, der Ungehorsam Adams und Evas auf die Ehe, der Brudermord Kains an Abel auf Familie und Sippe, der Untergang von Sodom auf ein ganzes Volk. Die Vergehen, die jeweils die Strafe Gottes nach sich ziehen, sind miteinander vergleichbar: Untreue, Rebellion, Ungehorsam gegen Gottes Gebote. So lässt sich die *Altsächsische Genesis* als politische Allegorie lesen. Die Sachsen sollen die von Gott gestiftete Ordnung wahren, Verstöße werden vom fränkischen Herrscher geahndet, der im Auftrag Gottes für die Aufrechterhaltung von Recht und Ordnung zuständig ist.

5.2   Das Evangelium der Franken

Dem *Heliand* in vielen Hinsichten vergleichbar und doch ganz anders ist das zwei bis drei Jahrzehnte später entstandene *Evangelienbuch* Otfrids von Weißenburg. Wieder handelt es sich um eine volkssprachliche Bibeldichtung, wieder liegt eine Evangelienharmonie zugrunde, wieder ist die Dichtung in Langzeilen verfasst, wieder besteht ein Bezug zu Ludwig dem Deutschen. Doch richtet sich Otfrid nicht an nur eine Volksgruppe (wie der *Heliand* an die Sachsen), sondern an alle deutschsprachigen Teile des fränkischen Reichs.

5.2.1   Otfrid von Weißenburg

Im Unterschied zum Dichter des *Heliand* verbarg sich Otfrid von Weißenburg nicht hinter seinem Werk, sondern brachte sich als Autor entschieden zur Geltung.

Darin folgte er dem Vorbild seines Lehrers Hraban, der sich in seinen Kreuzeshymnen ebenfalls als Verfasser in Szene setzte. Während der *Heliand* mit einer
lateinischen Vorrede beworben wurde, die nicht vom Dichter stammt, fügte Otfrid
von Weißenburg seinem *Evangelienbuch* selbst eine Vielzahl von Widmungsschreiben bei, die sich an weltliche und geistliche Fürsten seiner Zeit richteten.

Anhand dieser und anderer Quellen lässt sich seine Biographie rekonstruieren
(Haubrichs 1978). Vermutlich kam er um das Jahr 800 in der Pfalz zur Welt und
wurde im Alter von sieben Jahren dem Kloster Weißenburg übergeben. Es gibt
Hinweise darauf, dass er einer begüterten, durch ein Lehnsverhältnis an das
Kloster Weißenburg gebundene Grundbesitzerfamilie des Speyergaus entstammte.
Der Klostereintritt bot Otfrid die Gelegenheit zum sozialen und intellektuellen
Aufstieg. Weißenburg konnte dem Schüler eine solide Ausbildung garantieren,
doch gab es dort für weiterführende Studien keine Möglichkeiten. Dies dürfte
der Grund dafür gewesen sein, dass der Weißenburger Abt den jungen, zweifel-
los begabten Mönch in das berühmte Kloster Fulda schickte, damit er dort seine
theologische Bildung erweitere. Otfrid betont in seiner Widmung an den Mainzer
Erzbischof, dass er ein Schüler von dessen Amtsvorgänger Hraban gewesen sei.
Der mehrjährige Aufenthalt in Fulda fällt wohl in die 830er Jahre. Bereits zuvor
scheint Otfrid für kurze Zeit der königlichen Kapelle und Kanzlei Ludwigs des
Deutschen als Schreiber angehört zu haben.

Nach seiner Rückkehr ins Weißenburger Kloster wirkte Otfrid als Lehrer
und beteiligte sich maßgeblich an der Neuordnung des Skriptoriums und der
Erweiterung der Bibliothek. Vor allem wurden Bücher aus der Fuldaer Schule und
insbesondere die Spätwerke Hrabans angeschafft, dem Otfrid eng verbunden blieb.
Auch in seinem *Evangelienbuch* kommt die Bildung, die er von seinem Lehrer
empfing, zur Geltung. Doch stand Otfrid nicht nur mit Fulda in Verbindung,
sondern auch mit Mainz, Konstanz, St. Gallen und dem ostfränkischen Königshof,
wie die Widmungsschreiben beweisen. Sie richten sich an Ludwig den Deutschen,
den Mainzer Erzbischof Liutbert, den Konstanzer Bischof Salomo I. sowie zwei
Mönche aus Weißenburg und St. Gallen. Otfrids Öffentlichkeitsarbeit in eigener
Sache blieb nicht ohne Erfolg. Er brachte es zum ersten deutschsprachigen
Dichter, dessen Name in die Annalen der deutschen Literaturgeschichte einging.

Überlieferung

Das zwischen 863 und 871 entstandene *Evangelienbuch* gilt als bestüberliefertes
Werk der frühen deutschen Literatur. Unter den Handschriften, die den Text
bezeugen, befindet sich eine, die im letzten Drittel des neunten Jahrhunderts im
Weißenburger Skriptorium angefertigt wurde und heute in Wien liegt (s. Abb. 5.2).
Die mit sorgfältigen Korrekturen ausgestattete Handschrift dürfte von Otfrid selbst
besorgt worden sein, dem man hier gewissermaßen auf die Finger schauen kann
(Ernst 2002). Sie enthält vier Illustrationen – neben einem Labyrinth drei Szenen
aus der Passion Christi (Einzug in Jerusalem, Abendmahl, Kreuzigung) – und ist
somit das erste illustrierte deutsche Buch. Sehr eng verwandt ist eine Handschrift,
die ebenfalls im letzten Drittel des neunten Jahrhunderts in Weißenburg entstand und heute in Heidelberg aufbewahrt wird. Hinzu kommen eine vollständige

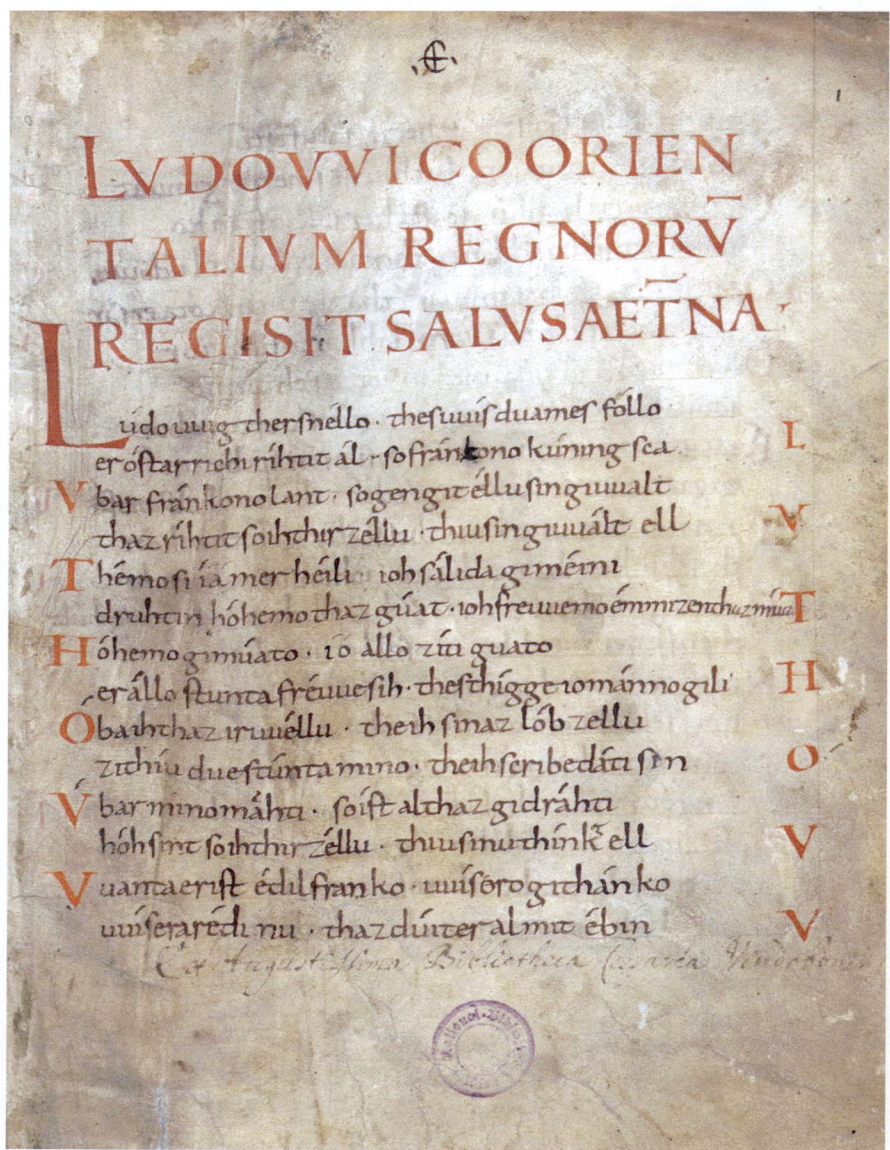

Abb. 5.2 Die Wiener Otfrid-Handschrift. (Wien, Österreichische Nationalbibliothek, Cod. 2687, Bl. 1r)

Abschrift, die Anfang des zehnten Jahrhunderts in Freising angefertigt wurde und heute in München liegt, sowie Fragmente einer um 975 verfassten Fuldaer Handschrift, die heute in Bonn, Krakau und Wolfenbüttel verwahrt werden.

5.2.2 Das *Evangelienbuch*

Otfrid grenzt sich nicht nur in sprachlicher, sondern auch in formaler und inhaltlicher Hinsicht vom *Heliand* ab. Wie bereits erwähnt, benutzt er weiterhin die Langzeile, wandelt sie aber in der Weise ab, dass er den Stabreim durch Endreim ersetzt, die Langzeilen metrisch reguliert und sie in der Regel paarweise zu Strophen zusammenfasst (s. Abschn. 2.2.2).

Die Geburt Jesu
Die formalen und inhaltlichen Unterschiede lassen sich wiederum am Beispiel der Krippenszene erläutern (Buch I, Kap. 11, Z. 29–38; zitiert nach Erdmann 1973; Nachdichtung Kelle 1856):

> Unz síu tho thar gistúltun,   thio zíti sih irvúltun,
> 30   thaz si chínd bari   zi woraltị éinmari.
> Sún bar si tho zéizan,   ther wás uns io gihéizan;
>   sin wás man allo wórolti   zi gote wúnsgenti.
> Wár sinan gibádoti   joh wár sinan gelégiti –
>   ni wánu thaz sị iz wéssi   bi theru gástwissi.
> 35   Biwánt sinan thoh tháre,   mi láhonon sáre,
>   in thia kríppha sinan légita   bi nóte thih nu ságeta.
> Tho bót si mit gilústi   thio kíndisgun brústi;
>   ni méid sih, suntar sie óugti,   then gotes sún sougti.

> Und während sie verweilten dort,
> Da ward erfüllet ihre Zeit,
> 30   Dass sie gebären sollt' das Kind,
>   Auf das die ganze Welt gehofft.
> Und sie dort einen Sohn gebar,
> Der längst uns schon verheißen war,
>   Und den von Gott zu jeder Zeit
>   Die ganze Welt ersehnet hat.
> Wo sie jetzt baden soll das Kind,
> Wohin sie es nur legen soll,
>   Nicht glaube, dass sie es gewusst
>   Bei dieser Herberg Ärmlichkeit.
> 35   Es wickelt da das teure Kind
> In Leinen ein die Mutterhand,
>   Und legt aus Gründen, die gesagt,
>   In eine Krippe hin das Kind.
> Sie reichte dann mit Wonnelust
> Dem Kinde dar die Jungfrau'nbrust,
>   Und war vergnügt, sie zeigte es,
>   Dass säugte sie den Gottes Sohn.

Die formalen Merkmale, die die Langzeilen des *Heliand* prägen, gibt Otfrid weitgehend auf. Der Hakenstil weicht der durch den Endreim begünstigten Tendenz, dass die Zeilen (und Strophen) wieder syntaktische Einheiten bilden. Hypotaxe tritt weiterhin auf, korrespondiert aber mit der Versstruktur. Variationen im

Sinne abgewandelter Wiederholungen von bereits Gesagtem entfallen; stattdessen werden Motive in zahlreiche Details zerlegt (Baden, Wickeln, Betten, Stillen) oder als Gegensatz verdoppelt (Marias Blick meidet nicht, sondern sucht das Kind). Die Schwellverse verschwinden, die Zahl der Hebungen ist reguliert. Wie aus der handschriftlichen Überlieferung hervorgeht, hat Otfrid eigenhändig die betonten Silben mit Akzenten versehen. Die Halbverse umfassen vier Hebungen, von denen in der Regel zwei markiert sind. Zwar gibt es immer noch eine gewisse Füllungsfreiheit, doch für überbordende Zeilen ist kein Platz mehr.

Erheblich sind auch die inhaltlichen Unterschiede. Wie der Dichter des *Heliand* entwirft Otfrid eine anschauliche Szene, jedoch mit anderer Zielrichtung. Der *Heliand* betont den königlichen Rang des Kindes und seiner Mutter, das *Evangelienbuch* hingegen ihre intime Nähe, die im Stillen des Säuglings zum Ausdruck kommt. Ferner fällt auf, dass Otfrid eine andere Ich-Rolle einsetzt als der *Heliand*-Dichter. Es ist nicht ein fingiertes und formelhaftes mündliches Ich, das stellvertretend für eine Erzählgemeinschaft steht, sondern ein auktoriales, schriftliterarisches Ich, das die allwissende Stimme des Autors bezeichnet, der in das Innere der erzählten Figuren zu blicken vermag („Ich glaube nicht, dass sie wusste …"). So lässt sich festhalten, dass Otfrid einen neuen Ton anschlägt: eher lyrisch als heroisch, eher intim als repräsentativ.

Die Anlehnung an lateinische Hymnenstrophen, mit der sich die Erneuerung der Langzeile erklären lässt, ist mit Händen zu greifen, wenn Otfrid der erzählten Krippenszene seinerseits einen Hymnus folgen lässt, eine Seligpreisung der zärtlichen Gottesmutter (Z. 39–46):

<blockquote>

Wóla ward thio brústi,   thio Kríst io gikústi,
40   joh múater thiu nan quátta   inti émmizigen thágta;
Wóla thiu nan túzta   inti in ira bárm sazta,
       scóno nan insuébita   inti bi íru nan gilégita!
Sálig thiu nan wátta   int inan fándota,
       joh thiu in bétte ligit ínne   mit súlichemo kínde;
45   Sálig thiu nan wérita,   than imo fróst derita;
       árma joh hénti   inan hélsenti!

</blockquote>

<blockquote>

O Seligkeit der Mutterbrust;
Die Christus selber hat geküsst,
40   O Seligkeit der Mutter auch,
       Die ihn bedeckt, mit ihm gekost;
O selig die ihn hat geherzt,
Die ihn gesetzt auf ihren Schoss,
       Die ihn in Schlummer hat gewiegt,
       Die neben sich ihn hat gelegt.
Ja, selig, die gekleidet ihn,
Die mit den Windeln ihn umwand,
       Und die auf einem Lager schläft
       Mit einem solchen teuern Kind.
45   Ja, selig die, die ihn bedeckt,
Wenn ihm der Frost zu schaden sucht,
       Die mit den Händen und dem Arm
       Umschlinget seinen theuern Leib.

</blockquote>

Das Preislied umfasst acht Zeilen, die mithilfe von Anaphern *(Wól/Wól, Sálig/ Sálig)* zu zwei Strophenpaaren zusammengefasst sind. Die hymnische Partie endet mit einer topischen Unsagbarkeitsgeste, die nochmals acht Zeilen umfasst (Z. 47–54):

> Er nist in érdringe ther ira lób irsinge,
>   noh mán io so gimúati, ther irzéllẹ ira gúati;
> Dág inan ni rínit, ouh súnna ni biscínit,
> 50   ther iz ío bibringe, thóh er es biginne!
> Wanta ira sún guato díurit sia gimúato,
>   ist ira lób joh giwáht, thaz thu ịrrímen ni máht;
> Múater ist si máru, joh thíarna thoh zi wáru,
>   si bar uns thúruhnahtin then hímilisgon drúhtin.

> Es lebt kein Mensch in dieser Welt,
> Der all' ihr Lob besingen kann,
>   Und keiner hatte noch den Geist,
>   Dass er erzählte ihren Ruhm.
> Nicht strahlet jenem schon der Tag,
> Nicht leuchtet dem der Sonnenball,
> 50   Dem es zu tun gelänge je,
>   Und wenn er es versuchte auch:
> Denn ihr gepries'ner Gottessohn
> Hat gnadenvoll sie so erhöht,
>   Gefeiert ist so sehr ihr Ruhm,
>   Dass du ihn nicht berechnen kannst.
> Ja, sie ist Mutter hochberühmt,
> Und ist zugleich doch Jungfrau auch,
>   Gebar uns in Vollkommenheit
>   Den Herrn der überird'schen Welt.

Die Unsagbarkeitsgeste wird paradoxerweise als Beweis dichterischer Kompetenz eingesetzt. Der Dichter gibt vor, dass ihm die Worte fehlen; doch formuliert er diese Behauptung in vier wohlgesetzten Strophen, die sie sogleich wieder dementieren.

Auf die szenischen und hymnischen Partien folgt drittens ein exegetischer Zusatz. Es handelt sich um eine heilsgeschichtliche Auslegung des geistlichen Sinns, die mit der Überschrift *Mystice* angekündigt wird (Z. 55–62):

> 55 Drúhtin queman wólta, tho man alla wórolt zalta,
>   thaz wír sin al gilíche gibriefte in hímilriche.
> In kríppha man nan légita, thar man thaz fíhu nerita,
>   want er wílit unsih scówon zí then éwinigen góumon.
> Ni wari thó thiu giburt, tho wurti wórolti firwúrt;
> 60   sia sátanas ginámi, ób er tho ni quámi.
> Wir wárun in gibéntin, in wídarwerten héntin;
>   thụ uns hélpha, druhtin, dáti ze thero óberostun noti!

> 55 Zur Erde wollte kommen Gott,
>   Als man die ganze Welt beschrieb,
>   Auf dass wir alle gleicher Weis'
>   Beschrieben sind im Himmelreich.

> In eine Kripp' ward er gelegt,
> Woraus man sonst die Tiere nährt,
>   Weil er auch uns erschauen will
>   Beim ew'gen Mahl im Himmelreich.
> Wenn Christus nicht geboren wär',
> Verloren wäre dies Welt,
> 60   Der Satan hätte sie geraubt,
>   Wenn er uns nicht gekommen wär',
> Denn in den Fesseln lagen wir,
> Und in des ärgsten Feindes Hand.
>   In dieser unserer größten Not
>   Hast du uns Hilfe, Herr, gesandt.

Punkt für Punkt wird der biblische Bericht von der Geburt Jesu kommentiert, immer im Einklang mit der karolingischen Theologie. Die Volkszählung des römischen Kaisers Augustus verweist darauf, dass auch die Gerechten im Himmelreich gezählt sind. Die Krippe, die als Futtertrog für die Tiere bestimmt ist, präfiguriert das himmlische Mahl mit Christus, das die Gerechten erwarten dürfen. Die Geburt des Erlösers befreit die Menschen aus der Gefangenschaft des Teufels.

Die Rolle der Frau

Der Vergleich der Krippenszenen im *Heliand* und in Otfrids *Evangelienbuch* zeigt, dass letzterer die Rolle Marias akzentuiert. Während der *Heliand*-Dichter das Herrschaftliche der Szene betont, streicht Otfrid eher das Familiäre heraus. Und während der *Heliand*-Dichter den königlichen Gottessohn in den Mittelpunkt stellt, blickt Otfrid eher auf die zärtliche Gottesmutter. Die Fokussierung Marias als weiblicher Hauptfigur des *Evangelienbuchs* ließe sich an weiteren Episoden bestätigen, insbesondere an der Gestaltung der Verkündigungsszene (Tax 2002; Kraß 2006, S. 66–76; Kartschoke 2011, S. 392–400).

Die Bedeutung einer Frau wird auch in den Begleittexten betont, die Otfrid seinem Werk beifügt. In der Zuschrift an den Mainzer Erzbischof erklärt er, dass ihn nicht nur Mitbrüder, sondern insbesondere auch eine Dame namens Judith zur Abfassung des *Evangelienbuchs* gedrängt hätten:

> [Einst] bin ich von einigen Mitbrüdern, die verdienen, dass man ihrer gedenkt, vor allem aber von einer verehrungswürdigen edlen Frau namens Judith mit allem Nachdruck gebeten worden, ihnen eine volkssprachliche Evangelienharmonie zu schreiben. (Otfrid 1987, S. 16–17)

Gegen die Annahme, dass es sich bei Judith um die zweite Ehefrau Ludwigs des Frommen handelt, spricht, dass Otfrid eine Kaiserin kaum als *matrona* angesprochen hätte. Dies ändert aber nichts an der Tatsache, dass Otfrid die entscheidende Rolle einer Frau für die Abfassung seines *Evangelienbuchs* unterstreicht. In seiner Widmung an den fränkischen König spricht Otfrid auch die Königin an, ob es sich nun um Judith, die Gattin Ludwigs des Frommen, oder

Hemma, die Gattin Ludwigs des Deutschen, handelt. Ausdrücklich schließt er sie in die Segenswünsche für den König mit ein: *si zi góte auch mínna dera selbun kúninginn* (Z. 84: „Auch sei die Liebe Gottes mit der Königin"). Otfrids Fokus auf weibliche Gestalten innerhalb und außerhalb der Dichtung lässt darauf schließen, dass er nicht nur männliche, sondern auch weibliche Rezipientinnen im Blick hatte, zumal er auch von einer Frau zu seiner Dichtung animiert wurde.

Fünf Bücher
Otfrid ändert auch die Komposition. Während der *Heliand* ein in sich geschlossenes Buch darstellt, gliedert Otfrid seine Evangeliendichtung (wie der oben erwähnte Sedulius) in fünf Bücher, die jeweils mit einem eigenen Prolog ausgestattet sind. Wie Otfrid in seiner Widmung an den Bischof von Mainz erläutert, lässt er sich dabei von den Stationen des Lebens Jesu leiten:

> Dieses Werk nun habe ich in fünf Bücher eingeteilt, von denen das erste die Geburt Christi erzählt und mit Taufe und Lehre des Johannes schließt. Das zweite berichtet, wie Christus nach der Berufung der Jünger sich durch verschiedene Wunderzeichen und seine erhabene Lehre der Welt zu erkennen gab. Das dritte teilt etwas mit von der Herrlichkeit seiner Wunder und der Lehre, mit der er sich an die Juden wandte. Das vierte zeigt ihn schon auf dem Weg zu seiner Passion und spricht davon, wie er freiwillig für uns den Tod erlitt. Das fünfte erzählt von seiner Auferstehung, seinen anschließenden Unterredungen mit den Jüngern, seiner Himmelfahrt und dem Jüngsten Gericht. (Otfrid 1987, S. 18–21)

Die Fünfteilung ist biographisch begründet. Das erste Buch erzählt die Vorgeschichte von der Geburt bis zur Taufe Jesu, das zweite berichtet über seine Lehren und Wundertaten bis zur Bergpredigt, das dritte Buch setzt den Bericht über das Wirken Jesu fort, das vierte Buch umfasst die Passionsgeschichte, und das fünfte Buch gibt die Ereignisse von der Auferstehung bis Himmelfahrt Jesu wieder.

Die Fünfteilung erinnert an das Gebot des römischen Dichters Horaz, der in seiner – den karolingischen Gelehrten wohlbekannten – Poetik fordert: „Ein Stück bleibe nicht unter dem fünften Akt noch gehe darüber, welches verlangt, daß man es zu sehen begehrt und wiederaufführt" (Verse 189–190; Horaz 1984, S. 16–17). Man könnte die fünf Bücher mit den fünf Akten des aristotelischen Dramas vergleichen. Das erste Buch umfasst die Exposition, das zweite die steigende Handlung, das dritte Höhepunkt und Peripetie, das vierte die fallende Handlung und das fünfte die Auflösung. Die Episode der Verklärung Jesu, die Otfrid (wie der *Heliand*-Dichter) in die Mitte seines Werkes rückt, entspräche dann, dramentheoretisch betrachtet, der Anagnorisis (dem plötzliches Erkennen). Sie wird als Epiphanie erzählt, als unvermittelte Erkenntnis der göttlichen Natur Jesu Christi, aus der die Aufforderung an die Gläubigen hervorgeht, ihm nachzufolgen. *Joh neme krúzi sinaz* („der nehme sein Kreuz auf sich"), heißt es in der mittleren Zeile (Z. 29) des mittleren Kapitels (Kap. 13) des mittleren Buchs (Buch III).

Eine weitere kompositorische Idee besteht in der Abweichung von der natürlichen Ordnung *(ordo naturalis)* der Geschichte. Im Unterschied zum *Heliand* orientiert sich das *Evangelienbuch* nicht am *Diatessaron*, sondern erlaubt sich in der Anordnung der biblischen Kapitel gewisse Freiheiten. So platziert Otfrid den Prolog des Johannesevangeliums am Anfang des zweiten Buchs, das auf diese Weise ein eigenes Vorwort erhält. Mit der künstlichen Ordnung *(ordo artificialis)* stiftet er eine zusätzliche Sinndimension.

Zahlensymbolik

Die Fünfteilung folgt nicht nur biographischen und kompositorischen Zwecken, sondern hat auch zahlensymbolische Bedeutung, die Otfrid wiederum in seiner Widmung an den Mainzer Erzbischof dargelegt. Die fünf Bücher des *Evangelienbuchs* sollen die fünf Sinne des Menschen heiligen:

> Die erwähnte Fünfgliederung habe ich, obwohl es nur vier Evangelien gibt, deswegen vorgenommen, weil die heilige Geradheit ihrer Vierzahl die Ungeradheit unserer fünf Sinne heiligt und all das Unmäßige in uns in unseren Werken und in unseren Gedanken, verwandelt zum Himmel emporhebt. Worin wir auch durch Sehen, Riechen, Tasten, Schmecken, Hören fehlen: durch die Vergegenwärtigung des Evangelientextes reinigen wir uns ganz von unserer Verderbtheit. Unsere Sehkraft, erhellt durch die Worte des Evangeliums, soll stumpf werden für die Aufnahme unnützer Dinge; nicht länger soll ein dem Schlechten geöffnetes Ohr dem Herzen Schaden zufügen; Geruchs- und Geschmackssinn sollen sich aller Schlechtigkeit entschlagen und sich der Süße Christi verbinden; das Herzinnere soll stets mit seiner Geisteskraft diese in der Volkssprache gedichteten Texte betasten. (Otfrid 1987, S. 18–21)

Otfrid entwirft eine geistliche Zahlensymbolik, eine Arithmetik des Heils. Indem der Mensch das Wort Gottes hört und sieht, seine Süße schmeckt und riecht, es mit Geist und Seele begreift, wird er von der Sünde gereinigt. Die Vierzahl der Evangelien, zusammengefasst in einem volkssprachlichen Evangelienbuch, begradigt die Fünfzahl der Sinne. Doch findet das allegorische Zahlenspiel keinen Widerhall im Inhalt der fünf Bücher; es verhält sich nicht so, dass jedem Buch ein bestimmter Sinn zugeordnet wäre. Das mindert freilich nicht die geistliche Bedeutung der Zahlen, die die Komposition des Werks bestimmen, und zwar, wie es scheint, weit über die Fünfzahl der Bücher hinaus.

Wolfgang Haubrichs hat in seinem Buch *Ordo als Form* die geheimen Zahlenspiele rekonstruiert (Haubrichs 1969), ist damit aber auch auf Widerspruch gestoßen (Hellgardt 1973). Die Gesamtzahl der Kapitel beträgt 140, also das Zweifache der heiligen Zahl 70, die in biblischer Tradition auf die Völker der Welt verweist. Zugleich wiederholt sich in der Quersumme der Kapitelzahl $(1+4+0)$ die Fünfzahl der Bücher. Die Gesamtzahl der Zeilen beträgt 7104, eine Summe, die, durch acht geteilt, 888 ergibt. Die quergelegte Zahl 8 ist das Zeichen der Unendlichkeit, verweist aber auch auf die acht Seligpreisungen Jesu und somit auf die Seligkeit des Himmels. Ferner entspricht die Zahl 888 dem Zahlenwert der Buchstaben, aus denen sich in griechischer Schreibweise der heilige Name ‚Jesus‘ zusammensetzt: $IH\Sigma OY\Sigma$ $(10+8+200+70+400+200)$. Die Zahlensymbolik dringt noch tiefer in das Werk ein. Sie umspielt wiederholt die Zahl 13, die auf die Gemeinschaft Jesu mit seinen zwölf Aposteln verweist und als Quersumme die

Vierzahl der Evangelien ergibt. Die Bücher I (28 Kap.), III (26 Kap.) und IV (37 Kap.) umfassen insgesamt 91 Kapitel. Diese Zahl lässt sich in 7 mal 13 zerlegen. Die Bücher II (24 Kap.) und V (25 Kap.) umfassen insgesamt 49 Kapitel. Die Quersumme dieser Zahl ist 13; aber auch die separaten Kapitelzahlen verweisen, wenn man ihre Quersummen bildet (6 + 7), auf die 13. Und so geht es weiter. Die theologische Mathematik, die Otfrid seinem Werk zugrunde legt, dürfte er in Fulda von Hraban gelernt haben, dem Verfasser lateinischer Figurengedichte, die ihrerseits über eine komplexe Zahlensymbolik verfügen (Becht-Jördens und Haubrichs 2013, S. 180–183).

Erzählung und Deutung

Ein weiterer Unterschied zwischen *Heliand* und *Evangelienbuch* besteht darin, dass Otfrid die Erzählung von den Worten und Taten Jesu mit exegetischen und hymnischen Partien durchsetzt. Die Vorrede zum *Heliand* betont, dass der Verfasser nur ausnahmsweise den geistlichen Sinn der Schriftworte beleuchtet. Otfrid hingegen belässt es nicht beim wörtlichen Sinn, sondern unterbricht die Erzählung immer wieder, um den geistlichen Sinn der geschilderten Ereignisse aufzudecken, den er in den lateinischen Überschriften auch als moralischen *(moraliter)* oder mystischen *(mystice)* Sinn bezeichnet. Es sind zwanzig auslegende Kapitel, die Otfrid in seine Erzählung einschiebt, also ein Siebtel des Gesamtwerks. Die fünf Bücher enthalten der Reihe nach zwei, drei, sieben, vier und nochmals vier exegetische Kapitel. Wieder ist dramaturgisches und numerologisches Kalkül erkennbar, denn die Zahlen bezeichnen eine ansteigende Kurve, die in der Mitte des Werks den Gipfel erreicht und dann auf ein hohes Plateau abfällt. Und es sind heilige Zahlen, die sich auf die Doppelnatur Christi, die Dreifaltigkeit Gottes, die Vierzahl der Evangelisten und die Siebenzahl der Sakramente beziehen lassen. Otfrid unterbricht den Erzählfluss auch mit hymnischen Partien, die entweder in die Kapitel eingeflochten werden (wie in der bereits besprochenen Krippenszene) oder eigene Kapitel bilden (I,7: Magnifikat, I,10: Lobgesang des Zacharias, II,1: Schöpfungslied).

Die Mischung aus narrativen, exegetischen und hymnischen Partien verweist auf die Messfeier, die ihrerseits aus biblischer Erzählung (Lesung), deutender Auslegung (Predigt) und preisendem Gesang (liturgischen Liedern) besteht. Otfrid präsentiert sein *Evangelienbuch* somit als eine Lesung des Evangeliums, die von Hymnen und Predigten unterbrochen wird. Die liturgieartige Komposition, die die fünf Bücher verklammert, zeigt an, dass Otfrids Werk (wie schon der *Heliand*) für die klösterliche Lesung gedacht und teilweise sangbar war. Einige Handschriften enthalten Neumen und bezeugen so die Melodie, mit der die Zeilen des *Evangelienbuchs* rezitiert werden konnten. Es handelt sich um den Lektionston (die Melodie für den gesanglichen Vortrag der Lesung im Gottesdienst) der Mainzer Kirchenprovinz. Mainz war die größte Kirchenprovinz des ostfränkischen Reichs, und dem ihr vorstehenden Erzbischof (einem Nachfolger Hrabans in diesem Amt) war das *Evangelienbuch* gewidmet (Haubrichs 1995a, S. 301).

Vier Widmungen

Otfrid stellte seinem Werk drei Widmungsschreiben voran, mit denen er sein Werk hochrangigen Persönlichkeiten des ostfränkischen Reichs ans Herz legte: König Ludwig dem Deutschen, Erzbischof Liutbert von Mainz (einem Nachfolger Hrabans, als dessen Schüler sich Otfrid empfiehlt) und Bischof Salomo von Konstanz. Am Ende des *Evangelienbuchs* folgt noch eine vierte Widmung an zwei Mitbrüder aus Weißenburg und St. Gallen. Diese Zuschriften geben Auskunft über das politische, poetologische und linguistische Selbstverständnis des Dichters.

Das Recht der Franken

Die Widmung an Ludwig den Deutschen, die sich an der Gattung des Fürstenlobs orientiert, soll erst im folgenden Kapitel besprochen werden (s. Abschn. 6.1.1). Nur so viel sei an dieser Stelle gesagt, dass Otfrid in dieser Widmung Deutsch als Sprache des Volkes und Latein als Sprache des Klerus mischt. Otfrid selbst verfügt über beide Idiome, denn seine Muttersprache ist Fränkisch, aber als Gelehrter bedient er sich des Lateinischen. Diese Bilinguität setzt er in der Weise ein, dass die Zeilen zwar auf Deutsch verfasst, aber in eine lateinische Klammer eingespannt sind, die man als ,Akroteleuton' bezeichnet. Die Buchstaben, mit denen die Strophen beginnen (Akrostichon) und enden (Telestichon), ergeben einen lateinischen Segenswunsch: „Ewiges Heil werde Ludwig zuteil, dem König des Ostreiches" *(LUTHOUUICO ORIENTALIUM REGNORUM REGI SIT SALUS AETERNA)*. Dieser Spruch ist zwar sichtbar (für die Gelehrten, die das Werk selbst lesen), aber nicht hörbar (für die Ungelehrten, die sich das Werk vorlesen lassen). Die Unterscheidung von Deutsch und Latein ist auch politisch relevant, denn Ludwig wird als Herrscher eines deutschsprachigen Reichs gefeiert. Otfrid bildet eine Analogie zwischen Reich und Sprache. Das implizite Argument (das Otfrid in seiner Widmung an den Erzbischof von Mainz weiter ausführt) lautet, dass die Franken Anrecht auf ein Evangelium in fränkischer Sprache haben. Otfrid will König und Volk ein Evangelium in eigener Form und eigener Sprache schenken.

Latein und Volkssprache

Während die Zueignung an den König auf Deutsch verfasst ist, wählt Otfrid für die Widmung an den Mainzer Erzbischof Liutbert lateinische Prosa – die Sprache der Gelehrten. Zwar beginnt die Zuschrift mit einer ehrenden Anrede, doch geht es im Folgenden nicht um Fürstenpreis, sondern um die sachliche Mitteilung der Gründe, warum Otfrid für sein *Evangelienbuch* die fränkische Volkssprache wählte und welche Schwierigkeiten diese Wahl mit sich brachte. Auf dieser Basis soll Liutbert das Werk begutachten und gutheißen.

Das erste Argument für die Wahl der Volkssprache besteht darin, dass Otfrid den weltlichen Liedern, die im Volk gesungen werden, eine geistliche Alternative entgegensetzen will. Bislang gab es geistliche Dichtung nur in lateinischer Sprache, nun soll auch die Volkssprache für diesen Zweck geöffnet werden. Otfrid betont, dass dies nicht sein eigener Einfall gewesen sei, sondern dass er von Mitbrüdern und besagter Judith dazu aufgefordert worden sei:

> Als einst der Vortrag von nichtsnutzigem Zeug die Ohren vortrefflicher Männer beleidigte und das anstößige Gesinge der Laien sie in ihrer frommen Gesinnung beunruhigte, bin ich von einigen Mitbrüdern, die verdienen, daß man ihrer gedenkt, vor allem aber von einer verehrungswürdigen edlen Frau namens Judith mit allem Nachdruck gebeten worden, ihnen eine volkssprachliche Evangelienharmonie zu schreiben auf daß der Vortrag dieses heiligen Textes ein wenig die Unterhaltung durch weltliche Lieder zurückdränge und die Menschen, gefesselt von der Süße der Evangelien in der Muttersprache, lernten, sich von Gesängen nichtsnutzigen Inhalts abzuwenden. (Otfrid 1987, S. 16–17)

Auf der einen Seite stehen die Lieder nichtsnutzigen Inhalts *(rerum sonus inutilium, sonum inutilium rerum),* die anstößigen Gesänge der Laien *(laicorum cantus obscenus)* und die Unterhaltung durch weltliche Stimmen *(ludum saecularium vocum),* auf der anderen Seite die deutschsprachige Auswahl aus den Evangelien *(partem evangeliorum theotisce),* die Rezitation der Heiligen Schrift *(cantus lectionis)* und die Süße der Evangelien in der eigenen Sprache *(in evangeliorum propria lingua dulcedine).* Die weltlichen Lieder beschmutzen die Sinne des Volks, die geistlichen Lieder sollen sie reinigen.

Das zweite Argument zielt auf die Lehren von der Weitergabe der Herrschaft *(translatio imperii)* von den Römern an die Franken. Die Römer hätten immer schon Dichtungen in eigener Sprache hervorgebracht, darunter die Werke klassischer Schriftsteller wie Vergil, Ovid und Lukan. Zudem habe es christliche Dichter wie Juvencus, Arator und Prudentius gegeben, die Bibeldichtungen in lateinischer Sprache verfasst hätten. Daher sei es nicht hinnehmbar, dass die Franken als rechtmäßige Erben des Römischen Reichs es den lateinischen Dichtern nicht gleichtäten und ebenfalls Bibeldichtungen in ihrer Muttersprache verfassten:

> Mit dieser Bitte verbanden sie auch die Klage darüber, daß die Dichter der Heiden, etwa ein Vergil, Ovid, Lukan und sehr viele andere die Taten der Ihren in ihrer Muttersprache poetisch gestaltet hätten; von deren Werken ist – wie bekannt – heute die ganze Welt überschwemmt. Sie lobten auch die Leistungen ganz ausgezeichneter Männer unseres Glaubens, eines Juvencus, Arator, Prudentius und vieler anderer, die in ihrer Sprache die Worte und Wunder Christi in angemessener Weise dichterisch gestaltet hätten. Wir aber, obwohl vom gleichen Glauben und der gleichen Gnade erfüllt, seien zu träge, so sagten sie, den herrlichen Glanz der göttlichen Worte in unserer eigenen Sprache erstrahlen zu lassen. So habe ich mich denn […] ans Werk gemacht […]. Ich habe also, unterstützt durch den Beistand ihrer Gebete, ausgewählte Abschnitte aus den Evangelien in fränkische Verse gebracht und bisweilen geistliche und moralische Auslegungen eingefügt. Auf diese Weise sollten alle, die bezüglich der Evangelien vor der Schwierigkeit einer fremden Sprache zurückschrecken, hier in der eigenen Sprache die hochheiligen Worte verstehen lernen und, das Gesetz Gottes im Medium der eigenen Sprache begreifend, davor zurückschaudern, sich in ihrem Eigenwillen davon auch nur ein wenig zu entfernen. (Otfrid 1987, S. 16–19)

Wenn die Römer eine eigene Bibel zur Verfügung hatten, dann soll das auch für die Franken gelten. Die Heilige Schrift soll nicht auf die Sprachen derer beschränkt bleiben, die sie ursprünglich aufschrieben (Hebräisch, Griechisch), sondern sich öffnen für die Sprachen derer, die das christliche Reich repräsentieren (Lateinisch, Fränkisch).

Die Zähmung der widerspenstigen Sprache

Nachdem Otfrid sich für die Wahl des Fränkischen als Bibelsprache gerechtfertigt hat, kommt er auf die Schwierigkeiten zu sprechen, die sich mit diesem Projekt verbinden. Er beklagt die Unkultiviertheit der fränkischen Sprache, der, im Unterschied zum Lateinischen, nicht nur eine Grammatik, sondern auch ein Alphabet fehle. Bevor das Fränkische als Bibelsprache herangezogen werden könne, müsse es daher allererst diszipliniert werden:

> Wie nun allerdings diese unkultivierte Sprache insgesamt bäurisch ist und ungebildet, nicht gewöhnt, sich dem lenkenden Zügel der Grammatik zu fügen, so ist auch bei vielen Wörtern die Schreibung schwierig, sei es wegen der Häufung von Buchstaben, sei es wegen ihrer ungewöhnlichen Lautung. Denn bisweilen fordert sie, wie mir scheint, drei u – die ersten zwei meines Erachtens konsonantisch lautend, während das dritte u den Vokalklang beibehält –, bisweilen konnte ich weder den Vokal a noch ein e, noch ein i und auch nicht ein u vorsehen: in solchen Fällen schien es mir richtig, y einzusetzen. Aber auch gegen diesen Buchstaben sträubt sich diese Sprache manchmal: sie geht überhaupt bei gewissen Lauten nur mühsam eine Verbindung mit einem bestimmten Schriftzeichen ein. Diese Sprache verwendet, abweichend vom Lateinischen, häufig k und z, Buchstaben, von denen die Grammatiker sagen, sie seien überflüssig. Zum Ausdruck des bisweilen vorkommenden dentalen Zischlautes wird, wie ich meine, in dieser Sprache das z verwendet, das k aber zum Ausdruck des Rachenlauts. (Otfrid 1987, S. 20–21)

Die Sprache gleicht ihren Sprechern. Sie ist barbarisch *(barbaries)*, unkultiviert *(inculta)* und unerzogen *(indisciplinabilis)* wie störrisches Vieh, das noch nicht gelernt hat, sich lenkenden Zügeln zu fügen *(capi regulari freno)*. Folglich ist es Aufgabe der Gelehrten, diesen Missstand durch Sprachpflege zu beheben. Dabei müssen sie manche Absonderlichkeit hinnehmen, zum Beispiel die Notwendigkeit, bestimmte volkssprachliche Laute mit dreifachem u wiederzugeben, da sie sich mit lateinischen Buchstaben anders nicht darstellen lassen. Gemeint ist ein Wort wie zum Beispiel „Wunder". Das w war nicht Teil des lateinischen Alphabets, daher musste der entsprechende Laut mit doppeltem u wiedergegeben werden. Folglich benötigte man ein dreifaches u, um das althochdeutsche Wort für das Wunder zu schreiben: *uuuntar.*

Auch auf die ästhetischen Besonderheiten der Volkssprache geht Otfrid ausführlich ein. Kenntnisreich thematisiert er die Technik der Synalöphe, das heißt der Verschmelzung zweier Vokale, die am Ende und Anfang zweier Wörter aufeinandertreffen, aber auch die von ihm selbst in die volkssprachliche Dichtung eingeführte Technik des Endreims, den er mit dem griechischen Fachterminus als Homoioteleuton bezeichnet:

> Unsere Sprache gestattet auch die häufige – wenngleich nicht durchgängige – Anwendung einer Form des Metaplasmus, die die gelehrten Grammatiker Synalöphe nennen – und wenn dies die Leser nicht beachten, klingt der Rhythmus der Worte entstellt. Dabei bleiben die Buchstaben bisweilen im Schriftbild erhalten, bisweilen aber werden sie weggelassen nach Art des Hebräischen, wo man, wie es heißt, ganze Buchstaben beim Schreiben – gerade wie bei der Synalöphe – auszulassen und zu überspringen pflegt. Das bedeutet aber nicht, daß der Text dieses Werkes durch kunstvolle metrische Regeln gebunden wäre, vielmehr verlangt er durchgehend nach der Figur des Homoioteleutons.

Es fordern nämlich in dieser Dichtung die Wörter einen Endklang, der mit dem vorausgehenden (Endklang) korrespondiert und ihm ähnlich ist, und sie läßt das ganze Werk
hindurch nicht nur zwischen zwei Vokalen, sondern auch zwischen anderen Buchstaben
sehr häufig synalöphische Verschmelzung zu. Geschieht dies nicht, führt die wiederholte Buchstabenhäufung zu einem unangemessenen Klang der Sätze. Bei genauem Hin-
sehen können wir feststellen, daß wir auch in der Umgangssprache nicht selten ebenso
verfahren. Die poetische Gestaltung der Sprache dieser Dichtung stellt demnach ihre
Forderungen an den Leser: Er muß auf leichte und gleitende synalöphische Verschleifung
achten; andererseits fordert sie vom Verfasser die Einhaltung des Homoioteleutons, das
heißt der gleichklingenden Wortausgänge. (Otfrid 1987, S. 20–23)

Ein weiterer Punkt ist der Satzbau, da der Volksprache eine dem Lateinischen
vergleichbare Syntax fehlt. Otfrid erläutert, dass er nicht immer eine Sinnein-
heit einer Verseinheit zuordnen kann. Auch stellt er fest, dass die Negation im
Fränkischen weniger klar geregelt sei als im Lateinischen und selbst Numerus und
Genus nicht immer vorlagengetreu wiedergegeben werden könnten. Daher seien
zuweilen Fehler in Formenbildung (Barbarismus) und Satzbau (Sölizismen) unvermeidlich:

Der Sinnzusammenhang muß in dieser Dichtung manchmal über zwei oder drei oder
gar vier Verse hinausgreifen, damit den Lesern recht deutlich werde, was der Text sagen
will. Auch eine doppelte Negation, die im Lateinischen die Aussage bekräftigt, bedeutet
in unserem Sprachgebrauch praktisch immer eine Verneinung, und wenn ich dies bis-
weilen auch hätte vermeiden können, habe ich doch mit Rücksicht auf die Umgangssprache mich bemüht, dem gewöhnlichen Sprachgebrauch entsprechend zu schreiben. Die
Eigenart dieser Sprache erlaubte mir auch nicht, in jedem Fall Numerus und Genus beizu-
behalten. Manchmal habe ich nämlich ein lateinisches Maskulinum in dieser Sprache als
Femininum wiedergegeben, und auch die übrigen Geschlechter habe ich notgedrungen in
ähnlicher Weise geändert; den Plural habe ich gegen den Singular und den Singular gegen
den Plural ausgetauscht, und so konnte es nicht ausbleiben, daß ich mich ziemlich häufig
eines Barbarismus und Solözismus schuldig machte. (Otfrid 1987, S. 22–25)

Otfrid verzichtet auf Beispiele, denn er möchte kein Gelächter auslösen (eine
Anspielung auf den Anfang von Horaz' Poetik). Offenbar fühlt er sich peinlich
berührt, wenn er die sprachliche Standesklausel verletzen müsste. Gelehrte Kleriker
sprechen in gepflegtem Latein miteinander, nicht in der bäurischen Volkssprache:

Deutsche Beispiele all dieser erwähnten Verstöße könnte ich aus meinem Buch
hier aufführen; doch möchte ich den Spott der Leser vermeiden. Wenn nämlich die
ungeschliffenen Worte einer bäurischen Sprache in die feine Glätte des Lateinischen
eingestreut werden, ruft das bei den Lesern spöttisches Gelächter hervor. Diese unsere
Sprache gilt in der Tat als bäurisch, weil sie von denen, die sie sprechen, zu keiner Zeit
durch schriftliche Fixierung oder durch irgendeine Art grammatisch-rhetorische Studien
kultiviert wurde. (Otfrid 1987, S. 24–25)

Die Franken verfügen noch nicht über eine volkssprachliche Schriftkultur. Sie
bedienen sich zu diesem Zweck einer fremden, nämlich der lateinischen Sprache.
Das unterscheidet sie von den Griechen und den Römern, die eine eigene Schrift-
sprache ausgeprägt hatten. Wieder klingt das Argument der *translatio imperii* an:

> Unsere Landsleute nämlich überliefern nicht, wie viele andere Völker, die Geschichte der eigenen Vorfahren der Nachwelt, und sie verherrlichen auch nicht deren Taten und Leben in liebevoller Bewunderung ihres verdienten Ruhms. Wo dies, selten genug, doch einmal geschieht, wählen sie für die Darstellung lieber die Sprache fremder Völker, das heißt der Römer oder Griechen. Sie hüten sich vor Fehlern in den fremden Sprachen, in der eigenen scheuen sie sie nicht. Bei fremden Sprachen schrecken sie davor zurück, sich auch nur mit einem einzigen Buchstäblein gegen die Grammatik zu verfehlen – und die eigene Sprache bringt beinahe mit jedem Wort einen Fehler hervor. Es ist erstaunlich, daß so bedeutende Männer, eifrige Anhänger der Wissenschaft, Männer von außerordentlichem Abwägungsvermögen und voller geistiger Beweglichkeit, groß durch Weisheit und hervorragend durch Frömmigkeit alle diese Fähigkeiten zum Ruhm einer fremden Sprache einsetzen und im Schreiben der eigenen keine Übung haben. (Otfrid 1987, S. 24–25)

Es geht um die Ehre der fränkischen Schriftsteller. Wie kann es sein, dass sie die lateinische Sprache kultivieren, die eigene Sprache aber vernachlässigen? Muss nicht auch das Fränkische gepflegt werden, bis es das Niveau des Griechischen und Lateinischen erreicht?

Eine religiöse Begründung kommt hinzu. Es sei die Pflicht der Christen, den Schöpfergott zu preisen, daher sollten sie es auch in ihrer Muttersprache tun:

> Und dennoch ziemt es sich, daß das Menschengeschlecht auf welche Art auch immer, sei es in einer fehlerhaften, sei es in einer höchst kultivierten Sprache, den Schöpfer aller Dinge lobt. Er nämlich hat ihnen das Instrument der Sprache gegeben, damit sie in ihr sein Lob erklingen lassen. Er erwartet von uns ja nicht die Schmeichelei glatter Worte, sondern die fromme Ausrichtung unseres Denkens und viele in frommem Eifer geschaffene Werke, nicht leeren Lippendienst. (Otfrid 1987, S. 24–27)

Mit diesem Argument ist die Volkssprache als solche gerechtfertigt. Sie muss nicht – obwohl das wünschenswert und in Otfrids *Evangelienbuch* der Fall ist – rhetorisch aufbereitet sein, denn nicht auf die Form, sondern den Inhalt kommt es an. Auch der fränkische Laie kann Gott mit seiner ungeschliffenen Sprache angemessen preisen, wenn der Lobpreis nicht nur von den Lippen, sondern auch aus dem Herzen kommt. Hier scheint eine gewisse ständische Ambivalenz auf zwischen Klerikern und Bauern, Gelehrten und Ungelehrten, denen, die auf dem Pergament Linien ziehen und darauf schreiben, und denen, die auf dem Feld Furchen ziehen und darin die Saat ausbringen. Der Stand des Ackerbauers und Viehzüchters kann als bukolisch (idyllisch im Sinne der antiken Hirtendichtung) und barbarisch zugleich verstanden werden, und wieder lässt sich eine markante Differenz zwischen dem *Heliand* und Otfrids *Evangelienbuch* aufzeigen. Otfrid hält die Sprache der Bauern für barbarisch, weil sie unkultiviert sei wie ein brachliegender Acker und undiszipliniert wie störrisches Rindvieh, das sich gegen lenkende Zügel wehrt. Das lateinische Gedicht hingegen, das dem *Heliand* beigegeben ist, beschreibt das Leben der Bauern als bukolisch, da es angeblich mit Bescheidenheit und reinem Herzen einhergeht. Gott erwählt als Dichter des sächsischen Evangelienbuchs nicht den Gelehrten, sondern den Bauern, der im Einklang mit der Schöpfung den Acker bestellt und das Vieh hütet. Auch Otfrid muss schließlich einräumen, dass „frommer Eifer" in Gedanken, Worten und

Werken mehr zähle als die schmeichelnden Lippendienste des Rhetorikers. Die Sprache des Menschen sei ein Instrument *(plectrum),* auf dem Gott zu spielen vermöge. Entscheidend sei nicht die Bildung des Geistes, sondern des Herzens.

Ein hierarchisches Netzwerk
Es folgen noch die Widmungen an den Konstanzer Bischof Salomo und die St. Galler Mitbrüder Hartmut und Werinbert. Die Zuschriften fügen sich in eine Hierarchie ein, die sich nach dem Stand der Adressaten richtet. Der König steht an erster Stelle, und er wird mit einem lateinischen Akrostichon und Telestichon ausgezeichnet, die einen Heilswunsch enthalten. Der Mainzer Erzbischof steht an zweiter Stelle, aber ihm gilt die einzige Widmung, die in geschliffenem Latein verfasst ist. Der Konstanzer Bischof und die St. Galler Mönche stehen an dritter und vierter Stelle. Ihre Widmungen sind wieder in fränkischen Zeilen verfasst und mit einem lateinischen Akroteleuton ausgestattet. Dieses enthält keinen Heilswunsch, sondern nur Absender und Empfänger des Schreibens: „Otfrid an den Bischof Salomo" (*SALOMONI EPISCOPO OTFRIDUS*) und „Otfrid an den Weißenburger Mönch Hartmut und Werinbert, Mönch im Kloster St. Gallen" (*OTFRIDUS UUIZANBURGENSIS MONACHUS HARTMUATE ET UUERINBERTO SANCTI GALLI MONASTERII MONACHIS*). Otfrid nutzt die Gelegenheit, um seinem Werk den eigenen Namen einzuschreiben. Im ersten Fall setzt er sich an die letzte, im zweiten Fall an die erste Stelle, ein weiteres Indiz für die implizite Hierarchie. Auch auf inhaltlicher Ebene zeichnet sich die Rangfolge der Widmungen ab: dem König gilt eine Lobpreisung Rede, dem Mainzer Erzbischof eine intellektuelle Abhandlung, dem Konstanzer Bischof (der das Werk in Schwaben verbreiten soll) der Dank des Schülers an den ehemaligen Lehrer, den Mönchen aus Weißenburg und St. Gallen eine Belehrung über Kains Brudermord an Abel. Zugleich verbindet Otfrid die abschließende Widmung an die Mitbrüder mit einer Art poetologischem Haftungsausschluss (Z. 1–6):

> **O**ba íh thero búacho gúati   hiar iawiht missikérti,
> gikrúmpti thero rédino   thero quít ther evangélio:
> **T**huruh Krístes kruzi   bimíde ih hiar thaz wízi,
> thuruh sína gibúrt;   es íst mir, drúhtin, thanne thúrf**t**.
> 5   **F**irdílo hiar thio dáti   joh, drúhtin, mih giléiti,
> thaz ih ni mángolo thes dróf,   in hímilriches frítho**f**.

> Wenn ich vielleicht die heil'ge Schrift
> Hier nicht ganz richtig ausgelegt,
> Wenn ich etwa den Sinn verdreht,
> Der in den heil'gen Worten liegt:
> So möge ich durch Christi Kreuz,
> Ich mög' durch seine Heilsgeburt
> Entgehen hier der Züchtigung;
> Ich hab' es nötig dann, o Gott!
> 5   Vertilge meine Fehler hier,
> Und leite mich zugleich, o Herr,
> Zum Vorhof hin des Himmelsreichs,
> Dass mir das mangelt nimmermehr.

Otfrid steigt im Laufe der vier Widmungen eine Leiter herab vom Stolz des
königlichen Dichters zur Demut des brüderlichen Mönchs, der seine ethischen
und poetischen Sünden gesteht – und zwar genau in jenen Strophen, die das
Akrostichon seines Namens tragen. Noch in der Abbitte beweist er seine Raffinesse.

Das Dichtergebet

Wenn die vier Widmungen, die Otfrid seinem Werk beifügt, der *Praefatio* entsprechen, die dem *Heliand* vorangestellt ist, dann ist das Dichtergebet, das Otfrid
seinem *Evangelienbuch* vorausschickt, eine Antwort auf die Dichterlegende *(Versus de poeta)*. In beiden Fällen geht es um die göttliche Inspiration des Dichters,
entsprechend lautet die Überschrift von Otfrids Dichtergebet: „Anrufung des
Schreibers an Gott" *(Invocatio scriptoris ad deum)*. Im Falle des *Heliand* wird die
göttliche Eingebung als Legende erzählt, im Falle des *Evangelienbuchs* wird sie
vom Dichter selbst ausdrücklich erbeten (Buch I, Kap. 2, Z. 1–6):

> Wola drúhtin mín,   já bin ih scálc thin,
>   thiu arma múater min   eigan thíu ist si thin!
> Fíngar thínan   dua anan múnd minan,
>   theni ouh hánt thina   in thia zúngun mina,
> 5   Thaz ih lób thinaz   si lútentaz,
>   giburt súnes thines,   drúhtines mines.

> Wohlan denn nun, o du mein Herr!
> Ich bin, fürwahr, dein Diener ja,
>   Und sie, die arme Mutter mein,
>   Sie ist ja deine eigene Magd!
> So lege deinen Finger nun
> An meinen, deines Dieners, Mund,
>   Und strecke aus auch deine Hand
>   Auf meine Zunge, großer Gott,
> 5   Auf dass ich überall dein Lob
> Ertönen lasse, und verkünd',
>   Wie einst geboren ward dein Sohn,
>   Der aller Welt und mir gebeut*.   *gebietet

So persönlich die Bitte klingen mag, ist sie doch aus zwei Bibelzitaten kompiliert
(Ps 115,16; 50,17). Wenn Otfrid sich selbst als Diener und seine Mutter als
Dienerin Gottes ausweist, so ist darin eine Anspielung auf die Gottesmutter zu
erkennen, die sich in der Verkündigungsszene als Magd des Herrn bezeichnet,
bevor sie das Wort Gottes empfängt. So will auch der Dichter als Knecht des
Herrn mit dem göttlichen Wort begabt werden. Zugleich bittet er darum, dass Gott
ihn vor der Gefahr schützen möge, dass die Schönheit der Form auf Kosten der
Wahrheit des Inhalts geht (Z. 15–18):

> 15   Thaz ich, drúhtin, thanne   in theru ságu ni firspírne,
>   nóh in themo wáhen   thiu wórt ni missifáhen;
> Thaz ich ni scríbu thuruh rúam,   súntar bi thin lób duan,
>   thaz mír iz iowanne   zi wíze nirgange.

15   Verleihe mir nur auch, o Herr,
      Dass ich nicht fälsche den Bericht,
            Und bei den Dingen, die so fein,
            Fehlgreifen meine Worte nicht.
      Dass ich nicht schreib' aus Ruhmbegier,
      Vielmehr um dich zu preisen nur,
            Ich könnte ja dereinstens sonst
            Der Strafe nicht entgeh'n dafür.

Otfrid zeigt also erneut eine ambivalente Haltung, die dem Dichter des *Heliand* völlig fremd ist. Die Kunst der Rhetorik kann einerseits dem Lob Gottes dienen, andererseits Zeichen der Eitelkeit des Dichters sein. Dieser Widerspruch betrifft jede Dichtung, die die schlichte Prosa der Evangelien in schöne Verse überführt, seien es lateinische Hexameter oder fränkische Langzeilen. Dessen ist sich Otfrid bewusst.

Der Prolog

Dem Prolog, den der *Heliand*-Dichter seinem Werk voranstellt, entsprechen auf Otfrids Seite Prolog und Epilog, die das *Evangelienbuch* umrahmen. Im Prolog wiederholt er die bereits im lateinischen Widmungsschreiben an den Mainzer Erzbischof vorgetragenen Gründe, die für ein in fränkischer Sprache verfasstes Evangelium sprechen. So heißt es in der lateinischen Kapitelüberschrift: „Warum der Autor dies Werk in der Volkssprache abfasste" *(Cur scriptor hunc librum theotisce dictaverit)* (Schlosser 1973). Die Antwort ist erneut das zentrale Argument, dass den Franken nicht verwehrt sein dürfe, was für die Römer selbstverständlich gewesen sei: ein Evangelium in eigener Sprache.

Zunächst preist Otfrid die literarischen Leistungen, die die Griechen und Römer erzielt hätten, sowohl im „Ebenmaß der Prosa" (19: *prosin slihte*) als auch in der „Feinheit des Metrums" (20: *metres kleini*). In ihrer Literatur hätten sie den Stil gepflegt und den Geist geschärft; ihre Texte seien fehlerfrei, und auch der Heiligen Schrift hätten sie eine schöne Form gegeben. Wenn dies aber den Griechen und den Römern möglich und erlaubt gewesen sei, warum dann nicht auch ihren Erben, den Franken (Buch I, Kap. 1, Z. 33–40):

      Wánana sculun Fránkon   éinon thaz biwánkon,
            ni sie in frénkisgon bigínnen,   sie gotes lób singen?
35   Níst si so gisúngan,   mit régulu bithuúngan:
            si hábet thoh thia ríhti   in scóneru slíhti.
      Íli thu zi nóte,   theiz scóno thoh gilute,
            joh gótes wizod thánne   thárána scono hélle;
      Tház tharana sínge,   iz scóno man ginenne;
40   in themo firstántnisse   wir giháltan sin giwísse.

      Warum denn soll das Frankenvolk
      Es unterlassen ganz allein;
            In fränk'scher Sprach' versuchen nicht,
            Zu singen unseres Gottes Lob?

35   Obwohl nicht so zum Sang gebraucht,
        Durch Regeln ausgebildet nicht,
            So mangelt ihr doch nimmermehr
            Geradheit, schöne Einfachheit.
        Bestrebe du dich selbst nur recht,
        Damit sie dennoch laute schön,
            Dass herrlich auch aus ihr sodann
            Erklinge, was uns Gott gebot;
        Befleiß' dich, dass man schön es nennt,
        Was man in dieser Sprache singt.
40   Wenn wir nur dieses recht versteh'n,
            Sind wir geborgen ganz gewiss.

Auch wenn der fränkischen Sprache noch die metrische Disziplin des
Griechischen und Lateinischen fehle, könne sie doch als Medium des Gottes-
worts dienen, wenn sie nur mit reinem Herzen gesprochen werde. Zum politischen
Grund *(translatio imperii)* tritt also ein ethischer hinzu (Müller 2009). Otfrid
bietet eine eindrucksvolle poetologische Metapher auf, um ihn zu illustrieren.
Der Dichter, der auf rechtem Fuß durchs Leben gehe, werde für seine Dichtung
den rechten Versfuß finden; und wer sein Herz gottesfürchtig ordne, werde auch
geordnete Verse schreiben (Z. 41–48):

        Thaz láz thir wesan súazi: so mézent iz thie fúazi,
            zít joh thiu régula;   so ist gótes selbes brédiga.
        Wil thú thes wola dráhton,   thu métar wolles áhton,
            in thína zungun wirken dúam   joh sconu vérs wolles dúan:
45   Il io gótes willen   állo ziti irfúllen,
            so scribent gótes thegana   in frénkisgon thie regula;
        In gótes gibotes súazi   laz gángan thine fúazi,
            ni laz thir zít thes ingán: theist sconi férs sar gidán.

        Das sei dir immer angenehm,
        Wenn so es dir die Regel misst,
            Die Füße und die Quantität,
            Wie es des Höchsten Lehre ist.
        Und ist es dann dein heißer Wunsch,
        Dass du ein Metrum brauchen willst,
        Wofern du dich hervortun willst*   *überzähliger Vers
            In deinem eignen Dialekt
            Verfertigen ein schön Gedicht:
45   Dann strebe, dass du jeder Zeit
        Erfüllst, was Gottes Wille ist,
            [Dann] schreibet Gottes Heldenschaar
            Im Fränkischen [richtschnurgemäß].*   *Korrektur
        Auf Gottes lieblichem Gebot
        Lass wandeln immer deinen Fuss,
            Lass keine Zeit dir das entgeh'n:
            So macht zunächst man schöne Vers'.

Die poetische Veredelung der Volkssprache geht mit der moralischen Erziehung
ihrer Sprecher einher. Bibeldichtung ist eine ästhetische und ethische Ver-
anstaltung zugleich. Otfrid hat diese Herausforderung angenommen und das

Evangelium der Franken verfasst. Wer des Lateinischen nicht mächtig sei, der könne nun das Wort Gottes in der eigenen Sprache hören (Z. 113–126):

> Nu will ih scríban unser héil,   evangéliono deil,
>> so wír nu hiar bigúnnun,   in frénkisga zungun;
> 15 Thaz síe ni wesen éino   thes selben ádeilo,
>> ni man in íro gizungi   Kristes lób sungi;
> Joh er ouh íro worto   gilóbot werde hárto,
>> ther sie zímo holeta,   zi gilóubon sinen ládota.
> Ist ther in íro lante   iz álleswio nintstánte,
> 20   in ánder gizúngi   firnéman iz ni kúnni:
> Hiar hor er ío zi gúate,   waz gót imo gibíete,
>> thaz wír imo hiar gisúngun   in frénkisga zúngun.
> Nu fréwen sih es álle,   so wer so wóla wolle,
>> joh so wér si hold in múate   Fránkono thíote,
> 25 Thaz wir Kríste sungun   in únsera zungun,
>> joh wír ouh thaz gilébetun,   in frénkisgon nan lóbotun!

> Jetzt will ich schreiben unser Heil,
> Der Evangelien einen Theil,
>> Und zwar, wie ich es jetzt begann,
>> Im Dialekt des Frankenvolks,
> 15 Damit die Franken ganz allein
> Nicht ausgeschlossen sind davon,
>> Dass auch in ihrer Muttersprach'
>> Das Lob des Herrn besungen wird,
> Im Gegenteil auch deren Wort
> Im höchsten Grad lobpreise den,
>> Der sie zu sich gerufen hat
>> Und lud zu seinem Glauben ein.
> Ist jemand hier in ihrem Land,
> Dem's anders nicht verständlich ist,
> 20   Und der es nicht verstehen kann
>> In einem fremden Idiom,
> Hier hör' er freudig jeder Zeit,
> Was Gott der Herr befohlen hat,
>> Aus dem, was wir ihm sangen hier
>> In seinem fränk'schen Dialekt,
> Und dessen freu' sich jeder jetzt,
> Der immer guten Willens ist,
>> Ein jeder, der dem Frankenvolk
>> In seinem Herzen zugetan,
> 25 Dass wir besungen Jesum Christ
> In unserer eigenen Sprache nun,
>> Und dass wir das erlebten noch,
>> Dass man auf Fränkisch ihn auch pries.

Während Otfrid im Prolog die poetische Großtat eines fränkischen Evangeliums hoffnungsvoll ankündigt, leistet er im Epilog (Buch 5, Kap. 25) noch einmal Abbitte, wie er es dann auch in der Zuschrift an die Mitbrüder von Weißenburg und St. Gallen tut. Otfrid bekräftigt, dass er bei der Abfassung seines Werks den Bitten geliebter Menschen gefolgt sei und fordert diese auf, sie möchten alles, was an seinem Werk gelungen sei, der Gnade Christi, aber alles, was misslungen sei, ihm selbst, Otfrid, zurechnen. Wieder mischt sich in die Bescheidenheitsgeste ein Anflug von Stolz. Wenn das *Evangelienbuch* ein Erfolg ist, dann ist das auch eine Bestätigung dafür, dass Otfrid von der Gnade Christi erfüllt war und ist.

Vergleich mit dem *Heliand*

Ziehen wir am Schluss einen zusammenfassenden Vergleich zwischen *Heliand* und *Evangelienbuch*. Die beiden Bibeldichtungen, die wohl unter der Ägide Ludwigs des Deutschen entstanden, lassen sich als Parallelprojekte verstehen (Haubrichs 2005; Kipf 2017). Sie teilen das grundsätzliche Anliegen, die Evangelien in der Volkssprache zu vermitteln, wenden sich aber an verschiedene Gruppen, nämlich die Sachsen im ersten und die Franken im zweiten Fall. Die Voraussetzungen waren sehr unterschiedlich. Während die Franken längst christianisiert waren und sich als Volk verstanden, das die Nachfolge des Römischen Reichs angetreten hatte, lag die politische und religiöse Integration der Sachsen ins karolingische Reich nicht lange zurück. Dem Dichter des *Heliand* ging es darum, die Lebensgeschichte Jesu in einer Weise zu erzählen, die für das sächsische Publikum, das sowohl Laienbrüder wie den sächsischen Adel umfasste, kulturell anschlussfähig war, nämlich in der literarisch stilisierten Form einer Heldensage. Otfrid hingegen setzte ein Publikum voraus, das den König, die Bischöfe von Mainz und Konstanz sowie die Klöster Weißenburg und St. Gallen einbezog und dem nicht nur narrative, sondern auch exegetische und hymnische Inhalte sowie eine neue, aus dem lateinischen geistlichen Lied abgeleitete Form zugemutet werden konnte. Betrachtet man nur die narrativen Partien, so haben *Heliand* und *Evangelienbuch* ähnlichen Umfang, nämlich ungefähr sechstausend Verse. Die zusätzlichen eintausend Zeilen des *Evangelienbuchs* gehen vor allem auf das Konto der theologisch kommentierenden Kapitel. Außerdem hat sich gezeigt, dass Otfrid in vielfacher Weise auf den *Heliand* antwortet und sich von ihm absetzt.

Wie lässt sich der Unterschied zwischen beiden Dichtungen auf den Punkt bringen? Wir hatten bereits vorläufige Begriffspaare gebildet, um die Differenz zwischen den Werken zu markieren, und festgestellt, dass der Ton von Otfrids *Evangelienbuch* im Vergleich mit dem *Heliand* eher lyrisch als heroisch, eher intim als repräsentativ, eher ‚weiblich‘ als ‚männlich‘ geprägt sei. Hinzukommt, dass beide Werke ein unterschiedliches Verständnis von ‚Nationalität‘ haben (ein Begriff, den man freilich noch nicht im heutigen Sinn anwenden kann). Der *Heliand* stellt die Differenz zwischen jüdischem Volk und römischer Oberherrschaft heraus und betont die königliche Würde Jesu Christi. Diese Differenz lässt sich auf die Stellung der Sachsen im fränkischen Reich zurückbeziehen. Otfrid hingegen verfolgt den Lebensweg Jesu auf persönlichere Weise und erhebt die Legitimität eines Evangeliums in fränkischer Sprache zur ‚nationalen Frage‘. Im *Heliand* ist diese Frage in die erzählte Geschichte integriert, in Otfrids *Evangelienbuch* wird sie auf das Werk selbst bezogen. Im *Heliand* bleibt sie implizit, in Otfrids *Evangelienbuch* wird sie explizit.

Einerseits lässt sich festhalten, dass *Heliand* und *Evangelienbuch* derselben Gattung angehören, denn es handelt sich in beiden Fällen um volkssprachliche

Bibelepen in Langzeilen, die auf Evangelienharmonien basieren. Gleichwohl lässt sich der charakteristische Unterschied zwischen den Werken als Gattungs-differenz beschreiben, nämlich als Unterschied zwischen Epos und Roman, wie ihn Georg Lukács in seiner geschichtsphilosophischen *Theorie des Romans* (1916) formulierte. Eine Ahnung davon hatte bereits Georg Gottfried Gervinus, der 1835 im ersten Band seiner deutschen Literaturgeschichte schrieb, der einen Vergleich zu den „Ritterepen" (der Gattung des höfischen Romans) und dem „Volksepos" (der Gattung der Heldenepik) zieht:

> Ein ganz entsprechender Unterschied trennt nun die beiden Evangelienharmonien. Wir haben in der niedersächsischen für die geistliche Poesie des Nordens von Deutschland und für jene des Südens an Otfried die charakteristischen Repräsentanten und sie stehen sich ähnlich gegenüber, wie die Ritterepen der schwäbischen Periode dem Volksepos. (Gervinus 1835, S. 68)

Otfrids *Evangelienbuch* ist gewiss kein Roman, weist aber romanhafte Züge auf, während der *Heliand* heldenepische Züge trägt. Beide Bibelepen erzählen die-selbe Geschichte, doch in sehr verschiedener Weise. Der *Heliand* bildet eine in sich geschlossene Erzählung, Otfrid hingegen öffnet sie, indem er immer wieder kommentierende Exkurse einschiebt. Der *Heliand* übernimmt die Langzeile als traditionelle Form der mündlichen Heldensage; Otfrids *Evangelienbuch* hingegen modernisiert sie, indem er den Stabreim durch den Endreim ersetzt, die Zeilen metrisch reguliert und je zwei Langzeilen zu einer Strophe zusammenzieht. Der *Heliand* stilisiert Christus als königlichen Heros, der sein Gefolge gegen den Widerstand der Feinde ins Heil führt; Otfrid hingegen porträtiert ihn eher als individuellen Menschen, dessen Lebens- und Leidensweg er nachzeichnet. Die Passion erscheint im *Heliand* als Triumph, in Otfrids *Evangelienbuch* als Krise. Von der „transzendentalen Obdachlosigkeit", die Lukács für den modernen Roman veranschlagt, kann bei Dichtungen, die noch ganz im Zeichen des christlichen Glaubens stehen, keine Rede sein. Und doch fällt auf, dass Otfrids *Evangelienbuch* die Menschlichkeit seines Helden stärker hervorhebt als seine Göttlichkeit. Bei Otfrid liegt ein Kind in der Krippe, im *Heliand* ein König, dem ein Thron gebührt.

Auch das Selbstbild der Verfasser ist verschieden. Während sich der Dichter des *Heliand* auf die Evangelisten beruft und hinter der Gemeinschaft, für die er erzählt, verbirgt, tritt Otfrid immer wieder als Autor hervor, der sich vor sich selbst, der Gemeinschaft seiner Freunde (und Freundinnen) und den Fürsten, denen er sein Werk widmet, immer wieder rechtfertigt. Otfrid stilisiert sich als zweifelnder Dichter, der mit seinem Scheitern rechnet und Vergebung für seine Fehler erhofft, auch wenn das Gelingen seines Werks letztlich nie in Frage steht. Der *Heliand* zeichnet sich durch einen Autor und einen Protagonisten aus, die auf ein Kollektiv bezogen sind, während in Otfrids *Evangelienbuch* das Individuum im Vordergrund steht. Entsprechend betont Otfrid den Buchcharakter seines Werks. Er simuliert nicht, wie der Verfasser des *Heliand,* der immer wieder heldenepische Formeln einstreut, eine mündliche Erzählerrolle, sondern hebt die genuin schriftliterarische Qualität seines Werks hervor und setzt sich als Autor in Szene (Kipf 2017).

Der Himmel auf Erden

6

Inhaltsverzeichnis

Nach den Bibeldichtungen hielt ein neues Thema Einzug in die deutsche Literaturgeschichte. Der *Heliand*-Dichter und Otfrid von Weißenburg hatten in ihren Evangelienbüchern erzählt, wie Gott Mensch wurde (s. Kap. 5). Nun stellte sich die umgekehrte Frage: Wie weit vermag sich der Mensch Gott anzugleichen? Sie ist Gegenstand einer Reihe von Liedern, in deren Mittelpunkt Könige und Heilige stehen. Diese zeichnen sich dadurch aus, dass sie zwar als Menschen geboren werden, im Laufe ihres Lebens aber einen Rang erlangen, der sie der göttlichen Sphäre annähert und so zu Vermittlern des Heils macht. Im Unterschied zum menschgewordenen Gott sind sie nicht göttlicher Herkunft, sondern qualifizieren sich durch bestimmte Handlungen, die sie selbst vollziehen oder die an ihnen vollzogen werden, als charismatische Gottesmänner (auch in diesen Liedern geht es nur um männliche Gestalten). Die Heiligen werden entweder von Gott berufen wie der Apostel Petrus *(Petruslied)* oder sie erwerben den Stand der Heiligkeit durch ein Martyrium wie der heilige Georg *(Georgslied)*. Den Königen hingegen wird der Status der Gottesnähe durch Salbung verliehen; doch die ihnen gewidmeten Lieder behaupten, dass Gott selbst sie erwählt habe. Das gilt für den westfränkischen Herrscher Ludwig III. *(Ludwigslied)* ebenso wie für den ostfränkischen Herrscher Ludwig den Deutschen (Otfrids Widmung in seinem *Evangelienbuch*).

Die Tradition der deutschen Preislieder auf Heilige und Könige setzt mit der Widmung an Ludwig den Deutschen ein, die Otfrid seinem *Evangelienbuch*

A. Kraß, *Die Anfänge der deutschen Literatur,*
https://doi.org/10.1007/978-3-662-64153-8_6

vorangestellt hat. Das *Petruslied* dürfte in zeitlicher Nähe zu Otfrids *Evangelien-buch* entstanden sein, also zwischen 863 und 871, das *Ludwigslied* in den Jahren 881/882 und das *Georgslied* gegen Ende des neunten Jahrhunderts. Das *Ludwigs-lied,* das *Petruslied* und das *Georgslied* folgen in formaler Hinsicht dem Vorbild Otfrids von Weißenburg. Wie dessen *Evangelienbuch* sind sie in endgereimten Langzeilen verfasst und in Strophen gegliedert. Die Heiligenlieder weisen Refrains auf (wie schon die liedhaften Passagen in Otfrids *Evangelienbuch*). Das *Petruslied* stellt das erste Kirchenlied in deutscher Sprache dar.

6.1   Lobpreis der Fürsten

Die Preisgedichte auf die fränkischen Könige spiegeln die politische Theologie des frühen Mittelalters (Jussen 2014, S. 86–101; Kantorowicz 1990, S. 64–105). Das legitimierende Modell für das karolingische Reich war die Kirche *(ecclesia)*. Reich und Kirche wurden nicht als Opposition gedacht, sondern vielmehr das Reich *als* Kirche: „Fragen wir also nach dem gedanklichen Werkzeugkasten, mit dessen Instrumentarium die fränkischen Höfe Informationen verarbeiteten und daraus ihr Handeln ableiteten, dann gibt es nur einen Werkzeugkasten: den religiösen. Für jede Herausforderung, vom Einfall der Normannen bis zu einem besonders harten Winter, für jede Handlungserwartung, von einem Geschenk an den heiligen Petrus bis zum Gebet für den Schlachtsieg, für jede Repräsentation, von der bildlichen Dar-stellung des Königs bis zu seiner Thronerhebung, nutzte man den gleichen Vorrat an religiösen Erklärungen und Reaktionen" (Jussen 2014, S. 87). Entsprechend war das Königtum theokratisch konzipiert, und der Herrscher wurde in Anlehnung an den biblischen König David als Priesterkönig *(rex et sacerdos)* vorgestellt. Der König bekleidete somit ein geistliches Amt, überließ die Liturgie aber dem Klerus. Er unter-hielt in seiner Residenz einen Erzbischof oder Erzkaplan, setzte Bischöfe ein, verstand sich als Sachwalter und Beschützer der heiligen Kirche, beanspruchte theologische Autorität, berief Synoden ein und reformierte die Liturgie. Zentrale Bausteine der politischen Theologie waren „die Auserwählung durch göttliche Vorsehung und die Einsetzung durch Gott, die geistliche Verwandtschaft, de[r] Handlungsmaßstab des ewigen Richters und des Seelenheils" und so fort (Jussen 2014, S. 89).

Bereits unter Pippin, dem Vater Karls des Großen, wurde die politische Vor-stellung des Gottesgnadentums propagiert, die im Ritual der Herrschersalbung und in der Aufnahme der Formel *Dei gratia* („von Gottes Gnaden") in die Königs-titulatur ihren Ausdruck fand. Indem sich der König als von Gott selbst eingesetzt sah, beanspruchte er eine sakrale Stellung gegenüber Volk und Klerus. Otfrids Widmung an Ludwig den Deutschen sowie das *Ludwigslied* sind als poetische Inszenierungen des karolingischen Gottesgnadentums lesbar.

6.1.1   Otfrids Widmung an Ludwig den Deutschen

Der erste Fürstenpreis in deutscher Sprache ist die Widmung an Ludwig den Deutschen, die Otfrid von Weißenburg seinem *Evangelienbuch* voranstellt. Otfrid ahmt darin den gekrönten Körper des Königs nach, wenn er die deutschen Verse, die das Lob des Königs singen, mit einem lateinischen Akroteleuton schmückt, das einen feierlichen Heilswunsch für den König formuliert: „Ludwig, dem König des Ostreiches, werde ewiges Heil zuteil". Das Akroteleuton bildet gewissermaßen die Krone, die dem Gedicht aufgesetzt wird.

Im Sakrament der Königssalbung weiht ein Bischof den Herrscher; in der Gattung des Preislieds kommt dieses Amt dem Dichter zu. Er ist es, der die Weisheit, Tatkraft und Gottgefälligkeit des Königs preist; er ist es, der ihn mit umfangreichen Segenswünschen bedenkt. Otfrid bekundet, dass Gott Ludwig in allen Gefahren beigestanden und dass Ludwig mit Gottes Hilfe alle Feinde überwunden habe. Doch gilt dieses Lob eher dem Amt als dem Amtsinhaber, denn Otfrid geht nicht auf konkrete historische Ereignisse ein. Sein Fürstenlob bleibt so allgemein, dass es auf jeden fränkischen Herrscher angewendet werden könnte. Zur idealisierenden Tendenz gehört auch der Sachverhalt, dass Otfrid Ludwig mit dem biblischen König David vergleicht, denn damit zielt er nicht auf historische, sondern typologische Stilisierung. Das Ritual der Königssalbung bezieht sich ausdrücklich auf die Salbung der biblischen Herrscher Israels, unter denen David eine herausragende Stellung einnimmt. Um seine Dichterrolle zu unterstreichen, fügt Otfrid in das Preisgedicht für den König Aussagen über sich selbst ein. Zu Beginn kündigt er an, er wolle nun nach Kräften das Lob des Königs erzählen *(zellu)* und seine Taten aufschreiben *(scribe)*. Am Ende überreicht er dem König sein *Evangelienbuch*, in dem Ludwig lesen könne, was Christus den Franken aufgetragen habe. So verschränkt Otfrid das Wirken des Königs mit seinem eigenen Wirken als Dichter.

Form und Komposition

Wie Otfrids *Evangelienbuch* insgesamt, so besteht auch die Widmung an Ludwig aus endgereimten Langzeilen, die paarweise zu Strophen zusammengefasst sind. Die Widmung umfasst sechsundneunzig Zeilen beziehungsweise achtundvierzig Strophen. Gewiss liegt auch dieser Zahl eine symbolische Bedeutung zugrunde. Sie lässt sich in vier mal zwölf zerlegen: die Zahl der Evangelien multipliziert mit der Zahl der Apostel. Das Lied umfasst vier Abschnitte. Der erste liefert den Lobpreis des Königs (Z. 1–18), der zweite die Beschreibung seines Verhältnisses zu Gott (Z. 19–36), der dritte den Vergleich mit dem biblischen König David (Z. 37–74) und der vierte die Heilswünsche für den König (Z. 75–96). Die Gliederung ist in der Überschrift vorgegeben: „Ludwig" verweist auf die preisende Apostrophe des Herrschers (Kap. 1), „dem König des Ostreiches" auf seine Doppelrolle im Verhältnis zu Gott (Kap. 2) und David (Kap. 3) und „werde ewiges Heil zuteil" auf den abschließenden Segenswunsch (Kap. 4).

Titel	Teile
„Ludwig,	1. Lobpreis des Königs (Z. 1–18)
dem König des Ostreiches,	2. Verhältnis des Königs zu Gott (Z. 19–36)
	3. Vergleich mit König David (Z. 37–74)
werde ewiges Heil zuteil!"	4. Segenswunsch für den König (Z. 75–96)

Der ideale Herrscher

Alle vier Abschnitte lassen sich unter dem doppelten Gesichtspunkt der Politik (König) und Poetik (Dichter) betrachten. Der erste Abschnitt stellt Ludwig den Deutschen als idealen Herrscher vor (Z. 1–18; zitiert nach Erdmann 1973; Nachdichtung Kelle 1856):

Lúdowig ther snéllo,   thes wísduames fóllo,
            er óstarrichi ríhtit ál,   so Fránkono kúning scal;
Ubar Fránkono lant   so gengit éllu sin giwalt,
            thaz ríhtit, so ih thir zéllu,   thiu sin giwált ellu.
5   Thémo si íamer héili   joh sálida giméini,
            druhtin hóhe mo thaz gúat   joh frewe mo émmizen thaz múat;
Hóhe mo gimúato   io allo zíti guato,
            er állo stunta fréwe sih!   thes thígge io mánnogilih!
Óba ih thaz irwéllu   theih sinaz lób zellu,
10   zi thíu due stúnta mino,   theih scribe dáti sino:
Úbar mino máhti   so íst al thaz gidráhti;
            hóh sint, so ih thir zéllu,   thiu sinu thíng ellu,
Uuanta er ist édil Franko,   wísero githánko,
            wísera rédinu;   thaz dúit er al mit ébinu.
15   In sínes selbes brústi   ist hérza filu fésti,
            mánagfalto gúati;   bi thiu ist sínen er gimúati.
Cléinero githánko   so íst ther selbo Fránko,
            so íst ther selbo édilinc;   ther héizit avur Lúdowic.

Dem tapfern Helden Ludewig,
Der aller Weisheit ist erfüllt,
            Ihm, der das Ostreich so beherrscht,
            Wie einem Frankenkönig ziemt,
Ihm, dessen Oberherrlichkeit
Sich über's Frankenland erstreckt,
            Der dies, so wie ich dir erwähnt,
            Regiert mit seiner Fürstenmacht:
5   Ihm werde alle Zeiten Heil
Und Wohlergehen auch zuteil!
            Der Herr erhöhe stets sein Glück,
            Erfreue seine Seele ihm,
Erhöh' es ihm zu jeder Zeit
Voll Güte und Barmherzigkeit!
            Für immer mög' er glücklich sein,
            Um dieses flehe jedermann!
Wenn ich nun mache den Versuch,
Hier zu erzählen dessen Lob,
10   Verwende meine Zeit darauf,
            Dass ich besing, was er getan,
So übersteiget ganz und gar
Dies Unternehmen meine Kraft,
            Viel zu erhaben nämlich sind
            Die Werke all, die er getan.
Als edler Franke der er ist,
Der alles weise überlegt,
            Und voll von kluger Einsicht ist,
            Tut alles er nach Billigkeit.

15 In seiner Brust befindet sich
Ein Herz, von allem Wandel frei
Und Güte mannigfacher Art;
D'rum ist den Seinen er so hold.
Gedanken, ausgesonnen schlau,
Sind dieses Franken Eigentum,
Beseelen diesen Fürstensohn,
Der wieder Ludwig ist genannt.

Der Abschnitt ist spiegelbildlich aufgebaut. Er beginnt und endet mit dem Namen des Königs (Z. 1, 18). Innerhalb dieser äußeren Klammer wird Ludwig vierfach als König der Franken ausgewiesen: zweimal am Anfang (Z. 2, 3) und zweimal am Ende (Z. 13, 17). Die Verweise auf die Franken bilden somit eine innere Klammer. Im Mittelpunkt des Abschnitts stehen drei Verse, in denen der Dichter von sich selbst spricht (Z. 9–11); sie werden ihrerseits mit der Formel „wie ich dir sage" (Z. 4, 12) umrahmt. Die Eigenschaften, die Ludwig in der ersten Hälfte (also vor Otfrids Selbstnennung) zugeschrieben werden, wiederholen sich in der zweiten Hälfte. Sie sind den Kardinaltugenden entnommen: Weisheit (Z. 1: *wísduames;* Z. 13–14: *wisero githanko, wisera redinu,* Z. 17: *Cleinero githanko*) und Tapferkeit (Z. 1: *snello;* Z. 7: *Hohe mo gimuato;* Z. 15: *In sines selbes brusti ist herza filu festi*). Otfrid empfiehlt sich als fränkischer Dichter, indem er die Tugenden des fränkischen Königs besingt und das fränkische Volk auffordert, für sein Oberhaupt zu bitten. In die Einheit von Gott, König und Volk schreibt sich der Dichter ein. Sein Amt ist es, das Wesen des Königs zu preisen und von den Taten des Königs zu schreiben, auch wenn, wie die Bescheidenheitsformel es will, der Wunsch des Dichters angeblich größer ist als sein Vermögen. Die Demutsgeste streicht die Größe des Königs noch einmal heraus; dass sie rhetorischer Natur ist, zeigen die angewandten poetischen Strategien, mit denen Otfrid seine Kunstfertigkeit deutlich genug zur Geltung bringt.

Die Taten des Königs

Im zweiten Abschnitt folgt das Lob der Taten des Königs, der im Kampf gegen die Feinde des Reichs stets auf den Beistand Gottes vertrauen darf. Gott schützt den König, der wiederum das Reich schützt. Der König soll Gott dankbar sein, ebenso das Volk und nicht zuletzt der Dichter, der die Taten des Königs besingt (Z. 19–36):

Ofto in nóti er was in wár, thaz biwánkota er sár
20 mit gótes scirmu scíoro joh hárto filu zíor**o**.
Óba iz ward iowánne in not zi féhtanne,
so was er ío thero rédino mit gótes kreftin óbor**o**.
Riat gót imo ofto in nótin, in suaren árabeitin;
gigiang er in zála wergin thár: druhtin hálf imo sá**r**
25 **I**n nótlichen wérkon, thes scal er góte thankon;
thes thánke ouh sin githígini joh únsu smahu nídiri!
Er uns ginádon sinen ríat, thaz súlichan kúning uns gihíalt;
then spár er nu zi líbe uns állen io zi líabe!
Nu níazen wir thio gúati joh frídosamo zíti

30   sínes selbes wérkon,   thes sculun wir góte thankon;
        Thes mánnilih nu gérno   gináda sina férgo,
                fon gót er múazi haben múnt   joh wesan lángo gisunt!
        Állo ziti gúato   so léb er io gimúato
                joh bimíde io zála,   thero fíanto fára!
35   Lángo, líobo druhtin mín,   láz imo thie dága sin,
                súaz imo sin líb al,   so man gúetemo scal!

        Gar oft, fürwahr, war er in Not,
        Doch jeder Zeit entrann er ihr
20   Mit Gottes Hilfe unverweilt
                Und auf die allerschönste Art.
        Und wenn sich irgend wann begab,
        Dass er zum Kampf gezwungen war,
                So ward ihm daher jeder Zeit
                Durch Gottes Kraft der Sieg zuteil.
        War er bedrängt, in schwerer Not,
        Stand ihm der Herr gar oftmals bei,
                Geriet er irgend in Gefahr,
                Es half der Herr ihm ungesäumt
25   Aus seiner schlimmen Lage auf.
        Des muss dem Herrn er dankbar sein,
                Das dank' ihm auch sein ganzes Haus
                Und unsre arme Niedrigkeit.
        Er hat uns gnädig vorgesorgt,
        Dass solchen Herrn er uns erhielt,
                Er halt' ihn nur zu unserm Heil
                Auch fernerhin am Leben noch!
        Denn durch sein Handeln ganz allein
        Genießen wir nun Wohlergeh'n
30   Und eine Zeit, die friedlich ist;
                D'rum sollen danken wir dem Herrn.
        D'rum soll nun freudig jedermann
        Anfleh'n des Herrn Barmherzigkeit,
                Auf dass von ihm er habe Schutz
                Und bleibe lange Zeit gesund.
        Ja alle Zeiten lebe er
        Beglückt und voller Seligkeit,
                Entgeh' beständig der Gefahr
                Und seiner Feinde Hinterlist.
35   Lang lasse, o mein lieber Herr!
        Ihm alle seine Tage sein,
                Versüß' sein ganzes Leben ihm,
                Wie es der Edle wohlverdient.

Wieder ist der Abschnitt symmetrisch aufgebaut. Er beginnt mit dem Lob der königlichen Taten und endet mit Heilswünschen für den König, der sein Volk auch weiterhin mit Gottes Hilfe vor Feinden schützen und den Frieden sichern soll. In der Mitte aber spricht der Dichter – wieder in aller Bescheidenheit (Z. 26: „unsre arme Niedrigkeit") – von sich selbst. Das fränkische Reich erscheint als Heilsgemeinschaft; Gott ist ihr himmlischer, der König ihr irdischer Herr. Doch ist es der Dichter, der diese Gemeinschaft beschwört und mit seinen preisenden, dankenden und bittenden Worten bestärkt. Er tut dies als Repräsentant der

Gemeinschaft, wenn er im Plural der ersten Person spricht. Er dankt Gott stellvertretend für das ganze Volk für den Beistand in Nöten, er bittet Gott stellvertretend für das ganze Volk um das Heil des Königs. So erscheint der Dichter als Vermittler und Fürbitter zwischen Gott, dem König und seinem Volk. Der König ist das Oberhaupt der Franken, der Dichter aber ihr Hohepriester.

Vergleich mit König David
Im dritten Abschnitt seines Fürstenlobs zieht Otfrid den Vergleich zwischen Ludwig und David. Schon Karl der Große war zu seiner Zeit von der Aachener Hofschule als König David bezeichnet worden. Somit wird Ludwig als Nachfolger des ersten fränkischen Kaisers stilisiert (Z. 37–74):

> **I**n ímo irhugg ih thráto   Davídes selbes dáto:
>   er selbo thúlta ouh nóti   jú manago árabeit**i**,
> **U**uant ér wolta mán sin   (thaz ward síd filu scín),
>   thégan sin in wáru   in mánegeru zál**u**.
> **M**anag léid er thúlta,   unz thaz tho gót gihangta;
>   ubarwánt er sid thaz frám,   so gotes thégane giza**m**.
> **R**íat imo io gimúato   sélbo druhtin gúato,
>   thaz ságen ih thir in alawár;   sélbo maht iz lésan tha**r**.
> **É**igun wir thia gúati,   gilicha théganheiti
>   in thésses selben múate   zi mánagemo gúa**te**.
> **G**iwísso, thaz ni híluh thih,   thúlta therer sámalih
>   árabeito ginúag;   mit thulti sám**ạ** iz ouh firdrúa**g**;
> **N**i liaz er ímo thuruh tház   in themo múate then há**z**,
>   er mit thúlti, so er bigán,   al thie fíanta ubarwá**n**.
> **O**b**ạ** es íaman bigan,   tház er widar ímo wan:
>   scírmt**ạ** imo iogilícho   druhtin líoblich**o**;
> **R**íat imo ío in nótin,   in swaren árabeitin,
>   giliht**ạ** imo éllu sinu jár,   thiu nan thúhtun filu suá**r**,
> **Ú**nz er nan giléitta,   sin ríchi mo gibréitta,
>   bi thiu mág er sin in áhtu   théra Davídes slaht**u**.
> **M**it so sámeliche   so quám er ouh zi ríche.
>   was gotes drút er filu frám: so ward ouh thérer, so gizá**m**;
> **R**íhta gener scóno   thie gótes liut**ị** in fróno:
>   so duit ouh thérer ubar jár,   s**ọ** iz gote zímit, thaz ist wá**r**;
> **É**mmizen zi gúate,   io héilemo múate
>   fon járe zi járe,   thaz ságen ih thir zi wár**e**.
> **G**ihialt Davíd thuruh nót,   thaz imo drúhtin gibót,
>   joh gifásta sinu thíng,   ouh selb thaz ríh**ị** al umbirín**g**;
> **I**n thésemo ist ouh scínhaft,   so fram s**ọ** inan lázit thiu craft,
>   thaz ér ist io in nóti   gote thíonont**i**;
> **S**elbaz ríchi sinaz ál   ríhtit scóno, sos**ọ** er scál,
>   ist éllenes gúates   joh wola quékes muate**s**.
> **J**a farent wánkonti   in ánderen bi nóti
>   thisu kúningrichi   joh iro gúallich**i**;
> **T**hoh habet thérer thuruh nót,   so druhtin sélbo gibót,
>   thaz fíant uns ni gáginit,   thiz fásto binágili**t**;
> **S**ímbolon bispérrit,   uns wídarwert ni mérrit,
>   sichor múgun sin wir thés;   lángo niaz er líbe**s**!

The line numbers in the left margin are: 40, 45, 50, 55, 60, 65, 70.

In ihm erinn're ich mich frisch
An die Geschicke Davids selbst:
    Auch dieser litt in schwerer Zeit
    Gar manche Widerwärtigkeit,
Denn er, er wollt' ein Kriegsmann sein,
Ja wahrlich sein ein Held des Herrn,
40   So oft ihm nahte die Gefahr,
    Wie nach der Hand sich klar gezeigt.
Erduldet hat er manches Leid,
So lang es so verhängte Gott;
    Doch schön hat er dann obgesiegt,
    Wie es dem Helden Gottes ziemt.
Ich sage es in Wahrheit dir,
Du kannst es selber lesen dort,
    Wohlwollend stand der gute Herr
    Zu jeder Zeit ihm selber bei.
45   Wir haben gleichen Edelsinn
Und ganz dieselbe Tugendkraft
    Zu allem, was da trefflich ist,
    In König Ludwigs Seele auch.
Ja wahrlich, ich verhehl' es nicht,
Es litt auch dieser ebenso
    Gar mannigfaches Ungemach,
    Und trug es gleichfalls mit Geduld.
Denn dessentwegen ließ er nie
Den Hass sich schleichen in sein Herz,
50   Nur mit Geduld, wie der getan,
    Hat er den Feinden obgesiegt,
Und wenn es jemand unternahm,
Dass gegen ihn er kämpfte an,
    So schirmte ihn auf gleiche Art
    In seiner Gnade stets der Herr.
Er war sein Helfer in der Not,
In arger Widerwärtigkeit,
    Er macht' ihm leicht die ganze Zeit,
    Die ihm so schwer erschienen war,
55   Bis er zur Herrschaft ihn geführt,
Und selbe ihm weit ausgedehnt:
    Er darf deshalb geachtet sein
    So hoch als wie des Davids Stamm.
Ganz auf die gleiche Weise ja
Gelangte dieser auch zum Reich;
    Er, David, war ein Gottesfreund,
    Und Ludwig ist es ziemend auch.
Es führte jener wunderschön
Das Gottes Volk zum Heil hinan,
60   Und dieser wahrlich führt es auch,
    Wie's Gott gefällt, zu jeder Zeit,
Führt es zu allem Guten hin
Unausgesetzt mit heitrem Sinn,
    Von einem Jahr zum andern Jahr,
    So wie ich dich versichern kann.
Genau hielt David alles das,
Was ihm der Herr geboten hat,
    Befestigte die Stellung sich,
    Und auch sein Reich selbst ringsherum:

65   So sieht man auch an diesem hier,
Dass er, wie's seine Kraft vermag,
Dem Herrn und Gott unausgesetzt
Zu jeder Zeit mit Eifer dient.
Er leitet auch sein ganzes Reich
So herrlich, wie es sich geziemt,
Beseelt von edler Tapferkeit
Und immer lebensvollem Mut.
Ja sollten diese Reiche einst
Und alle ihre Herrlichkeit
70   Notwendig bei den andern auch
Verlieren ihre Festigkeit:
So hält doch der mit aller Kraft,
Wie Gott ihm selbst geheißen hat,
Verrammelt dies sein Königreich,
Damit kein Feind uns nahe kommt,
Hält es für alle Zeit versperrt,
Damit uns ja kein Gegner stört;
Wir können deshalb sicher sein.
Genöss' er doch das Leben lang!

Otfrid nennt David dreimal (Z. 37, 56, 63) und gliedert so den Vergleich. Den Namen Ludwigs, den er zuvor mehrfach erwähnt hat, lässt er nun beiseite, denn er spricht durch David von Ludwig, spricht durch den biblischen König der Vergangenheit vom fränkischen König der Gegenwart. Otfrid beruft sich nicht auf andere; ihm selbst ist der Vergleich zwischen Ludwig und David zu verdanken: „In ihm erinn're ich mich frisch an die Geschicke Davids selbst" (Z. 37). Zweimal bekräftigt er die Wahrheit des gezogenen Vergleichs, beim ersten Mal mit Bezug auf die Autorität der Heiligen Schrift: „Ich sage es in Wahrheit dir, du kannst es selber lesen dort" (Z. 44, vgl. Z. 62).

Inhaltlich bietet dieser Abschnitt nichts Neues; alle Aussagen sind Variationen dessen, was zuvor schon über den König gesagt worden ist. Umso markanter tritt die Dichterrolle hervor. König David wurde im Mittelalter nicht nur als *rex et sacerdos,* sondern auch als *rex et poeta,* als Herrscher und Dichter verehrt, der die Psalmen schrieb. Solcher Ruhm kommt Ludwig freilich nicht zu, denn es ist Otfrid, der die Rolle des Dichters übernimmt. Er positioniert sich als zweiter Alkuin, der an der Aachener Hofschule als Horaz angesprochen wurde. Otfrid will, so scheint es, für Ludwig das sein, was Alkuin für Karl war. Er versteht sein *Evangelienbuch* als Beitrag zur Karolingischen Renaissance, die nicht nur ein intellektuelles, sondern auch ein politisches Projekt war. Otfrid besitzt als Dichter das Amt und die Autorität, den König zu verherrlichen. Auf diese Weise verherrlicht er zugleich sich selbst.

Heilswünsche

Der Fürstenpreis endet mit Heilswünschen für König Ludwig, die der Dichter wieder im Namen der Gemeinschaft des fränkischen Volks ausspricht (Z. 75–96):

75　Állo zíti thio the sín,　Kríst lóko mo thaz múat sin;
　　　　　bimídę ouh allo pína,　got frewe séla sina!
Lang sin dága sine　zi themo éwinigen líbe,
　　　　　bimíde ouh zálono fál,　thaz wir sin síchor ubar ál!
Uuánta thaz ist fúntan,　unz wir háben nan gisúntan,
80　　　　　thaz lében wir, so ih méinu,　mit fréwi joh mit héilu
Símbolon gimúato　joh eigun zíti guato;
　　　　　niaz ér ouh mámmuntes,　ni brestę in éwon imo thés!
Állen sinen kíndon　si ríchiduam mit mínnon,
　　　　　si zi góte ouh mínna　thera selbun kúninginna!
85　Éwiniga drútscaf　niazen sę íamer, soso ih quád,
　　　　　in hímile zi wáre　mit Lúdowige tháre!
Themo díhton ih thiz búah;　oba er hábet iro rúah,
　　　　　ódo er thaz giwéizit,　thaz er sa lésan heizit:
Er híar in thesen rédion　mag hóren evangélion,
90　　　　　waz Kríst in then gibíete　Fránkono thíete.
Régula therero búachi　uns zeigot hímilrichi;
　　　　　thaz nieze Lúdowig io thar　thiu éwinigun gótes jar!
Níazan múazi thaz sin múat,　io thaz éwiniga gúat,
　　　　　thár ouh íamer, druhtin mín,　láz mih mit ímo sin!
95　Állo ziti gúato　léb er thar gimúato,
　　　　　inliuhtę imo ío thar wúnna,　thiu éwiniga súnna!

75　Zu allen Zeiten, die da sind,
　　Erfreue Christus ihm sein Herz!
　　　　　Entfernt sei jedes Leid von ihm,
　　　　　Und Gott ergötze seinen Geist!
　　Noch viele Tage lebe er,
　　Eh' ihm das ew'ge Leben wird,
　　　　　Entgeh' in der Gefahr dem Tod,
　　　　　Auf dass wir völlig sicher sind!
　　Denn das ist nimmer zweifelhaft,
　　So lange er ist unversehrt,
80　　　　　So lange lebt man freudenvoll
　　　　　Und, wie mir scheint, in Wohlergeh'n,
　　So lange lebt man jetzt beglückt,
　　Und hat die allerbeste Zeit.
　　　　　Genieße Friede nur auch er,
　　　　　Nie fehle es ihm mehr daran!
　　Den Kindern Ludwigs insgesamt
　　Sei Glück und Liebe im Verein,
　　　　　Und diese Liebe in dem Herrn
　　　　　Genieß' auch sie, die Königin!
85　O möchten sie, wie ich gesagt,
　　Die Trautschaft, welche nie vergeht,
　　　　　Genießen einst für alle Zeit
　　　　　Im Himmel dort mit Ludewig,
　　Dem ich verfasse dieses Werk.
　　Und wenn er darauf Rücksicht nimmt,
　　　　　Vielleicht dies dadurch auch beweist,
　　　　　Dass er zu lesen es befiehlt,
　　So kann das ganze Frankenvolk
　　Aus diesem Buche hören hier

90	Das Wort des Evangeliums,	
	Was Christus ihm durch das gebeut*.	*gebietet

Was Richtschnur dieser Bücher ist,
Das weiset uns das Himmelreich,
    Dass Ludwig stets genieße dort
    Die ew'gen Gottes Jahre lang.
Genießen möge immerfort
Sein Herz das immerwährn'de Gut;
    Dort lass auch mich, o du, mein Herr!
    Mit ihm vereint sein alle Zeit,
95 Beglückt und aller Wonne voll
Leb' er daselbst für alle Zeit,
    Es leucht' ihm dort, o Wohlgefühl!
    Die ew'ge Sonne immerdar!

Wieder beschwört Otfrid die Einheit des Reiches. Doch wird nun auch die Königin einbezogen, die nicht nur auf Erden, sondern auch im Himmel den Platz an Ludwigs Seite einnehmen soll. Wie im ersten Abschnitt kommt Otfrid wieder ausführlich auf sich selbst zu sprechen. Zunächst reklamiert er die Autorschaft des Buches für sich, das er dem König widmet (Z. 87a). Dann bittet er den Herrscher darum, dass er sein Werk nicht nur beachten, sondern auch befehlen möge, dass man es im Frankenreich lese und vorlese: „Und wenn er darauf Rücksicht nimmt, / Vielleicht dies dadurch auch beweist, dass er zu lesen es befiehlt" (Z. 87b–88). Die Lesung des *Evangelienbuchs* dient einem doppelten Zweck. Das Buch soll eine moralische Richtschnur zum Himmelreich bieten und die politische Ordnung des Reichs garantieren. Der erste Aspekt wird explizit, der zweite implizit mitgeteilt (Z. 89–90). Wenn König und Volk ihr Leben am Evangelium ausrichten, so wird ihre Gemeinschaft auch im Himmel fortbestehen. Die Vorstellung eines himmlischen Frankenreichs oder fränkischen Himmelreichs dient der Apotheose (der Vergöttlichung) der gegenwärtigen Herrschaft; und wieder macht sich Otfrid als Dichter geltend, der diese Apotheose vollzieht und an ihr teilhat, indem er auch im Himmelreich als Dichter dem König nahezustehen hofft: „Dort lass auch mich, o du, mein Herr! mit ihm vereint sein alle Zeit" (Z. 94). Hier offenbart sich noch einmal ein Autorbewusstsein, das in der deutschen Literatur des frühen Mittelalters keine Parallele hat.

6.1.2   Das *Ludwigslied*

Auf einen König namens Ludwig ist auch das erste eigenständige Fürstenpreislied in deutscher Sprache gemünzt, nämlich auf den westfränkischen König Ludwig III. Es schließt sich eng an Otfrids Widmungsgedicht an Ludwig den Deutschen an, dessen Großneffe Ludwig III. war. Sprache, Form und Inhalt sind verwandt. Es scheint, als wollte der Verfasser das ostfränkische Vorbild auf den westfränkischen Herrscher anwenden. Während das Lied sprachlich zweifellos der deutschen Literaturgeschichte zuzurechnen ist, gehört es inhaltlich in die Vorgeschichte Frankreichs, das aus dem westfränkischen Reich hervorgegangen ist. Bemerkenswert an der kurzen Regierungszeit Ludwigs III., die von 879 bis 882 währte, ist die am 3. August 881 geschlagene Schlacht bei Saucourt in der nordfranzösischen Provinz Picardie. In dieser Schlacht gelang es ihm, die Normannen (Wikinger) zu besiegen, die seit langer Zeit immer wieder in fränkisches Gebiet eingefallen waren. Diese Auseinandersetzung stilisiert das *Ludwigslied* als heilsgeschichtlichen Kampf der Christen gegen die „Heiden". Bereits ein Jahr später starb der kaum achtzehnjährige König bei einem Reitunfall. Als Entstehungsdatum des *Ludwigslieds* kommen daher die Monate zwischen der Schlacht (August 881) und dem tödlichen Unglück (August 882) in Frage.

Überlieferung
Überliefert ist das *Ludwigslied* in einer karolingischen Sammelhandschrift vom Ende des neunten Jahrhunderts, die im nordfranzösischen Kloster Saint-Amand entstand und nach Auflösung des Klosters infolge der Französischen Revolution in die Stadtbibliothek von Valenciennes gelangte, wo sie bis heute aufbewahrt wird. Auffällig ist die Überlieferungsgemeinschaft mit einem altfranzösischen Lied auf die heilige Märtyrerin Eulalia – ein frühes Gegenstück zum *Georgslied,* aber mit weiblicher Protagonistin. Die *Eulalia-Sequenz* geht dem *Ludwigslied* unmittelbar voraus und wurde von derselben Hand eingetragen. Das Nebeneinander der Lieder in der ansonsten lateinischen Handschrift spiegelt, so scheint es, die Nachbarschaft der deutschen Hofsprache mit der romanischen Volkssprache im westfränkischen Reich (Bauschke 2006).

Überdies ist das Schicksal der Handschrift sinnfällig für das Ende jener politischen Theologie, die im *Ludwigslied* zum Ausdruck kommt. Die Auflösung der Klosterbibliothek und die Überführung ihrer Bestände in eine säkulare Stadtbibliothek spiegeln den weltanschaulichen Umbruch, den die Französische Revolution einleitete. Mit der Säkularisation endete eine tausendjährige Weltanschauung, die die Königsherrschaft mehr oder weniger religiös legitimierte. Aus aufgeklärter Sicht lässt sich das *Ludwigslied* als Propagandaschrift werten, die eine zweifache Funktion erfüllt. Indem der Kleriker, der es verfasst, die Religion in den Dienst der Politik stellt, stellt er umgekehrt die Politik in den Dienst der Religion. Das Lied verleiht der besungenen Schlacht heilsgeschichtlichen Rang und verklärt den König, der den Sieg davontrug, zum Stellvertreter Gottes. Umgekehrt nimmt das Lied den König in die Pflicht, denn es bindet die Legitimität seiner Herrschaft an die Erwartungen des Klerus. Als diese Allianz von Politik und Religion aufbrach, hatte das *Ludwigslied* in der Klosterbibliothek nichts mehr verloren. Es fand seinen Platz nun in einer Stadtbibliothek, wo es nicht mehr als heiliges Lied, sondern als historischer Text gelesen wurde.

Form und Komposition
Otfrids *Evangelienbuch* entsprechend, ist das *Ludwigslied* in neunundfünfzig endgereimten, meist paarweise zu Strophen zusammengefügten Langzeilen verfasst. Einige Strophen umfassen drei Verse. Das Gedicht besteht aus zwei Haupt-

teilen: einer Kurzvita des Königs (Z. 1–8) und einer ausführlichen Schilderung des Normanneneinfalls, der als göttliche Prüfung stilisiert wird (Z. 9–59). Der Schlachtbericht lässt sich in fünf Abschnitte untergliedern. Zunächst bricht die Krise aus (Z. 9–20); dann führt Gott einen Dialog mit Ludwig (Z. 21–26) und anschließend Ludwig einen Dialog mit seinem Volk (Z. 27–41); darauf folgt die Darstellung des Kampfes (Z. 42–54), der mit Ludwigs Sieg endet (Z. 55–59). In Umfang und Aufbau weist das Ludwigslied auch Ähnlichkeiten zum *Hildebrandslied* auf, denn wie dieses besteht es aus einer Exposition, einem feindlichen Wortwechsel und einer Kampfschilderung (s. Abschn. 3.1.2).

Teil I: Kurzvita des Königs (Z. 1–8)

Teil II: Schilderung der Schlacht (Z. 9–59)

   1. Ausbruch der Krise (Z. 9–20)

   2. Dialog Gottes mit Ludwig (Z. 21–26)

   3. Dialog Ludwigs mit seinem Volk (Z. 27–41)

   4. Kampf gegen die Normannen (Z. 42–54)

   5. Sieg über die Normannen (Z. 55–59)

Kindheit und Jugend Ludwigs III.

Die Überschrift kündigt das Lied als „deutsches Gedicht auf König Ludwig frommen Angedenkens, den Sohn König Ludwigs" an *(Rithmus teutonicus de piae memoriae Hluduico rege filio Hluduici aeque regis)*. Diese Formulierung verweist auf ein traditionales Herrschaftsverständnis, denn sie unterstreicht, dass der Sohn (Ludwig III.) den Namen des Vaters (Ludwig der Stammler, Sohn Karls des Kahlen und Neffe Ludwigs des Deutschen) trägt. Die Königswürde wird vom Vater an den Sohn weitergeben, der Name Ludwig steht für den natürlichen ebenso wie für den politischen Leib des westfränkischen Königs.

Auch die knappe Lebensbeschreibung, mit der das Lied beginnt, spricht das Verhältnis von Vater und Sohn an, setzt aber einen anderen Akzent. Zur traditionalen Legitimation der Herrschaft tritt eine charismatische Begründung hinzu. Nach dem frühen Tod des Vaters nimmt sich Gott selbst des jungen Königs an (Z. 1–8; zitiert nach Braune/Ebbinghaus 1994, S. 136–138; Nachdichtung A.K.):

> Einan kuning uueiz ih,   Heizsit her Hluduīg,
>   Ther gerno gode thionōt: Ih uueiz her imos lōnōt.
> Kind uuarth her faterlōs,   Thes uuarth imo sār buoz:
>   Holōda inan truhtīn,   Magaczogo uuarth her sīn.
> 5   Gab her imo dugidi,   Frōnisc githigini,
>   Stuol hier in Vrankon.   Sō brūche her es lango!
> Thaz gideilder thanne   Sār mit Karlemanne,
>   Bruoder sīnemo,   Thia czala uuuniōno.

> Mir ist ein König wohlbekannt,
> Den man mit Namen Ludwig nennt,
>> Der Gott zu dienen sich bemüht:
>> Ich weiß, dass er's ihm lohnen wird.
> Das Kind verlor den Vater früh,
> Doch fand es bald darauf Ersatz:
>> Der Herrgott nahm es an die Hand,
>> Er wollte sein Erzieher sein.
> 5 Er gab ihm alle Tugenden
> Und auch ein königliches Heer,
>> Den Thron auch hier im Frankenreich.
>> Er möge ihn besitzen lang!
> Das alles teilte er sodann
> Mit Karlmann schon nach kurzer Zeit,
>> Mit seinem Bruder teilte er
>> Die Ländereien allesamt.

Zwei biographische Ereignisse werden mitgeteilt, nicht nur der frühe Verlust des Vaters, dem der erst Fünfzehnjährige 879 auf dem Thron folgte, sondern auch die Teilung der Herrschaft mit seinem jüngeren Bruder Karlmann ein Jahr später. Zwischen diese Ereignisse wird die charismatische Begründung der Königsherrschaft Ludwigs III. eingefügt: Gott selbst hat das vaterlose Kind adoptiert und an Sohnes statt angenommen. Folglich erscheint Ludwig als Gottessohn, der wie Christus einen irdischen und einen himmlischen Vater hat. Darüber hinaus nimmt Gott die Rolle des Erziehers ein und unterrichtet Ludwig in allen Tugenden, die ihn für das Königsamt qualifizieren. Gott selbst ist es, der Ludwig den Thron verleiht, ihn mit Herrschaft, Landbesitz und Gefolgschaft ausstattet und mit allen Eigenschaften und Fähigkeiten begabt, derer ein christlicher König bedarf. Damit ist auch eine Grenze zwischen den Brüdern gezogen, denn Gott hat sich Ludwigs schon angenommen, bevor dieser die Herrschaft mit Karlmann teilte.

Normanneneinfall als Prüfung Gottes
Auf die erste Krise im Leben des jungen Königs folgt bald darauf eine zweite, die sich wieder nur mit Gottes Hilfe bewältigen lässt. Die Normannen fallen in das Frankenreich ein. Die Schilderung entkleidet das Ereignis seiner historischen Umstände und deutet es heilsgeschichtlich als Strafe für die Franken und Probe für den König (Z. 9–20):

> Sō thaz uuarth al gendiōt,   Korōn uuolda sīn god,
> 10 Ob her arbeidi   Sō iung tholōn mahti.
> Lietz her heidine man   Obar sēo līdan,
>> Thiot Vrankōno   Manōn sundiōno.
> Uuurdun sum erkorane,   Sume sār verlorane.
>> Haranskara tholōta   Ther ēr misselebēta.
> 15 Ther ther thanne thiob uuas,   Ind er thanana ginas,
>> Nam sīna vaston: Sīdh uuarth her guot man.
> Sum uuas lugināri,   Sum skāchāri,
>> Sum fol lōses,   Ind er gibuozta sih thes.
> Kuning uuas ervirrit,   Thaz rīchi al girrit,
> 20 Uuas erbolgan Krist: Leidhōr, thes ingald iz.

Und als das alles war vollbracht,
Da wollte prüfen ihn sein Gott,
10   Ob er denn solche Mühe wohl
          So jung ertragen könnte schon.
Heidnische Männer ließ er da
Hersegeln übers weite Meer,
          Damit das ganze Frankenvolk
          An seine Sünden sei gemahnt.
Manch einer, der verloren war,
Fand Rettung nun in dieser Zeit.
          Schmerzliche Strafe da erlitt,
          Wer lebte einst in großer Schuld.
15 Wer einst ein Dieb und Räuber war,
gelobte nunmehr Besserung
          und fing sogleich zu fasten an
          Und wurde so ein guter Mensch.
Manch einer, der ein Lügner war,
Manch einer, der ein Schächer war,
          Manch einer, der ganz zuchtlos war,
          Der büßte nun für diese Schuld.
Als fern vom Land der König war,
Verwirrte sich das ganze Reich,
20   So wurde Christi Zorn erweckt:
          Mit Leiden büßte es dafür!

Die politische Situation wird moralisch gewendet. Die Attacke der Normannen
erinnert die Franken an ihre Sünden und führt sie auf den rechten Weg zurück.
Wer sich vorher Lüge, Raub und Unzucht zuschulden kommen ließ, kehrt nun
um, tut Buße und beginnt ein gottgefälliges Leben. Zwar nicht als Grund, doch als
ermöglichende Bedingung für den Einfall der Normannen ins Frankenreich wird
die Abwesenheit des Königs benannt, die Trennung des Volks von seinem Oberhaupt. Den historischen Hintergrund verschweigt das Lied. Ludwig III. führte
zu dieser Zeit gemeinsam mit seinem Bruder und Mitherrscher Karlmann einen
Feldzug gegen Graf Boso, der sich 879 zum König von Niederburgund und der
Provence hatte krönen lassen und nun einen Teil des fränkischen Reichs für sich
beanspruchte. Im heilsgeschichtlichen Zusammenhang, den das Lied herstellt,
spielt dieser Sachverhalt keine Rolle. Entscheidend ist allein der Umstand, dass
die Abwesenheit des Königs die Verfehlungen des Volks ermöglicht. Diese ziehen
wiederum den Zorn Gottes nach sich, der zur Strafe die Normannen schickt.
Zugleich wird die Auseinandersetzung als Religionskrieg gedeutet, als Angriff
der „Heiden" auf die moralisch geschwächten Christen. Es bedarf nur der Wiederherstellung der leibhaftigen Präsenz des Königs, um die Feinde abzuwehren und
die Moral der Franken wiederherzustellen.

Gott spricht mit dem König
Sobald die in Not geratenen Franken Bereitschaft zur Sühne zeigen, erbarmt sich
Gott ihrer und ruft Ludwig zurück ins Reich. Er spricht seinen Sohn persönlich
an – eine Parallele beispielsweise zum biblischen Gideon, den Gott selbst mit

dem Befreiungskampf der Israeliten gegen die Midianiter beauftragt (Ri 6,14: „Da wandte sich der Herr ihm zu und sagte: Geh in dieser deiner Kraft und rette Israel aus der Hand Midians! Sende ich dich nicht hiermit?"), und ein weiterer Beweis des Charismas, über das der König als Gottessohn verfügt (Z. 21–26):

> Thoh erbarmēdes got,   Uuisser alla thia nōt:
>   Hiez her Hluduīgan   Tharōt sār rītan:
> „Hluduig, kuning mīn,   Hilph mīnan liutin!
>   Heigun sa Northman   Harto biduuungan";
> 25   Thanne sprah Hluduīg   „Hērro, sō duon ih,
>   Dōt ni rette mir iz,   Al thaz thū gibiudist".

> Doch Gott hat ihrer sich erbarmt,
> Er kannte ihre große Not.
>   Da ließ er Ludwig, ihren Herrn,
>   Zu ihnen reiten ohne Rast:
> „Ludwig, der du mein König bist,
> Hilf meinen Leuten in der Not!
>   Von den Normannen wurden sie
>   Mit Macht bezwungen und bedrängt."
> 25   Darauf ihm Ludwig Antwort gab:
> „Mein Herr, ich werde alles tun,
>   Wenn es der Tod mir nicht verwehrt,
>   Was du mir aufgetragen hast!"

Das Zwiegespräch bestätigt das Gottesgnadentum der Königsherrschaft. Die Franken werden als Volk Gottes dargestellt, denn Gott ruft Ludwig zu: „Hilf meinen Leuten" (Z. 23). Der König handelt im Auftrag Gottes, als sein Stellvertreter im westfränkischen Reich. Erst jetzt werden die Angreifer genauer bestimmt: Es sind die Normannen *(Northman)*. Der König folgt dem Gebot Gottes und kehrt ins Frankenreich zurück, um in die Schlacht zu ziehen. Wenn er sagt: „Herr, ich werde alles tun, was du mir aufgetragen hast" (Z. 25: *Herro, so duon ih, Dot ni rette mir iz, Al thaz thu gibiudist*), so beweist er den Gehorsam, den auch das Vaterunser verspricht („Dein Wille geschehe").

Der König spricht mit seinem Volk

Auf den Dialog zwischen Gott und dem König folgt der Dialog zwischen dem König und seinem Volk. Der König erscheint so als Mittler zwischen Gott und den Menschen. Ludwig nimmt Abschied von Gott wie ein Vasall von seinem Herrn, ergreift die Kriegsfahne und eilt zu den Franken, die ihn schon sehnlich erwarten. Bevor sie gemeinsam in den Kampf ziehen, hält Ludwig eine Rede (Z. 27–41):

> Thō nam her godes urlub,   Huob her gundfanon ūf,
>   Reit her thara in Vrankōn   Ingagan Northmannon.
> Gode thancōdun   Thē sīn beidōdun,
> 30   Qhādhun al „frō mīn,   Sō lango beidōn uuir thīn".
> Thanne sprah lūto   Hluduīg ther guoto:
>   „Trōstet hiu, gisellion,   Mīne nōtstallon.
> Hera santa mih god   Ioh mir selbo gibōd,
>   Ob hiu rāt thūhti,   Thaz ih hier gevuhti,

35 Mih selbon ni sparōti, Uncih hiu gineriti.
    Nū uuillih, thaz mir volgōn Alle godes holdon.
    Giskerit ist thiu hieruuist Sō lango sō uuili Krist:
    Uuili her unsa hinavarth, Thero habēt her giuualt.
    Sō uuer sō hier in ellian Giduot godes uuillion,
40   Quimit hē gisund ūz, Ih gilōnōn imoz,
        Bilībit her thār inne, Sīnemo kunnie".

Den Abschied nahm er da von Gott,
Die Kampfesfahne hob er hoch,
    Er ritt dorthin ins Frankenreich,
    Er ritt auf die Normannen zu.
Da dankten alle ihrem Gott,
Die auf den König warteten.
30 Sie alle sagten: „O mein Herr,
    Schon lange warten wir auf dich."
Da sprach mit großer Stimmgewalt
Der gute Ludwig ihnen zu:
    „Ihr Freunde, habt nun Zuversicht,
    Meine Gefährten in der Not!
Mich hat Gott selbst hierher gesandt,
Hat selbst mir das Gebot erteilt,
    Dass ich, wenn es euch ratsam scheint,
    Nun in die Schlacht eintreten soll
35 Und dass ich mich nicht schonen soll,
Bis ich die Rettung euch gebracht.
    Nun will ich, dass mir folgen soll
    Ein jeder, der auf Gott vertraut.
Uns ist das Leben hier bestimmt,
Solang es Christi Wille ist.
    Doch will er, dass der Tod uns holt,
    Dann steht das auch in seiner Macht.
Wer immer hier mit Tapferkeit
Erfüllt, was Gott nun von ihm will,
40 Dem wird, kommt er gesund davon,
    Belohnung von mir zugeteilt,
    Doch wenn er hier im Kampfe fällt,
    Wird den Verwandten Lohn zuteil."

Ludwig stellt sich als Gesandter Gottes und Erlöser seines Volkes vor und nimmt so eine christusähnliche Rolle ein. Doch verspricht er seinem Gefolge nicht ewiges Leben, sondern irdischen Lohn, den er an die Kämpfer oder, wenn sie im Kampf fallen sollten, an ihre Verwandten auszuzahlen verspricht. So wird der religiöse Tonfall vorläufig zurückgestellt, damit der irdische Lohn, den der König verheißt, nicht den himmlischen Lohn, den Gott schenkt, relativiert.

Kampf und Sieg
Auf den Wortwechsel folgt die Schlacht (Z. 42–54):

Thō nam er skild indi sper.   Ellianlīcho reit her:
     Uuolder uuār errahchōn   Sīnan uuidarsahchōn.
Thō ni uuas iz burolang,   Fand her thia Northman:
45   Gode lob sagēda,   Her sihit thes her gerēda.
Ther kuning reit kuono,   Sang lioth frāno,
     Ioh alle saman sungun   „Kyrrieleison".
Sang uuas gisungun,   Uuīg uuas bigunnan,
     Bluot skein in uuangōn: Spilōdun ther Vrankon.
50   Thār uaht thegeno gelīh,   Nichein sōsō Hluduīg:
     Snel indi kuoni,   Thaz uuas imo gekunni.
Suman thuruhskluog her,   Suman thuruhstah her.
     Her skancta cehanton   Sīnan fīanton
     Bitteres līdes.   Sō uuī hin hio thes lībes!

Da nahm er seinen Schild und Speer,
Mit Heldenmut ritt er voran,
     Die Wahrheit zeigen wollte er
     Dem Widersacher und dem Feind.
Es dauerte nicht allzu lang,
Bis er auf die Normannen traf.
45   Gott sagte er da Lob und Preis,
     Als er, was er begehrte, sah.
Der König ritt nun kühn voran
Und sang ein Lied, das heilig war,
     Und alle stimmten mit ihm ein
     Und sangen: „Herr, erbarme dich".
Und als das Lied gesungen war,
Eröffneten sie das Gefecht,
     Die Wangen füllten sich mit Blut,
     Die Franken drängten in den Kampf.
50   Da fochten alle Krieger gleich
Und doch nicht so, wie Ludwig focht:
     Voll Kühnheit und mit großer Kraft,
     Wie es seiner Sippe lag.
Als er den einen hier erschlug,
Als er den andern dort erstach,
     Da brachte er mit schneller Hand
     Dem Widersacher und dem Feind
     Gar bitterliche Not und Qual.
     Weh ihrem Leben immerdar!

Der König erweist sich als allen Kämpfern überlegen. Tapfer *(ellianlicho)* wie ein Heerführer der Heldensage reitet er mit Schild und Speer bewaffnet seinem Heer voran und spürt die Feinde auf. Als die Heere aufeinanderstoßen, ziehen die Franken mit glühenden Wangen in die Schlacht. Im Kampfgeschehen bestätigt sich die monarchische Ordnung des Frankenreichs. Nicht nur als Herrscher, sondern auch als Krieger nimmt Ludwig den ersten Platz ein. Sein heldenhafter Kampf beweist seine Zugehörigkeit zum karolingischen Geschlecht *(gekunni)*. Der König, der noch kurz zuvor mit Gott sprach, erweist sich nun als Kampfmaschine, die alle Feinde niedermäht. Das Leid, das er den Gegnern zufügt, wird nicht problematisiert, sondern im Gegenteil als große Leistung gepriesen und mit einem abschließenden Weheruf bekräftigt. In seiner martialischen Haltung steht das *Ludwigslied* dem *Hildebrandslied* kaum nach, doch liefert es eine christliche Rechtfertigung, die diesem fehlt. Die Schlacht wird als Kampf der Christen gegen die „Heiden" und somit als Heiliger Krieg gerechtfertigt. Gott selbst fordert den König zur Schlacht gegen die Normannen auf; und Ludwig preist Gott dafür, dass er seinen Weg zu den Feinden lenkt. Vor allem aber wird ein „heiliges Lied" *(lioth frono)* eingeschaltet, das der König anstimmt und von seinem Heer mit dem Kehrvers *Kyrrieleison* beantwortet wird. So werden Kampf *(uuig)* und Gesang *(sang)* parallel gesetzt: *Sang uuas gisungan, Uuīg uuas bigunnan* (Z. 48). Der mit einem geistlichen Lied begonnene Kampf erscheint als liturgischer Akt, als gemeinschaftsstiftende Handlung der christlichen Kämpfer. So wird die Schlacht bei Saucourt ein weiteres Mal als Gotteskrieg verklärt.

Lobpreis des Königs
Nachdem Ludwig den Kampf gewonnen hat, wandelt sich der Ton des Lieds. Auf die erzählte Handlung folgt ein abschließender Lobpreis, der an jene Doxologien (Preisungen) erinnert, mit denen liturgische Lieder oftmals enden (Z. 55–59):

> 55   Gilobōt sī thiu godes kraft: Hluduīg uuarth sigihaft;
>   Ioh allēn heiligōn thanc!   Sīn uuarth ther sigikamf.
>   Uuolar abur Hluduīg,   Kuning uilo sālīg!
>   Sō garo sōser hio uuas,   Sō uuār sōses thurft uuas.
>   Gihalde inan truhtīn   Bī sīnan ērgrehtin.

> 55   Gepriesen sei nun Gottes Kraft,
>   Denn Ludwig trug den Sieg davon;
>   Und allen Heiligen sei Dank,
>   Dass er im Kampf den Sieg erhielt.
>   Wohl sei auch Ludwig immerdar,
>   Dem König, segensreich im Kampf!
>   So kampfbereit, wie er hier war
>   Und dort, wohin die Not ihn rief,
>   Erhalte ihn Gott, unser Herr,
>   Durch seine Gnade, seine Gunst.

Hatte zuvor Ludwig ein Lied angestimmt, so wird ihm nun selbst ein Lied gesungen. Der Lobpreis richtet sich zwar an Gott, schließt aber den König mit ein, dem Gottes Segen und Gnade gewünscht wird. So wird ein letztes Mal deutlich, dass Ludwig III. als charismatischer König verehrt wird, dessen Herrschaft auf seiner besonderen Nähe zu Gott beruht.

Plädoyer für die Wiederherstellung der Reichseinheit?
Das *Ludwigslied* kommt einer Heiligsprechung des westfränkischen Königs gleich. Es lässt sich als Plädoyer für die Wiedervereinigung des fränkischen Reichs unter seiner theokratischen Herrschaft lesen, eine Hoffnung, die am frühen Tod des jungen Königs scheiterte, aber wenig später, wenn auch nur für kurze Zeit, dennoch Wirklichkeit wurde. Als im Dezember 884 auch Ludwigs Bruder Karlmann starb, war der ostfränkische König Karl III. der einzige legitime Karolinger, der verblieb. Die Großen des Westens erkannten ihn als ihren Fürsten an, sodass das Karlsreich noch einmal in eine Hand gelangte. Doch währte die Einheit nicht lange, denn schon nach zwei Jahren wurde der überforderte und erfolglose König wieder gestürzt.

Das *Ludwigslied* erscheint in neuem Licht, wenn man es als Plädoyer für die Wiederherstellung der Reichseinheit unter dem westfränkischen König liest (Yeandle 1989; Herweg 2002, S. 148–169). Schon die Wahl der fränkischen Sprache, die im romanischen Westen nicht nahelag, lässt sich als Indiz für die These lesen, dass das Lied auch im Osten verstanden werden sollte. Die lateinische Überschrift, die die Namensgleichheit von Vater und Sohn beschwört, lässt sich als Hinweis auf die transpersonale Identität der fränkischen Könige werten, die außer Ludwig III. und Ludwig dem Stammler auch ihre Vorfahren Ludwig den Deutschen und Ludwig den Frommen einschließt. Letzterer war als Sohn Karls des Großen der letzte König des Gesamtreiches, bevor es 843 im Vertrag von Verdun geteilt wurde, und Ludwig III. sein Urgroßenkel. Auch das Lied selbst bietet zahlreiche Hinweise. Schon die erste Zeile klingt bis in die Wortstellung programmatisch. Der Sprecher behauptet, dass er nur *einen* König kenne und dieser Ludwig heiße: *Einan kuning uueiz ih, Heizsit her Hluduīg*. Der Einwand der Jugend und Vaterlosigkeit wird in eine Tugend umgemünzt: Gott selbst habe sich des Kindes als Vater und Erzieher angenommen und Ludwig mit dem Thron und den für die Herrschaft erforderlichen Tugenden ausgestattet. Die erfolgreiche Schlacht gegen die Normannen lässt sich als Anspielung auf die zahlreichen Kämpfe lesen, die Karl der Große führte. Die Stilisierung der Schlacht gegen die Normannen als Sieg über die „Heiden" hat eine Parallele in Karls Kämpfen gegen die Sachsen, über die Einhard schrieb, dass sie, „wie fast alle germanischen Stämme", „ein wildes Volk" gewesen seien, „das Götzen anbetete und dem Christentum feindlich gesinnt war" (Einhard 1995, S. 16–19). Alle Hoffnungen des Dichters, dass ein neuer Karl das fränkische Reich im Zeichen des Christentums vereinigen und verteidigen könne, lagen, so scheint es, auf Ludwig III.

Dieses Plädoyer kann zugleich als Parteinahme des Dichters für Ludwig III. gegen die beißende Kritik gelesen werden, die Hinkmar, der Erzbischof von Reims, gegen Ludwig richtete. Der Konflikt entzündete sich daran, dass Ludwig das Gewohnheitsrecht für sich in Anspruch genommen hatte, einen Bischof einzusetzen, während Hinkmar auf kanonischer Wahl beharrte – ein Vorgeschmack auf den Investiturstreit, der zu Beginn des zwölften Jahrhunderts eskalierte. Hinkmar attackierte Ludwig, indem er ihm seine Jugend, seinen Mangel an Erziehung, seine Unfähigkeit im Vergleich mit Karl dem Großen und, in Verdrehung der Tatsachen, seine angebliche Flucht vor den Normannen ankreidete: „Ludwig kehrte gemeinsam mit seinen Männern um, und ergriff, obwohl von niemandem verfolgt, die Flucht. Daran erwies sich das göttliche Urteil, dass die Taten der Normannen sich nicht menschlicher, sondern göttlicher Gewalt verdankten" (Hinkmar 1826, S. 513, Übersetzung A.K.). Das *Ludwigslied* wirkt wie ein Widerspruch gegen Hinkmars polemische Behauptungen in Form eines Fürstenpreislieds.

6.2 Lobpreis der Heiligen

Der Bogen vom Fürstenlied zum Heiligenlied lässt sich leicht schlagen, denn das *Ludwigslied* endet mit einer Anrufung aller Heiligen: *Ioh allen heiligon thanc!* (Z. 56: „Und allen Heiligen sei Dank!"). Der fränkische König weiß nicht nur seine Krieger hinter sich, wenn er in die Schlacht zieht, sondern auch die Heiligen, die ihm vom Himmel aus Hilfe leisten. Die Spannung zwischen den Sphären des irdischen und himmlischen Reichs, auf die das *Ludwigslied* anspielt, steht auch im Mittelpunkt zweier deutscher Heiligenlieder, die im frühen Mittelalter entstanden: des kirchenliedartigen *Petruslieds,* das der liturgischen Gattung des Hymnus nahesteht, und des legendenhaften *Georgslieds,* das sich auf die liturgische Gattung der Sequenz beziehen lässt. Im *Georgslied* heißt es, dass der Heilige das weltliche Reich verließ, um das himmlische Reich zu gewinnen *(ferlhiecz er uhereltrhike, keuhan er himilrhike).* Das *Petruslied* wiederum handelt von jenem Heiligen, der in der Vorstellung des Volksglaubens als Himmelspförtner über den Zugang der Verstorbenen zum ewigen Leben entscheidet.

6.2.1 Das *Petruslied*

Das *Petruslied* gilt als erstes Kirchenlied in deutscher Sprache. Dass diese Tradition schon im neunten Jahrhundert ihren Anfang nahm, beweisen weitere Quellen, die Auskunft über die Gebrauchssituationen der deutschen geistlichen Lieder geben. Das *Petruslied* gehört zur Gattung des Leis, einer einfachen Liedform, deren Strophen mit dem Kehrvers *Kyrieleis* (auf dem die Gattungsbezeichnung beruht) beantwortet werden. Der in verschiedenen Fassungen überlieferte Vers (der noch heute in liturgischem Gebrauch ist) leitet sich aus einem Bittruf der griechischen Liturgie ab: *Kyrie eleison* („Herr, erbarme dich"). Zu den frühesten Zeugnissen gehört das bereits besprochene *Ludwigslied*. Es schildert, wie der fränkische König und sein Heer mit einem heiligen Lied auf den Lippen in den Kampf ziehen. Der König reitet voran und singt das Lied, das ihm nachfolgende Heer respondiert mit dem Kehrvers *Kyrrieleison* (s. Abschn. 6.1.2). Diese Szene legt nahe, dass geistliche Lieder nicht nur im Gottesdienst und bei Prozessionen, sondern auch als Kampfruf vor der Schlacht angestimmt wurden.

Einen weiteren Beleg bietet die Prager Kirchengeschichte. Im zwölften Jahrhundert berichtet der Bischof Cosmar, dass bei der Inthronisation seines Amtsvorgängers Thietmar im Jahr 973 ein Leis gesungen worden sei. Während des feierlichen Gottesdienstes hätten die Kleriker ein lateinisches Loblied zu Ehren Gottes vorgetragen, und die weltlichen Fürsten hätten mit einem deutschen Lied geantwortet, dessen Kehrvers von der gesamten Gemeinde mitgesungen worden sei:

> Als er in die Stadt Prag gekommen war, wurde er neben dem Altar des heiligen Veit von allen eingesetzt, während der Klerus sang: *Te deum laudamus.* Der Fürst und die Vornehmen antworteten mit dem Gesang: *Christe keinado, kirie eleison, und die halligen alle helfuent unse, kyrie eleison* usw.; das einfachere und ungebildete Volk aber rief *kyrieleyson.* (Müllenhoff und Scherer 1892, S. 329, Übersetzung A.K.)

Cosmar hat das Lied in verschriebener Form überliefert, aber es lässt sich wie folgt rekonstruieren (Müllenhoff und Scherer 1892, S. 51; Nachdichtung A.K.):

> Christe ginâdo! Kyrie eleison.
> Helfen uns alle heiligon! Kyrie eleison.

Die Gnade Christi sei mit uns! Du, unser Herr, erbarme dich.
Uns helfen alle Heiligen! Du, unser Herr, erbarme dich.

Ein Lied wie diesen Leis dürfte der Dichter des *Ludwigslieds* im Sinn gehabt
haben, als er dem fränkischen König das *lioth frono* in den Mund legte.

Nähe zum Hymnus

Das *Petruslied* präsentiert sich als dreistrophiges Kirchenlied, das in Form und
Inhalt dem Hymnus nahesteht. Hymnen sind Preislieder, die sich formal als Folge
gleichförmiger Strophen darstellen, die sich wiederum aus gleichförmigen Versen
zusammensetzen. Bei den *Murbacher Hymnen* (s. Abschn. 2.2.1) handelt es sich
um lateinisch-deutsche Interlinearversionen, im Falle des *Petruslieds* hingegen
liegt eine volkssprachliche Paraphrase eines lateinischen Hymnus vor, nämlich der
seit dem zehnten Jahrhundert überlieferten Hymnenstrophe *Iam bone pastor*:

> Iam, bone pastor, Petre, clemens accipe
> Vota precantum et peccati vincula
> Resolve tibi potestate tradita,
> Qua cunctis caelum verbo claudis, aperis. (Anal. hymn. 51, 217)

> Nun, guter Hirte, Petrus, nimm gütig die Gebete der Bittenden an und löse die Fesseln
> der Sünde; denn dir ist die Macht gegeben, mit der du allen den Himmel durch ein Wort
> verschließest oder öffnest.

Der Hymnus bezieht sich auf jene Bibelstelle, in der Christus dem Apostelfürsten
Petrus die Schlüssel des Himmelreichs anvertraut (Mt 16,18–19):

> [18]Ich aber sage dir: Du bist Petrus und auf diesen Felsen werde ich meine Kirche
> bauen und die Pforten der Unterwelt werden sie nicht überwältigen. [19]Ich werde dir die
> Schlüssel des Himmelreichs geben; was du auf Erden binden wirst, das wird im Himmel
> gebunden sein, und was du auf Erden lösen wirst, das wird im Himmel gelöst sein.

Diese Szene spiegelt die Sonderrolle der römischen Gemeinde im frühen Christentum. Petrus gilt als erster Bischof von Rom und somit zugleich als erster Papst.
Diese Sonderstellung illustrieren die Metaphern des Felsens und des Schlüssels.
Petrus ist das lateinische Wort für den Felsen und Beiname des Apostels, der
eigentlich Simon heißt. Die Rolle des Stellvertreters und Bevollmächtigten Christi
wird als Übergabe des Schlüssels symbolisiert. Zunächst wurde dieses Motiv als
stellvertretende Vollmacht zur Sündenvergebung verstanden, später dann als Ent-
scheidungsgewalt darüber, wer Zugang ins Gottesreich erlangt. Die theologische
Vorstellung der Binde- und Lösegewalt wurde oft so verbildlicht, dass Petrus an
der Pforte des Himmels steht und darüber entscheidet, wem er die Tür aufschließt.

Nähe zu Otfrids Evangelienbuch

Das in bairischer Sprache verfasste *Petruslied* ist um 900 in einer Freisinger Handschrift nachgetragen worden, die heute in München liegt. Es handelt sich um

eine im dritten Viertel des neunten Jahrhunderts in Freising angefertigte Kopie des Genesiskommentars von Hrabanus Maurus. Der Text des *Petruslieds* ist mit Neumen versehen. Die Melodie lässt sich nicht zuverlässig rekonstruieren, doch entspricht sie in jedem Fall dem Stil eines Gregorianischen Chorals. Man kann sich die Aufführungsform als Wechselgesang vorstellen: Der Vorsänger übernimmt die Strophen, die Gemeinde antwortet mit dem Refrain. Das *Petruslied* teilt mit dem *Evangelienbuch* Otfrids von Weißenburg nicht nur die Vers- und Strophenform, sondern auch den Wortlaut eines Verses. Das Lied ist in endgereimten Langzeilen verfasst; je zwei Zeilen sind zu einer Strophe zusammengefasst, auf die der Refrain antwortet. Vergleichbare Formen finden sich im *Evangelienbuch*: Am Anfang des zweiten Buchs hat Otfrid ein Schöpfungslied platziert, das ebenfalls zwischen Strophe und Refrain wechselt (Otfrid 1987, S. 70–75). Die gemeinsame Zeile lautet: *daz er uns firtanen giuuerdo ginaden* („dass er uns Sündern gnädig sei"). Sie bildet den Schluss des *Petruslieds* und im ersten Buch von Otfrids *Evangelienbuch* den Schluss des siebten Kapitels, das das Magnifikat wiedergibt, also seinerseits ein geistliches Lied darstellt. Während sich die Bitte im *Petruslied* an den Apostel Petrus richtet, ist sie in Otfrids *Evangelienbuch* an die Gottesmutter und den Apostel Johannes adressiert, dem, wie Petrus, ebenfalls eine privilegierte Stellung unter den Jüngern Jesu zukommt. Johannes galt als derjenige, der beim letzten Abendmahl im Schoß des Herrn lag und dem Jesus vom Kreuz herab seine Mutter anvertraute. Beide sind Nachfolger Jesu: Petrus als Bevollmächtigter der Kirche, Johannes als Ersatzsohn der Gottesmutter. Wenn man die gemeinsame Zeile als Zitat werten kann, dann antwortet das *Petruslied* auf Otfrids *Evangelienbuch* in der Weise, dass es die Sonderrolle des Lieblingsjüngers durch die Sonderrolle des Schlüsselträgers ersetzt.

Drei Strophen mit Kehrvers

Das *Petruslied* besteht aus drei Strophen mit je zwei endgereimten Langzeilen und einem Refrain. Letzterer ist zwar ein liturgischer Kehrvers in griechischer Sprache, der sich genau in die Form der Langzeile einpasst: *Kyrie eleyson, Christe eleyson* („Herr, erbarme dich; Christus, erbarme dich"). Die erste Strophe handelt von der Binde- und Lösegewalt des Heiligen, die zweite von seinem Wächteramt an der Himmelspforte und die dritte von der Bitte der Gemeinde an den Heiligen.

Die erste Strophe nennt zunächst nicht Petrus, sondern Christus, der ihm das Schlüsselamt verliehen hat (Z. 1–3; zitiert nach Braune und Ebbinghaus 1994, S. 131; Nachdichtung A.K.):

> Unsar trohtin hat farsalt   sancte Petre giuualt,
> daz er mac ginerian   ze imo dingenten man.
> > Kyrie eleyson,   Christe eleyson.
>
> Gott, unser Herr, hat einst bedacht
> Sankt Peter mit Gewalt und Macht,
> Dass dieser den erretten kann,
> Der auf ihn hofft, Frau oder Mann.
> > Du, unser Herr, erbarme dich,
> > O Christus, du erbarme dich.

Das Wort *trohtin* ist die althochdeutsche Entsprechung zum griechischen Wort *kyrios* („Herr"). Die Binde- und Lösegewalt wird im Wort *ginerian* zusammengefasst, das wörtlich „ernähren" oder „retten" bedeutet (und in Otfrids *Evangelienbuch* oft auf Christus selbst bezogen wird). Auffällig ist, dass Petrus mit einem lateinischen Ausdruck als Heiliger ausgewiesen wird: *sancte Petre*. Es verweist auf den Zusammenhang der Liturgie wie nachfolgend auch der griechische Kehrvers. Dieser bindet die Verehrung des Apostelfürsten christologisch ein. Zwar wird auf Hilfe von Petrus gehofft, aber letztlich ist es Christus, der sich erbarmen soll.

Die in der ersten Strophe allgemein formulierte Binde- und Lösegewalt wird in der zweiten Strophe auf die Situation an der Himmelspforte hin konkretisiert (Z. 4–6):

>   Er hapet ouh mit uuortun   himilriches portun:
> 5 dar in mach er skerian   den er uuili nerian.
>   Kirie eleison,   Criste eleyson.

>   Und wortgewaltig steht er vor
>   Des Himmelreiches großem Tor:
> 5 Kraft seines Amtes lässt er ein,
>   Wem immer er will Retter sein.
>   Du, unser Herr, erbarme dich,
>   O Christus, du erbarme dich.

Entsprechend dem lateinischen Hymnus, auf dem das *Petruslied* basiert, ist von einem Schlüssel keine Rede; vielmehr sind es die Worte des Heiligen, die über den Eintritt ins Himmelreich entscheiden. Das Wort *nerian* (retten) stellt eine Klammer zur ersten Strophe her: Christus hat Petrus die Macht zum Retten verliehen (Str. 1), Petrus entscheidet nun, wen er der Rettung für würdig erachtet (Str. 2). Der Gläubige erschien in der ersten Strophe als Subjekt der Hoffnung, in der zweiten Strophe erscheint er nun als Objekt der Entscheidung, die über ihn getroffen wird.

Die dritte Strophe kehrt in die Wir-Form zurück (Z. 7–9):

> Pittemes den gotes trut   alla samant uparlut,
> daz er uns firtanen   giuuerdo ginaden.
>   Kirie eleyson, Criste eleison.

> Nun bitten wir den Gottesfreund
> Mit lauter Stimme hier vereint,
> Obgleich uns Sündenschuld bedrängt,
> Dass er uns seine Gnade schenkt.
>   Du, unser Herr, erbarme dich,
>   O Christus, du erbarme dich.

Die Gläubigen werden aufgefordert, sich an Petrus zu wenden, der hier nicht beim Namen genannt, sondern als *gotes trut* („Freund Gottes") bezeichnet wird. Dies ist der Titel, den Otfrid dem Lieblingsjünger zuweist: *Johannes drúhtines drut* (Buch I, Kap. 7, Z. 27: „Johannes, Vertrauter des Herrn"). Dann folgt die Gnadenbitte, die wörtlich aus Otfrids *Evangelienbuch* entlehnt ist. Hier scheint sich die Vermutung zu bestätigen, dass das *Petruslied* die Rolle des Favoriten Jesu Christi substituiert. Die erste Zeile der dritten Strophe nimmt auf die Aufführungssituation des gesamten Lieds Bezug: Die Gläubigen, die nun in der Rolle der Sünder auftreten, bitten Petrus *uparlut* („mit lauter Stimme") um Gnade.

Das *Petruslied* sucht die Nähe zur Liturgie. Es stellt keinen Hymnus im engeren Sinne dar, sondern einen Bittgesang, der sich auf die Hymnentradition bezieht. Einerseits wird die für die volkssprachliche Dichtung typische Form der Langzeile benutzt; andererseits handelt es sich um hymnische Rede, die theologisch durchdrungen ist und Elemente aus den heiligen Sprachen Latein und Griechisch enthält. Wie Otfrid ein Evangelium für die Franken erschaffen wollte, so scheint es die Absicht des Verfassers des *Petruslieds* gewesen zu sein, einen Hymnus für die Bayern zu dichten.

6.2.2   Das *Georgslied*

Das *Petruslied* mutet fast naiv an. Es vermittelt den Eindruck eines geistlichen Volkslieds, wenn man darunter ein Lied verstehen möchte, das zwar von einem bestimmten Dichter verfasst, dann aber zu populärem Gemeingut geworden ist. Einen ganz anderen Ton schlägt das *Georgslied* an. Es erzählt nicht von der Hoffnung auf einen himmlischen Türsteher, sondern von den unfassbar grausamen Leiden, die ein christlicher Märtyrer erdulden muss.

Georgslegende
Georg ist ein Heiliger, der nicht der Bibel, sondern der Legendenliteratur entstammt. Die Georgslegende, die gegen Ende des vierten Jahrhunderts entstanden sein dürfte, zählt zum Genre der spätantiken Märtyrerromane, deren Hauptfiguren als „Märtyrer vom unzerstörbaren Leben" auftreten (Haubrichs 2001). Den historischen Hintergrund bilden die Christenverfolgungen unter Diokletian; doch tritt als Verfolger nicht der römische Kaiser, sondern ein persischer Tyrann namens Dacian auf. Georg wird als römischer Offizier griechischer Abstammung vorgestellt, der aus der römischen Provinz Kappadozien, Syrien oder Palästina stammt und während der Christenverfolgungen stirbt. Der Theologe Eusebius berichtet im achten Buch seiner Kirchengeschichte von einem Märtyrer, der während der Christenverfolgungen bis in den Tod an seinem Glauben festhielt:

> In dem Augenblicke, da in Nikomedien [der Residenz Diokletians] das Dekret gegen die Kirchen bekanntgegeben ward – es war an einem öffentlichen und belebten Platze angeschlagen –, nahm es ein keineswegs unbekannter, sondern durch hohe weltliche Würden ausgezeichneter Mann in seinem Eifer für Gott und voll feurigen Glaubens ab und riß es in Stücke, da er es für unheilig und sehr gottlos erachtete. [...] Der erwähnte Mann war der erste, der unter den damaligen Zeitgenossen in solcher Weise sich hervortat. Die Strafe, die er für ein so kühnes Vorgehen dem Gesetze entsprechend erduldete, ertrug er heiter und gelassen bis zum letzten Atemzuge. (Eusebius 1932, S. 378–379)

Der namenlose Märtyrer dieser Geschichte wurde nachträglich mit dem heiligen Georg identifiziert. Die griechische Legende ist in verschiedenen Fassungen überliefert. Einige passen sie an die historischen Verhältnisse an, indem sie Dacian durch Diokletian ersetzen. Seit dem fünften Jahrhundert wurde die Legende mehrfach ins Lateinische übersetzt. Das althochdeutsche *Georgslied* beruht auf zwei verschiedenen lateinischen Fassungen der Legende, deren Motive es frei gestaltet und arrangiert (Haubrichs 2013a).

Entstehung und Überlieferung

Das *Georgslied* ist erst im frühen elften Jahrhundert bezeugt, und zwar als Nachtrag der Heidelberger Handschrift, die Otfrids *Evangelienbuch* überliefert. Die Überlieferung ist ein „philologisches Desaster", denn offenbar verstand der Schreiber den Text, den er kopierte, nicht und verdarb ihn durch zahlreiche Verschreibungen (Müller 2007, S. 310). Doch ist es gelungen, die ursprüngliche Fassung zu rekonstruieren (Haubrichs 1979). Da das Lied alemannische Züge aufweist, vermutet man, dass es im Kloster Reichenau entstanden sein könnte. Trifft dies zu, sind zwei Anlässe für die Abfassung denkbar: die Überführung von Reliquien des heiligen Georg auf die Reichenau im Jahr 896 und die dortige Errichtung der Georgskirche um das Jahr 900. Doch auch das Kloster Prüm in der Eifel wird als Entstehungsort in Erwägung gezogen (Haubrichs 1995a, S. 335). Hinsichtlich des Gebrauchs denkt man an eine liturgienahe Aufführung im Rahmen von Prozessionen. Aufgrund seines Inhalts, der Konfrontation zwischen einem brutalen Tyrannen und einem duldsamen Märtyrer, war es besonders geeignet, Affektgemeinschaften zu erzeugen (Keller 2003).

Form und Komposition

Seiner Form nach erinnert das althochdeutsche *Georgslied* an die Gattung der Sequenz. Diese zählt, wie der Hymnus, zu den Gattungen des liturgischen Lieds. Sie wurde im frühen Mittelalter von Notker I. von St. Gallen entwickelt. Sequenzen gehörten insbesondere an Feiertagen zum Proprium der heiligen Messe. Im Unterschied zum Hymnus sind die Strophen und Verse einer Sequenz nicht gleichförmig gebaut, sondern können in hohem Maße variieren. Außerdem können sich bestimmte Strophengruppen formal wiederholen, also mehrfache Bögen innerhalb des Lieds ausbilden.

Das *Georgslied* ist fragmentarisch überliefert, doch ergibt die Formanalyse, dass es ursprünglich elf Strophen umfasste, von denen die ersten neun Strophen und der Anfang der zehnten Strophe erhalten sind. Es handelt sich um eine Zentralkomposition, die man sich als dreiteiliges Altarbild mit Haupttafel und zwei Flügeln vorstellen kann. Der erste Teil handelt vom Gerichtstag des heidnischen Tyrannen Dacian, der zweite vom Martyrium des Heiligen, der für sein Bekenntnis zum Christentum gefoltert und hingerichtet wird, der dritte vom Triumph des Heiligen über den Tyrannen und somit des Christentums über das „Heidentum":

I. Erster Flügel	
Strophe 1: 5 Langzeilen	Refrain A: 1 Langzeile
Strophe 2: 4 Langzeilen	Refrain A: 1 Langzeile
Strophe 3: 4 Langzeilen	Refrain B: 1 Langzeile
Strophe 4: 5 Langzeilen	Refrain B: 1 Langzeile
II. Zentrum	
Strophe 5: 5 Langzeilen	Refrain C: 3 Langzeile
Strophe 6: 3 Langzeilen	Refrain C: 3 Langzeile
Strophe 7: 6 Langzeilen	Refrain C: 3 Langzeile
III. Zweiter Flügel	
Strophe 8: 5 Langzeilen	Refrain A: 1 Langzeile
Strophe 9: 6 Langzeilen	Refrain A: 1 Langzeile
Strophe 10: 6 Langzeilen	Refrain B: 1 Langzeile
Strophe 11: 5 Langzeilen	Refrain B: 1 Langzeile

Wie die Übersicht zeigt, liegen drei verschiedene Refraintypen vor, die man als A, B und C bezeichnen kann. In den beiden Flügeln des Lieds wiederholen sich die Refrains A und B, der Mittelteil hat den Refrain C. Die Strophen umfassen zwischen drei und sechs Langzeilen. In den Flügeln ist die Zahl der Zeilen symmetrisch verteilt, dabei übersteigt der Umfang des ersten den des zweiten Flügels (Str. 1–4: 5, 4, 4, 5 Zeilen; Str. 8–11: 5, 6, 6, 5 Zeilen). Zählt man die Zeilen der Refrains mit, ergibt sich eine quantitative Steigerung über alle drei Teile hinweg (22, 23, 26 Zeilen). Die beiden Flügel verschränken jeweils zwei gegenläufige Bauprinzipien: zum einen die achsensymmetrische Verteilung der Verszahlen (xyyx), zum anderen die paarweise Anordnung der Refrains (AABB). Somit gewinnt jede Zeile eine besondere Position. Die Komposition beruht folglich auf der Kombination dreier Prinzipien, die auch für die liturgische Gattung der Sequenz konstitutiv sind: Wiederholung, Variation und Symmetrie.

Erster Flügel

Das *Georgslied* setzt Vertrautheit mit der Georgslegende voraus. Die Strophen bieten szenische Miniaturen, die sich in Kenntnis der gesamten Geschichte vervollständigen lassen. Das Lied setzt mitten in der Handlung ein. Markgraf Georg reist mit großem Gefolge zu einem Gerichtstag, den der heidnische Herrscher Dacian einberufen hat. Da spezifische Orts- und Zeitangaben fehlen, lassen sich die erzählten Ereignisse in die fränkische Lebenswelt übertragen. Im Folgenden versehe ich den Text (Haubrichs 1979, S. 371–373) mit einer modernen Interpunktion, verzichte auf die Schreibung des Namens Georg in Kapitälchen und schreibe alle Eigennamen groß (Z. 1–6; zitiert nach Haubrichs 2013a; Nachdichtung A.K.):

Gorio fhuor ce malo   mit mikilemo herio
fhone dhero marko   mit mikilemo fholko.
fhuor er ce dhemo rhinhe,   ce hebihemo dhinhe.
dhazs dhin uhas marista,   ghote lhiebosta.
5   ferlhiezc er uhereltrhike,   keuhan er himilrhike.
          dhazs kedheta shelbo   dher mare crabo gorio.

Herr Georg reiste zum Gericht
Mit einem großen Aufgebot
Aus dem von ihm beherrschten Land
Mit einer großen Menschenschar.
Er reiste zum Versammlungsplatz,
Zur wichtigen Zusammenkunft.
Groß war und herrlich das Gericht,
Und Gott gefiel es überaus.
5   Das Reich der Welt verließ er da,
Gewann dafür das Himmelreich:
          Das alles hat er selbst getan,
          Der große Graf, der Georg heißt.

Der aus der Bibeldichtung (s. Kap. 5) bekannte Variationsstil findet sich auch hier. Zwar wird die Handlung verkürzt, doch werden viele Motive mehrfach benannt. So erscheint Georgs Gefolge in den ersten Zeilen zweimal: zunächst als großes Heer *(mikilemo herio),* dann als großes Volk *(mikilemo fholko).* Der Gerichtstag wird dreifach als „Mal" *(malo),* „Ring" *(rhinhe)* und „Ding" *(dhinhe)* angesprochen. Das Mal meint das zeitlich bestimmte Ereignis, der Ring den Kreis der Versammelten und das Ding die Gerichtssache. Dorthin reist Georg von seiner Mark *(marko),* seinem Herrschaftsgebiet. Die Häufung von Wörtern, die mit dem Buchstaben m beginnen, erzeugt einen stabreimenden Effekt und erinnert an die Heldendichtung: *malo, marko, mikilemo.* Die vierte Zeile bereitet die Opposition von Gott und Welt vor. Der Gerichtstag ist einerseits herrlich, was auf weltliche Pracht schließen lässt, andererseits gottgefällig, was auf das Zeugnis verweist, das Georg für seinen Glauben ablegen wird. Diese Opposition wird auf eine einprägsame Formel gebracht: Georg verlässt das weltliche Reich und gewinnt das himmlische Reich. Die Reise von der Mark zum Gericht erscheint als Abkehr von der Macht und Hinwendung zum Glauben. Der abschließende Refrain bekräftigt das öffentliche Glaubensbekenntnis: „Das tat selbst der berühmte Graf Georg". Der Refrain weist Georg als Graf *(crabo)* aus, der zum Ruhm des Gerichtstages beiträgt, denn das betreffende Attribut wird auf Georg *(mare)* und den Gerichtstag *(marista)* zugleich angewendet. Es besteht eine gewisse Nähe zu den Fürstenpreisliedern, auch wenn Georg bald seinen Herrschaftsanspruch aufgibt und das Schicksal des Märtyrers erwählt.

Die zweite Strophe eröffnet die eigentliche Handlung (Z. 7–11):

Dho sbuonen inen alle   kuninha sho manehe.
uholton shi inen herkeren,   ne uholta ernes horen.
herte uhas dhazs Gorien muot,   ne hort er in, es sheg ich ghuot,
10   nub er al kefhrumeti,   dhes er ce ghote dhigeti.
          dhazs kedheta shelbo   hero sancte Gorio.

> Da drangen alle auf ihn ein,
> Die Könige in großer Zahl.
> Bekehren wollten sie ihn da,
> Doch hören wollte er sie nicht.
> Sehr fest und stark war Georgs Herz,
> Er hörte sie nicht, sag ich euch.
> 10 Nur das allein vollführte er,
> Was er zuvor von Gott erbat.
>   Das alles hat er selbst getan,
>   Der Heilige, der Georg heißt.

Mit dem hinweisenden Wort *dho* (da) führt der Erzähler direkt in die Auseinandersetzungen um Georg hinein. In der Formel *es sheg ich ghuot* („das erzähle ich richtig"; Z. 9) bringt sich der Erzähler in einer ähnlichen Weise als Garant der Wahrheit zur Geltung, wie man sie aus Otfrids *Evangelienbuch* kennt. Die erwähnten Könige, Vasallen des heidnischen Tyrannen, wollen Georg zur Umkehr *(herkeren)* bewegen; der Schritt vom weltlichen zum himmlischen Reich soll rückgängig gemacht werden. Die Opposition von Gott und Welt wird in der Figurenkonstellation abgebildet: Auf der einen Seite stehen die „heidnischen" Könige, auf der anderen Seite die standhafte Heilige. Weiterhin arbeitet der Dichter mit der Technik der variierenden Wiederholung. Zweimal wird gesagt, dass Georg nicht auf die Könige hören wolle (Z. 9b, 10b). Georg isoliert sich aus der Gemeinschaft der Fürsten, denen er zuvor selbst angehörte, und macht sie durch seine Hinwendung zum Christentum zu seinen Feinden.

Das zeigt sich zu Beginn der dritten Strophe. Die Könige suchen Georg nicht mehr nur mit Worten zur Umkehr zu bewegen, sondern verurteilen ihn zu Kerkerhaft. So wird für Georg der allgemeine Gerichtstag zum persönlichen Prozess; er ist zu seiner eigenen Verurteilung angereist (Z. 12–16):

> Dho dheilton sh'inen share   ce demo karekare.
> dhar met imo dho fhuoren   hengila de shonen.
> dhar fahnd er ceuuei uhib,   kenerit er dhaz ire lhib.
> 15 dho uhorht er so shono   dhazs imbisz in fhrono.
>   dhazs zeiken uhorta dhare   Gorio ce uhare.

> Das Urteil wurde schnell gefällt,
> Sie schickten ihn in Kerkerhaft.
> Dort leistete Gesellschaft ihm
> Der schönen Engel große Schar.
> Dort fand er auch zwei Frauen vor,
> Er schenkte ihnen Lebenskraft
> 15 Und nährte sie auf schöne Art
> Mit Speise, die vom Himmel kam:
>   Das Wunderzeichen wirkte dort
>   Herr Georg, das ist wirklich wahr.

Nach der Verurteilung wechselt der Schauplatz. Gezeigt wird Georgs Gefangenschaft im Kerker. Nachdem die Könige Georg verstoßen haben, gesellen sich die Engel zu ihm. Georg tritt aus der weltlichen Gemeinschaft der Könige hinüber in die göttliche Gemeinschaft der Engel. Jede Zeile stellt ein neues Ereignis dar; dabei wird in chiastischer (kreuzweiser) Abfolge stets ein zeitlicher oder räumlicher Hinweis an den Anfang gestellt: *dho, dhar, dhar, dho.* Als Georg im Kerker auf zwei hungernde Frauen trifft, vollbringt er sein erstes Wunder. Er schafft ein Mahl herbei, das als geistliche Speise (*imbisz fhrono;* Z. 15) vorgestellt wird, wohl eine Anspielung auf die Eucharistie. Das Wunder wird elliptisch dargestellt; die ausgesparten Informationen dürften der Gemeinde, die das Lied sang, bekannt gewesen sein. Es müssen nur einige Stichworte aufgerufen werden, um in der Vorstellung das vollständige Bild zu erzeugen. Der Themenwechsel von der ersten (Gericht) zur zweiten Doppelstrophe (Wunder) schlägt sich im neuen Refrain nieder.

Die vierte Strophe wechselt in eine summarische Aufzählung weiterer Wundertaten. Sie lehnt sich an eine biblische Formulierung an, die auf Christus bezogen ist: „Blinde sehen wieder und Lahme gehen; Aussätzige werden rein und Taube hören; Tote stehen auf und Armen wird das Evangelium verkündet" (Mt 11,5) (Z. 17–22):

> Gorio dho dhigita,   inan druhtin al keuhereta;
> inan druhtin als keuhereta,   dhes Gorio cimo dhigita.
> dhen dhumben dhet er sprekenten,   dhen dhouben horenten,
> 20   dhen plinten dhet er sheenten,   dhen halcen ghanhenten.
> hein shul stount her manihe ihar,   huuzs spran dher lhob shar.
>   dhazs zheiken uhorhta dhare   Gorio ce uhare.

> Was immer Georgs Bitte war,
> Es wurde ihm von Gott gewährt.
> Es wurde ihm von Gott gewährt,
> Was immer Georgs Bitte war.
> Die Stummen er da sprechen ließ,
> Die Tauben er da hören ließ,
> 20   Die Blinden er da sehen ließ,
> Die Lahmen er da gehen ließ.
> Aus einer Säule, die dort stand
> Schon jahrelang, entsprang da Laub.
>   Das Wunderzeichen wirkte dort
>   Herr Georg, das ist wirklich wahr.

Die Angleichung von Georg und Christus wird in den ersten beiden Zeilen stilistisch durch einen Chiasmus umgesetzt: Georg bittet den Herrn, der Herr erhört Georg. Die dritte und vierte Zeile sind als Parallelismus gestaltet: Stumme sprechen und Taube hören, Blinde sehen und Lahme gehen. Dann folgt das zweite konkrete Wunder. Georg macht totes Holz lebendig, indem er an einem Pfosten Blätter sprießen lässt. Die Szene wird in der Legende ausführlicher erzählt. Dort ist sie Teil des Nahrungswunders: Die Säule, die den Dachfirst trägt, bringt Früchte hervor und ernährt die Hungernden. Indem die Details gestrichen werden, tritt der biblische Bezug zum blühenden Stab Aarons als Zeichen der göttlichen Erwählung umso deutlicher hervor: „Der Mann, den ich erwähle, dessen Stab wird sprossen" (Num 17,20). Somit wird auch Georg als Erwählter Gottes ausgewiesen.

Zentrum

Nun beginnt der Mittelteil des Lieds, der die fünfte bis siebte Strophe umfasst. Erst jetzt wird der Tyrann eingeführt (Z. 23–30; in Zeile 26 korrigiere ich wie Müller 2007, S. 82, die Schreibweise *shieen* zu *zhieen*):

Beghont ezs dher rhike man   fhile harte zhurnen.
Dacianus uhuoto   zhurnt ezs uhunterdhrato.
25   her quhat Gorio uhari   hein ghoukelari,
hiezs her Goriun fhaen,   hiezs en huuzs zhieen
hiezs en slahen harto   mit uhunteruhasso shuerto.
      dhasz uheizs hik, dhazs ist aleuhar: huffherstuont shik Gorio dhar,
      huffherstuont shik Gorio dhar,   uhola prediiot her dhar,
30   dhie heidenen man   keshante Gorio dhrate fhram.

Und als der Herrscher das vernahm,
Da hat ihn großer Zorn erfüllt.
Der wütende Herr Dacian
War schrecklich über ihn erzürnt.
25   Er sagte allen, Georg sei
Ein Gaukler und ein Zauberer.
Herrn Georg er da fangen ließ,
Herrn Georg er da strecken ließ,
Herrn Georg er da schlagen ließ
Mit einem wunderscharfen Schwert.
      Das weiß ich, das ist wirklich wahr,
      Dass Georg wieder auferstand.
      Als Georg wieder auferstand,
      Da predigte er wunderbar.
30   So ward das stolze Heidenvolk
      Von Georg überaus beschämt.

Mit Dacian betritt Georgs Gegenspieler die Bühne. Georg hat Gott auf seiner Seite, Dacian den Götzen Apollo, der in der zehnten Strophe genannt wird. Das Lied ergreift zwar die Partei des Heiligen, bringt aber auch die Sichtweise des Tyrannen zur Geltung. Aus christlicher Perspektive sind die Gegenspieler „Heiden" *(heidenen man),* wie der dritte Refrain dreimal betont. Doch erscheint umgekehrt auch Georg in der Sicht seines Gegenspielers als „Zauberer" *(ghoukelari;* Z. 25), der mit dämonischer Hilfe handelt. Beide Seiten verhalten sich spiegelbildlich zueinander, dem jeweils anderen wird der rechte Glaube abgesprochen.

Nun beginnt die Auseinandersetzung zwischen Georg und Dacian. Der Tyrann versucht in einer Reihe grausamer Hinrichtungsszenen, den Heiligen zu vernichten. Doch ruft Gott ihn immer wieder aufs Neue ins Leben zurück, damit er den christlichen Glauben predigt und seine Gegner beschämt. Die erste Todesart besteht in der Zerstückelung. Georg wird gestreckt und mit dem Schwert zerschlagen. Doch fügt Gott den fragmentierten Körper des Heiligen wieder zusammen. Die Auferweckung demonstriert Georgs Heiligkeit. Alle Bemühungen des Tyrannen sind vergeblich. Die Serie der Hinrichtungen wird als Zweikampf zwischen Gott und Dacian erzählt. Der Körper des Heiligen ist Schauplatz des immer schon zugunsten Gottes entschiedenen Duells. Der Refrain streicht den Sieg Gottes heraus, indem der Erzähler erneut die Wahrheit des wunderbaren Geschehens beschwört. Dabei geht es weniger um die historische Richtigkeit des Überlieferten als um das von Gott autorisierte Sprechen, das Bekenntnis der überlegenen Macht Gottes. So spricht auch Jesus: „Ich aber sage euch" (Mt 5,22). Der Erzähler nimmt die Rolle eines Predigers ein und gleicht sich somit seinem

Helden an, der seinerseits zu predigen *(prediiot)* beginnt und den Sieg Gottes über
die „Heiden" verkündet.

In der sechsten Strophe fragmentiert Dacian den Körper des Heiligen ein
zweites Mal, nun mit dem Rad. Wieder wird betont, dass der Tyrann dem Affekt
des Zorns ausgeliefert ist. Als steigernde Dublette der fünften Strophe ist die
sechste entsprechend kürzer (drei statt fünf Langzeilen) (Z. 31–36):

> Beghont ezs dher rhike man   fhilo harto zhurnen
> dho hiezs er Gorion binten   han en rhad uhinten
> ce uhare shahen hik esz hiuu   shie praken inen en cenuu
>   dhasz uhezs hik dhazs ist aleuhar   huffherstuont shik Gorio dhar
> 35   huffherstuont shik Gorio dhar   uhola prediiot her dhar
>   dhie heidenen man   keshante Gorio fhile fhram.

> Und als der Herrscher das vernahm,
> Da hat ihn großer Zorn erfüllt.
> Herrn Georg er da binden ließ
> Undließ ihn flechten an ein Rad.
> Wahrhaftig sage ich es euch:
> Sie brachen in zehn Stücke ihn!
>   Das weiß ich, das ist wirklich wahr,
>   Dass Georg wieder auferstand.
> 35   Als Georg wieder auferstand,
>   Da predigte er wunderbar.
>   So ward das stolze Heidenvolk
>   Von Georg überaus beschämt.

Das Muster der vorherigen Hinrichtung wiederholt sich. Dem Strecken ent-
sprechen das Binden und Flechten, dem Schwert das Rad, dem Zerschlagen das
Zerbrechen in zehn Stücke. Die Steigerung der Hinrichtung steigert zugleich das
Wunder der Auferstehung, das im Refrain erneut gepriesen wird.

Die siebte Strophe stellt den Höhepunkt dar. Sie überbietet die vorausgehenden
Strophen in Länge und Inhalt (Z. 37–45):

> Dho hiezs er Gorion fhaen,   hiezs en harto fhillen.
> man kehiezs en mullen,   ce puluer al uerprennen.
> man uharf an in dhen prunnen,   er uhas allike ersunten.
> 40   poloten shi dher ubere   steine mikil menige.
> beghonton shi'nen umbeghan,   hiezsen Gorien huffherstan.
> mikil dheta Gorio dhar   sho her io dhuot uhar.
>   dhasz uhezs hik dhazs ist aleuhar: huffherstuont shik Gorio dhar.
>   huffherstuont shik Gorio dhar,   uhola prediiot her dhar.
> 45   dhie heidenen man   keshante Gorio fhile fhram.

> Herrn Georg er da fangen ließ
> Und ließ in geißeln hart und schwer
> Und ließ danach zermahlen ihn,
> Ließ ihn verbrennen ganz zu Staub.
> In einen Brunnen warf man ihn,
> In dem er völlig unterging.
> 40   Darüber wälzten sie geschwind
> So manchen großen, schweren Stein.
> Dann schritten sie um ihn herum
> Und riefen, er soll auferstehn.

Das weiß ich, das ist wirklich wahr,
Dass Georg wieder auferstand.
Als Georg wieder auferstand,
Da predigte er wunderbar.
45   So ward das stolze Heidenvolk
Von Georg überaus beschämt.

Die Befehle des Tyrannen werden gereiht. Indem das persönliche „er" in ein unpersönliches „man" übergeht, verliert der Tyrann seinen Status als individuelle Person. Die Versuche, den Leib des Heiligen zu zerstören, werden fortgesetzt; dabei gewinnt die Häufung der stets vergeblichen Attacken einen fast humoristischen Charakter. Die Komik der Heiligkeit, der schadenfrohe Triumph führt die Handlungen der Gegenspieler ad absurdum. Es sind sieben Angriffe, die Dacian und seine Schergen gegen Georg richten: Sie fangen ihn, geißeln ihn, zermahlen ihn, verbrennen ihn, versenken ihn in einem Brunnen, wälzen Steine über den Brunnen und laufen höhnend um den Brunnen herum. Der Versuch der Vernichtung wird noch einmal gesteigert, der Körper wird nicht nur fragmentiert, sondern pulverisiert. Zugleich klingt die biblische Passionsgeschichte an. Auch Christus wird gegeißelt (Mk 15,15), auch Christus wird verhöhnt (Mk 15,29–32), auch der Leichnam Christi wird in einem Grab verschlossen und ein großer Stein davorgewälzt (Mk 15,46). Das Brunnenmotiv lässt an die biblische Josephsgeschichte denken (Gen 37,20: „Jetzt aber auf, erschlagen wir ihn und werfen wir ihn in eine der Zisternen"). Während die fünfte und sechste Strophe nur je eine Hinrichtungsart nennen, kommt es nun zum Overkill. Doch selbst die totale Vernichtung ist für Georg nur die Aufforderung, nach seiner Auferstehung noch einmal die Übermacht Gottes zu beweisen.

Zweiter Flügel
Es beginnt der dritte Teil des Lieds, eine Feier des göttlichen Sieges über den heidnischen Tyrannen. Der Reihe nach werden drei Gestalten in den Blick genommen: ein erweckter Toter namens Jobel (Str. 8), die Gattin des Tyrannen, die Alexandria heißt (Str. 9), und ein Götze namens Apollon (Str. 10). Zunächst erweckt der auferstandene Heilige einen Toten (Z. 46–51):

Huffherstuont shik Gorio dhar.   huuzs spran dher uhahe shar.
dhen dhoten man   huff hiezs er stanten
er hiezc en dhare cimo ghaen   hiezc en shar spreken
dho shegita her: Ihobel heizs   ich bet namon, gelhoubet hezs
50   quhat so uharin ferlhorene   dhemo dhiufele al betrogene
dhazs cunt uns shelbo   hero sancte Gorio.

Da stand Herr Georg wieder auf.
Und eine Quelle sprang empor.
Er ließ dort einen toten Mann
Von seinem Grabe auferstehn,
Befahl ihm, dass er kommen soll
Und dass er zu ihm sprechen soll.
Er sagte, dass er Jobel hieß:
Das ist mein Name, glaubt es mir!

50   Er sprach, dass sie verloren sind,
     Vom Teufel sie betrogen sind.
          Die Kunde brachte er uns selbst,
          Der Heilige, der Georg heißt.

Die erste Zeile ist aufgrund der doppelten Bedeutung des Wortes *uhahe* unklar: Springt der „schöne" Georg oder, wie in der Legende, eine „Quelle" empor? Jedenfalls hat sich die Lage ins Gegenteil verkehrt. Während im Mittelteil der Tyrann Befehle erließ, ist es nun Georg, der den Feinden und ihren Götzen gebietet. Er lässt einen Mann namens Jobel von den Toten auferstehen und befiehlt ihm zu gehen und zu sprechen, also ins Leben zurückzukehren und Zeugnis von dem vollbrachten Wunder abzulegen (vgl. die Auferweckung des Lazarus in Joh 11,1–44). Wie aus der Legende hervorgeht, handelt es sich bei Jobel um einen Menschen, der vor der Geburt Jesu starb und deswegen als Ungetaufter in der Hölle verharren muss. Wie Jesus ins Reich der Toten hinabgestiegen ist, um die Seelen der Verstorbenen zu befreien, so vermag auch Georg einem Bewohner des Totenreichs das Leben zu schenken. Daraufhin wird Jobel selbst zum Glaubenszeugen, der die Wunderkraft des Heiligen bestätigt: *gelhoubet hezs* (Z. 49). Der Refrain der siebten und achten Strophe ist eine variierende Wiederholung des Refrains der ersten und zweiten Strophe: „Das verkündete uns selbst der Heilige Georg".
In der neunten Strophe kommt die Ehefrau des Tyrannen ins Spiel (Z. 52–58):

     Dho ghien er ce dhero kamero,   ce dhero cuninginno,
     beghon er shie lheren,   beghonta shi'm ezs horen
     Elessandria,   shi uhas dhoegelika.
55   shi hilta shar uholedhuon   dhen hiro shanc spenton,
     shi spentota iro treso dhar,   dhazs hilft sha manec ihar.
     fhon euhon uncin euhon   sho'se en gnadhon.
          dhazs erdhigita shelbo   hero sancte Gorio.

     Da ging er zu der Kammer hin
     Und fand darin die Königin.
     Sie zu belehren er begann,
     Auf ihn zu hören sie begann,
     Die edle Alexandria,
     Die tugendhaft und gütig war.
55   Sie tat so manches gute Werk,
     Verschenkte all ihr Hab und Gut,
     Verteilte ihren Schmuck undSchatz,
     Das wird ihr nutzen manches Jahr.
     Von Ewigkeit zu Ewigkeit
     Wird Gottes Gnade ihr zuteil.
          Dass dies geschah, erbat er selbst,
          Der Heilige, der Georg heißt.

Georg tritt in die Kammer der Königin wie der Verkündigungsengel in das Gemach der Gottesmutter (Lk 1,28). Er belehrt sie im Glauben, und sie wendet sich dem Christentum zu. Georg ist nicht nur Märtyrer, sondern auch Missionar. Die Pointe liegt darin, dass er dem heidnischen Tyrannen die Ehefrau abspenstig macht – freilich nicht als Liebhaber, sondern als Glaubenszeuge, der sie zum Christentum bekehrt. Sogleich verrichtet Alexandria Werke der Barmherzigkeit, die einen Kontrast zur Unerbittlichkeit des Tyrannen darstellen: Gutes tun, Almosen geben. Ihre Mildtätigkeit zahlt sich aus, sie gewinnt das ewige Leben. So gleicht sie sich Georg an. Dies ist der größte Triumph über den Tyrannen. Indem Georg Alexandria für das Christentum gewinnt, ist Gottes Sieg vollkommen.

Der Sieg ist ein dreifacher. Auf die Erweckung des Toten und die Bekehrung der Königin folgt der Sturz des Götzen, dessen Standbild Georg mit exorzistischer Geste in den Abgrund schickt (Z. 59–62):

> Gorio huob dhia hant huf,   erbibinota Abolinus.
> 60   gebot er huber dhen hellehunt,   dho fhuor er shar en abcrunt
> hin …

> Da hob Herr Georg seine Hand,
> Vor Schreck erzitterte Apoll.
> 60   Den Höllenhund bezwang er da,
> sodass er in den Abgrund fuhr.
> …

Der Götze ist dem griechischen Götterhimmel entnommen, es handelt sich um den Sonnengott Apoll, der dann variierend mit einer anderen Figur der griechischen Mythologie in Verbindung gebracht wird, nämlich dem Höllenhund Kerberos. An dieser Stelle bricht das Lied ab, der Rest ist nicht überliefert. Mindestens eine elfte Strophe ist noch zu erwarten. Wie sich aus der Legende erschließen lässt, geht die Geschichte so aus, dass auch Alexandria ein grausames Martyrium erleidet und Georg nach einer letzten Hinrichtung endlich von Gott in den Himmel aufgenommen wird.

Ein geistliches Heldenlied

Das Lied präsentiert die Geschichte des heiligen Georg so, dass sie auch für ein Publikum nachvollziehbar wird, das nicht über antikes Bildungswissen verfügt. Die Handlung muss nicht im Orient spielen, um verstanden zu werden. Auf fränkischem Boden gewinnt das Lied eine missionarische Bedeutung; der Konflikt zwischen Christentum und Heidentum lässt sich auf die Missionsbemühungen im karolingischen Reich beziehen. Georgs Ankunft mit einem Heer erinnert an die Ausgangssituation des *Hildebrandslied* (s. Abschn. 3.1.2). Am Anfang des Lieds kann man noch nicht wissen, ob es sich um ein Helden- oder ein Heiligenlied handelt, zumal die Endreimdichtung mit einigen Stabreimen durchsetzt ist. So wird das Narrativ des Kampfes zwischen zwei Heerführern in das Narrativ des Kampfes der Christen gegen die „Heiden" überführt. Die Logik, die im *Georgslied* zum Vorschein kommt, beruht auf Gegensatz und Umkehrung. Der Tod führt zum Leben, daher muss der Märtyrer die physische Übermacht des Gegners nicht fürchten. Das unterscheidet ihn von den Kämpfern der Heldenlieder, für die Tod und Niederlage unumkehrbar sind.

Zwillingstexte

7

Inhaltsverzeichnis

Die erste Epoche der deutschen Literaturgeschichte klingt mit zwei Bibeldichtungen aus, die im frühen zehnten Jahrhundert entstanden. Es handelt sich um zwei Lieder, das erzählerische Dialoglied *Christus und die Samariterin* und den hymnenartigen *Psalm 138.* Beide Werke stehen noch ganz in der Tradition der althochdeutschen Dichtung, weisen aber auch eine deutliche Tendenz zur Emanzipation auf. Sie lassen ahnen, wie es hätte weitergehen können, wenn die Epoche der althochdeutschen Literatur nicht abgebrochen wäre (s. Abschn. 8.1.1). Zudem erlauben die beiden Werke Vergleiche zu früheren und späteren Texten gleichen Inhalts. Insofern kann man jeweils auch von Zwillingstexten sprechen.

Christus und die Samariterin behandelt eine Episode aus dem Johannesevangelium, die auch in Otfrids *Evangelienbuch* enthalten ist; an diesem Fallbeispiel lässt sich in vergleichender Analyse sehr schön aufzeigen, was sich in den Jahrzehnten, die zwischen Otfrid und *Christus und die Samariterin* liegen, literaturgeschichtlich getan hat. Entsprechendes gilt für *Psalm 138,* dessen Zwilling deutlich später entstanden ist. Notker III. von St. Gallen, der bis zu seinem Tod im Jahr 1022 als Übersetzer antiker und biblischer Texte für den Schulgebrauch tätig war, legte im Rahmen seiner kommentierenden Psalmenübersetzung auch eine Version des biblischen Psalms 138 vor, die sich von der gleichnamigen früheren Dichtung erheblich unterscheidet.

A. Kraß, *Die Anfänge der deutschen Literatur,*
https://doi.org/10.1007/978-3-662-64153-8_7

So lassen sich, ausgehend von diesen Dichtungen des frühen zehnten Jahrhunderts, Bögen schlagen: einerseits zurück zu Otfrid von Weißenburg, dem selbstbewussten, gut vernetzten Dichter auf dem Höhepunkt der althochdeutschen Literaturepoche; andererseits nach vorn zu Notker III. von St. Gallen, einem Schulautor, der nach dem Erliegen der deutschen Schriftlichkeit in seinem Kloster noch fleißig weiterschrieb.

Die Unterschiede zwischen den beiden Liedern des frühen zehnten Jahrhunderts und ihrem jeweiligen Zwillingstext haben freilich nicht nur mit den literaturgeschichtlichen Positionen, sondern auch mit den jeweiligen Gebrauchsbestimmungen zu tun. Während es sich bei *Christus und die Samariterin* und *Psalm 138* um liedhafte Dichtungen handelt, die für sich stehen, ordnen sich ihre Gegenstücke in größere Text- und Gebrauchszusammenhänge ein: die Episode aus dem Johannesevangelium in Otfrids für die monastische Tischlesung bestimmtes *Evangelienbuch* und der Psalm in Notkers für den Schulunterricht bestimmte Psalmenbearbeitung.

7.1　Lied und Lesung

Schauen wir uns zunächst die althochdeutschen Fassungen der biblischen Erzählung von Jesus und der Samariterin an. Die betreffende Episode ist nur im Johannesevangelium überliefert (Joh 4,1–42, hier 3–26). Jesus macht auf einer Wanderung in Samarien (im heutigen Westjordanland) Rast an einem Brunnen, wo er auf eine einheimische Frau trifft. Zwei Informationen sind für das Verständnis der Szene erforderlich. Zum einen steht der Brunnen in historischer Verbindung mit dem israelitischen Stammvater Jakob, ist also von religiöser Bedeutung. Zum anderen stellt die Begegnung zwischen Jesus und der Samariterin nicht nur einen Dialog der Geschlechter, sondern auch verschiedener Religionsgemeinschaften dar, denn die Samariter sahen im Unterschied zu den Juden nicht Jerusalem, sondern den Berg Garizim, an dessen Fuß der Jakobsbrunnen lag, als Hauptstätte der Gottesverehrung an. Indem Jesus an diesem Brunnen um Wasser bittet, eröffnet er ein Glaubensgespräch voller überraschender Wendungen, an dessen Ende die Samariterin die Messianität Jesu bezeugt.

Literaturwissenschaftlich betrachtet besteht die biblische Episode aus einer kurzen Exposition, die als Erzählerbericht gestaltet ist (Joh 4,3–7), und einem längeren Dialog, der weitgehend in direkter Rede wiedergegeben, aber von kommentierenden Bemerkungen des Erzählers unterbrochen wird (Joh 4,8–26):

[3][D]araufhin verließ er Judäa und ging wieder nach Galiläa. [4]Er musste aber den Weg durch Samarien nehmen. [5]So kam er zu einer Stadt in Samarien, die Sychar hieß und nahe bei dem Grundstück lag, das Jakob seinem Sohn Josef vermacht hatte. [6]Dort befand sich der Jakobsbrunnen. Jesus war müde von der Reise und setzte sich daher an den Brunnen; es war um die sechste Stunde. [7]Da kam eine Frau aus Samarien, um Wasser zu schöpfen.

Jesus sagte zu ihr: Gib mir zu trinken! [8]Seine Jünger waren nämlich in die Stadt gegangen, um etwas zum Essen zu kaufen. [9]Die Samariterin sagte zu ihm: Wie kannst du als Jude mich, eine Samariterin, um etwas zu trinken bitten? Die Juden verkehren nämlich nicht mit den Samaritern. [10]Jesus antwortete ihr: Wenn du wüsstest, worin die Gabe Gottes besteht und wer es ist, der zu dir sagt: Gib mir zu trinken!, dann hättest du ihn gebeten und er hätte dir lebendiges Wasser gegeben. [11]Sie sagte zu ihm: Herr, du hast kein Schöpfgefäß und der Brunnen ist tief; woher hast du also das lebendige Wasser? [12]Bist du etwa größer als unser Vater Jakob, der uns den Brunnen gegeben und selbst daraus getrunken hat, wie seine Söhne und seine Herden? [13]Jesus antwortete ihr: Wer von diesem Wasser trinkt, wird wieder Durst bekommen; [14]wer aber von dem Wasser trinkt, das ich ihm geben werde, wird niemals mehr Durst haben; vielmehr wird das Wasser, das ich ihm gebe, in ihm zu einer Quelle werden, deren Wasser ins ewige Leben fließt. [15]Da sagte die Frau zu ihm: Herr, gib mir dieses Wasser, damit ich keinen Durst mehr habe und nicht mehr hierherkommen muss, um Wasser zu schöpfen! [16]Er sagte zu ihr: Geh, ruf deinen Mann und komm wieder her! [17]Die Frau antwortete: Ich habe keinen Mann. Jesus sagte zu ihr: Du hast richtig gesagt: Ich habe keinen Mann. [18]Denn fünf Männer hast du gehabt und der, den du jetzt hast, ist nicht dein Mann. Damit hast du die Wahrheit gesagt. [19]Die Frau sagte zu ihm: Herr, ich sehe, dass du ein Prophet bist. [20]Unsere Väter haben auf diesem Berg Gott angebetet; ihr aber sagt, in Jerusalem sei die Stätte, wo man anbeten muss. [21]Jesus sprach zu ihr: Glaube mir, Frau, die Stunde kommt, zu der ihr weder auf diesem Berg noch in Jerusalem den Vater anbeten werdet. [22]Ihr betet an, was ihr nicht kennt; wir aber beten an, was wir kennen; denn das Heil kommt von den Juden. [23]Aber die Stunde kommt und sie ist schon da, zu der die wahren Beter den Vater anbeten werden im Geist und in der Wahrheit; denn so will der Vater angebetet werden. [24]Gott ist Geist und alle, die ihn anbeten, müssen im Geist und in der Wahrheit anbeten. [25]Die Frau sagte zu ihm: Ich weiß, dass der Messias kommt, der Christus heißt. Wenn er kommt, wird er uns alles verkünden. [26]Da sagte Jesus zu ihr: Ich bin es, der mit dir spricht.

Jesus eröffnet und beschließt das Zwiegespräch. Da er das erste und letzte Wort hat, verfügt er über einen zusätzlichen Redeanteil: sieben statt sechs. Folglich steht Jesus im Mittelpunkt der Szene, während die Frau die Rolle einer Stichwortgeberin und schließlich einer Glaubenszeugin einnimmt.

Der Dialog ist, wie gesagt, von zahlreichen Wendungen geprägt. Die erste Pointe besteht darin, dass Jesus sich allein mit einer Frau an einem Brunnen trifft. Sie hat niemanden, weder männliche noch weibliche Begleiter an ihrer Seite, und auch Jesus ist allein, weil seine Jünger zum Einkaufen in die Stadt gegangen sind. Die potentiell verfängliche Szene zielt auf die religiöse Unterweisung der samaritanischen Bewohnerin durch den jüdischen Fremdling. Dass dieser sie um Wasser bittet, ist bereits die zweite Überraschung. Denn da, wie der Erzähler erläutert, die Glaubensgemeinschaften der Samariter und Juden keinen Umgang miteinander pflegen, stellt die Wasserbitte Jesu einen Regelbruch dar. Das Befremden der Samariterin gibt den Anlass für ein Lehrgespräch: Jesus allegorisiert die gegenwärtige Situation, indem er die wörtliche Bedeutung des Wassers um eine geistliche Bedeutung vermehrt. Während er schon vom Wasser des ewigen Lebens spricht, denkt die Samariterin noch über die Vorzüge eines Getränks nach, das ihren Durst so nachhaltig stillen kann, dass ihr künftige Brunnengänge erspart bleiben. Diese Inversion – auf die Wasserbitte Jesu folgt

die Wasserbitte der Frau – bestätigt die Autorität Jesu und stellt den ersten dramaturgischen Höhepunkt des Gesprächs dar. Zugleich wird die Problematik der
religiösen Konkurrenz weitergeführt, denn die rhetorische Frage der Frau, ob Jesus
etwa größer als Jakob sei, ist aus der Perspektive des Evangeliums natürlich zu
bejahen.

An diesem Punkt findet ein Themenwechsel statt: Jesus fragt nach dem Ehemann der Samariterin. So knüpft der Erzähler an die scheinbar verfängliche Ebene
des Brunnengesprächs an. Ein weiteres Mal überbietet Jesus die Samariterin,
indem er ihr zu verstehen gibt, dass er über ihre Lebenssituation längst Bescheid
weiß. Sie sagt nur, dass sie keinen Mann habe, aber er weiß, dass sie bereits mit
vielen Männern zusammengelebt hat. Damit ist der zweite Höhepunkt erreicht.
Die Frau anerkennt Jesus nicht nur als überlegenen Wasserspender, sondern auch
als Propheten. So ermutigt, greift sie die seit Anfang der Erzählung schwelende
Streitfrage auf, welcher der rechte Ort der Gottesverehrung sei, Garizim oder
Jerusalem? Jesus überrascht mit der Antwort, dass nicht der rechte Ort, sondern
der rechte Glauben entscheidend sei, und beantwortet die Frage zugunsten der
Juden. Damit wird die dreistufige Klimax der Selbstoffenbarung Jesu vollendet. Er
ist der Messias, der Wasser des ewigen Lebens spendet.

7.1.1   Otfrid von Weißenburg

Otfrid gibt die biblische Szene vollständig und getreu wieder. Er folgt der vorgegebenen Komposition, indem auch er Jesus das erste und letzte Wort gibt
und einen größeren Redeanteil zubilligt. Entgegen seiner sonstigen Vorgehensweise verzichtet Otfrid auf exegetische Zusätze, zumal die biblische Szene ihre
allegorische Deutung selbst schon mitliefert. In poetischer Hinsicht fällt auf,
dass Otfrid die Redeanteile der Dialogpartner mit der Stropheneinteilung seines
Evangelienbuchs abgleicht. Die betreffende Szene umfasst vierzig Strophen, die
sich in sieben Strophen (Erzählerbericht) plus dreiunddreißig Strophen (erzählter
Dialog) aufteilen. Es folgen dann noch zweiundzwanzig weitere Strophen, die das
Kapitel abschließen. Sie beschreiben das erweiterte Tableau, nachdem die Jünger
zurückgekehrt sind und die Samariterin die Stadtbewohner zum Brunnen geholt
hat (vgl. Joh 4,27–48). Dieser zweite Teil wiederholt den ersten als kollektive
Szene, in der nun nicht mehr von geistlichem Wasser, sondern von geistlicher
Speise die Rede ist und die wiederum mit einem Glaubensbekenntnis endet. Die
Zahl der Strophen, die Otfrid auf die einzelnen Abschnitte verteilt, legt nahe, dass
er wiederum ein theologisches Zahlenspiel betreibt (Teil I: $7+33=40$ Strophen;
Teil II: 22 Strophen):

I. Exposition (Zeilen 1–14, 7 Strophen)			
Erzähler	7 Strophen	= 14 Langzeilen	
II. Dialog (Zeilen 15–80, 33 Strophen)			
1. Christus (15–16)	1 Strophe	= 2 Langzeilen	direkte Rede (Inquit-Formeln)
2. Samariterin (17–18)	1 Strophe	= 2 Langzeilen	
3. Erzähler (19–22)	2 Strophen	= 4 Langzeilen	Erzählerbericht
4. Christus (23–26)	2 Strophen	= 4 Langzeilen	direkte Rede (Inquit-Formeln)
5. Samariterin (27–34)	4 Strophen	= 8 Langzeilen	
6. Christus (35–42)	4 Strophen	= 8 Langzeilen	
7. Samariterin (43–46)	2 Strophen	= 4 Langzeilen	
8. Christus (47–48)	1 Strophen	= 2 Langzeilen	
9. Samariterin (49)	½ Strophe	= 1 Langzeilen	
10. Christus (50–54)	2½ Strophen	= 5 Langzeilen	
11. Samariterin (55–60)	3 Strophen	= 6 Langzeilen	
12. Christus (61–72)	6 Strophen	= 12 Langzeilen	
13. Samariterin (73–78)	3 Strophen	= 6 Langzeilen	
14. Christus (79–80)	1 Strophen	= 2 Langzeilen	

Im Folgenden gebe ich Otfrids Verse nicht im vollen Umfang der biblischen Szene wieder, sondern beschränke mich auf diejenige Partie, die auch von der unvollständig überlieferten Dichtung *Christus und die Samariterin* erhalten ist (zitiert nach Erdmann 1973, Nachdichtung Kelle 1856):

> Sid do thésen thingon   fuar Krist zen héimingon,
>   in selbaz géwi sinaz;   thio buah nénnent uns tház.
> Thera férti ward irmúait;   so ofto fárantemo duit;
>   ni lazent thie árabeit es fríst   themo wárlicho mán ist.
> 5   Fúar er thuruh Samáriam,   zi einera burg er thar tho quám,
>   in themo ágileáze   zi éinemo gisáze.
> Tho gisaz er múader,   so wir gizáltun hiar nu ér,
>   bi einemo brúnnen   (thaz wir ouh púzzi nennen).
> Ther evangélio thar quit,   theiz móhti wesan séxta zit;
> 10   theist dages héizesta   joh árabeito méista.
> Thie júngoron iro zílotun,   in kóufe in múas tho hóletun,
>   tház si thes geflízzin,   mit selbe Kríste inbizzin. –
> Unz druhtin thar saz éino,   so quam ein wíb thara thó,
>   tház si thes gizíloti,   thes wázares gihóloti.
> 15   „Wíb", quad er innan thés,   „gib mir thes drínkannes;
>   wírd mir zu gifúare,   thaz íh mih nu gikúale!"
> „Wio mág thaz", quad si, „wérdan   (thu bist júdiisger mán,
>   inti ich bin thésses thietes!),   thaz thú mir so gibíetes?"
> Thaz óffonot Johannes thár,   bi hiu si só quad in wár,
> 20   bi wíu si thaz so zélita,   thaz drínkan so firságeta:
> Wánta thio zua líuti   ni eigun múas gimúati
>   wérgin zi iro mázze   in éinemo fázze.
> „Óba thu", quad er, „dátist,   thia gotes gíft irknátis,
>   joh wér thih bitit thánne   ouh hiar zi drínkanne:

25   Thu batis ínan odo sár,   er gábi thir in alawár
           zi líebe joh zi wúnnon   spríngentan brúnnon."
      „Ni hábes", quad si, „fró min,   fazzes wíht zi thiu heraín,
           thu herazúa gilepphes,   wiht thésses sar giscépphes.
      Waz mag ih zéllen thir ouh mér?   ther púzz ist filu díofer;
30   war nimist thu thánne ubar tház   wazar flíazzantaz?
      Fúrira, wán ih, thu ni bíst   thanne únser fater Jácob ist;
           er dránk es, sọ ih thir zéllu,   joh sinu kínd ellu.
      Er wóla iz al bitháhta,   thaz er mit thíu nan wíhta,
           joh gáb uns ouh zi núzzi   thésan selbon púzzi."
35   Quad unser drúhtin zi iru thó: „firnim nu, wíb, theih rédino;
           firním thiu wórt ellu   thiu íh thir hiar nu zéllu.
      Ther thuruh thúrst githénkit,   thaz thésses brunnen drínkit,
           nist láng zi themo thínge,   nub ávur nan thúrst githuínge;
      Ther ávur untar mánnon   niuzit mínan brunnon,
40   then íh imo thánne   gibu zi drínkanne:
      Thúrst then mer ni thuíngit,   want er in ímo spríngit;
           ist imo kúali thrato   in éwon mámmonto."
      „Thu mohtis", quád siu, „einan rúam   joh ein gifúari mir gidúan,
           mit themo brúnnen, thu nu quíst,   mih wénegun gidránktist;
45   Theih zes púzzes diufi   sus émmizen ni líafi,
           theih thuruh thíno guati   bimidi thio árabeiti."
      „Hólo", quad er, „sar zi érist   thinan gómman thar er íst;
           so zílot iuer héra sar: ih zellu iu béthen thaz war."
      „Ih ni hában", quad siu, „in wár   wiht gómmannes sár."
50   gab ántwurti gimúati   sínes selbes gúati:
      „Thu sprachi in wár nu so zám,   thú ni habes gómman;
           giwisso zéllu ih thir nú: finfi hábotost thu jú.
      Then thu afur nú úabis   joh thir zi thíu liubis --
           want ér giwisso thín nist,   bi thiu spráchi thu so iz wár ist."
55   „Min múat", quad si, „dúat mih wís,   thaz thu fórasago sís;
           thinu wórt nu zelitun,   thaz mán thir er ni ságetun.
      Unsere áltfordoron   thie bétotun hiar in bérgon;
           giwisso wán ih nu thés,   thaz thú hiar bita ouh súaches.
      Quédet ir ouh Júdeon nu,   thaz sí zi Hierosólimu
60   stát filu ríchu   zi thiu gilúmpflichu!"

      Als dieses nun geschehen war,
      Zog Jesus in die Heimat hin;
           Zurück in seinen eig'nen Gau*;   *Gebiet
           Die heil'ge Schrift benennt ihn uns.
      Er war ermüdet von dem Weg,
      Wie oft es Reisenden ergeht;
           Wer handelt als ein echter Mann,
           Dem gönnt nicht Ruhe sein Beruf.
5   Er reiste durch Samarien,
      Und kam daselbst zu einer Stadt;
           Gerade in der Mittagszeit
           Zu einem Ruheplatz.
      Entkräftet, wie bereits erwähnt,
      Ließ er sogleich sich nieder hier
           Bei einem solchen Brunnenquell,
           der Pfütze auch bei uns genannt.
      Das Evangelium bemerkt,
      Dass um die sechste Stund' es war,

10   Somit zur heiß'sten Zeit des Tags,
        Die auch die größten Mühen bringt.
    Die Jünger alle gingen fort,
    Sie kauften dort sich Speisen ein,
        Indem sie waren des gewillt,
        Mit ihm zu nehmen hier das Mahl.
    Und als er nun allein hier saß,
    Da kam ein Weib aus jenem Ort,
        Um Wasser sich zu holen hier.
        [...]*   *von Kelle nicht gefüllt
15 ,O Weib*,' so redet er sie an,   *Frau
    ,Gib mir indes zu trinken schon:
        Es wird bekommen mir sehr wohl,
        Wenn ich mich jetzt erfrischen kann.'
    ,Wie könnte das,' erwidert sie,
    ,Geschehen, was du willst von mir?
        Du bist, fürwahr, ein Jude doch,
        Und ich, ich bin aus diesem Volk?' –
    Warum sie wahrlich so gesagt,
    Warum sie das gesprochen hat,
20   Und so das Trinken ihm versagt,
        Das macht uns hier Johannes kund.
    Die Leute nämlich dieses Volks,
    Sie haben ungern ihre Kost
        Bei ihrem Mahle irgendwo
        Im nämlichen* Gefäß.   *selben
    ,Vermöchtest du es', sagte er,
    ,Erkenntest du des Herrn Geschenk,
        Und den auch, der dich jetzt ersucht,
        Zu reichen ihm hier einen Trunk:
25 Du bätest ihn vielleicht sogleich,
    Und er, fürwahr, er gäbe dir
        In Wahrheit einen Brunnen dann,
        Der dir zur Lust und Liebe springt'. –
    ,Mein Herr', erwidert sie darauf,
    ,Du hast dazu hier kein Gefäß,
        Dass du heraufholst jetzt hierher,
        Und etwas von dem Wasser schöpfst;
    Was soll ich sagen dir noch mehr,
    Der Brunnen hier, der ist gar tief.
30   Und überdies, woher willst du
        Dann nehmen Wasser, welches fließt?
    Vornehmer, glaub' ich, bist du nicht,
    Als unser Vater Jakob ist;
        Und er, ich sage dir, trank dies,
        Und seine Kinder alle auch.
    Sehr gut hat er ihn ganz bedeckt,
    Und vor Entweihung so bewahrt,
        Und selber übergab er uns
        Den Brunnen, dass wir nützen ihn.' –

35   Es sprach der Herr zu ihr hierauf:
       ‚Vernimm, o Weib*, was ich dir sag‘,   *Frau
            Vernimm ein jegliches der Wort‘,
            Die ich zu dir nun sprechen will.
       Wer ob des Durst’s es unternimmt,
       Dass er aus diesem Brunnen trinkt,
            Nach nicht gar langer Zwischenzeit
            Bezwingt ihn wiederum der Durst.
       Wer aber von den Menschen sich
       Bedient der Quelle, die ich nenne mein,
40   Und die ich noch in künft’ger Zeit
            Ihm geben werde zum Getränk:
       Den, wahrlich, greift kein Durst mehr an,
       Die Quelle nämlich springt in ihm;
            Es wird ihm auf die schönste Art
            Erfrischung sein für alle Zeit.‘ –
       ‚Du könntest,‘ sprach sie, ‚Ehre mir
       Erweisen, einen guten Dienst,
            Wenn du erfrischen möchtest mich
            Mit jenem Quell, von dem du sprachst,
45   Damit ich nicht so laufe stets
       Zu diesem tiefen Brunnen hier,
            Auf dass mir durch die Güte dein
            Ersparet würde diese Plag.‘ –
       ‚Zuerst,‘, erwidert er, ‚hol her
       Nun deinen Mann, wo auch er ist;
            Sofort nur kommet eilig her,
            Das Wahre sag‘ ich beiden euch.‘ –
       ‚Wahrhaftig,‘, gab zur Antwort sie,
       ‚Ich habe keinen Ehemann.‘ –
50   Und alsogleich die Güte sein
            Voll Milde ihr die Antwort gab:
       ‚Geziemend sprachst du, wie es ist,
       Du hättest keinen Ehemann;
            Doch hattest du, das künd‘ ich dir,
            Fürwahr, der Männer fünfe schon;
       Und der, mit welchem du nun lebst,
       Den du als Ehemann dir liebst,
            Weil wahrlich nicht dein Menn er ist,
            Drum sagtest du, wie wahr es ist.‘ –
55   ‚Mein Herz sagt mir,‘ erwidert sie,
       ‚Dass ein Prophet des Herrn du bist:
            Denn deine Worte sagten mir,
            Was niemand dir verkündet hat.
       Es haben unsre Ahnen einst
       Gebetet in den Bergen hier;
            Und dass auch du hier beten willst,
            Fürwahr, das glaub‘ ich sicher jetzt.
       Ihr aber aus dem Judenvolk,
       Ihr sagt, es sei Jerusalem,
60   Die Stadt, so prächtig überall,
            Weitaus am schicklichsten hiezu*.‘   […]   *hierzu

Otfrid bringt sich am Anfang der Episode selbst ein, indem er sich als vermittelnder Erzähler präsentiert. Er betont, dass er seinem Publikum eben das mitteile, was die biblischen Bücher selbst berichten: *thio buah nénnent uns tház* (Z. 2). Auch legt er nahe, dass sein eigenes Tun eine Form der Nachahmung Christi sei. Wenn er dessen Müdigkeit mit der Bemerkung kommentiert, dass ein wahrhaftiger Mensch niemals von seinen Pflichten ablasse (Z. 4), so ist vordergründig gemeint, dass Christus, der menschgewordene Gott, während seines Erdenwandels unermüdlich predige. Doch schwingt wohl mit, dass der Dichter seinerseits nicht darin nachlassen will, seiner Berufung als Vermittler der göttlichen Botschaft zu folgen. Im *Evangelium* spricht Christus zur Samariterin; im *Evangelienbuch* spricht Otfrid zu seinem Publikum, dem er das Gespräch zwischen Christus und der Samariterin mitteilt.

7.1.2 Christus und die Samariterin

Ein anderes Profil weist das Dialoglied *Christus und die Samariterin* auf, das in der Mitte des zehnten Jahrhunderts vermutlich auf der Reichenau in einer älteren Handschrift nachgetragen wurde, nämlich in den um 800 geschriebenen *Lorscher Annalen,* die sich heute in Wien befinden. Ob der Verfasser Otfrids *Evangelienbuch* kannte, ist in der Forschung umstritten. Stephan Müller betont, dass „sich nur schwache Argumente dafür finden [lassen], dass der Autor den Otfridschen Text kannte" (2007, S. 340). Er verweist als mögliche Belege auf das für den Brunnen gewählte Wort ‚Pfütze‘ (Otfrid: Z. 8, 29, 34, 45; *Christus und die Samariterin*: Z. 12) und das abschließende Motiv des Gebets (Otfrid: Zeile 58; *Christus und die Samariterin*: Z. 31). Vielleicht darf man bei der Beurteilung dieser Parallelen optimistischer sein, zumal sie die zentralen Motive des Brunnens und des Gebets betreffen. Ohnehin stellt sich die Frage, ob Otfrids *Evangelienbuch* nicht so weithin bekannt war, dass auch der Verfasser des Dialoglieds davon Notiz genommen haben dürfte.

Das Dialoglied weist vier signifikante Eigenheiten auf. Erstens sticht ins Auge, dass es im Vergleich mit Otfrids Fassung nur den halben Umfang hat. Es kommt mit einunddreißig Langzeilen für jene Passage aus, der Otfrid sechzig Langzeilen einräumt. Das Ergebnis ist die größere Prägnanz des Erzählten. Zweitens streicht das Dialoglied alle Inquit-Formeln. Wie im biblischen Text leitet Otfrid jede Figurenrede mit der Wendung „er/sie sagte" ein und hält so die Instanz des Erzählers präsent. Das Dialoglied bringt den Erzähler nicht nur durch die Streichung der Redeeinleitungen, sondern auch dadurch zum Verschwinden, dass es den Kommentar über das angespannte Verhältnis zwischen Juden und Samaritern in die Figurenrede der Frau hineinverlegt. Auf diese Weise erzielt das Lied eine größere Unmittelbarkeit; die Handlung spielt sich gleichsam vor dem inneren Auge des Publikums ab. Die Novelle wird, so könnte man vielleicht sagen, zu einem kleinen Drama umgeformt. Die dritte Änderung besteht darin, dass das Lied das Zwiegespräch nicht mit der Rede Christi, sondern der Samariterin beginnen lässt und Letzterer den größeren Redeanteil zuerkennt. So tritt die

Rolle der Frau stärker als in der Bibel und bei Otfrid in den Vordergrund. Die Samariterin erscheint nicht nur als Stichwortgeberin, sondern als eigenständige Protagonistin. Viertens ist in formaler Hinsicht festzuhalten, dass das Dialoglied Strophen unterschiedlicher Länge mischt. Während Otfrid regelmäßig zweizeilige Strophen bildet, weisen die Strophen hier eine bis drei Zeilen auf und erzeugen so den Eindruck größerer Lebendigkeit:

I. Exposition (1–6)		
Erzählerbericht	3 Strophen zu 2 Zeilen	erzählte Bitte
II. Dialog (7–31)		
1. Samariterin (Z. 7–8)	1 Strophe zu 2 Zeilen	direkte Rede
2. Christus (Z. 9–11)	1 Strophe zu 3 Zeilen	
3. Samariterin (Z. 12–17)	2 Strophen zu 3 Zeilen	
4. Christus (Z. 18–20)	1 Strophe zu 3 Zeilen	
5. Samariterin (Z. 21–22)	1 Strophe zu 2 Zeilen	
6. Christus (Z. 23)	½ Strophe zu 1 Zeile	
7. Samariterin (Z. 24)	½ Strophe zu 1 Zeile	indirekte Rede
8. Christus (Z. 25–27)	1 Strophe zu 3 Zeilen	direkte Rede
9. Samariterin (Z. 28–31)	2 Strophen zu 2 Zeilen	

Wie Otfrids Fassung beginnt auch das Dialoglied mit einem Verweis auf die Überlieferung. Doch während Otfrid die Quelle, nämlich die Heilige Schrift, betont, stellt das Dialoglied die Gemeinschaft der Lesenden in den Vordergrund (zitiert nach Braune und Ebbinghaus, S. 136, Nachdichtung A.K.):

> Lesēn uuir, thaz fuori   ther heilant fartmuodi.
>   ze untarne, uuizzun thaz,   er zeinen brunnon kisaz.
> Quam fone Samario   ein quena sārio
>   scephan thaz uuazzer: thanna noh sō saz er.
> 5   (Uurbon sīna thegana   be sīna līpleita):
>   bat er sih ketrencan   daz uuīp, thaz ther tara quam.
> „Bi uuaz kerōst thū, guot man,   daz ich thir geba trinkan?
>   iā ne niezant, uuizze Christ,   thie Iudon unsera uuist".
> „Uuīp, obe thū uuīs sīs,   uuielīh gotes gift ist,
> 10   unte den ercantīs,   mit themo do kōsōtis,
>   tū bātīs dir unnen   sīnes kecprunnen".
> „Disiu buzza ist sō tiuf,   ze dero ih heimina liuf,
>   noh tū ne habis kiscrirres,   daz thu thes kiscephēs:
>   uuār maht thū, guot man,   neman quecprunnan?
> 15   Ne bistū liuten kelop   mēr than Iacob.
>   ther gab uns thesan brunnan,   tranc er nan ioh sīna man:
>   sīniu smalenōzzer   nuzzon thaz uuazzer".
> „Ther trinkit this uuazzer,   be demo thurstit inan mēr,
>   der afar trinchit daz mīn,   then lāzit der durst sīn:

20   iz sprangōt imo'n pruston   in ēuuōn mit luston".
    „Hērro, ih thicho ze dir,   thaz uuazzer gābist dū mir,
        daz ich mēr ubar tac   ne liufi hera durstac".
    „Uuīb, tū dih anneuuert,   hole hera dīnen uuirt."
        siu quat, sus libiti,   commen ne hebiti.
25   „Uueiz ich, daz dū uuār segist,   daz dū commen ne hebist.
        dū hebitōs ēr finfe   dir zi volliste.
        des mahttū sichūre sin: nū hebist ēnin der nis dīn".
    „Hērro, in thir uuigit scīn,   daz thū maht forasoga sīn:
        for uns ēr giborana   betōton hiar in berega,
30   Unser altmāga   suohton hia genāda:
        thoh ir sagant kicorana   thia bita in Hierosolima".

    Wir lesen, dass einst wanderte
    Der Heiland, müde von der Fahrt.
        Zur Mittagszeit, das wissen wir,
        Nahm er an einem Brunnen Platz.
    Aus Samaria, jener Stadt,
    kam eben eine Frau herbei,
        Sie wollte Wasser schöpfen dort,
        Wo er noch immer niedersaß.
5   (Es kaufte seiner Jünger Schar
    Gerade Speise für ihn ein).
        Er bat für sich um einen Trank
        Die Frau, die hergekommen war.
    „Wieso verlangst du, guter Mann,
    Dass ich zu trinken gebe dir?
        Es nehmen niemals ja, bei Gott,
        Die Juden von uns Speis und Trank."
10   „Frau, wenn du wüsstest, welcher Art
    Die Gabe Gottes für uns ist,
        Und könntest du erkennen den,
        Mit dem du hier gerade sprichst,
        Du bätest ihn, dass er dir gönnt
        Vom Wasser seines Lebensquells."
    „Der Brunnen hier, der ist sehr tief,
    Zu dem ich von zuhause kam,
        Auch hast du keinerlei Geschirr,
        Mit dem du aus ihm schöpfen kannst.
15   Wie also kannst du, guter Mann,
        Dir nehmen von dem Lebensquell?
    Auch bist du bei den Menschen nicht
    Berühmter, als es Jakob war,
        Der uns hier diesen Brunnen gab
        Und mit den Seinen daraus trank.
        Auch seine Schafe labten sich
        Am Wasser dieses Brunnens hier."
    „Wer aber dieses Wasser trinkt,
    Den plagt aufs Neue wieder Durst,
        Wer aber von dem meinen trinkt,
        Den wird es dürsten nimmermehr.

20   Es sprudelt frisch in seiner Brust
            Mit Lust und Freude immerdar."
        „Ich bitte dich, mein guter Herr,
        Gib du von diesem Wasser mir,
                Damit ich nicht mehr jeden Tag
                Den Durst zu stillen kommen muss."
        „Frau, eile nun und spute dich
        Und hole hierher deinen Mann."
                Sie sprach, in ihrem Leben sei
                Kein Gatte, sei kein Ehemann.
25   „Ich weiß, dass du die Wahrheit sprichst
        Und dass du keinen Gatten hast.
                Einst hattest du wohl ihrer fünf,
                Die sorgten für dich jeden Tag.
                Doch dessen kannst du sicher sein,
                Der, den du jetzt hast, ist nicht dein."
        „O Herr, an dir wird offenbar,
        Dass du zu den Propheten zählst:
                Die vor uns lebten, sprachen einst
                Schon ihr Gebet an diesem Berg,
30   Und unsere Altvorderen
        Schon suchten Gottes Gnade hier.
                Doch sei zum Beten auserwählt,
                Sagt ihr, die Stadt Jerusalem."

Der Dialog kann deswegen mit der Rede der Frau beginnen, weil der Gesprächs-
anlass, die Bitte Jesu um Wasser, nicht in wörtlicher Rede gestaltet, sondern vom
Erzähler berichtet wird. Die knappe Wiedergabe des Gesprächs lässt dessen zahlreiche Wendungen umso deutlicher aufscheinen. Mit der Frage der Frau nach dem
rechten Ort der Gottesverehrung bricht der Text ab; doch ist klar, dass er ursprünglich erst mit der messianischen Selbstoffenbarung Christi und der Bekehrung
der Samariterin endete. Eine zusätzliche Pointe, die allein auf das Konto des
deutschen Dichters geht, besteht darin, dass er der Frau die Redewendung *uuizze
Christ* (im Sinne von „weiß Gott") in den Mund legt (Z. 8). Diesen Anachronismus dürfte der Dichter mit Bedacht eingesetzt haben. Denn der Kurzschluss
zwischen der Vergangenheit des Erzählten und der Gegenwart des Erzählens
deutet an, dass die Frau im Grunde schon bekehrt ist – aber nicht zum Judentum,
sondern bereits zum Christentum, denn der Dichter denkt aus der Perspektive
seiner eigenen Epoche. So lässt sich festhalten, dass das Dialoglied die durchaus
vorhandenen komödiantischen Züge der biblischen Vorlage hervorkehrt und ver-
stärkt und so, über die religiöse Botschaft der nacherzählten Szene hinaus, auch
als eigenständiger literarischer Text zu überzeugen weiß.

7.2   Lied und Lehre

Ebenso lehrreich ist der Vergleich zwischen dem biblischen Psalm 138 (in
heutiger Zählung 139) und seinen Bearbeitungen im althochdeutschen Lied und
in Notkers Übersetzung für den Schulunterricht. Schauen wir uns wieder zunächst

die biblische Vorlage an. Der Psalm umfasst drei Gedankenschritte. Auf die Über-
schrift, die den Psalm König David zuschreibt und mit der Nennung des Chor-
meisters auf den gesanglichen Vortrag verweist, folgt zunächst der Preis der
Allgegenwart, Allwissenheit und Allmacht Gottes: Gott kennt die Wege des
Menschen und ist immer schon dort, wohin der Mensch sich wendet (V. 1–12).
Sodann wird als Grund der göttlichen Überlegenheit angeführt, dass Gott den
Menschen erschaffen und ihn schon im Mutterleib gebildet habe (V. 13–18).
Der Psalm mündet in eine Schutzbitte: Gott soll seine Feinde vernichten und die
Gottesfürchtigen vor ihrem Einfluss bewahren (V. 19–24). So wird Gott in drei-
facher Rolle angesprochen als derjenige, der den Menschen erschafft, erkennt und
beschützt.

In formaler Hinsicht ist der lyrische Charakter des Psalms zu betonen, dessen
Versstruktur der Langzeile nicht unähnlich ist. Denn Psalmen beruhen auf dem
poetischen Prinzip der Wiederholung: Jeder Gedanke wird zwei- oder dreimal
umschrieben, und zwar so, dass sich in formaler Hinsicht oftmals ein syntaktischer
Parallelismus und in inhaltlicher Hinsicht eine Entsprechung (synonyme
Beziehung), ein Gegensatz (antithetische Beziehung) oder eine Ergänzung
(komplementäre Beziehung) ergibt. Für diese Gestaltungsform ist Psalm 138 [139]
ein Musterbeispiel:

[1] Für den Chormeister. Von David. Ein Psalm.

Herr, du hast mich erforscht und kennst mich.
  [2]Ob ich sitze oder stehe, du kennst es.
  Du durchschaust meine Gedanken von fern.
[3]Ob ich gehe oder ruhe, du hast es gemessen.
  Du bist vertraut mit all meinen Wegen.
[4]Noch nicht ist das Wort auf meiner Zunge,
  siehe, Herr, da hast du es schon völlig erkannt.
[5]Von hinten und von vorn hast du mich umschlossen,
  hast auf mich deine Hand gelegt.
[6]Zu wunderbar ist für mich dieses Wissen,
  zu hoch, ich kann es nicht begreifen.
[7]Wohin kann ich gehen vor deinem Geist,
  wohin mich vor deinem Angesicht fliehen?
[8]Wenn ich hinaufstiege zum Himmel – dort bist du;
  wenn ich mich lagerte in der Unterwelt – siehe, da bist du.
[9]Nähme ich die Flügel des Morgenrots,
  ließe ich mich nieder am Ende des Meeres,
[10]auch dort würde deine Hand mich leiten
  und deine Rechte mich ergreifen.
[11]Würde ich sagen: Finsternis soll mich verschlingen,
  und das Licht um mich soll Nacht sein!
[12]Auch die Finsternis ist nicht finster vor dir,
die Nacht leuchtet wie der Tag,
  wie das Licht wird die Finsternis.
[13]Du selbst hast mein Inneres geschaffen,
  hast mich gewoben im Schoß meiner Mutter.
[14]Ich danke dir, dass ich so staunenswert und wunderbar gestaltet bin.
  Ich weiß es genau: Wunderbar sind deine Werke.

¹⁵Dir waren meine Glieder nicht verborgen,
   als ich gemacht wurde im Verborgenen,
   gewirkt in den Tiefen der Erde.
¹⁶Als ich noch gestaltlos war, sahen mich bereits deine Augen.
   In deinem Buch sind sie alle verzeichnet:
die Tage, die schon geformt waren,
   als noch keiner von ihnen da war.
¹⁷Wie kostbar sind mir deine Gedanken, Gott!
   Wie gewaltig ist ihre Summe!
¹⁸Wollte ich sie zählen, sie sind zahlreicher als der Sand.
   Ich erwache und noch immer bin ich bei dir.
¹⁹Wolltest du, Gott, doch den Frevler töten!
   Ihr blutgierigen Menschen, weicht von mir!
²⁰Sie nennen dich in böser Absicht,
   deine Feinde missbrauchen deinen Namen.
²¹Sollen mir nicht verhasst sein, Herr, die dich hassen,
   soll ich die nicht verabscheuen, die sich gegen dich erheben?
²²Ganz und gar sind sie mir verhasst,
   auch mir wurden sie zu Feinden.
²³Erforsche mich, Gott, und erkenne mein Herz,
   prüfe mich und erkenne meine Gedanken!
²⁴Sieh doch, ob ich auf dem Weg der Götzen bin,
   leite mich auf dem Weg der Ewigkeit!

Die im Psalm formulierte Vorstellung, dass Gott den Menschen in seiner Hand halte, findet sich in ähnlicher Weise in karolingischen Illustrationen dieses Psalms wieder. In einer Miniatur des *Stuttgarter Psalters* ist zu sehen, wie die Hand Gottes vom oberen Bildrand herab die Stirn Davids berührt (vgl. Haubrichs 1990, 82; s. Abb. 7.1).

Die Verfasser der althochdeutschen Bearbeitungen gestalten die biblische Vorgabe in sehr unterschiedlicher Weise. Der Verfasser von *Psalm 138* erhebt sich über den biblischen Text und komponiert ein neues Gedicht; Notker III. von St. Gallen unterwirft sich dem biblischen Text, dessen Sinn er übersetzt und deutend kommentiert.

7.2.1 *Psalm 138*

Psalm 138 ist auf einem zu Anfang des zehnten Jahrhunderts in Regensburg oder Freising beschriebenen Blatt überliefert, das nachträglich dem sogenannten *Formelbuch* Notkers I. von St. Gallen, eines früheren Ordensbruders Notkers III., angefügt wurde. Das Gedicht ist seiner Gattung nach zunächst als Bibeldichtung in paargereimten Langzeilen einzustufen, doch weist es zugleich Züge eines Fürstenpreislieds auf, wie es am Beispiel des *Ludwigslieds* bereits vorgestellt wurde (s. Abschn. 6.1.2).

Abb. 7.1 Der *Stuttgarter Psalter*. (Stuttgart, Württembergische Landesbibliothek, Cod.bibl.fol. 23, Bl. 153v)

Im *Ludwigslied* geht es um das Lob des westfränkischen Königs Ludwig III., der als Gottessohn und Heidenkämpfer gefeiert wird. *Psalm 138* hingegen ist keine Rede *über* den Herrscher, sondern eine Rede des Herrschers selbst. Dieser spricht in der Rolle des biblischen Königs David, der traditionell als Verfasser der Psalmen und somit als König und Dichter *(rex et poeta)* in Personalunion galt (s. Abschn. 6.1.1). Auch im *Ludwigslied* singt der König ein geistliches Lied, als er mit seinem Heer in die Schlacht gegen die Normannen zieht (s. Abschn. 6.1.2). *Psalm 138* stellt hingegen, von den einleitenden Zeilen abgesehen, insgesamt ein Lied dar.

Zentralkomposition

Der Dichter von *Psalm 138* lehnt sich zwar eng an die Vorlage an, verhält sich ihr gegenüber aber doch souverän (Müller 2019). Oftmals hat man die Abweichungen von der Vorlage als gestörte Überlieferung gedeutet und durch Umstellungen zu begradigen versucht. Doch spricht vieles dafür, dass sich die Änderungen der poetischen Absicht des Dichters verdanken, der eigene thematische und formale Akzente setzt, ohne sich allzu weit vom biblischen Text zu entfernen. Es sind drei Techniken, derer er sich bedient: Kürzung, Erweiterung und Vertauschung. Die ersten beiden Techniken betreffen den Umfang, die dritte die Abfolge des Texts. Wie der Dichter diese Spielräume nutzt, lässt sich im Vergleich mit der biblischen Vorlage zeigen. Dabei ist der monastische Gebrauch des biblischen Psalms zu berücksichtigen. Er zählt zur Gruppe der sogenannten Davidpsalmen, die das fünfte Buch des Psalters bilden. Wie die Benediktinerregel (Kap. 18) bezeugt, sangen die Mönche diesen Psalm zur Vesper, teilten ihn aber wegen seiner Länge in zwei Abschnitte auf (Z. 1–10, 11–24). Diese Trennlinie ist auch in der deutschen Bearbeitung des Psalms erkennbar.

Die Komposition des Gedichts lässt sich aus dem Umfang und Inhalt der Strophen und der Verwendung eines Refrains erschließen. Auf die einleitende Anrede an das Publikum (Z. 1–2) folgen drei Abschnitte, die jeweils mit einer drei-zeiligen Strophe schließen (Z. 3–15, 16–24, 25–35). Den Abschluss des Gedichts bildet eine wiederum dreizeilige Strophe, die eine Schutzbitte an Gott formuliert (Z. 36–38). Ein Refrain verknüpft den ersten und dritten Abschnitt des Mittelteils (Z. 15, 35). Das Gedicht ist symmetrisch aufgebaut. Um den mittleren Abschnitt (III) legen sich zwei Klammern. Zwei Abschnitte, die die Allmacht Gottes thematisieren, bilden die erste Klammer (II, IV); die einleitende Anrede an die Gemeinde und die abschließende Schutzbitte an Gott formen die zweite Klammer (I, V).

Teile	formale Markierungen	Vorlage
I. Anrede an die Gemeinde (Z. 1–2)	zweizeilige Strophe	Überschrift
II. Gottes Allmacht I (Z. 3–15)	dreizeilige Strophe am Ende, mit Refrain	Ps 138,1–8
III. Widersacher Gottes (Z. 16–24)	dreizeilige Strophe am Ende	Ps 138,19–22
IV. Gottes Allmacht II (Z. 25–35)	dreizeilige Strophe am Ende, mit Refrain	Ps 138,13–16 Ps 138,9–12
V. Schutzbitte an Gott (Z. 36–38)	dreizeilige Strophe	Ps 138,23–24

Anrede an die Gemeinde

Der deutsche Psalm ist nicht für das gemeinsame Stundengebet der Mönche, sondern den feierlichen Vortrag eines Sängers bestimmt, wohl vor einer Hofgesellschaft. Dies wird im ersten Abschnitt (Z. 1–2) deutlich, in dem ein Sprecher die Gemeinschaft der Hörenden anspricht. Die Zeilen knüpfen an die biblische Überschrift an („Für den Chormeister. Von David. Ein Psalm"; zitiert nach Braune und Ebbinghaus 1994, S. 138–139; Nachdichtung A.K.):

> Uuellet ir gihōren Daviden den guoton,
> den sīnen touginon sin? er gruozte sīnen trohtin:

> Schenkt ihr nun alle dem Gehör,
> Den man den guten David nennt,
>   Und seinem tief verborgnen Sinn?
>   Der grüßte seinen Herrn und Gott:

Wieder fühlt man sich an mündliche Einleitungsformeln erinnert, wie sie zu Beginn des *Hildebrandslieds,* des *Wessobrunner Spruchs* oder im *Heliand* begegnen. Auch der *Heliand* verspricht die Offenbarung eines Geheimnisses (*reckean that girûni:* „das Geheimnis zu erklären"). Der Sprecher des Psalms kündigt an, den Inhalt des Grußes mitzuteilen, den der David an Gott richtete, und somit seine geheimen Gedanken *(touginon sin)* zu entdecken.

Gottes Allmacht I

Der zweite Abschnitt des Hauptteils (Z. 3–15) paraphrasiert die ersten acht Verse des biblischen Psalms. Dem Dichter kommt entgegen, dass Langzeilen eine ähnliche Struktur aufweisen wie die biblischen Psalmenverse. Der biblische Psalm beginnt mit einer Serie von sieben synonymen Versgruppen. Jeder Gedanke wird variierend wiederholt: Gott kennt meine Gedanken (V. 1, 2a, 2b), Wege (V. 3a, 3b) und Worte (V. 4a, 4b); er umgibt mich (V. 5a, 5b), ist mir unbegreiflich (V. 6a, 6b), unentrinnbar (V. 7a, 7b) und findet mich selbst an den Enden der Welt (V. 8a, 8b). Diesem Prinzip folgt auch der bayerische Dichter:

> Iā gichuri dū mih, trohtin, inte irchennist uuer ih pin
>   fone demo aneginne uncin an daz enti.
> 5 Ne megih in gidanchun fore dir giuuanchon:
>   dū irchennist allo stīga, se uuarot so ih ginīgo;
> Sō uuare sōse ih chērte mīnen zoum, sō rado nāmi dūs goum:
>   den uuech furiuuorhtostū mir, daz ih mih chērte after dir.
> Dū hapest mir de zungun sō fasto piduungen,
> 10 daz ih āne dīn gipot ne spricho nohein uuort.
> Uuie michiliu ist de dīn giuuizida, Christ,
>   fone mir ce dir gitān! uuie mahtih dir intrinnen!
> Far ih ūf ze himile, dār pistū mit herie,
>   ist ze hello min fart, dār pistū geginuuart:
> 15 ne megih in nohhein lant, nupe mih hapet dīn hant.

„Du hast mich auserwählt, mein Herr,
Und du erkennst auch, wer ich bin,
  Seit je, von allem Anbeginn
  Und bis zum Ende immerfort.
5 Mein Denken und mein Trachten kann
Nie wankend werden vor dir, Herr.
  Du weißt ja jeden Weg und Steg,
  Wohin ich mich auch wenden mag.
Wohin die Zügel ich gelenkt,
Merkst du im selben Augenblick.
  Drum hast du mir den Weg versperrt,
  Damit ich kehr zurück zu dir.
Du hast die Zunge mir im Mund
Bezwungen und so fest im Griff,
10 Dass nie ich ohne dein Gebot
  Ein Wort zu sprechen fähig bin.
Wie groß und wie gewaltig ist
Die Weisheit dein, Herr Jesus Christ,
  Mit der du mich so ganz umfasst!
  Wie könnte ich entrinnen dir!
Wenn ich hinauf zum Himmel fahr,
Bist du schon dort mit einem Heer,
  Wenn ich hinab zur Hölle fahr,
  Bist du auch dort zur Stelle schon.
15 Und zieh ich in ein fernes Land,
  Du hast mich immer in der Hand.

Da je zwei oder drei Langzeilen eine Strophe bilden, liegt es nahe, dass jedem Motiv eine Strophe gewidmet wird. Das erste Motiv (Gott kennt meine Gedanken) bildet die erste Strophe dieses Abschnitts. Es wird in der Weise aufgeteilt, dass die erste Langzeile in einer Doppelung sagt, dass Gott die Gedanken des Menschen kenne, und die zweite Langzeile in einem antithetischen Parallelismus den im biblischen Psalm fehlenden Aspekt der Ewigkeit hinzufügt. Das zweite Motiv (Gott kennt meine Wege) verteilt der Dichter auf die vierte bis sechste Langzeile dieses Abschnitts. Was der biblische Psalmist zweimal sagt, sagt der deutsche Dichter viermal und in anderer Weise: Meine Gedanken können nicht vom Weg abkommen, Gott kennt meine Wege und Stege, Gott lenkt meine Zügel, Gott kann mich zur Umkehr bewegen. Das dritte Motiv (Gott kennt meine Worte) wird ebenfalls im Umfang verdoppelt; es verteilt sich auf die siebte und achte Langzeile dieses Abschnitts. Das vierte Motiv (Gott umfängt mich) wird so abgewandelt, dass Gott den Menschen nicht nur um-, sondern auch einfängt (neunte und zehnte Langzeile dieses Abschnitts). Das fünfte Motiv (Gott ist unentrinnbar) wird in den drei abschließenden Langzeilen dieses Abschnitts dreifach variiert: Nicht nur von Himmel und Hölle ist die Rede, sondern zusätzlich auch von der Erde.

Zusammenfassend lässt sich also festhalten, dass der deutsche Dichter der biblischen Vorlage in Form und Inhalt folgt und sie doch gekonnt abwandelt. Dabei kommen Elemente ins Spiel, die David als Urbild des christlichen

Herrschers betreffen. So ist von den Zügeln die Rede, die auf den sein Pferd und sein Reich lenkenden König verweisen; so ist von den Ländern des Reiches die Rede, die der König in Ausübung seiner Herrschaft aufsucht. Dieser erste Teil betont, dass der christliche Herrscher seine Macht ganz auf Gott gründen kann, den er stets an seiner Seite weiß. Es geht also, wie im *Ludwigslied,* um eine Inszenierung des Gottesgnadentums, nur dass hier kein bestimmter König benannt wird.

Die Widersacher

An dieser Stelle macht der deutsche Dichter einen Sprung. Im dritten Abschnitt seines Gedichts (Z. 16–24) zieht er ein Thema vor, das der biblische Psalm erst am Schluss vorbringt, nämlich die Abwehr der Widersacher Gottes (Ps 138 [139],19–22). Der Sprecher klagt diejenigen an, die sich üble Nachrede gegen Gott zuschulden kommen lassen, und erklärt sie zu seinen eigenen Feinden. Wer gegen Gott ist, ist gegen den König. Der deutsche Dichter greift diesen Gedanken auf, verschiebt aber den Akzent auf das Thema der Königsherrschaft. Es geht nicht nur um eine Beleidigung Gottes, sondern um einen Angriff auf die rechtmäßige Königsherrschaft, die es gegen alle Widersacher zu verteidigen gilt:

> Nu uuillih mansleccun   alle fone mir gituon,
>   alle die mir rieton   den unrehton rīhtuom.
> Alle die mir rietun   den unrehton rīhtuom,
>   die sint fīenta dīn,   mit dēn uuillih gifēh sīn;
> 20   De uuider dir uuellent tuon,   de uuillih fasto nīdon,
>   alle durh dīnen ruom   mir ze fīente tuon.
> Dū got mit dīnero giuualt   scirmi iogiuuedrehalp,
>   mit dīnero chrefti   pinim dū mo daz scefti,
>   ne lā dū mos de muozze,   daz er mih se ane skiozze.

> Doch will ich nun der Mörder Schar
> Verweisen hier von diesem Ort
>   Und alle, die mir rieten je
>   Zu Unrecht und zu Tyrannei.
> Und alle, die mir rieten je
> Zu Unrecht und zu Tyrannei,
>   Sind immer deine Feinde, Herr,
>   Und meine Feinde ebenfalls.
> 20   Wer immer handelt gegen dich,
> Den bin zu hassen ich gewillt,
>   Dem will zu deinem Preis und Ruhm
>   Ich feindlich stets gesonnen sein.
> Du, Gott, mit deiner großen Macht
> Beschütze du mich überall,
>   Mit deiner Kraft beraube ihn
>   Der Pfeile, die er mit sich führt,
>   Lass ihm nicht die Gelegenheit,
>   Dass er sie jemals auf mich schießt.

Das Motiv der Mörder *(mansleccun)* ist aus den „blutgierigen Menschen"
abgeleitet (Ps 138 [139],19) Das Motiv der Pfeile ist dem nachfolgenden Psalm
139 (140) entlehnt, in dem von den Fallen, Schlingen, Netzen und Fanghölzern
die Rede ist, die gegen David ausgelegt werden (V. 6). Die Pfeile sind insofern
eine Steigerung gegenüber den Schlingen und Netzen, als sie nicht nur Fallen,
sondern tödliche Waffen sind. Hinzukommt, dass der Akzent von der Attacke
gegen Gott auf die Attacke gegen den König verschoben wird. Die Widersacher
sollen vom Thron verwiesen werden, werden also als intrigante Ratgeber aus
dem Umkreis des Königs identifiziert. Es geht um einen Angriff auf die Herrschaft, der von innen kommt. Die Feinde wenden sich nicht nur gegen Gott und
König, sondern auch und vor allem gegen das Recht. Indem sie zur Rechtlosig-
keit *(unrehton rihtuom)* raten, leisten sie der Tyrannei Vorschub. Damit verschiebt
sich die Stoßrichtung des gesamten Gedichts. Aus dem Psalm, der die Allmacht
des Schöpfers preist, wird ein Bekenntnis des christlichen Herrschers zu Recht
und Ordnung.

In diese Richtung deutet auch die grundlegend veränderte Komposition des
Gedichts. Da die betreffenden Verse des biblischen Psalms vorgezogen werden,
bildet der Abschnitt, der von der Verteidigung der Herrschaft gegen die Intriganten
handelt, das Mittelstück der Dichtung (Z. 16–24). Während der biblische Text mit
dem Motiv der Frevler endet, kommt das deutsche Gedicht im vierten Abschnitt,
der die zuvor übersprungenen Psalmverse nachreicht, noch einmal auf die Allmacht Gottes zurück (Z. 25–35).

Gottes Allmacht II
Der vierte Abschnitt hält sich zwar an die Verse des biblischen Psalms,
montiert sie aber neu. Zunächst zitiert der Dichter diejenige Partie, die von der
Erschaffung des Menschen im Mutterschoß handelt (Ps. 138 [139],13–16). Er
verdichtet den Gedanken und fügt den Aspekt der lebenserhaltenden Kraft Gottes
hinzu. Die Mutter bringt das Kind zur Welt, aber Gott schenkt ihm das Leben
(Z. 25–28):

25   De sēla uuorhtostū mir,   die pisāzi du mir.
            dū uurti sār mīn giuuar,   sō mih de muoter gipar.
      Noh trof ih des ne lougino,   des dū tāti tougino,
            nupe ih fone gipurti   ze erdun aver uurti.

25   Du schufst die Seele mir, o Herr,
      Und nahmst sie in die Obhut dein,
            Du wurdest meiner gleich gewahr,
            Als meine Mutter mich gebar.
      Ich leugne im Geringsten nicht,
      Was im Verborgnen du gewirkt,
            Dass ich nicht gleich nach der Geburt
            Zu Erde werde und zu Staub.

Der Schöpfer kennt seine Schöpfung. Er steht über der Welt, die er geschaffen hat. In der Beseelung des Menschen im Mutterschoß wiederholt sich die Erschaffung des ersten Menschen im Paradies, der aus Staub geknetet und mit Gottes Atem belebt wurde. Zu diesem Staub zerfiele der Mensch gleich nach seiner Geburt, wenn Gott ihm nicht das Leben einhauchte.

Die biblischen Verse 17 und 18 streicht der deutsche Bearbeiter. Er springt stattdessen in die erste Hälfte des Psalms zurück und nimmt den Gedanken der Allgegenwart Gottes wieder auf. Von Höhe und Tiefe war schon die Rede, nun kommt die Weite hinzu. Selbst wenn der Mensch bis ans Ende des Meeres zöge, wäre Gott schon dort (Ps 138 [139],9–12). Diese Verse setzt der Dichter in umgekehrter Reihenfolge um: zunächst das Motiv der Finsternis, dann das Motiv der Flügel (Z. 29–35). Die Inversion verläuft entlang jener Grenze, an der der Psalm, wie oben erwähnt, im monastischen Stundengebet in zwei Hälften geteilt wurde:

>   Far ih in de finster,   dār hapest dū mih sār:
> 30   ih uueiz daz dīn nacht mach   sīn sō lioht alsō tach.
>   Sō uuillih danne file fruo   stellen mīno federa:
>   peginno ih danne fliogen,   sōse ēr ne tete nioman.
>   Peginno ih danne fliogen,   sōse ēr ne tete nioman,
>   sō fliugih ze enti ienes meres: ih uueiz daz dū mih dār irferist:
> 35   ne megih in nohhein lant,   nupe mih hapet dīn hant.

>   Und fahr ich in die Finsternis,
>   So hältst du mich in deiner Hand,
> 30   Ich weiß, dass deine Nacht vermag
>   Zu strahlen wie der lichte Tag.
>   So spreize ich des Morgens früh
>   Schon mein Gefieder, vogelgleich,
>   Und fliege in die weite Welt,
>   Wie es noch niemand vor mir tat.
>   Ich fliege in die weite Welt,
>   Wie es noch niemand vor mir tat,
>   Und flöge ich zum Horizont,
>   Ich weiß, du holst mich immer ein.
> 35   Und zieh ich in ein fernes Land,
>   Du hast mich immer in der Hand.

Die Umstellung ermöglicht den fließenden zeitlichen Übergang von der Finsternis der Nacht zum Anbruch des Morgens. Das Motiv des Fliegens wird plastischer ausgemalt als im biblischen Psalm. Dort geht es metaphorisch um die Flügel des Morgenrots, womit die Strahlen der am Horizont aufgehenden Sonne gemeint sein dürften. Hier geht es hingegen um die Seele, die sich wie ein Vogel in die Lüfte erhebt und die Weite des Meeres ausmisst. Das Motiv des Landes, das abschließend dem Meer zugeordnet wird, vervollständigt die kosmologische Dimension. Die Gegenwart Gottes umfasst Himmel und Hölle, Land und Meer.

Schutzbitte an Gott

Im letzten Abschnitt, einer Schutzbitte an Gott, konvergiert die deutsche Bearbeitung wieder mit der biblischen Vorlage. Die letzten drei Langzeilen (Z. 36–38) geben die abschließenden Verse des Psalms wieder (Ps 138 [139], 23–24). Der deutsche Dichter setzt diese Verse getreu um und ergänzt sie um die Motive der Gnade, des Schutzes und der Ewigkeit. Der Preis der Allwissenheit Gottes wird so in eine finale Schutzbitte abgewandelt, die auch das Leben nach dem Tode einschließt:

> Nu chius dir fasto ze mir,   upe ih mih chēre after dir;
>   dū ginādigo got,   chēri mih framort,
>   mit dīnen ginādun   gihalt mih dir in ēuun.

> Nun prüfe, Herr, und schau mich an,
> Ob mich mein Weg zu dir geführt;
>   In deiner Gnade, guter Gott,
>   begleite mich auch weiterhin.
>   In deiner Gnade halte mich
>   Und schütze mich in Ewigkeit.

Im Rückblick wird der wichtigste Unterschied zwischen dem biblischen Psalm und der deutschen Bearbeitung deutlich. In der Vorlage geht es um den Preis der göttlichen Allwissenheit, die exemplarisch an David vorgeführt wird, aber jeden Menschen meint. In der deutschen Bearbeitung geht es hingegen um den Herrscher, der in der Rolle Davids auftritt und das göttliche Fundament und die göttliche Bestimmung seiner Macht unterstreicht.

Gab es einen konkreten Anlass für dieses Gedicht? Zielt es auf einen bestimmten Herrscher? Möglicherweise wurde es im Zuge einer Synode verfasst, die im Mai 895 in der hessischen Pfalz Tribur stattfand (Haubrichs 1990, 90–106). Die bischöfliche Zusammenkunft fand in Anwesenheit Arnulfs von Kärnten statt, des ostfränkischen Königs aus karolingischem Geschlecht. Thema war die Übereinkunft zwischen Kirche und Königtum. Arnulf versprach den Bischöfen Beistand und Sicherheit, diese feierten das Gottesgnadentum seiner Königsherrschaft. In einem Schreiben empfahl sich Arnulf als Gotteskrieger gegen die Feinde der Kirche, eine deutliche Entsprechung zum Mittelteil des *Psalms 138*. In einem weiteren Schreiben erklärte er mit Verweis auf den biblischen Psalm, dass die Feinde Gottes auch die Feinde des Königs seien. Diese Parallelen lassen es möglich erscheinen, dass das althochdeutsche Psalmlied bei jenem feierlichen Empfang zur Aufführung kam, den die Bischöfe dem König am Morgen nach der Synode in der Basilika von Trebur bereiteten. Auch dies spricht dafür, *Psalm 138,* ähnlich dem *Ludwigslied,* als panegyrisches Lied (Fürstenpreislied) einzuordnen, das den König religiös überhöht und zugleich der Allmacht Gottes unterstellt.

7.2.2 Notker III. von St. Gallen

Einen völlig anderen Zugriff auf den biblischen Psalm bietet Notker III. von St. Gallen. Aufgrund seiner Übersetzungstätigkeit auch als Notker der Deutsche bekannt, steht der aus einem Thurgauer Adelsgeschlecht stammte Gelehrte für die Fortsetzung volkssprachlicher Schriftlichkeit nach dem Ende der althochdeutschen Literaturepoche. Bis zu seinem Tod im Jahr 1022 trat er als volkssprachlicher Bearbeiter biblischer und theologischer Schriften für den Schulgebrauch hervor (Gauch 2013; Backes 1994). Er sorgte nicht nur für die Eindeutschung des Psalters, sondern auch lateinischer Schulautoren wie Boethius und Martianus Capella. Sein Werk zählt zur pragmatischen Schriftlichkeit und somit nicht zur deutschen Literaturgeschichte im engeren Sinne. Er repräsentiert den Typus des Übersetzers, wie er seit der ersten Phase der althochdeutschen Literaturepoche aufgetreten war, überbietet aber im Umfang seines Werks sogar den althochdeutschen *Tatian*. Notker ist eine ausgeprägte Übersetzerpersönlichkeit – ein volkssprachlicher Autor oder Dichter ist er nicht.

Seine Übersetzungsmethode lässt sich an Psalm 138 (139) beispielhaft aufzeigen. Notker überträgt den Psalter nicht auf Grundlage der lateinischen Bibel (Vulgata), sondern des lateinischen Psalmenkommentars des spätantiken Theologen Augustinus *(Enarrationes in Psalmos)*. Mit Augustinus liest Notker den Psalm christologisch, d. h. er identifiziert David mit Christus: „Nach Augustinus spricht im folgenden Christus über sich selbst zum Vater" *(Secundum Augustinum Christum ad patrem de se ipso loquitur)*. Notker folgt Augustinus, indem er die Verse des Psalms jeweils zunächst in lateinischer Sprache zitiert, dann in deutscher Sprache paraphrasiert und schließlich, ebenfalls in deutscher Sprache, kommentiert. Den Kommentar leitet Notker in der Regel mit der Formel „das heißt" *(das chît, das ist)* ein. Der volkssprachliche Text ist mit lateinischen Wörtern und Erläuterungen durchsetzt – ein Hinweis auf den Gebrauch im Schulunterricht. Wenn Notker den Psalm auf Christus bezieht, unterscheidet er mit Augustinus zwischen Haupt *(caput)* und Leib *(corpus)*. Das Haupt ist Christus selbst, der Leib ist die Kirche, in der er sich verkörpert. Thema ist die Erlösung der Menschen durch die Passion Christi. Im Zeichen des Hauptes spricht Christus zu Gott über sein Leiden, im Namen des Leibes spricht die Kirche zu Christus über ihre Sünden.

Im Folgenden verzichte ich auf die Wiedergabe der lateinischen Psalmverse, die Notker jeweils voranstellt, und beschränke mich auf die volkssprachlichen Paraphrasen und Kommentare. Um kenntlich zu machen, welche Teile sich auf den biblischen Wortlaut beziehen, habe ich in der Übersetzung die entsprechenden Partien kursiv gesetzt (zitiert nach Schlosser 2004, S. 164–171; Übersetzung A.K.):

(Secundum Augustinum Christus ad patrem de se ipso loquitur:)

(Nach Augustinus spricht im Folgenden Christus über sich selbst zum Vater:)

1. Hêrro mîn, dû besuohtost mih *in passione* und bechandôst mih. Daz chît: tâte, daz mih ándere bechénnent.

   Mein *Herr, du prüftest mich* im Leiden *und erkanntest mich.* Das heißt: Du bewirktest, dass mich andere erkennen.

2. Du bechándôst min nídersízzen in tôde und mîn ûfstân nah tôde. *Aut ex persona sui corporis loquitur:* Dû bechándôst mîna níderi *in pęnitentia,* do ih in éllende uuas, unde mîna ûfirríhteda, do ih chám unde áblaz keuuán.

   Du erkanntest, wie ich im Tode *niedersaß und* nach dem Tode *auferstand.* Oder er spricht im Namen seines Leibes: Du erkanntest meine Erniedrigung in der Reue, als ich im Elend war, und meine Aufrichtung, als ich kam und Vergebung gewann.

3. Dû bechándost mîne gedáncha férrenân, do ih *idolorum culturam* begonda léidezen. Mina leîdûn stîga, an déro ih kîeng fóne dir, unde daz ende, daz *mortalitas* ist, ze dero ih follecham, daz irspêhotost dû: iz neuuas ferborgen fóre dír.

   Du erkanntest meine Gedanken von ferne, als ich den Götzenkult zu verachten begann. *Meinen* Leiden*sweg,* auf dem ich von dir aus ging, *und das Ende,* das die Sterblichkeit ist, zu der ich gelangte, *erspähtest du:* Es war vor dir nicht verborgen.

4. Unde alle mîne uuéga, in dien ih irrôta, fóreuuíssost dû. Du hangtost mir sîe ze gânne, ube ih hína nemahti, daz ih iruuúnde ze dir. Uuanda nu neíst trúgeheit in minen uuórten.

   Und du wusstest all meine Wege, auf denen ich irrte, *voraus.* Du ließest sie mich gehen, auch wenn ich nicht zu dir hätte zurückfinden können. *Denn nichts Trügerisches ist* nun *in meinen Worten.*

5. Du uueist mîniu iúngesten ding, dô ih tôdig uuard, unde diu alten díng, di ih sundon gestûont. Dû scáffotost mih, do ih sundota, ze arbeiten, in dîen ih fore neuuas, unde legetost mih ana dîna hant, uuanda dô drúhtost du mih.

   Du weißt meine Gegenwart, als ich dem Tode verfiel, *und die Vergangenheit,* als ich der Sünde verfiel. *Du schufest mich,* als ich sündigte, zur Mühsal, in der ich zuvor nie war, *und legtest deine Hand auf mich,* um mich zu bedrücken.

6. Fone minen sculden ist mir uuúnderlîh unde únsémfte uuorden dîn bechénneda. Sie ist mir ze stárch, ih nemag iro zûo, aber du maht mih iro genáhen.

   Durch meine Schuld *ist mir dein Wissen wunderbar und unzugänglich geworden. Es ist mir zu hoch, ich kann es nicht erreichen,* aber du kannst mich ihm annähern.

7. Uuára mag ih fore dînemo geîste, des diu uuerlt fol ist? Also iz chit: *Spiritus domini replebit orbem terrarum.* Unde uuára flîêhe ih fóre dír? Uuara mag ih indrínnen dînero abolgi?

   Wohin kann ich gehen vor deinem Geist, der die Welt erfüllt? Wie geschrieben steht: Der Geist des Herrn erfüllt den Erdkreis". *Und wohin kann ich vor dir fliehen?* Wo kann ich deinem Zorn entrinnen?

8. Héue ih mih hóho, dâr drúcchest du mih uuidere. Pirgo ih mih, daz ih mînero sundon iehen neuuíle, dû geiíhtest mih iro.

   Erhebe ich mich empor, stößt du mich zurück. *Verberge ich mich,* weil ich meine Sünden nicht bekennen will, überführst du mich ihrer.

9. Ube ih mîne féttacha (daz chit: *amorem dei et proximi*) ze mir nímo in geríhti unde ih púuuo, daz chit: râmen mit kedingi ze ende dírro wérte, so *dies iudicii* ist, uuanda dar ist ende dísses uuérltméres, ze déro uuîs indrinno ih dînero abolgi,

   Wenn ich meine Flügel (das heißt: Liebe zu Gott und dem Nächsten) geradewegs *an mich nähme und mich niederließe* (das heißt: hoffnungsvoll zum Ende dieser Welt zöge, wo der Gerichtstag ist), denn dort ist das *Ende dieses Weltmeeres,* damit ich auf diese Weise deinem Zorn entrinne,

10. Dára ze demo ende bringet mih dîn
hant unde dîn zeseuua hábet mih, daz
ih ín den mére nesturze, êr ih ín
uberflîge.

*so brächte deine Hand mich zu diesem
Ziel, und deine Rechte hielte mich,* damit
ich nicht ins Meer stürze, ehe ich es
überflogen habe.

11. Unde chad ih fórhtendo: ódeuuâno
finisterina trêttônt mih unde írrent mih.
Uuaz sint die finstri an díser lîb? Unde
bedíu ist mîn naht, daz chit: min lîb
lîeht uuorden an minero lússami, daz
ist: Christus. Er chám in disa naht, daz
er sie irlîêhti.

Und sagte ich voll Furcht: *Vielleicht wird
die Finsternis mich niedertreten* und
beirren – was ist diese Finsternis anderes
als dieses Leben? –, *so ist meine Nacht,*
d.h. mein Leben, *Licht geworden zu
meiner Freude,* d.h. Christus. Er kam in
diese Nacht, damit er sie erleuchte.

12. Uuanda fóne dir, Christe, nefinstrent
die finstri nube fone démo, der sîne
sunda bírget unde iro neiiehet. Der
zuífaltot diê finstri. Unde rehtemo man
uuirt diu naht sámo lîehte so der tag,
daz chit: *aduersitas* netárôt imo nieht
mêr danne *prosperitas.* Imo gant
prospera unde *aduersa* gelicho.

*Denn durch dich, Christus, wird die
Finsternis nicht finster,* aber durch den,
der seine Sünde verbirgt und sie nicht
bekennt. Der verzweifacht die Finsternis.
*Und für den gerechten Menschen wird die
Nacht so hell wie der Tag,* d.h. Unglück
schadet ihm nicht mehr als das Glück. *Für
ihn sind* Glück *und* Unglück *dasselbe.*

13. Uuanda dû habest pesézzen mîne
láncha, du nehengest mir únchîûsce
gelúste. Dû habest mih kenómen uzer
mînero muoter uuombo. Daz ist diû
zâliga Babylonia, der chint Ierusalem
çelestem neminnont.

*Denn du hast meine Nieren in deiner
Gewalt,* du erlaubst mir keine unkeuschen
Begierden. *Du hast mich aus dem Schoß
meiner Mutter angenommen.* Das ist die
verderbliche [Hure] Babylon, deren
Kinder das himmlische Jerusalem nicht
lieben.

14. Ih iîeho dir, tróhten, daz du egebâro
uns uuunderlih uuorden bist. Daz ist
fone diû, uuanda diniu uuerch
uuunderlih sint, gót, unde sie nu min
séla harto uuóla bechénnet, souuieo ih
in fore nieht zuo nemahti.

*Ich bekenne dir, Herr, dass du uns auf
schreckliche Weise zum Wunder geworden
bist.* Das ist deswegen, weil *deine Werke
wunderbar sind,* Gott, *und meine Seele sie
nun sehr gut erkennt,* wie ich es zuvor
nicht vermochte.

15. Dir ist únferbórgen min stárchi, die du
mir tâte tougeno. Fóne dero chad
Paulus: *Non solum autem sed et
gloriamur in tribulationibus.* Unde ist
min sela in dero tiefi des líchamen,
doh iro diu starchi gegében si.

Unverborgen ist dir meine Stärke, *die du
mir heimlich geschaffen hast.* Über sie sagt
Paulus: „Nicht nur, aber auch der
Bedrängnisse wegen rühmen wir uns"
[Röm 5,3]. *Und meine Seele ist in der Tiefe
des Leibes,* doch ist ihr die Stärke gegeben.

(*Item ex persona capitis:*)

(Ebenso im Namen des Hauptes:)

16. Mînen úndúrnohten, Petrum, gesáhen
siniu oûgen. Er gehiez, daz er geleîstan
nemahta, doh kesáh in gót, also iz chit:
Et respexit dominus Petrum. Unde an
dinemo bûoche uuerdent sie alle
gescriben, *perfecti* und *inperfecti.* An
Christo míssenément siê, uuanda sie in
écchert *hominem* uuânent uuésen, unde
ferlâzent ín *in passione.* Unde iro
neheîn nefollehábet sih ze imo. Noh
derdar chad: *Tecum usque ad
mortem.*

*Meine Unvollkommenheit haben seine
Augen* in Petrus *gesehen.* Er versprach,
was er nicht leisten konnte, doch sah Gott
ihn an, wie es heißt: „Und der Herr schaute
sich zu Petrus um" [Lk 22,61]. *Und sie alle
sind in deinem Buch aufgeschrieben,*
Vollkommene und Unvollkommene. An
Christus *werden sie irre,* weil sie ihn nur
für einen Menschen halten, und verlassen
ihn im Leiden. *Und keiner von ihnen* hält
zu ihm. Auch nicht der sagte: „Ich bleibe
bei dir bis zum Tod" [Lk 22,33].

17. Aber dîne friunt uuôrdene nâh mînero passione sint sie mir fílo êrháfte. Iro apostolatus ist harto gefestenôt.

Die aber deine Freunde geworden sind nach meinem Leiden, *halte ich hoch in Ehren. Ihr* Apostolat *ist sehr gefestigt.*

18. Unde zello ih sîe unde ist íro mêr danne méregriêzes. So mánig uuirdet déro nah mînero passione, dero fore nehein neuuas. Ih pin irstanden nâh tôde, unde noh pin ih, fáter, sament dir. Noh nebin ih sin chunt nube éccchert dir.

Und *wenn ich sie zähle, gibt es mehr von ihnen als Sand* am Meer. So viele werden sie nach meinem Leiden, von denen es vorher niemanden gab. *Ich bin auferstanden* nach dem Tod *und bin noch,* Vater, *bei dir.* Noch bin ich ihnen nicht bekannt, nur dir.

19. Ube du, got, sláhest, daz chit: plendest die súndigen, so besuîchent sie íro folgeârra in úppigheite,

Wenn du, Gott, die Sünder schlägst, d.h. blendest, *so werden sie* ihre Nachfolger betrügen *in ihrer Nichtigkeit,*

20. uuanda du chist stíllo in dero guôton gedánche: skeident iûh, mánslekken, fone mir. Got lêret, daz sih kûote skeîden fone úbelen in iro uuerchen unde sie doch kemínnet sih; fone diu ist dero irslágenon, ih meîno: dero irblanton lêra uanitas. Uueliu ist diu lera ane daz sîe íro gelîchen lêrent, die iro burge sint, házen die réhten? Zíu tuônt sîê daz? Uuanda in íro guôti ubeli gedúnchet. uuéle sint *uiri sanguinum* ane die, *qui oderunt fratres suos?*

denn du sprichst still im Gedenken an die Guten: *Weichet von mir, ihr Mörder.* Gott lehrt, dass sich die Guten in ihren Werken von den Bösen unterscheiden und doch sind auch sie geliebt; daher ist die Lehre der Erschlagenen, d.h. der Verblendeten, nichtig. Was ist ihre Lehre anders, als dass sie ihresgleichen, die ihre Bürger sind, lehren, die Gerechten zu hassen? Warum tun sie das? Weil ihnen deren Güte als Übel erscheint. Wer anders sind die Menschen des Blutes als die, die ihre Brüder hassen?

21. Ziu skeîdent siê sih fone mir, samoso ih ubel si? nehazeta ih die dih hazent, trohten? unde neséreuuêta ih umbe dine fienda, uuanda mir iro unreht ando uuas fúre dih?

Warum ziehen sie sich von mir zurück, als wenn ich böse wäre? *Habe ich nicht die gehasst, die dich hassen, Herr? Und habe ich mich nicht deiner Feinde wegen gegrämt,* weil mir ihr Unrecht deinetwegen ein Ärgernis war?

22. In durnohtemo háze házeta ih sîe selben. Sie sint mir fient, uuanda ih iro unreht házeta.

Mit vollkommenem Hass habe ich sie gehasst. Sie sind mir feind, weil ich ihr Unrecht hasste.

23. Pesuoche du mih, got, ube ih daz kesculdet hábe, daz sie sih skeîden fóne mir, unde uuizîst du min hérza, uuanda sie iz uuízen neuuéllen.

Prüfe mich, Gott, ob ich es verdient habe, dass sie sich von mir scheiden, *und du wirst mein Herz erkennen,* weil sie es nicht erkennen wollen.

24. Scródo mih unde bechénne mîne stîga unde sih, ube in mir unreht fád sî. Unde rihte mih zu démo euuîgen uuége, Christo, an démo nehéin únreht neist.

Erforsche mich und erkenne meine Wege und siehe, ob mein Pfad ins Unrecht führt. Und führe mich auf den ewigen Weg, zu Christus, an dem kein Unrecht ist.

Notkers volkssprachliche Bearbeitung von Augustins lateinischem Psalmenkommentar macht deutlich, wie durchgreifend die jüdischen Schriften des Alten Testaments im Sinne der christlichen Schriften des Neuen Testaments umgearbeitet werden. Nicht mehr David spricht, sondern in ihm Christus. Im Grunde handelt es sich um einen hybriden Text, der neutestamentliche Verse und Motive in den alttestamentlichen Psalm interpoliert, um diesen für die christliche Tradition zu gewinnen. Der althochdeutsche *Psalm 138* und Notkers Psalmenkommentar basieren zwar auf derselben biblischen Vorlage, aber sie haben im Grunde nichts mehr miteinander zu tun. Der eine Text arbeitet den Psalm in ein Preislied um, das Züge eines Fürstenlobs trägt; der andere kommentiert ihn aus christologischer Perspektive. Der eine schafft eine neue Dichtung, die für den Vortrag bestimmt ist; der andere führt für die Zwecke des Schulunterrichts die exegetische Tradition im Medium der Volkssprache fort.

Inhaltsverzeichnis

Das letzte Kapitel befasste sich mit zwei späten Dichtungen, die Anfang des zehnten Jahrhunderts entstanden, kurz bevor die althochdeutsche Literaturepoche abbrach: *Christus und die Samariterin* und *Psalm 138*. Sie haben jeweils ein Gegenstück, ein früheres im ersten Fall (Otfrid von Weißenburg), ein späteres im zweiten Fall (Notker III. von St. Gallen). Sie erlaubten einen zeitlichen Querschnitt von der zweiten Hälfte des neunten Jahrhunderts, in der Otfrid sein *Evangelienbuch* verfasste, bis zur Wende vom zehnten zum elften Jahrhundert, als Notker als volksprachlicher Übersetzer und Kommentator wirkte und die frühmittelalterliche Schriftlichkeit (auch die lateinische) bereits weitgehend zum Erliegen gekommen war. Notker knüpfte seinerseits an die volkssprachliche Übersetzungtradition an, die Ende des neunten Jahrhunderts begann. Dies ist ein günstiger Ansatzpunkt für die Rekonstruktion einer literaturgeschichtlichen Epoche, die Heinz Schlaffer nicht als solche gelten lassen wollte. Doch ist es durchaus möglich, die althochdeutschen und altniederdeutschen Dichtungen, die vom Ende des achten bis zum Beginn des neunten Jahrhunderts entstanden, als literaturgeschichtliche Einheit zu beschreiben, die sich in drei Phasen unterteilen lässt (vgl. de Boor 1979, S. 13–14).

8.1   Periodisierung

Diese drei Phasen lassen sich mit Blick auf die wechselnden Herrschaftsverhältnisse beschreiben (s. Tab. 8.1). Die erste Phase betrifft die Zeit der Reichseinheit von Karl dem Großen bis Ludwig dem Frommen. Die zweite, mit der Reichsteilung korrespondierende Phase hat ihren Schwerpunkt im ostfränkischen Reich unter Ludwig dem Deutschen. In der dritten Phase dominieren die regionalen Zentren; in weltlicher Hinsicht sind der westfränkische König Ludwig III. und der ostfränkische König Arnulf von Kärnten, in geistlicher Hinsicht die Bistümer und Klöster im Süden des deutschsprachigen Raums zu nennen.

8.1.1   Drei Phasen

Phase 1: Reichseinheit
Den Anfang setzte Karl der Große in den 780er Jahren mit der Bildungsreform, der sogenannten Karolingischen Renaissance. Diese zielte zwar auf die lateinische Literatur, schuf aber zugleich die Voraussetzungen für die Entstehung einer deutschsprachigen Literatur (s. Abschn. 2.2). Neben dem König traten die am Aachener Hof versammelten europäischen Gelehrten als Akteure auf, allen voran der Angelsachse Alkuin von York. Er war es, der die programmatischen Schreiben der Bildungsreform, den *Sendbrief über die Pflege der Wissenschaft* (784/785) und die *Allgemeine Ermahnung* (789), verfasste. In den Klöstern sollten Schulen,

Tab. 8.1   Die drei Phasen der ersten Epoche der deutschsprachigen Literatur

	Phase 1	**Phase 2**	**Phase 3**
Zeitraum	768–843	843–876	876–911
Reich	Reichseinheit	Reichsteilung	Regionalisierung
Herrscher	Karl der Große Ludwig der Fromme	O: Ludwig der Deutsche	O: u. a. Arnulf v. Kärnten W: u. a. Ludwig III.
Schreiborte	Fulda Bayern	Fulda Weißenburg	Fulda Freising Reichenau
Autor	Anonymität Fingierte Mündlichkeit	Auktorialität Betonte Schriftlichkeit	Anonymität Schriftlichkeit
Themen	Schöpfung Endzeit	Bibeldichtung	Fürstenpreislied Heiligenpreislied Bibeldichtung
Werke	*Wessobrunner Spruch* *Muspilli* *Hildebrandslied*	*Heliand* *Altsächsische Genesis* Otfrids *Evangelienbuch*	*Ludwigslied* *Georgslied* *Petruslied* *Christus u. d. Samariterin* *Psalm 138* *Merseb. Zaubersprüche*

Schreibstuben und Bibliotheken eingerichtet werden. Die biblischen und theologischen Schriften sollten gepflegt werden, indem man Fehler beseitigte, Überflüssiges wegschnitt und das Richtige durchsetzte. Als intellektuelles Zentrum des fränkischen Reichs strahlte die Aachener Hofschule in das Netzwerk der Klöster und Bistümer aus, die die intellektuelle Infrastruktur des fränkischen Reichs bildeten. Die Kontinuität der fast ein halbes Jahrhundert währenden Regierungszeit Karls des Großen war eine günstige Voraussetzung für die erfolgreiche Umsetzung der Bildungsreform und die Genese der althochdeutschen und altniederdeutschen Literatur.

In dieser Phase entstanden zunächst Werke, die didaktischen und katechetischen Zwecken dienten: Wörterbücher wie der *Abrogans,* Interlinearversionen wie die *Murbacher Hymnen* und Übersetzungen grundlegender Glaubenstexte wie Vaterunser, Glaubensbekenntnis und Taufgelöbnis. Früh setzten auch die ersten Übersetzungen biblischer und theologischer Schriften ein wie die *Mondseer Fragmente* mit ihren deutschen Fassungen des Matthäusevangeliums und einzelner Schriften der Theologen Augustinus und Isidor von Sevilla beweisen. In dieser Zeit entstand, möglicherweise durch ein angelsächsisches Vorbild angeregt, das wohl erste (jedenfalls erste überlieferte) schriftliterarische Gedicht in deutscher Sprache: der *Wessobrunner Schöpfungsspruch.* Ihm dürfte die Endzeitdichtung *Muspilli* bald gefolgt sein. Beide gestalten den religiösen Inhalt in stabgereimten Langzeilen und schließen sich somit formal an die Tradition der mündlichen Dichtung an. Außerdem ordnete Karl der Große an, die mündlich tradierten Heldensagen zu sammeln und festzuhalten.

Als Karl starb, trat Ludwig der Fromme seine Nachfolge an. In den sechsundzwanzig Jahren seiner Regierung setzte sich die von seinem Vater begonnene Bildungsreform fort. Die Rolle, die Alkuin für Karl den Großen gespielt hatte, nahm nun teilweise Alkuins Schüler Hrabanus Maurus ein, der zunächst als Schulleiter und Abt des Klosters Fulda (einer angelsächsischen Gründung) und dann als Mainzer Erzbischof erheblichen Einfluss ausübte. Wie sein Lehrer trat er nicht nur als Theologe, sondern auch als Dichter hervor. Mit seinen lateinischen Kreuzeshymnen, einem Höhepunkt der karolingischen Literatur, setzte er Maßstäbe auch für die deutschsprachige Dichtung. Während Hrabans Ägide wurde im Zuge der Arbeit am lateinischen Bibeltext auch der althochdeutsche *Tatian* angefertigt. Außerdem wurde in Fulda das *Hildebrandslied* abgeschrieben, obwohl Ludwig der Fromme, wie sein Biograph Thegan berichtet, von der Überlieferung weltlicher Lieder Abstand nahm und so dazu beitrug, dass die unter Karl dem Großen begonnene Sammlung volkssprachlicher Heldenlieder unterging.

Phase 2: Reichsteilung

Nach der ersten, ein Dreivierteljahrhundert währenden Phase der Kontinuität setzte die Reichsteilung im Vertrag von Verdun (843) eine Zäsur. Die nun beginnende zweite Phase verbindet sich mit Ludwig dem Deutschen, dem Sohn und Nachfolger Ludwigs des Frommen im ostfränkischen Reich. Der Osten war für die deutsche Literatur von besonderer Bedeutung, weil es sich um ein vornehmlich deutschsprachiges Gebiet handelte. Ludwig der Deutsche trat als

Förderer der deutschen Bibeldichtung auf. Das legt die wohl an ihn gerichtete Widmung nahe, die Otfrid seinem *Evangelienbuch* voranstellte. Auch der schon einige Jahrzehnte zuvor entstandene *Heliand* fällt in seine Regierungszeit. Für weitere zehn Jahre blieb Hrabanus Maurus ein entscheidender Akteur. Er gilt nicht nur als Verfasser des lateinischen Bekanntmachungsschreibens, das man dem *Heliand* zuordnet, sondern wird auch von Otfrid von Weißenburg stolz als Lehrer benannt. Auch ließ sich Otfrid bei der Komposition seines *Evangelienbuchs* von Hrabans Kreuzeshymnen anregen.

Charakteristisch für die zweite Phase ist ferner das Nebeneinander von niederdeutscher *(Heliand, Altsächsische Genesis)* und hochdeutscher *(Evangelienbuch)* Bibeldichtung. Hinsichtlich des Umfangs und der Qualität der Werke stellt die mittlere Phase zugleich den Höhepunkt der ersten Epoche der deutschen Literaturgeschichte dar. Wollte man nach einem poetischen Gründungsdokument in deutscher Sprache suchen, dann fände man es nicht im kurzen *Hildebrandslied,* sondern in Otfrids umfangreichem *Evangelienbuch,* einer selbstbewusst verfassten Bibeldichtung in der Sprache der Franken. Zugleich führte Otfrids *Evangelienbuch* den Endreim in die deutsche Literaturgeschichte ein, der sich als beherrschende Form der Dichtung durchsetzte.

Phase 3: Regionalisierung

Fasst man die Regierungszeiten Karls des Großen, Ludwigs des Frommen und Ludwigs des Deutschen mit Blick auf den östlichen Teil des fränkischen Reichs als Einheit, so ist ein Kontinuum von mehr als einem Jahrhundert zu verzeichnen (768–876). Nach dem Tod Ludwigs des Deutschen konnten die ostfränkischen Herrscher weitere Kontinuität nicht mehr gewährleisten. Zwar fiel Ludwigs Sohn Karl III. noch einmal für zwei Jahre die Herrschaft über das großfränkische Reich zu; doch endete das kurze Zwischenspiel, als Karl das ostfränkische Reich an seinen Neffen Arnulf von Kärnten verlor. Aus dieser Zeit ist nur eine volkssprachliche Dichtung überliefert, die aber nicht auf ost-, sondern westfränkischem Gebiet entstand. Es handelt sich um das in den Jahren 881/882 auf den westfränkischen König Ludwig III. gedichtete *Ludwigslied,* das den militärischen Erfolg des jungen, wenig später tödlich verunglückten Königs feiert. Das im Stil von Otfrids *Evangelienbuch* verfasste Lied verweist auf die literarischen Verbindungen zwischen west- und ostfränkischem Reich.

Dass die deutsche Literaturepoche nach dem Ende der karolingischen Herrschaft im ostfränkischen Reich noch eine Weile fortgeführt wurde, ist den Klöstern und Bistümern zu verdanken. Aus der Jahrhundertwende sind zwei Heiligenlieder überliefert, nämlich das in einem alemannischen Kloster, vielleicht auf der Reichenau entstandene *Georgslied* sowie das im bayerischen Bistum Freising entstandene *Petruslied.* Sieht man das *Ludwigslied* und das *Georgslied* im Zusammenhang, so fällt auf, dass in der letzten Phase der karolingischen Literatur erstmals Gestalten in den Mittelpunkt traten, die nicht aus der Bibel stammen. Gleichwohl wurde die Tradition der Bibeldichtung fortgesetzt: in Freising mit dem hymnischen *Psalm 138* (der möglicherweise mit Arnulf in Verbindung steht) und auf der Reichenau mit dem novellistischen Gedicht *Christus und die Samariterin.*

Es war also ein Verdienst der regionalen Zentren, dass die Produktion deutscher Literatur noch nicht verebbte, sondern neue Höhepunkte erreichte.

8.1.2 Autorbilder

Parallel zu diesen drei Phasen lässt sich ein Wandel des Autorbildes feststellen, das die Verfasser von sich selbst oder andere von ihnen entwarfen.

In der ersten Phase dominiert die Übersetzungsliteratur zum Zweck der Glaubensunterweisung und des Schulunterrichts. Die Übersetzer bleiben anonym, denn sie verstehen sich nicht als Autoren, sondern als Vermittler lateinischer Texte in die deutsche Volkssprache. Doch schon das erste deutsche Gedicht dieser Phase nimmt Bezug auf den Gedanken der Autorschaft: der *Wessobrunner Spruch*. In der Handschrift, die dieses Gedicht überliefert, ist die doppelsinnige Überschrift *De poeta* vorangestellt, die sowohl auf den Schöpfer als auch auf den Dichter verweisen kann. In der ersten und vornehmlichen Bedeutung bezieht sich die Überschrift auf Gott, der die Welt erschuf, denn das aus dem Griechischen entlehnte Wort *poeta* meint den Schöpfer. Wenn ein Dichter über den Schöpfer schreibt, bleibt es kaum aus, dass er die eigene Kreativität mit der Schöpferkraft Gottes vergleicht. Im lateinischen Wort *auctor* fallen die Bedeutungen des Schöpfers und Autors ohnehin zusammen. Als erstes poetisches Zeugnis der deutschen Literaturgeschichte setzt der *Wessobrunner Spruch* einen Anfang, wie auch Gott mit der Erschaffung der Welt einen Anfang gesetzt hat. Diese Bezüge bleiben in der Überschrift implizit. Aber gerade die Tatsache, dass eine solche lateinische Überschrift beigefügt wurde, zeigt, dass diese Assoziation relevant ist – ob die Überschrift vom Dichter des Schöpfungsspruchs oder vom Schreiber der überlieferten Handschrift stammt. Im Gedicht markiert der Dichter seine eigene Position, indem er es mit einer aus der mündlichen Tradition (vgl. *Hildebrandslied*) übernommenen Formel eröffnet: *Dat gafregin ich* („Das erfuhr ich"). Er weist sich als Empfänger und Vermittler einer Erzählung aus, hinter die er zurücktritt, als stünde er in einer Tradition des Wiederzählens. Und doch tritt eine Sprecherrolle in der ersten Person auf, sagt jemand „ich", als das Gedicht beginnt. Die Autorrolle formiert sich im Spannungsfeld von lateinischer Überschrift und deutscher Erzählformel. Die Reibung erzeugt den entscheidenden Gedankenfunken: Der Autor spiegelt sich sowohl in der Schöpferrolle Gottes als auch in der Rolle des mündlichen Sängers.

In der zweiten Phase tritt die Vorstellung des Dichters als Autor dann auch explizit hervor, und zwar im Rahmen der Bibeldichtungen. Der *Heliand* beginnt mit einem umfangreichen Vorwort, das sich auf die Prologe des Lukas- und Johannesevangeliums bezieht und darüber Rechenschaft ablegt, was es bedeutet, eine Bibeldichtung zu schreiben. Der Verfasser spiegelt sich in den vier Evangelisten. Wenn er schreibt: „Sie viere sollten mit Fingern schreiben, / Setzen und singen und gründlich sagen, / Was sie von Christi Kraft, der großen, / Gesehen und gehört, das er selber gesprochen, / Gewirkt und gewiesen, des Wunderbaren viel" (Z. 32–36), so wird einerseits deutlich, dass er keine Augen- und Ohrenzeugenschaft für sich beanspruchen kann, sondern seine Informationen aus zweiter Hand, nämlich von den Evangelisten hat. Andererseits zeigt sich, dass er sein Amt durchaus als das eines Dichters versteht, denn es geht ihm nicht nur um das Berichten, sondern auch um das Dichten. Eben das unterscheidet ihn von den Evangelisten, die ihre Werke in Prosa verfassten, dass er Verse setzt *(settian),* die – wie die Neumen der Münchner Handschrift Cgm 25 bezeugen – sangbar sind *(singan).*

Die lateinische Vorrede und das lateinische Gedicht, die dem *Heliand* zugeordnet werden, entwerfen ebenfalls Autorrollen, wenngleich sehr unterschiedliche. Die *Praefatio* spricht von einem gelehrten Sachsen, der die Bibel in die Volkssprache übertragen habe und zwar „in poetischer Form" und „reizvoll variierendem Stil", der „nicht geringe ästhetische Reize" aufweise. Hier wird ein professioneller Dichter vorausgesetzt, der über rhetorisches und poetisches Geschick verfügt. Im Gedicht über den Dichter *(Versus de poeta)* hingegen wird das Bild des ungelehrten Hirten entworfen, der von Gott mit der Gabe des Dichtens beschenkt wird: „Da wurde der ungelehrte Bauer von Stund an zu einem Dichter. Er entwickelte eine große Liebe und Zuneigung zur poetischen Kunst". Entscheidend ist die Tatsache, *dass* diese Begleittexte Dichterrollen entwerfen – auch wenn sie sich widersprechen und womöglich nicht auf den *Heliand* bezogen sind. Auffällig ist auch, dass der Titel des Dichtergedichts der Überschrift des *Wessobrunner Spruchs* entspricht *(De poeta).* Diese Parallele bekräftigt, dass der Poet des *Wessobrunner Spruchs* nicht nur auf den Schöpfer, sondern auch auf den Dichter verweist.

Noch profilierter tritt die Autorrolle im *Evangelienbuch* Otfrids von Weißenburg hervor, der sich in den Widmungen und Vorreden ausführlich über seine Verfasserschaft äußert und mithilfe eines Akroteleuton namentlich in sein Werk einschreibt. Eine derart selbstbewusste Autorrolle (auch wenn er sich als *scriptor* und nicht als *auctor* bezeichnet) wird man erst wieder im zwölften Jahrhundert bei den höfischen Dichtern antreffen, die in den Prologen ihrer Novellen und Romane regelmäßig ihre Namen nennen.

In der dritten Phase treten die auktorialen Selbst- oder Fremdäußerungen wieder in den Hintergrund. Im Mittelpunkt der Dichtungen stehen nun Könige (Ludwig III., möglicherweise Arnulf von Kärnten) und Heilige (Petrus, Georg). Deren Autorität ist so groß, dass die Dichter ihre eigene Autorität kaum gegen sie auszuspielen wagen. Zwar gibt es in dieser Phase eine etablierte Formtradition, die sich an Otfrids *Evangelienbuch* orientiert, doch ist kein Dichter Otfrid hinsichtlich seines ausgeprägten Autorbewusstseins gefolgt. Im frühen zehnten Jahrhundert ist das Ende der ersten Epoche der deutschen Literatur erreicht, und es sollte einhundertfünfzig Jahre dauern, bis die deutsche Literaturgeschichte einen zweiten Anlauf nahm. In dieser Zwischenzeit wurden immerhin drei Traditionen pragmatischer Schriftlichkeit weitergeführt (Müller und Schneider 2010, S. 7–9): Weiterhin wurde mündliche Dichtung tradiert (auch wenn wir keine Zeugnisse davon haben), weiterhin wurden lateinische Texte in der Volkssprache glossiert und übersetzt (Notker III. von St. Gallen), weiterhin wurden die althochdeutschen und altniederdeutschen Texte gelesen, abgeschrieben und redigiert, solange man sie noch verstand und eine Verwendung für sie fand.

Netzwerke

Der Überblick über die literaturgeschichtlichen Phasen zeigte, dass der Literaturbetrieb der karolingischen Zeit auf einem Netzwerk von Personen und Institutionen beruhte. Für die erste Phase sind Karl der Große und seine Aachener Hofschule zu nennen, die eine Gruppe von europäischen Gelehrten vereinte. Der von Aachen aus betriebenen Bildungsreform und Literaturpflege verdankt die deutsche Literaturgeschichte ihre ersten Impulse. Ludwig der Fromme als Nachfolger Karls des Großen und Hrabanus Maurus als Schüler Alkuins von York führten diese Tradition fort. Fulda rückte in den Mittelpunkt des beginnenden Literaturbetriebs. In der zweiten Phase trat Ludwig der Deutsche als Nachfolger Ludwigs des Frommen im ostfränkischen Reich als Förderer der Bibeldichtung in den Vordergrund. Die Bedeutung Hrabans als Abt des Klosters Fulda und späterer Erzbischof von Mainz hält bis zu seinem Tod an. Ein wichtiger Akteur dieser zweiten Phase ist Otfrid von Weißenburg, der als Dichter des *Evangelienbuchs* ein literaturgeschichtlich bedeutungsvolles Netzwerk pflegte. Dieses umfasste neben Ludwig dem Deutschen auch die Bischöfe von Mainz und Konstanz sowie die Mönche von Weißenburg und St. Gallen.

Der Medienwissenschaftler Michael Giesecke hat das Netzwerk, in das Otfrid von Weißenburg sein *Evangelienbuch* einspeiste, in einem Schaubild illustriert (Giesecke 2007, S. 53). Demnach sandte Otfrid zunächst ein Exemplar des *Evangelienbuchs* an den Bischof von Konstanz, der das Manuskript mit seinen Korrekturen retournierte, danach je ein Widmungsexemplar an den Bischof von Mainz und König Ludwig den Deutschen, die das Buch jeweils approbierten und an bischöfliche Skriptorien bzw. weltliche Institutionen weiterleiteten, und schließlich ein Widmungsexemplar an die Ordensbrüder von St. Gallen und Weißenburg, die sie ihrerseits mit anderen Ordensbrüdern tauschten. So wurde das *Evangelienbuch* in drei Netzwerke vermittelt: ein kirchliches, ein weltliches und ein monastisches.

Der Mainzer Erzbischof Liutbert scheint nicht nur das *Evangelienbuch,* sondern mindestens auch Exzerpte aus dem *Heliand* in seiner Hand gehalten zu haben (Haubrichs 2013b, S. 154). In der dritten Phase übernahmen die klösterlichen Zentren die führende Rolle, doch sind weiterhin karolingische Herrscher zu nennen wie der westfränkische König Ludwig III., der im *Ludwigslied* gepriesen wird, und der ostfränkische König Arnulf von Kärnten, der mit *Psalm 138* in Verbindung gebracht wird (McLintock und Hartmann 2013, S. 415).

Das Netzwerk der Personen und Institutionen, dessen Existenz sich die erste Epoche der deutschen Literatur verdankt, löste sich nach dem Ende der karolingischen Herrschaft im ostfränkischen Gebiet wieder auf. Der karolingische Literaturbetrieb konnte nicht länger währen als die personalen und institutionellen Netzwerke, die sich in der Zeit der karolingischen Herrschaft entwickelt hatten. Als diese im ostfränkischen Reich endete, lockerten sich die Netzwerke, bis sie schließlich zerrissen (Fried 2015, S. 407–500). Aber die Bücher, die die volkssprachliche Dichtung dieser Zeit enthielten, blieben in den Bibliotheken der Klöster und Bistümer stehen. Die kleineren Dichtungen, die als Nachträge überliefert sind, überlebten im Schutz der lateinischen Schriften, die weiterhin im

Gebrauch blieben. Die größeren Dichtungen, wie Otfrids *Evangelienbuch* und der *Heliand,* wurden um ihrer selbst willen aufbewahrt. In dieser Zeit entwickelte sich die deutsche Sprache weiter, und schon in der Mitte des elften Jahrhunderts, als die zweite Epoche der deutschen Literaturgeschichte begann, waren die Werke der ersten Epoche kaum mehr verständlich und gerieten in Vergessenheit. Als man sie sechs Jahrhunderte später wieder aus den Bücherregalen zu ziehen begann, waren sie nicht mehr lebendige Texte, sondern Dokumente der Vorzeit, denen man sich aus historischem Interesse widmete. Die Wiederentdeckung verdankt sich also neuen Netzwerken, die nicht mehr von gelehrten Mönchen, sondern von Historikern und Philologen gebildet wurden, die in Akademien, Universitäten und Hofbibliotheken oder auch als Privatgelehrte tätig waren.

8.2   Wiederentdeckung

Literaturgeschichte kann man nicht nur als Geschichte der Produktion und Rezeption literarischer Werke schreiben, sondern im Falle der von Heinz Schlaffer sogenannten „verlorenen Epochen" auch als Geschichte ihrer Wiederentdeckung. Diese setzte im Fall der deutschsprachigen Literatur des karolingischen Zeitalters in der Wende vom fünfzehnten zum sechzehnten Jahrhundert ein, also im Übergang vom späten Mittelalter zur frühen Neuzeit. Drei Hauptphasen lassen sich abgrenzen: Humanismus und Reformation (Otfrids *Evangelienbuch, Psalm 138*), Barock und Aufklärung *(Ludwigslied, Hildebrandslied, Georgslied, Wessobrunner Spruch, Christus und die Samariterin)* sowie das neunzehnte Jahrhundert, in dem sich die Germanistik als akademisches Fach etablierte *(Petruslied, Heliand, Muspilli, Merseburger Zaubersprüche, Altsächsische Genesis).*

8.2.1   Drei Phasen

Phase 1: Humanismus und Reformation
Es ist kein Zufall, dass das erste althochdeutsche Werk, das in der frühen Neuzeit wieder ans Tageslicht gezogen wurde, eben jenes war, dessen Verfasser umfangreiche Vorkehrungen getroffen hatte, um seinen Namen und seine Dichtung bekanntzumachen: das *Evangelienbuch* Otfrids von Weißenburg. Die Wiederentdeckung des *Evangelienbuchs* verdankt sich dem Abt und humanistischen Gelehrten Johannes Trithemius. Dieser nahm Otfrid in seinen 1495 gedruckten „Katalog berühmter Männer Deutschlands" *(Catalogus illustrium virorum Germaniae)* auf, der als erste deutsche Literaturgeschichte gilt (Kössinger 2009, S. 3–11). Er wurde auf Otfrid aufmerksam, als die heute in Wien aufbewahrte Abschrift des *Evangelienbuchs,* die bis um 1480 im Kloster Weißenburg verblieben war, für längere Zeit ins Kloster Sponheim gelangte. Nachdem Trithemius, der diesem Kloster als Abt vorstand, die Handschrift studiert hatte, verfasste er folgendes Schriftstellerporträt:

> Otfrid, Mönch aus dem Kloster Weißenburg, vom Orden des heiligen Vaters Benedikt, der Volkszugehörigkeit nach Deutscher, Hörer und Schüler des Hrabanus Maurus, weiland Abtes zu Fulda, war ein im geistlichen Schrifttum umfassend gebildeter und in der weltlichen Literatur hervorragend geschulter Mann, ein Philosoph, Rhetoriker und Dichter von Rang, ein Großer des Geistes und ein Meister der Sprache. (Trithemius 1978, S. 11)

Trithemius schreibt Otfrid neun Werke zu, die sich alle auf das *Evangelienbuch* zurückführen lassen. Wie aus den aufgelisteten Titeln hervorgeht, verstand er Otfrids Widmungen sowie einzelne Kapitel des *Evangelienbuchs* als eigenständige Schriften. Von der literarischen Qualität der Werke Otfrids, auch wenn diese nur noch schwer zu verstehen seien, zeigte er sich sehr angetan:

> Er schrieb in Versen und in Prosa viele bedeutende Werke, durch die sein Name bei der Nachwelt weiterlebt. Nach dem Vorbild Kaiser Karls des Großen versuchte er, die noch ungeformte und nicht literaturfähige deutsche Sprache in ein System grammatikalischer Regeln zu bringen, was ihm bis zu einem gewissen Grade auch gelang. Daher ist das, was er in der Muttersprache schrieb, heutzutage selbst für einen noch so guten Kenner des Deutschen nicht ganz leicht zu lesen und zu verstehen. (ebd.)

Von nun an blieb Otfrids *Evangelienbuch* im Gedächtnis der Gelehrten. Der lutherische Theologe Matthias Flacius (1525–1575), der sich auch sonst um die Erforschung der mittelalterlichen Literatur verdient machte, besorgte 1571 in Basel die erste Druckausgabe von Otfrids *Evangelienbuch* (*Otfridi Evangeliorum Liber;* Kössinger 2009, S. 48–50). Als Grundlage diente ihm die Heidelberger Otfrid-Handschrift, die auf unbekannten Wegen in seine Bibliothek gelangt war. Flacius stellte seiner Ausgabe eine lateinische Vorrede voran, in der er die Gründe, die ihn zum Abdruck „dieses ehrwürdigen Schatzes des Altertums" *(Thesaurum hunc egregium antiquitatis)* bewegten, ausführlich darlegt. Ein Anliegen war ihm der Nachweis, dass die Bibel schon in frühester Zeit in die deutsche Sprache übersetzt wurde (vgl. Kössinger 2009, S. 228–229). Auch die Bibelübersetzung Wulfilas, des Bischofs der Goten, „die ebenso Germanen waren" *(qui itidem Germani fuerunt),* erwähnt er in diesem Zusammenhang (Kössinger 2009, S. 230–231). Flacius veröffentlichte an anderer Stelle auch die *Praefatio* und die *Versus de poeta,* die man mit dem *Heliand* in Verbindung bringt. Sie finden sich in der zweiten Auflage seines „Katalogs der Wahrheitszeugen" *(Catalogus testium veritatis),* der 1562 in Straßburg erschien, auf den Seiten 93 *(Praefatio)* und 94 *(Versus de poeta).* Bereits im Jahr 1557 veröffentlichte der Wiener Humanist Wolfgang Lazius (Laz) (1514–1565) die althochdeutsche Versfassung des *Psalms 138* (Lazius 1557, S. 81; vgl. Groseclose und Murdoch 1976, S. 83; Kössinger 2009, S. 29, 215, 306).

Phase 2: Barock und Aufklärung

Als wichtiger Repräsentant der zweiten Phase ist Dietrich von Stade (1637–1718) zu nennen. Der Archivar aus der gleichnamigen niedersächsischen Stadt erhielt die Anregung zum Studium der deutschen Sprache und Literatur des Mittelalters während eines Aufenthalts in Schweden, wo er bedeutende Altertumsforscher seiner Zeit kennenlernte. Stade befasste sich Anfang des achtzehnten Jahrhunderts intensiv mit Otfrids *Evangelienbuch*. Er fertigte eine Abschrift von Flacius' Otfrid-Ausgabe an, druckte 1708 eine Teilausgabe *(Specimen lectionum antiquarum Francicarum)*, entwarf ein Otfrid-Wörterbuch, arbeitete an einer Otfrid-Grammatik und verfasste eine vollständige lateinische Übersetzung des *Evangelienbuchs* (Kössinger 2009, S. 168–184). Vorher schon, in den Jahren 1695 bis 1698, hatte er Glossare zum *Ludwigslied* und zum *Hildebrandslied* erstellt (vgl. Kössinger 2009, S. 171).

Das *Ludwigslied* war 1689 von dem französischen Mönch und Historiker Jean Mabillon (1632–1707) in der Bibliothek des Klosters Saint-Amand gefunden worden. Die erste, sehr fehlerhafte Ausgabe legte 1696 in Straßburg Johann Schilter (1632–1705) vor, der den Text nicht nur abdruckte, sondern auch ins Lateinische übersetzte und mit einem Kommentar versah *(Epinikion Rythmo Teutonico Lvdovico Regi acclamantum;* Kössinger 2009, S. 186–187). Eine berichtigte Edition konnte erst über einhundert Jahre später erstellt werden, nachdem man die zwischenzeitlich verschollene Handschrift in der Stadtbibliothek von Valenciennes wiederentdeckte; sie wurde 1813 von Bernhard Joseph Docen (1782–1828) besorgt (Docen 1813). Dieser hatte einige Jahre zuvor (1807) schon das *Petruslied* ediert (Docen 1807). Die erste Ausgabe des *Hildebrandslieds* legte 1729 der Historiker Johann Georg von Eckhart (1664–1730) vor; sie enthält eine getreue Abschrift der ersten vierzehn Zeilen der Handschrift, eine Edition mit lateinischer Übersetzung sowie einen umfangreichen Kommentar mit Worterläuterungen (Eccart 1729, S. 864–902; vgl. Kössinger 2009, S. 198, 311).

Bereits 1669 druckte Peter Lambeck (1628–1680), Bibliothekar der Wiener Hofbibliothek, im zweiten Band seines Bibliothekskatalogs deutscher Handschriften (des ersten seiner Art) die kleine Bibeldichtung *Christus und die Samariterin* (Lambeck 1669, S. 383–384; vgl. Kössinger 2009, S. 110–117). Ende des siebzehnten Jahrhunderts wurde auch das *Georgslied* wiederentdeckt, das in der Heidelberger Otfrid-Handschrift überliefert ist. Der dänische Gelehrte Frederik Rostgaard (1671–1745) erstellte 1699 während einer europäischen Studienreise eine Abschrift, die lange Zeit kursierte, bevor der dänische Historiker Bertel Christian Sandvig (1752–1786) 1783 die gedruckte Erstausgabe vorlegte (Sandvig 1783; vgl. Kössinger 2009, S. 106; Groseclose und Murdoch 1976, S. 82). Auch die Entdeckung des *Wessobrunner Spruchs* fällt in diese Zeit, er wurde 1721 von dem Benediktinermönch und Historiker Bernhard Pez (1683–1735) veröffentlicht (Pez 1721, S. 417–418).

Phase 3: Das 19. Jahrhundert

Als sich im frühen neunzehnten Jahrhundert die Germanistik etablierte, begann die Phase der systematischen Erforschung mittelalterlicher deutscher Werke und ihrer textkritischen Edition. Die Brüder Grimm legten 1812 eine textkritische Ausgabe des *Hildebrandslieds* und des *Wessobrunner Spruchs* vor, die neunzig Jahre zuvor erstmals ediert worden waren (Lauer 2013). Der Münchner Germanist Johann Andreas Schmeller (1785–1852) besorgte die ersten Editionen des schon länger bekannten *Heliand* (1830) und des *Muspilli* (1832). Die *Merseburger*

Zaubersprüche entdeckte im Jahr 1841 der Philologe Georg Waitz (1813–1886), der in der Dombibliothek zu Merseburg bei der Durchsicht der geistlichen Handschrift, die die Sprüche enthält, auf sie stieß. Waitz teilte den Fund Jacob Grimm (1785–1863) mit, der die Zaubersprüche 1842 edierte (Grimm 1842).

Ein besonders eindrückliches Beispiel für den philologischen Spürsinn dieser Zeit bietet die Entdeckung der *Altsächsischen Genesis*. Schmeller schloss 1840 aus der lateinischen *Praefatio,* die er dem *Heliand* zuordnete, dass es auch eine altsächsische Bibeldichtung geben müsse, die sich auf das Alte Testament bezieht. 1875 wies der Germanist Eduard Sievers (1850–1932) nach, dass Teile der *Angelsächsischen Genesis* auf einer altsächsischen Vorlage beruhen und bestätigte so Schmellers Vermutung. Schließlich fand der Heidelberger Altphilologe Karl Zangemeister (1837–1902) 1894 bei einem Forschungsaufenthalt in der Vatikanischen Bibliothek Fragmente der *Altsächsischen Genesis,* die er noch im selben Jahr gemeinsam mit seinem germanistischen Kollegen Wilhelm Braune (1850–1926) veröffentlichte (Zangemeister und Braune 1894, S. 242–255: *Altsächsische Genesis,* S. 237–239: *Heliand*).

8.2.2 Kanonisierung

In der dritten Phase der Wiederentdeckung der althochdeutschen und altniederdeutschen Literatur begann auch deren Kanonisierung in Form von Literaturgeschichten und Textsammlungen. Weit am Anfang steht das 1790 erschienene *Compendium der deutschen Literatur-Geschichte* von Erduin Julius Koch (1764–1834), der damals als Lehrer an der Königlichen Berliner Realschule tätig war. Die karolingische Epoche, die den ersten Abschnitt bildet, unterteilt er in zwei Phasen: das „Zeitalter Carls des Großen" und die „Regierungszeit der beiden Ludwige". Für die erste Phase nennt er eine Reihe von Glossaren, für die zweite (neben Prosaübersetzungen wie den *Murbacher Hymnen*) drei Bibeldichtungen: Otfrids *Evangelienbuch* in der Ausgabe von Flacius, den noch unedierten *Heliand* („Paraphrase der vier Evangelisten in Niederrheinischer Mundart") sowie *Christus und die Samariterin* in der Ausgabe von Lambeck (Koch 1790, S. 21–22).

Die *Geschichte der poetischen National-Literatur der Deutschen,* deren ersten Band Georg Gottfried Gervinus 1835 vorlegte, orientiert sich bei der Einteilung der frühen deutschen Literatur weniger an den Herrschern als den Schichten, denen die Dichter entstammten. Nicht den Klerus, sondern das „Volk" betrachtet Gervinus als angestammten Träger der Dichtung. Diese Auffassung schlägt sich in den Überschriften der ersten vier Kapitel nieder: „Spuren der ältesten Dichtung in Deutschland", „Wirkung der Völkerwanderung auf den historischen Volksgesang", „Geistliche Dichtungen im neunten Jahrhundert" und „Volksdichtung in den Händen der Geistlichen". Aus der ersten, antiken Phase seien keine Denkmäler erhalten, sondern nur historische Zeugnisse ihrer Existenz wie die *Germania* des Tacitus. Als Dichtung, deren Stoff in die Zeit der Völkerwanderung zurückreicht, nennt er das *Hildebrandslied.* Zu den geistlichen Dichtungen der karolingischen Epoche zählt er vor allem Otfrids *Evangelienbuch* und den *Heliand,* die er mit-

einander vergleicht. Am Rande erwähnt er noch den *Wessobrunner Spruch* und
das *Muspilli*. Poetische Qualität spricht er den Bibeldichtungen ab, sie sind für
ihn „nicht wirkliche Poesie" (Gervinus 1835, S. 65). Nachdem den geistlichen
Dichtern der biblische Stoff ausgegangen sei, hätten sie sich historischer Sujets
bemächtigt, die eigentlich dem „Volk" gehörten. Als frühes Beispiel nennt er das
Ludwigslied und geht dann zur Epoche der Ottonen über.

Der Göttinger Literaturhistoriker Karl Goedeke (1814–1887) wechselte
noch einmal die Kategorien, indem er im ersten, 1859 erschienen Band seines
Grundrisses zur Geschichte der deutschen Dichtung aus den Quellen zwischen
„heidnischer" und christlicher Dichtung unterschied. Zu ersterer zählt er das
Hildebrandslied und die *Merseburger Zaubersprüche*. Als „heidnisch"-christ-
liche Mischbildungen wertet er den *Wessobrunner Spruch,* das *Muspilli* und
den *Heliand*. Die ersten genuin christlichen Dichtungen sind für ihn Otfrids
Evangelienbuch und das *Ludwigslied*.

Einige Jahre später erschien die erste Gesamtausgabe der deutschen Literatur
des frühen Mittelalters unter dem Titel *Denkmäler deutscher Poesie und Prosa aus
dem VIII.–XII. Jahrhundert* (1864). Die Herausgeber, der Berliner Altgermanist
Karl Müllenhoff (1818–1884) und sein Schüler Wilhem Scherer (1841–1886),
erklärten in der Vorrede, dass mit weiteren Funden nicht mehr zu rechnen und
daher die Zeit gekommen sei, eine Gesamtausgabe vorzulegen. Diese sollte, in
der zeitlichen Reihenfolge ihrer mutmaßlichen Entstehung, alle Denkmäler enthalten außer den beiden großen Bibelepen *Heliand* und Otfrids *Evangelienbuch*.
Abgedruckt sind der *Wessobrunner Spruch,* das *Hildebrandslied,* das *Muspilli,*
die *Merseburger Zaubersprüche,* das *Petruslied* („Bittgesang an den heiligen
Petrus"), *Christus und die Samariterin,* das *Ludwigslied, Psalm 138* („Bruchstück
einer Psalmenübersetzung") und das *Georgslied* („Leich vom heiligen Georg").
1875 folgte unter dem Titel *Althochdeutsches Lesebuch* eine von Wilhelm Braune
zusammengestellte Anthologie, die ebenfalls zwischen Prosa und Poesie unterscheidet. Die poetischen Texte decken sich mit der Sammlung von Müllenhoff
und Scherer, enthalten aber auch Proben aus Otfrids *Evangelienbuch;* ferner sind
als Anhang die niederdeutschen Denkmäler beigefügt, darunter Auszüge aus
dem *Heliand* und der *Altsächsischen Genesis*. Der schwedische Sprachwissenschaftler Elis Wadstein (1861–1942) legte 1899 eine Sammlung der *Kleineren
altsächsischen Sprachdenkmäler* vor. Ihnen stellte 1916 der Erlangener Altgermanist Elias von Steinmeyer (1848–1922), der zuvor schon die dritte Auflage von Müllenhoffs und Scherers *Denkmälern* betreut hatte, die Sammlung
der *Kleineren althochdeutschen Sprachdenkmäler* zur Seite. Auch sie ist chrono-
logisch angeordnet, verzichtet aber auf die Unterscheidung von Prosa und Poesie.

Mit dem *Althochdeutschen Lesebuch,* dessen siebzehnte, von Ernst A.
Ebbinghaus bearbeitete Auflage von 1994 bis heute im Buchhandel erhältlich ist,
und dem ersten Band der *Geschichte der deutschen Literatur bis zum Ausgang
des Mittelalters* des Greifswalder Germanisten Gustav Ehrismann (1855–1941),
deren erster, der althochdeutschen Literatur gewidmeter Band 1918 erschien und
ebenfalls immer noch nachgedruckt wird, ist die Kanonisierung abgeschlossen.
Wie Braunes *Lesebuch* teilt Ehrismann die althochdeutsche Literatur in Prosa

und Poesie ein, letztere untergliedert er noch einmal in Stabreimdichtung, in die er auch die niederdeutschen Zeugnisse einschließt *(Merseburger Zaubersprüche, Hildebrandslied, Wessobrunner Spruch, Muspilli, Heliand, Altsächsische Genesis),* und Endreimdichtung (Otfrids *Evangelienbuch, Petruslied, Christus und die Samariterin, Psalm 138, Georgslied, Ludwigslied).* Dieser Kanon hat sich bis heute nicht mehr verändert.

Übersetzungen und Erläuterungen

9

Inhaltsverzeichnis

Die zitierten Textausgaben sind durch Fettdruck hervorgehoben. Die wörtlichen Übersetzungen orientieren sich an den jeweils angeführten publizierten Ausgaben. Die Worterläuterungen orientieren sich an den Grundformen gemäß Schützeichels *Althochdeutschem Wörterbuch* ([7]2012) und Tiefenbachs *Altsächsischem Handwörterbuch* (2010).

9.1   *Hildebrandslied*

Entstehung: „8. Jh. in Oberitalien" (Müller 2007, S. 286) oder um 800 in Fulda (Lühr 1982).
Überlieferung: Kassel, Universitätsbibliothek/Landesbibliothek, 2° Ms. theol. 54 (theologische Sammelhandschrift, geschrieben im dritten Jahrzehnt des 9. Jhs.), Blätter 1r/76v: nachgetragen im vierten Jahrzehnt des 9. Jhs. in Fulda.

A. Kraß, *Die Anfänge der deutschen Literatur,*
https://doi.org/10.1007/978-3-662-64153-8_9

Handschriftencensus: Werke/2892 (mit Link zum Digitalisat).

Erstausgabe: Eckhart 1729.

Textkritische Ausgaben: Steinmeyer 1916, S. 1–8; **Braune und Ebbinghaus 1994**, S. 84–85 (Text), 170 (Anmerkungen).

Nachdichtung: Andreas Kraß.

Übersetzungen: Müller 2007, S. 28–33 (Text und Übersetzung), 285–289 (Kommentar); Schlosser 2004, S. 68–71 (Text und Übersetzung), 193–195 (Kommentar); Haug und Vollmann 1991, S. 10–15 (Text und Übersetzung), 1025–1038 (Kommentar).

Überblicks- und Gesamtdarstellungen: Düwel und Ruge 2013; Millet 2008, S. 19–47; Janota 2001; Düwel 1994; Lühr 1982; Düwel 1981; de Boor 1979, S. 62–68; Groseclose und Murdoch 1976, S. 31–41.

Wörtliche Übersetzung

Ich hörte das sagen,
dass sich Herausforderer einzeln begegneten,
Hildebrand und Hadubrand, zwischen zwei Heeren,
Sohn und Vater, sie richteten ihre Rüstungen,

5   bereiteten ihre Kampfgewänder, gürteten sich ihre Schwerter um,
die Männer, über die Kettenhemden, als sie zum Kampf ritten.
Hildebrand sprach, Heribrands Sohn, – er war der ältere Mann,
im Leben erfahrener – zu fragen begann er
mit wenigen Worten, wer sein Vater wäre

10   unter den Menschen im Volk […],
[…] „oder aus welcher Sippe du seiest.
Wenn du mir einen sagst, weiß ich die anderen;
Kind, im Königreich bekannt sind mir alle Helden."
Hadubrand sprach, Hildebrands Sohn:

15   „Das sagten mir unsere Leute,
alte und kluge, die ehemals waren,
dass mein Vater Hildebrand hieß, ich heiße Hadubrand.
Vormals nach Osten brach er auf – er floh vor Odoakers Hass –
mit Dietrich und vielen seiner Krieger.

20   Er ließ im Lande den Kleinen sitzen,
die Braut im Haus, den unerwachsenen Sohn,
erbelos. Er ritt nach Osten.
Seitdem hatte Dietrich ihn sehr nötig,
meinen Vater: der war ein so freundloser Mann.

25   Er war Odoaker unmäßig feind,
der liebste Kämpfer mit Dietrich.
Er war stets an der Spitze des Heeres, ihm war stets das Gefecht sehr lieb:
Bekannt war er kühnen Männern.
Nicht glaube ich, dass er noch das Leben habe."

30   „Es bezeuge Gott", sagte Hildebrand, „oben im Himmel,
dass du noch nie mit einem so nah verwandten Mann
einen Streit geführt hast".
Er wand da vom Arm gewundenen Reife
aus Kaisergold gefertigt, die ihm der König gab,

35	der Hunnen Herrscher: „Das gebe ich dir nun aus Huld.'
	Hadubrand sprach, Hildebrands Sohn:
	„Mit dem Ger soll man Gaben empfangen,
	Spitze wider Spitze.
	Du bist, alter Hunne, unmäßig schlau,
40	köderst mich mit deinen Worten, willst nach mir deinen Speer werfen.
	Du bist ein so alter Mann, und immer noch vollführst du Listen.
	Das sagten mir die Seefahrer,
	die westwärts über das Wendelmeer kamen, dass ihn der Kampf hinwegraffte:
	Tot ist Hildebrand, Heribrands Sohn."
45	Hildebrand sprach, Heribrands Sohn:
	„Wohl erkenne ich an deiner Rüstung,
	dass du daheim einen guten Herrn hast
	dass du in diesem Reich noch nicht zum Verbannten wurdest."
	„Weh nun, waltender Gott", sagte Hildebrand, „Unheil geschieht!
50	Ich zog sechzig Sommer und Winter außer Landes.
	Da hat man mich stets zur Schar der Schützen gestellt;
	doch vor keiner Burg hat der Tod mich ereilt.
	Nun soll mich der eigene Sohn mit dem Schwert erschlagen,
	fällen mit seiner Schneide oder ich ihm zum Mörder werden.
55	Doch kannst du nun leicht, wenn dir dein Mut etwas taugt,
	von einem so alten Mann die Rüstung gewinnen,
	den Raub erraffen, wenn du ein Recht darauf hast."
	„Der wäre doch nun der feigste", sagte Hildebrand, „unter den Ostleuten,
	der dir nun den Kampf verweigerte, wenn dich so sehr danach lüstet,
60	dem gemeinsamen Kampf: Versuche, wer es kann,
	ob er sich heute der Harnische rühmen kann
	und dieser beiden Brünnen Herr werden kann."
	Da ließen sie zuerst die Speere schreiten,
	die scharfen Waffen, dass sie in den Schilden staken.
65	Dann ließen sie zusammenprallen die dröhnenden Kampfbretter,
	zerhieben voll Harm die weißen Schilde,
	bis ihnen ihr Lindenholz klein wurde,
	zerhauen mit den Waffen […].

Worterläuterungen

2 *urhētto* Herausforderer *æn* einzeln *muozen* begegnen **4** *saro* Rüstung **5** *garawen* bereiten *gūđhamo* Kampfgewand **6** *ring* Panzerring, Kettenhemd *hiltia* Kampf **7** *gimahalen* sprechen *hēr* altehrwürdig **8** *ferach* Leben *fruot* klug *gistān* beginnen **9** *fōh* wenig **13** *chunt* bekannt **18** *luttil* klein **21** *būr* Haus, Kammer *unwahsan* noch nicht erwachsen **25** *unmez* unmäßig *zirri* feind **27** *enti* Spitze, Ende **30** *wizzan* zum Zeugen anrufen **32** *thing* Ding, Streitsache **33** *bauc* Reif **40** *spanan* verlocken **41** *ēwīn* ewig *inwit* List **43** *wentilsēo* Weltmeer, Mittelmeer *wīg* Kampf **48** *reccho* Flüchtling **51** *scerren* zuteilen *scuzzo* Schütze **52** *bana* Tod **54** *bretōn* niederschlagen *billi* Schwert, Streitaxt *bano* Mörder **55** *ellan* Eifer, Tapferkeit, Kraft **57** *bihrahanen* erbeuten **60** *gūdea* Kampf *niusen* versuchen *muozzan* müssen **61** *wedar* ob **62** *odo* oder **63** *asck* Speer **65** *scūr* Schauer *stōpian* losgehen lassen *staimbort* Schild *lūten* ertönen **67** *linta* Schild aus Lindenholz **68** *wīhan* zerkämpfen

9.2 Merseburger Zaubersprüche

Entstehung: „im Zeitraum von der Mission des Bonifatius bis zur Aufzeichnungszeit" (Beck 2013, S. 260).

Überlieferung: Merseburg, Domstiftsbibliothek, Hs. 136 (früher 58) (Sakramentar, geschrieben im späten 9. Jh.), Blatt 85r: nachgetragen im ersten oder zweiten Drittel des 10. Jhs. wohl in Fulda.

Handschriftencensus: Werke/1545 (mit Link zum Digitalisat).

Erstausgabe: Grimm 1842.

Textkritische Ausgaben: Steinmeyer 1916, S. 365–367; **Braune und Ebbinghaus 1994**, S. 89 (Text), 173–174 (Anmerkungen).

Nachdichtung: Andreas Kraß

Übersetzungen: Müller 2007, S. 70–71 (Text und Übersetzung), 391–394 (Kommentar); Schlosser 2004, S. 132–133 (Text und Übersetzung), 204–205 (Kommentar); Haug und Vollmann 1991, S. 152–153 (Text und Übersetzung), 1141–1150 (Kommentar).

Überblicks- und Gesamtdarstellungen: Beck 2013; Beck 2011; Steinhoff 1987a; de Boor 1979, S. 91–93; Groseclose und Murdoch 1976, S. 48–58.

Wörtliche Übersetzung

Einst setzten sich Frauen, setzten sich hierhin und dorthin.
Einige hefteten Knoten, einige hemmten das Heer,
einige knüpften die Fesseln auf:
Entspring den Banden, entweich den Feinden!

Phol und Wodan ritten in den Wald.
Da hat sich das Fohlen des Balder seinen Fuß verrenkt.
Da besprach ihn Sinthgunt und Sunna, ihre Schwester,
da besprach ihn Freia und Volla, ihre Schwester,
5   da besprach ihn Wodan, der es wohl konnte:
Wie Knochenverrenkung, so Blutverrenkung, so Gliederverrenkung:
Knochen zu Knochen, Blut zu Blut,
Glied zu Gliedern, wie geleimt sollen sie sein.

Worterläuterungen

1 *hēr* eher, früher *itis* Frau, Jungfrau **2** *lezzen* hemmen **3** *cuoniowid* Fessel **4** *fîjant* Feind **7** *bigalan* besprechen.

9.3 Wessobrunner Spruch

Entstehung: „um oder bald nach 800" in Bayern (Steinhoff 1999, Sp. 961).

Überlieferung: München, Bayerische Staatsbibliothek, Clm 22053, Blätter 65v–66r; theologische Sammelhandschrift, geschrieben um 814 in der Augsburger Region.

Handschriftencensus: Werke/1924 (mit Link zum Digitalisat).

Erstausgabe: Pez 1721.

Textkritische Ausgaben: Steinmeyer 1916, S. 16–19; **Braune und Ebbinghaus 1994,** S. 85–86 (Text), 170 (Anmerkungen).

Nachdichtung: Andreas Kraß

Übersetzungen: Müller 2007, S. 200–201 (Text und Übersetzung), 359–362 (Kommentar); Schlosser 2004, S. 48–49 (Text und Übersetzung), 190–191 (Kommentar); Haug und Vollmann 1991, S. 48–49 (Text und Übersetzung), 1063–1068 (Kommentar).

Überblicks- und Gesamtdarstellungen: Hellgardt 2013b; Steinhoff 1999; de Boor 1979, S. 49–50; Groseclose und Murdoch 1976, S. 45–48; Kartschoke 1975a, S. 21–24.

Wörtliche Übersetzung

> Über den Schöpfer
> Das erfuhr ich unter den Menschen als größtes Wunder,
> dass weder die Erde war noch der Himmel,
> weder Baum noch Berg,
> noch irgendein Stern, noch schien die Sonne,
> 5   weder leuchtete der Mond noch die glänzende See.
> Als da gar nichts war, weder Ende noch Wende,
> da war doch der eine allmächtige Gott,
> der mildtätigste Mann, und da waren auch viele mit ihm,
> göttliche Engel – und der heilige Gott.

> Allmächtiger Gott, der du Himmel und Erde gewirkt und den Menschen so viel Gutes gegeben hast, gib mir in deiner Gnade rechten Glauben und guten Willen, Weisheit und Klugheit und die Kraft, den Teufeln zu widerstehen und das Böse zurückzuweisen und deinen Willen zu wirken.

Worterläuterungen

1 *firiwizzi* Wunder, Neugier **2** *ero* Erde **5** *māno* Mond *māri* glänzend **12** *spāhida* Klugheit.

9.4 *Muspilli*

Entstehung: „eventuell schon Ende 8. Jh." in Bayern (Müller 2007, S. 363).

Überlieferung: München, Bayerische Staatsbibliothek, Clm 14098 (theologische Sammelhandschrift, geschrieben im 9. Jh. im Kloster St. Emmeram in Regensburg), Blätter 61r, 119 v, 120 r-v, 121 r/v: nachgetragen im späteren 9. Jh., wahrscheinlich am Hof Ludwigs des Deutschen, wohl in Regensburg.

Handschriftencensus: Werke/1925 (mit Link zum Digitalisat).

Erstausgabe: Schmeller 1832.

Textkritische Ausgaben: Steinmeyer 1916, S. 66–81; **Braune und Ebbinghaus 1994,** S. 86–89 (Text), 170–173 (Anmerkungen).

Nachdichtung: Andreas Kraß

Übersetzungen: Müller 2007, S. 200–209 (Text und Übersetzung), 362–365 (Kommentar); Schlosser 2004, S. 48–49 (Text und Übersetzung), 190–191 (Kommentar); Haug und Vollmann 1991, S. 48–49 (Text und Übersetzung), 1063–1068 (Kommentar).

Überblicks- und Gesamtdarstellungen: Hellgardt 2013a; Steinhoff 1987b; de Boor 1979, S. 50–54; Groseclose und Murdoch 1976, S. 41–45; Kartschoke 1975a, S. 24–32.

Wörtliche Übersetzung

‹…› sein Tag komme, dass er sterben muss.
Wenn dann schnell die Seele sich aufmacht
und sie den Körper liegen lässt,
so kommt ein Heer von den Himmelszungen,

5   ein anderes aus der Hölle: da kämpfen sie um sie.
Sorgen muss sich die Seele, bis das Urteil ergeht,
zu welchem der Heere sie geholt werde.
Wenn sie des Satans Gesinde gewinnt,
das leitet sie schnell dorthin, wo ihr Leid geschieht,

10   in Feuer und Finsternis: Das ist eine wirklich schlimme Sache.
Wenn aber die sie holen, die da vom Himmel kommen,
und sie den Engeln zu eigen wird,
bringen die sie schnell hinauf ins Himmelreich.
Dort ist Leben ohne Tod, Licht ohne Finsternis,

15   eine Wohnung ohne Sorgen: da ist niemand siech.
Wenn der Mensch im Paradies eine Wohnstatt gewinnt,
ein Haus im Himmel, dort wird ihm genug Hilfe zuteil.
Deshalb ist es sehr nötig
für jeglichen Menschen, dass sein Herz ihn drängt,

20   dass er Gottes Willen gern tut
und das Höllenfeuer sehr meidet,
die Pein des Feuers: da bietet der alte Satan
heiße Glut an. Das soll jeder bedenken
und sich sehr sorgen, wer sich sündig weiß.

25   Weh dem, der in Finsternis seine Frevel büßen büßt,
und in der Hölle brennt. Das ist eine sehr schreckliche Sache,
wenn der Mensch nach Gott schreit und ihm keine Hilfe kommt.
Es wähnt sich in der Gnade die elende Seele,
doch ist sie nicht im Gedächtnis des himmlischen Gottes,

30   weil sie in der Welt nicht darnach handelte.
Wenn dann der mächtige König das Gericht aufbietet,
dann muss dorthin kommen jedes Geschlecht,
denn kein Mensch wird es wagen, das Aufgebot zu versäumen,
keiner von allen Menschen, die zum Gericht sollen.

35   Dort soll er vor dem Herrscher Rechenschaft geben
über das, was er in der Welt getan hat.
Das hörte ich sagen die Weisen des weltlichen Rechts,
dass der Antichrist mit Elias kämpfen werde:
ist der Feind bewaffnet, dann hebt zwischen ihnen der Kampf an.

40 Die Kämpfer sind so kräftig, die Streitsache ist so wichtig.
    Elias streitet für das ewige Leben,
    er will den Gerechten die Herrschaft stärken.
    Dabei wird ihm helfen die Gewalt des Himmels.
    Der Antichrist steht beim alten Feind,
45 steht beim Satan, der ihn versenken wird.
    Deshalb wird er auf dem Kampfplatz verwundet fallen
    und auf diese Weise sieglos werden.
    Doch wähnen viele Gottesmänner,
    dass Elias in diesem Kampf verwundet werde.
50 Wenn das Blut des Elias auf die Erde träuft,
    dann entbrennen die Berge, kein Baum bleibt stehen,
    keiner auf der Erde, die Gewässer vertrocknen,
    das Moor verschlingt sich, der Himmel brennt im Feuer,
    es fällt der Mond, der Erdkreis brennt,
55 dann bleibt kein Stein stehen, wenn der Sühnetag ins Land fährt:
    er fährt mit Feuer, um die Menschen heimzusuchen.
    Da kann kein Verwandter dem andern helfen vor dem Weltende.
    Wenn die weite Wiese völlig verbrennt
    und Feuer und Luft sie völlig verwüstet,
60 wo ist dann die Mark, wo man einst mit seinen Verwandten stritt?
    Die Mark ist verbrannt, die Seele steht bezwungen;
    weiß sie nicht zu büßen, so fährt sie zur Hölle.
    Deswegen ist es für den Menschen gut, kommt er zum Gericht,
    dass er jede Sache dem Recht gemäß beurteile.
65 Dann muss er sich nicht sorgen, wenn er zum Endgericht kommt.
    Der elende Mensch weiß nicht, welchen Wärter er hat,
    wenn er mit Bestechung das Recht verletzt,
    dass der Teufel getarnt bei ihm steht.
    Der kennt die Zahl aller Strafen,
70 was der Mensch früher oder später Übles getan hat,
    sodass er alles aussagt, wenn er zum Gerichtstag kommt.
    Darum sollte niemand Bestechungsgeld annehmen.
    Wenn das himmlische Horn laut wird
    und der sich aufmacht, der da richtet Tote und Lebende,
75 dann macht sich mit ihm das größte Heer auf;
    das ist so stark, dass niemand es überwinden kann.
    Dann führt er zur Gerichtsstätte, die dort abgesteckt ist:
    Dort wird das Gericht sein, von dem man immer sprach.
    Dann ziehen die Engel über die Mark,
80 erwecken die Menschen, weisen sie zum Gerichtsplatz.
    Dann werden alle Menschen aus dem Staub erstehen,
    sich lösen aus der Grabeslast und wieder einen Leib bekommen,
    damit er sein Recht ganz vertreten kann
    und er nach seinen Taten beurteilt werde.
85 Dann sitzt er da, der dort richten soll
    und urteilen soll über die Toten und die Lebenden.
    Dann steht dort um ihn die Menge der Engel
    und der guten Menschen: der Kreis ist so groß.
    Da kommen zum Gericht so viele, die da vom Tode auferstehen.

90   Da wird kein Mensch das Geringste verschweigen können.
      Da wird dann die Hand sprechen, das Haupt aussagen,
      jegliches aller Glieder bis zum kleinen Finger,
      was er unter den Menschen an Morden verübt hat.
      Da gibt es keinen so listigen Mann, der da etwas erlügen könnte,
95   dass er tarnen könnte irgendeine Tat,
      damit sie vor dem König nicht kundwerde,
      es sei denn, er hätte es mit Almosen gesühnt
      und mit Fasten die Frevel abgebüßt.
      Denn der kann Mut fassen, der gebüßt hat,
99a   wenn er zum Gericht kommt.
100   Dann wird vorangetragen das Kreuz des Herrn,
      an dem der heilige Christus aufgehängt wurde.
      Dann zeigt er die Male, die er als Mensch empfing,
      die er aus Liebe zum Menschengeschlecht ‹erlitt›.

Worterläuterungen

1 *touwen* sterben   **2** *irheven* sich erheben   **3** *liggen* liegen   **4** *himilzungal* Himmelsgestirn   **5** *peh* Pech, Hölle   *bāgen* streiten   **6** *unz* bis   *irgān* ergehen   **7** *wedar* welcher   **8** *ibu* ob, wenn   **9** *sār* dorthin   **10** *firinlīh* schrecklich   **14** *līb* Leben   **15** *selida* Wohnung   **16** *bū* Wohnsitz   **18** *durft* nötig   *mihhil* sehr, viel, groß   **19** *gispanan* antreiben   **21** *harto* hart, sehr   *wīsan* meiden   **23** *loug* Feuer, Flamme   *huggen* gedenken   **24** *thrāto* sehr   **25** *firina* Verbrechen   *stūēn* büßen   **30** *after* danach   *werkōn* wirken, handeln   **31** *mahal* Gericht   *gibannan* aufbieten   **32** *kunni* Geschlecht, Verwandtschaft   *gilīhho* gleich, jeder   **33** *barn* Kind, Menschenkind   *ban* Aufgebot   **35** *rīhhi* Reich, Macht, Herrscher   *rahha* Rede, Sache   **37** *rahhōn* sagen, urteilen   *weroltrehtwīso* Rechtskundiger   **39** *warg* Feind   *wīg* Kampf   **40** *kōsa* Streitsache   **42** *rehtkern* gerecht, rechtschaffen   **46** *bīthiu* deswegen   **47** *in themo sinde* bei der Gelegenheit   **49** *irwerten* verletzen   **50** *trieffan* tropfen   **52** *aha* Wasser   **53** *farswelhan* verschlingen   *swilizōn* verbrennen   **54** *mittilagart* Erdkreis   **55** *stūatago* Gerichtstag   **56** *fiur* Feuer   *firaha* Menschen   *wīsōn* besuchen, heimsuchen   **57** *māg* Verwandter   *mūspilli* Weltuntergang   **58** *wasal* feuchte Erde   **59** *irfurben* wegfegen, verwüsten   **60** *marca* Land   *bāgen* streiten   **61** *bithwingan* bezwingen   **62** *buozen* bessern   *wīzzi* Strafe, Hölle   **66** *wēnag* klein, elend   *wartil* Wächter   **67** *merren* behindern, beschädigen   **69** *bihabēn* festhalten   *ruohha* Fürsorge, Beachtung   **70** *hēr* eher, früher   *sīd* seitdem, später   *gifrummen* tun, vollbringen   **72** *mieta* Lohn, Bestechung   **73** *lūten* ertönen   **74** *sind* Weg   **76** *bald* kühn   *kipāgan* widerstreiten   **77** *marchōn* begrenzen   **78** *io* jemals   **80** *thiot* Volk   **81** *molta* Staub   **82** *lēo* Grabhügel   *fazza* Last   **86** *quek* lebendig   **88** *gomo* Mensch   *gart* Kreis   **89** *ir* aus, von   **90** *wiht* etwas   **92** *lid* Glied   **92** *luzīc* klein   **94** *iogiwiht* irgendetwas   *arliugan* erlügen   **95** *thehein* irgendein   **97** *ūzzan* außer   *furimagan* vermögen, überwinden   **99** *baldēn* Mut fassen   **100** *frōno* den Herrn betreffend, göttlich   **101** *irhāhan* aufhängen   **102** *ougen* zeigen   *māsa* Wundmal   **103** *mankunni* Menschengeschlecht   *minna* Liebe   *fardōlen* erleiden.

9.5   *Heliand*

Entstehung: „1. Hälfte 9. Jh." (Müller 2007, S. 326), vor der Reichsteilung 843 in
  Fulda oder Werden (Haubrichs 1995a, S. 278)?
Überlieferung: (1) München, Bayerische Staatsbibliothek, Cgm 25, geschrieben
  um 850 in Corvey [Hs. M]; (2) Berlin, Deutsches Historisches Museum,
  Bibliothek, R 56/2537 [Hs. P] / Leipzig, Universitätsbibliothek, Thomas 4073
  (Ms) [Hs. L], je ein Einzelblatt, geschrieben um oder nach 850 in Nieder-
  deutschland; (3) München, Bayerische Staatsbibliothek, Cgm 8840, Einzel-
  blatt, geschrieben um oder kurz nach 850 in oder bei Bremen [Hs. S]; (4)
  Rom, Biblioteca Apostolica Vaticana, Cod. Pal. lat. 1447, Blätter 27r/32v,
  astronomisch-kalendarische Handschrift, nachgetragen im dritten Viertel des 9.
  Jhs. in Mainz [Hs. V]; (5) London, British Library, MS Cotton Calig. A. VII,
  Blätter 11–170, geschrieben in der zweiten Hälfte des 10. Jhs. in Südengland
  [Hs. C].
Handschriftencensus: Werke/1991 (mit Links zu den Digitalisaten).
Erstausgabe: Schmeller 1830.
Textkritische Ausgaben: **Behaghel** [10]**1996;** Braune und Ebbinghaus 1994, S. 151–
  156 (Z. 1–53 [Vorrede]; 94–192 [Zacharias im Tempel]; 2902–2973 [Jesus
  wandelt auf dem Meer]), S. 179 (Anmerkungen).
Nachdichtungen: **Simrock 1856;** Genzmer 1955.
Übersetzungen: Z. 1279–1380 (Bergpredigt): Schlosser 2004, S. 88–93 (Text
  und Übersetzung), 197–198 (Kommentar); Z. 1600–1622 (Vaterunser): Müller
  2007, S. 176–177 (Text und Übersetzung), 350 (Kommentar); Z. 2231–2268
  (Stillung des Seesturms): Schlosser 2004, S. 94–95 (Text und Übersetzung),
  198 (Kommentar); Z. 2720–2792 (Tod Johannes des Täufers): Müller 2007,
  S. 156–161 (Text und Übersetzung), 344–345 (Kommentar); Z. 4270–4377
  (Vom Ende der Welt): Müller 2007, S. 163–169 (Text und Übersetzung), 347–
  348 (Kommentar); Haug und Vollmann 1991, S. 64–71 (Text und Übersetzung),
  1084–1089 (Kommentar).
Überblicks- und Gesamtdarstellungen: Haubrichs 2013b; Sowinski 1994; Taeger
  1981; de Boor 1979, S. 55–60; Kartschoke 1975a, S. 39–56.

Wörtliche Übersetzung

I. [Eingang]
  Viele waren, die ihren Sinn darauf richteten,
  ...., dass sie Gottes Wort beginnen
  und das Geheimnis enthüllen, das der mächtige Christus
  unter den Menschen herrlich wirkte
5 mit Worten und Werken. Das wollten da vieler weiser
  Leute Kinder loben: die Lehre Christi,
  das heilige Wort Gottes, und mit ihren Händen schreiben
  ein verständliches Buch, wie seinen Geboten sollten
  folgen die Menschenkinder. Doch dann waren es nur vier

10   unter den Vielen, die Macht von Gott hatten,
        Hilfe vom Himmel, den heiligen Geist
        und Kraft von Christus. Sie wurden dazu auserwählt,
        dass sie allein über das Evangelium sollten
        ein Buch schreiben, über die vielen Gebote Gottes
15   und das heilige Himmelswort. Das hatten nicht noch mehr Helden,
        Menschenkinder zu tun, da nur diese vier dazu
        von der Kraft Gottes auserkoren wurden.
        Matthäus und Markus, so hießen die Männer,
        Johannes und Lukas. Sie waren Gott lieb,
20   würdig für dieses Werk. Der mächtige Gott hatte
        den Herzen der Helden heiligen Geist
        fest anbefohlen und fromme Gedanken,
        viele weise Worte und großen Verstand,
        damit sie anstimmen sollten mit heiligen Stimmen
25   die gute Gotteslehre, die nirgendwo ihresgleichen hat
        an Worten in dieser Welt, die so den waltenden
        Herrn priesen und böse Dinge,
        Freveltaten zu Fall brächten und dem tückischen Feind
        im Kampf widerstünden. Denn es hatte einen festen Sinn,
30   einen milden und guten, derjenige, der Meister war,
        der allmächtige, edle Schöpfer.
        Das sollten diese vier da mit Fingern schreiben,
        setzen, singen und vorsagen,
        was sie von der großen Kraft Christi
35   gesehen hatten und gehört, was er selbst sprach,
        anwies und bewirkte, viel Wunderbares
        so manches bei den Menschen, der mächtige Herr.
        Was von Anbeginn durch seine einige Kraft
        der Mächtige sprach, als er zuerst diese Welt erschuf,
40   und das alles umfing mit einem Wort,
        Himmel und Erde und alles, was darin eingeschlossen ist,
        Geschaffenes und Gewachsenes, das wurde alles mit Gottes Wort
        fest umfangen und danach bestimmt,
        welche Leute das Land sollten
45   am weitesten verwalten und wie die Weltalter sollten
        einst enden. Eines stand da noch
        den Menschenkindern bevor, und fünf waren vergangen:
        nun sollte das sechste auf selige Weise
        kommen durch die Kraft Gottes und die Geburt Christi,
50   des höchsten Heilands, des heiligen Geistes,
        um in diesem Erdkreis vielen zu helfen,
        den Menschenkindern zu nutzen gegen den Neid der Feinde,
        gegen geheime Berückung. Damals hatte der Herrgott
        dem römischen Volk die größte Herrschaft verliehen,
55   er hatte ihrer Heeresmacht das Herz gestärkt,
        damit sie jegliches Volk bezwangen.
        Von der Stadt Rom aus hatten Macht gewonnen
        die Krieger: ihre Herzöge saßen
        in jedem Land und hatten Gewalt über die Leute,

60   über fremde Reiche. Herodes war
     in Jerusalem über das Volk der Juden
     zum König gewählt, denn dorthin hatte ihn der Kaiser
     von Rom, der mächtige Herr,
     gesetzt mit dem Gesinde. Er war nicht mit der Sippe verbunden
65   den Nachkommen Israels, nicht durch edle Geburt
     von ihrem Geschlecht gekommen. Nur durch des Kaisers Dank
     von Rom hatte er das Reich,
     sodass ihm die Krieger gehorchten,
     die kräftigen Nachkommen Israels:
70   ganz unwandelbare Freunde, solange hier Gewalt besaß
     Herodes über das Reich und das Gericht hielt
     über das jüdische Volk. […]

Worterläuterungen

1 *gispanan* antreiben **3** *rekkian* erzählen, erklären *girūni* Geheimnis *rīki* reich, mächtig **4** *mankunni* Menschheit *māritha* Wunder *gifrummian* vollbringen **6** *barn* Kind **8** *berhtlīko* hell, verständlich *gibodskepi* Botschaft, Befehl *firihos* Menschen **12** *gikiosan* auswählen **15** *nevan* nur, außer, sondern **20** *giwerk* Werk, Handlung **22** *fasto* fest, sicher *ferht* weise *hugi* Gedanke **23** *wīslīk* weise *giwitt* Verstand, Klugheit **24** *ahebbian* erheben **25** *godspel* Evangelium *gigado* Genosse *hwergin* irgend **27** *diurian* preisen *eftha* oder *dervi* böse **28** *firinwerk* Frevelwerk *fellian* zu Fall bringen **31** *athalordfrumo* edler Schöpfer **33** *settian* setzen **41** *bihlīdan* einschließen **43** *bifāhan* umfangen **44** *huilic* irgendeiner *liudscepi* Volk **45** *wīd* weit *weroldaldar* Weltalter **46** *thō* da **47** *biforan* vor, bevor *fīf* fünf **50** *hêliand* Heiland, Erlöser **51** *middilgart* Erdreis **52** *with* gegen **53** *derni* heimtückisch, böse *dwalm* Blendwerk **54** *Rōmanoliudi* Römer *farlīhan* verleihen **55** *heriskepi* Heer, Volk **58** *helmgitrôstio* Krieger *heritogo* Herzog, Anführer **59** *gihwē* jede **60** *elithioda* fremdes Volk **62** *tharod* dorthin **63** *thiodan* Herrscher **64** *gisīth* Gefolgsmann *sibbia* Sippe **65** *avaro* Nachkomme *ethiligiburd* edle Herkunft **66** *knōsal* Geschlecht **68** *hildiskalk* Krieger **69** *ellianrōf* kraftvoll, tapfer **70** *swītho* sehr *unwand* unwandelbar, treu *wunnia* Wonne, Freude *êgan* haben, besitzen **71** *rādburd* Herrschaft.

     V. [Geburt Jesu]
          […] Da erfuhr ich, dass die glänzende Botschaft
          Maria mahnte, und die Macht Gottes,
          dass ihr auf dem Lebensweg ein Sohn geschenkt werde,
370   in Bethlehem geboren, das stärkste Kind,
          der mächtigste aller Könige: Kommen werde der berühmte
          mächtig in die Menschenwelt, wie darüber früher an vielen Tagen
          Bilder waren und viele Zeichen
          erschienen in dieser Welt. Da wurde alles bewahrheitet,
375   was früher kluge Männer gesprochen hatten,
          durch welche Demut er hierher auf die Erde,
          durch seine einige Kraft, kommen wollte,
          der Schutzherr für viele. Als ihn die Mutter nahm
          umwand sie ihn mit Gewändern, die schönste Frau,

380   mit schönem Schmuck, und mit ihren beiden Händen
       legte sie liebevoll den kleinen Mann,
       das Kind in eine Krippe, obwohl er die Kraft Gottes hatte,
       der Herr der Menschen. Da saß die Mutter davor,
       die wachende Frau, und hütete selber
385   und hielt das heilige Kind: in ihrem Herzen war kein Zweifel,
       im Gemüt der Jungfrau. [...]

Worterläuterungen
367 *berht* glänzend   **369** *ōdan* geschenkt   **372** *lioht* Licht, Welt   **373** *bilithi* Bild,
Zeichen   *bôkan* Zeichen   **375** *spāh* klug   **376** *ôthmōdi* Demut   *herod* hierher
377 *sōkian* suchen, streben   **378** *mundboro* Schutzherr   **379** *wad* Gewand   **380**
fagaro schön   *frataha* Schmuck   **381** *luttil* klein   **381** *drohtin* Herr   **384** *wacon*
wachen   *wardon* hüten   **385** *barn* Kind   *hugi* Gedanke   *twifli* Zweifel   **386**
modsebo Herz, Gemüt.

9.6   Altsächsische Genesis

Entstehung: „3. Viertel 9. Jh." (Müller 2007, S. 337); später als der Heliand von
   demselben oder einem anderen Dichter (Tiefenbach 2013, S. 129).
Überlieferung: Rom, Biblioteca Apostolica Vaticana, Cod. Pal. Lat. 1447
   (astronomisch-kalendarische Handschrift, geschrieben zwischen 808 und 813
   in St. Alban/Mainz), Blätter 1r, 2r, 2v, 10v: nachgetragen im dritten Viertel
   des 9. Jhs., möglicherweise durch Kanzleiangehörige aus der Umgebung des
   Mainzer Erzbischofs; vgl. Heliand Hs. V.
Handschriftencensus: Werke/2638 (mit Link zum Digitalisat).
Erstausgabe: Zangemeister 1894.
Textkritische Ausgaben: **Behaghel** [10]**1996;** Braune und Ebbinghaus 1994, S. 156–
   158 (Fragment I: Adams Klage; Fragment II: Sodoms Untergang [Auszug: Z.
   325–337]), 179 (Anmerkungen);
Nachdichtung: Heusler 1921.
Übersetzungen: Schwab 1995; Fragment I (Adams Klage): Müller 2007, S. 126–
   129 (Text und Übersetzung), 336–338 (Kommentar); Haug und Vollmann
   1991, S. 60–63 (Text und Übersetzung), 1081–1083 (Kommentar); Fragment
   II (Kains Brudermord): Schlosser, S. 96–99 (Text und Übersetzung), 198–199
   (Kommentar).
Überblicks- und Gesamtdarstellungen: Tiefenbach 2013, S. 125–132; Sowinski
   1994; de Boor 1979, S. 60–61; Taeger 1978; Kartschoke 1975a, S. 33–39.

Wörtliche Übersetzung

   I. [Adams Klage]
      [Adam redete und sprach zu Eva:]
      „Ach, dass du nun, Eva, hast", sagte Adam, „zum Üblen bestimmt
      unser beider Geschick. Nun kannst du die schwarze Hölle sehen,
      wie sie gierig gähnt; nun kannst du sie grollen
      hören von hier; in nichts ist das Himmelreich

5   solchem Feuer gleich. Dies war das schönste Land,
das wir hier durch die Gunst unseres Herren haben sollten,
wenn du auf den nicht hörtest, der uns zu diesem Leid riet,
dass wir des Waltenden Wort brachen,
des Himmelskönigs. Nun können wir uns betrübt

10   sorgen vor dem Schicksal, denn er selbst gebot uns,
dass wir uns vor solcher Strafe uns hüten sollten,
vor dem größten Leid. Schon bezwingen mich Hunger und Durst,
bittere Übel, von beidem waren wir bisher frei.
Wie sollen wir nun leben, und wie sollen wir in diesem Licht sein,

15   wenn bald ein Wind kommt, von Westen oder Osten,
von Süden oder Norden? Wenn das Gewölk aufsteigt,
eine Hagelwolke kommt, den Himmel bedrückend,
weiter sich vermengt, das ist sehr kalt.
Bald wird es vom Himmel heiß scheinen,

20   es gleißt die leuchtende Sonne: wir stehen hier so nackt,
ungeschützt durch ein Gewand. Nichts ist uns verfügt,
weder als Schatten, noch als Schutz, wir haben keinen Besitz,
der uns Nahrung verschafft. Wir haben uns den mächtigen Gott,
den Waltenden, zum Feind gemacht. Was soll aus uns werden?

25   Nun kann mich reuen, dass ich jemals bat den himmlischen Gott,
den Waltenden, [dass er dich mir machte
aus meinen Gliedern, nun da du mich verleitet hast
zum Hass meines Herrn. So kann es mich nun reuen,
immer und ewig, dass ich dich je mit meinen Augen sah."]

Worterläuterungen

1 *wela* oh! *gimarkon* bestimmen **2** *unka* unser beider *sūth* Weg, Schicksal **3** *ginon* gähnen, klaffen *grādag* fressgierig **4** *hevanrīki* Himmelreich **5** *sulīk* solch *lôgna* Flamme **6** *wit* wir beide **8** *farbrekan* brechen, übertreten **9** *hevankuning* Himmelskönig **11** *wīti* Strafe *wardon* aufpassen **12** *harm* Leid *ju* schon **13** *baluwerk* Übeltat *tōm* frei von **14** *hwō* wie *eftha* oder **15** *hwīl* Weile **16** *giswerk* schwarzes Gewölk **17** *skion* Wolkendecke *bitengi* berührend, nahe **18** *gimang* Haufen, dazwischen *firina* Sünde, Frevel **20** *blīkan* glänzen *bar* bloß, nackt **21** *unwerid* unbekleidet *giwādi* Gewand *wiht* etwas **22** *skadu* Schatten *skūr* Schutz *skatt* Besitz **23** *meti* Speise **24** *wrêth* feindselig *biddian* bitten.

9.7   Otfrids *Evangelienbuch*

Entstehung: zwischen 863 und 871 (Schröder und Hartmann 2013, S. 323), „nach 865" (Müller 2007, S. 324) in Weißenburg.

Überlieferung: (1) Wien, Österreichische Nationalbibliothek, Cod. 2687, geschrieben im letzten Drittel des 9. Jhs. in Weißenburg (Elsass) [Hs. V]; (2) Heidelberg, Universitätsbibliothek, Cod. pal. lat. 52, Blätter 1r–191v, 200r, geschrieben im letzten Drittel des 9. Jhs. in Weißenburg (Elsass) [Hs. P]; (3) München, Bayerische Staatsbibliothek, Cgm 14, Blätter 1r-125v, geschrieben zwischen 902 und 906 in Freising [F]; (4) Wolfenbüttel, Herzog-August-Bibliothek, Cod. Guelf. 131.1 Extrav. / Bonn, Universitäts- und Landesbibliothek, cod. S. 499 (78) / Krakau, Biblioteka Jagiellońska, Berol. mgq 504, geschrieben um 975 in Fulda [Hs. D].

Handschriftencensus: Werke/1285 (mit Links zu den Digitalisaten)

Erstausgabe: Flacius 1571.

Textkritische Ausgaben: **Erdmann** [6]**1973;** Braune und Ebbinghaus 1994, S. 92–130 (Widmung an König Ludwig; Widmung an den Mainzer Erzbischof; Widmung an den Konstanzer Bischof; Buch I,1–2, 5–7, 17–18, 20; Buch II,1, 14, 21; Buch IV, 8–12; Buch V,19, 23–25), 175–176 (Anmerkungen).

Nachdichtung: **Kelle 1856.**

Übersetzungen: Widmung an König Ludwig: Vollmann-Profe 1987, S. 8–15 (Text und Übersetzung), 204–208 (Kommentar); Müller 2007, S. 64–71 (Text und Übersetzung), 303–305 (Kommentar); Schlosser 2004, S. 100–105 (Text und Übersetzung), 199–200 (Kommentar); Widmung an Liutbert: Vollmann-Profe 1987, S. 16–27 (Text und Übersetzung), 208–216 (Kommentar); Haug und Vollmann 1991, S. 72–83 (Text und Übersetzung), 1090–1098 (Kommentar); Widmung an Salomon: Vollmann-Profe 1987, S. 26–31 (Text und Übersetzung), 217–218 (Kommentar); Buch I,1: Vollmann-Profe 1987, S. 34–45 (Text und Übersetzung), 218–226 (Kommentar); Müller 2007, S. 106–111 (Text und Übersetzung), 327–329 (Kommentar); Schlosser 2004, S. 104–111 (Text und Übersetzung), 200–201 (Kommentar); Haug und Vollmann, S. 84–93 (Text und Übersetzung), 1098–1103 (Kommentar); Buch I,2: Vollmann-Profe 1987, S. 47–51 (Text und Übersetzung), 226–227 (Kommentar); Müller 2007, S. 112–113 (Text und Übersetzung), 327–329 (Kommentar); Buch I,3: Vollmann-Profe 1987, S. 51–55 (Text und Übersetzung), 228–229 (Kommentar); Buch I,5: Vollmann-Profe 1987, S. 56–61 (Text und Übersetzung), 229–230 (Kommentar); Buch I,11: Vollmann-Profe 1987, S. 60–67 (Text und Übersetzung), 231–233 (Kommentar); Haug und Vollmann 1991, S. 92–97 (Text und Übersetzung), 1103–1106 (Kommentar); Buch I,17–18: Schlosser 2004, S. 110–117 (Text und Übersetzung), 201–202 (Kommentar); Haug und Vollmann 1991, S. 98–107 (Text und Übersetzung), 1107–1112 (Kommentar); Buch II,1: Vollmann-Profe 1987, S. 70–75 (Text und Übersetzung), 233–234 (Kommentar); Buch II,8–9: Vollmann-Profe 1987, S. 74–89 (Text und Übersetzung), 234–236 (Kommentar); Haug und Vollmann 1991, S. 106–119 (Text und Übersetzung), (Kommentar); Buch II,10: Vollmann-Profe 1987, S. 88–91 (Text und Übersetzung), 236–237 (Kommentar); Buch II,14: Schlosser 2004, S. 116–123 (Text und Übersetzung), 202 (Kommentar); Müller 2007, S. 138–149 (Text und Übersetzung), 341–342 (Kommentar); Buch III,1: Vollmann-Profe 1987, S. 94–99 (Text und Übersetzung), 237 (Kommentar); Buch III,14: Vollmann-Profe, S. 98–109 (Text und Übersetzung), 238 (Kommentar); Buch IV,1: Vollmann-Profe 1987, S. 112–117 (Text und Übersetzung), 238 (Kommentar); Buch IV,4–5: Vollmann-Profe 1987, S. 116–129 (Text und Übersetzung), 239–240 (Kommentar); Buch IV,17–18: Vollmann-Profe 1987, S. 128–137 (Text und Übersetzung), 240–241 (Kommentar); Buch

V,1: Haug und Vollmann 1991, S. 118–123 (Text und Übersetzung), 1112–1114 (Kommentar); Buch V,17: Vollmann-Profe 1987, S. 140–143 (Text und Übersetzung), 241 (Kommentar); Buch V,19: Vollmann-Profe 1987, S. 144–149 (Text und Übersetzung), 241–242 (Kommentar); Haug und Vollmann 1991, S. 122–127 (Text und Übersetzung), 1114–1116 (Kommentar); Buch V,23–25: Vollmann-Profe 1987, S. 150–185 (Text und Übersetzung), 242–244 (Kommentar); Widmung an Hartmut und Werinbert: Vollmann-Profe 1987, S. 186–201 (Text und Übersetzung), 244–245 (Kommentar).

Überblicks- und Gesamtdarstellungen: Schröder und Hartmann 2013; Vollmann-Profe 1994; Schröder 1989; de Boor 1979, S. 73–80; Groseclose und Murdoch 1976, S. 58–67; Kartschoke 1975a, S. 57–72.

Wörtliche Übersetzungen

Widmung an König Ludwig

    Ludwig, dem König des Ostreiches, werde ewiges Heil zuteil.
    Ludwig der Kühne, voller Weisheit,
    er regiert das ganze Ostreich, wie ein Frankenkönig soll.
    Über das fränkische Land reicht all seine Herrschaft;
    das beherrscht, wie ich dir sage, seine Gewalt überall.

5   Diesem sei immer Heil und auch Segen zuteil,
    der Herr erhöhe ihm das Glück und erfreue immer sein Herz.
    Er erhöhe ihm seinen Mut und alle Zeiten zum Guten,
    dass er sich alle Stunden freue: das sollen alle stets erbitten.
    Wenn ich es jetzt erwähle, von seinem Lob zu erzählen,

10   und dazu meine Zeit verwende, seine Taten aufzuschreiben,
    dann übersteigt diese Absicht mein ganzes Vermögen.
    Erhaben sind, wie ich dir sage, all seine Dinge.
    Denn er ist ein edler Franke, weise im Denken
    und weise im Reden: Das tut er alles mit Ebenmaß.

15   In seiner eigenen Brust ist ein sehr festes Herz
    und vielfältige Tugend: den Seinen ist er stets zugeneigt.
    Von klugen Gedanken ist dieser Franke,
    so ist dieser Adelige: der heißt, abermals, Ludwig.
    Oft war er wirklich in Not, aber das wendete er sogleich ab,

20   schnell mit dem Schutz Gottes und sehr großer Zierde.
    Wenn immer es nötig war zu fechten,
    dann war er in dieser Sache mit Gottes Kraft überlegen.
    Gott riet ihm oft in der Not und in schwerer Mühsal;
    gelangte er irgendwo in einen Hinterhalt, der Herr half ihm sofort

25   bei notvollen Werken: dafür soll er Gott danken.
    Dafür danke auch sein Gefolge und unsere geringe Wenigkeit.
    Er schenkte uns Gnade, indem er uns einen solchen König erhielt.
    Dem schütze er nun sein Leben uns allen immer zuliebe.
    Wir genießen nun Glück und friedliche Zeiten

30   durch seine Werke. Dafür sollen wir Gott danken.
    Deshalb sollen alle nun gern Gnade für ihn erbitten:
    Von Gott möge er Schutz haben und lange gesund bleiben.
    Allzeit soll er gut und immer glücklich leben
    und die Nachstellung stets meiden, die Gefahr der Feinde.

35   Lang, mein lieber Gott, lass ihm die Tage sein,
      versüße ihm all sein Leben, wie man es bei guten Menschen soll.
      In ihm erinnere ich mich sogleich an den König David,
      der selbst Not erduldete und manche Mühsal.
      Denn er wollte ein Mann sein (das zeigte sich später oft),
40   ein wahrhafter Kämpfer in vielen Gefahren.
      Viel Leid erduldete er, solange das Gott so verhängte;
      er überwand es später, wie es einem Gotteskämpfer ziemte.
      Es beriet ihn immer gnädig der gute Herr selbst,
      das sage ich dir wahrhaftig, du kannst es selbst dort lesen.
45   Wir finden die gleiche Güte und Tapferkeit
      in seinem Streben nach allem Guten.
      Gewiss, das verhehle ich nicht, es duldete dieselbe
      große Mühsal, mit gleicher Geduld ertrug auch er sie.
      Niemals ließ er deswegen Hass in sein Gemüt hinein:
50   Mit Geduld, so wie jener es begann, überwand auch er alle Feinde.
      Wenn es jemand begann, dass er gegen ihn kämpfte,
      beschirmte ihn stets in gleicher Weise der liebe Herrgott.
      Er riet ihm immer in der Not und bei schwerer Mühsal.
      Er erleichterte ihm all seine Jahre, die ihn sehr schwer dünkten,
55   bis er ihn leitete und ihm sein Reich verbreiterte.
      Deshalb kann er geachtet werden wie aus Davids Geschlecht.
      Auf gleiche Weise kam auch er zur Herrschaft;
      jener war Gott eng vertraut: das wurde geziemend auch dieser.
      Regierte jener schön das Volk Gottes in Herrlichkeit,
60   so handelt wahrlich auch dieser Jahr für Jahr, wie es Gott geziemt,
      eifrig zum Guten mit gesundem Verstand,
      Jahr für Jahr, das sage ich dir wahrheitsgetreu.
      David erfüllte ganz und gar, was ihm der Herr befahl,
      und festigte seine Macht und das Reich ringsumher.
65   Auch an diesem scheint auf, so weit seine Kraft das zulässt,
      dass er immer ganz und gar Gott dient.
      Sein Reich regiert er selbst auf schöne Weise, wie er es soll.
      Er hat vollkommene Tapferkeit und wohl auch frischen Geist.
      Geraten bei anderen schließlich ins Wanken
70   die Königreiche und ihre Herrlichkeit,
      so hält er sie doch zuverlässig, wie Gott es selbst gebot,
      fest abgeriegelt, damit uns keine Feinde bedrängen,
      für immer abgesperrt, damit uns keine Widersacher schädigen;
      deswegen können wir sicher sein. Lang genieße er das Leben!
75   Zu allen Zeiten, die sein werden, erfreue ihm Christus dasa Herz,
      erspart bleibe ihm jede Pein! Gott erfreue seine Seele!
      Lang seien seine Tage auf Erden, bis hin zum ewigen Leben!
      Erspart bleibe ihm jegliches Unglück, damit wir überall sicher sind.
      Denn das ist erwiesen: solange wir ihn gesund bei uns haben,
80   solange leben wir, so meine ich, mit Freude und Heil,
      dauerndem Glück und haben gute Zeiten.
      Auch er genieße Glück, nie soll es ihm daran fehlen!
      Allen seinen Kindern werde Herrschaft mit Liebe zuteil.
      Auch sei die Liebe Gottes mit der Königin.

85 Ewige Vertrautheit sollen sie stets genießen, wie ich schon sagte,
wahrlich dort im Himmel gemeinsam mit Ludwig.
Für ihn dichtete ich dieses Buch, damit er ihm Beachtung schenke
und das beweise, indem er es vorzulesen befiehlt.
Hier in dieser Rede kann er das Evangelium hören

90 und was Christus darin dem fränkischen Volk gebietet.
Die Regel dieser Bücher zeigt uns das Himmelreich:
das genieße Ludwig dort stets in den ewigen Jahren Gottes!
Erfreuen möge sich sein Herz immer am ewigen Heil!
Dort lass auch mich immer, mein Herr, bei ihm sein!

95 Für alle Zeiten lebe er da gut und glücklich,
dort leuchte ihm immer, welche Wonne, die ewige Sonne!

Worterläuterungen

1 *snello* kühn **3** *gangan* gehen **4** *zellen* erzählen, sagen **5** *selida* Segen **6**
truhtīn Herr *hōhen* erhöhen *mo = imo* ihm *emizēn* stets, immerfort **7**
gimuoto freundlich *theih = thaz ih* dass ich **8** *thiggen* bitten **9** *irwellen* auswählen, wollen, versuchen **10** *tuon zi* verwenden zu *tāt* Tat **11** *gitrahti* Trachten,
Bemühen **14** *ebeni* Gleichheit, Ebenmaß **17** *kleini* fein, klug **18** *afur* abermals
19 *biwankōn* entgehen, etwas unterlassen **20** *sciero* schier, bald *ziero* zierlich,
würdig **21** *iowanne* irgendwann *in nōt werdan* nötig werden **22** *redina* Rede,
Geschichte, Sache *oboro* überlegen **24** zāla Verfolgung, Not *wergin* irgendwo
smāhi gering, erniedrigt **26** *thegan* Gefolgsmann, Kämpfer **28** *sparēn* schützen
31 *fergōn* anflehen **32** *munt* Schutz **34** *fāra* Gefahr, Hinterhalt **36** *swuazzen*
angenehm machen **37** *irhuggen* sich erinnern, denken an **38** *thulten* erdulden
39 *sīd* später **41** *gihengen* erlauben, zustimmen **45** *eigan* haben *hēlan* ver-
hehlen **51** *winnan* kämpfen **54** *gilīhten* erleichtern *nan* ihnen **55** *slahta*
Geschlecht **57** mit sō samalīhhi *auf die gleiche Weise* **59** *frōno* herrlich **63**
thuruh nōt notwendigerweise **64** *gifesten* festigen **65** *fram* weit **68** *ellan* Mut,
Kraft *quek* lebendig, belebend **69** *bī nōti* schließlich **70** *guallīhhi* Herrlichkeit
72 *gaganen* entgegengehen *binagilen* verschließen **73** *simblum* immer *merren*
schaden **74** *niazen* nutzen, genießen **75** *lokōn* locken, erfreuen **79** *findan*
finden, festsetzen **82** *mammunti* Glück *brestan* mangeln *ēwo* Ewigkeit **83**
minna Liebe **85** *trūtscaf* Freundschaft *quedan* sagen **87** *ruohha* Beachtung **88**
giweizzen beweisen **90** *thiota* Volk **96** *wunna* Wonne.

Geburt Jesu (Buch I,11, Z. 29–62)

Und während sie da waren, erfüllte sich ihre Zeit,

30 dass sie ein Kind gebären sollte, unvergleichlich in der Welt.
Sie gebar ihren lieben Sohn, der uns längst verheißen war,
den man schon seit Zeiten sich von Gott erhoffte.
Worin sie ihn baden sollte, wohin sie ihn legen sollte –
ich glaube, sie wusste es nicht, da sie fremd war an dem Ort.

35 Doch hüllte sie ihn da gleich in Linnen ein,
legte ihn in eine Krippe, in der Not, von der ich sprach.
Dann gab sie ihm mit Freude ihre jungfräuliche Brust;
nicht scheute sie sich, es zu zeigen: sie stillte den Gottessohn.
Gesegnet die Brust, die Christus geküsst hat,

40   und die Mutter, die zu ihm redete und ihn sorgfältig zudeckte!
        Gesegnet sie, die ihn herzte und ihn auf ihren Schoß nahm,
        die ihn behutsam wiegte und ihn zu sich legte!
        Gesegnet sie, die ihn kleidete und ihn gewickelt hat
        und die das Lager teilt mit einem solchen Kind!
45   Gesegnet sie, die ihn bedeckte, dass ihm die Kälte nicht schadete;
        gesegnet die Arme und die Hände, die ihn umfingen!
        Niemand auf der Erde könnte sie gebührend preisen,
        noch ist irgend jemand fähig, ihre ganze Güte zu beschreiben:
        es wird kein Tag den sehen und die Sonne den nie bescheinen,
50   der das vermöchte, auch wenn er's versuchen wollte!
        Denn ihr lieber Sohn hat sie so herrlich erhöht,
        und sie ist so preiswürdig, dass alle Verse dafür nicht reichen.
        Sie ist eine herrliche Mutter und doch in Wahrheit Jungfrau,
        sie gebar uns unversehrt den Herrn des Himmels.
        Der geistige Sinn
55   Der Herr wollte kommen, als man alle Menschen zählte,
        auf dass wir alle genauso im Himmelreich aufgezeichnet seien.
        Man legte ihn in einer Krippe, die dem Vieh das Futter gab,
        denn er möchte uns beim ewigen Mahl dann sehen.
        Wäre er nicht geboren worden, die Welt wäre zugrunde gegangen;
60   der Satan hätte sie gepackt, wenn er nicht gekommen wäre.
        Wir lagen in Fesseln in der Hand des Widersachers:
        Du hast uns Hilfe gebracht, Herr, in deiner höchsten Not!

Worterläuterungen

29 *gistullen* verweilen   **30** *beran* gebären   *einmēri* ohnegleichen   **31** *zeiz* lieb   **32** *wunschen* wünschen, ersehnen   **34** *wānen* wähnen, glauben   *gastwissī* Aufenthalt **35** *lahhan* Tuch, Gewand, Windel   *sār* sogleich   **38** *ougen* zeigen   **40** *quedan* sagen, sprechen   **41** *tuzzen* beruhigen   *barm* Schoß   **42** *inswebben* einschläfern **43** *wāttōn* bekleiden   *fantōn* einwickeln   **45** *werren* schützen   *terren* schaden   **46** *helsen* umhalsen   **47** *erdring* Erdkreis   **48** *gimuoto* vortrefflich   **49** *rīnan* treffen **50** *bibringan* vollbringen   **52** *giwaht* Ruhm, Preis   *irrīmen* aufzählen   **53** *māri* bekannt, berühmt   *thiorna* Jungfrau   **54** *thuruhnahtī* Vollkommenheit   *truhtīn* Herr   **56** *gebriefen* aufschreiben   **57** *nerren* ernähren   **58** *gouma* Mahl   **59** *firwurt* Untergang   **61** *gibenti* Band, Fessel   *widarwerto* Widersacher.

Christus und die Samariterin (Buch II,14, Z. 1–60)
        Nach diesen Ereignissen fuhr Christus in die Heimat,
        in sein eigenes Gebiet: Die Bücher berichten uns das.
        Von dieser Fahrt war er ermüdet, wie das Reisenden oft geschieht:
        Die Mühen lassen dem keine Ruhe, der ein wahrhaftiger Mensch ist.
5   Er fuhr durch Samaria, er kam da zu einer Stadt,
        in der Mühsal, zu einem Ruheplatz.
        Dort setzte er sich müde hin, wie wir hier schon vorher erzählt haben,
        bei einem Brunnen, den wir auch Pfütze nennen.
        Das Evangelium sagt darüber, dass es zur sechsten Stunde gewesen sei,

10 das ist die heißeste des Tages und die größte Anstrengung.
   Die Jünger beeilten sich, um Essen einzukaufen,
   sie wollten mit Christus einen Imbiss nehmen.
   Als der Herr da alleine saß, da kam eine Frau dorthin,
   sie wollte Wasser holen.

15 ‚Frau‘, sagte er da, ‚gib mir etwas zu trinken;
   es wird mir wohltun, wenn ich mich nun abkühle.‘
   ‚Wie kann das sein‘, sagte sie, ‚du bist ein jüdischer Mann
   und ich gehöre zu diesem Volk, dass du mir so gebietest?‘
   Johannes eröffnet uns hier, warum sie wahrhaft so sprach,

20 warum sie das so sagte und ihm damit das Trinken versagte.
   Denn diese zwei Völker nahmen ungern ihre Nahrung,
   ihre Speise in irgendeiner Weise aus demselben Gefäß.
   ‚Wenn du‘, sagte er, ‚es tätest, dann würdest du das Geschenk Gottes erkennen
   und wer dich darum bittet, hier auch zu trinken:

25 Du bätest ihn sogleich, dass er dir wahrhaftig gäbe
   zum Glück und auch zur Wonne einen springenden Brunnen.‘
   ‚Du hast‘, sagte sie, ‚mein Herr, kein Gefäß hier,
   um etwas davon herauszuholen, nichts, womit du es jetzt schöpfen könntest.
   Was kann ich dir noch mehr erzählen? Dieser Brunnen ist sehr tief;

30 woher willst du überdies fließendes Wasser nehmen?
   Bedeutender, glaube ich, als unser Vater Jakob bist du nicht.
   Er trank es, das will ich dir sagen, und auch alle seine Kinder.
   Er hat sie gut abgedeckt und sie damit geweiht,
   und er übergab uns zur Benutzung selbigen Brunnen.‘

35 Da sagte unser Herr zu ihr: ‚Vernimm nun, Frau, diese Rede,
   vernimm alle Wörter, die ich dir nun hier erzähle.
   Wer wegen seines Durstes gedenkt, aus diesem Brunnen zu trinken,
   es wird nicht lange dauern, bis ihn abermals der Durst bezwingt.
   Wer aber unter den Menschen meinen Brunnen benutzt,

40 und dem ich so zu trinken gebe,
   den wird nie mehr Durst bezwingen, da er in ihm entspringt,
   ihm wird sofort kühl und in Ewigkeit angenehm sein.‘
   ‚Du könntest‘, sagte sie, ‚mir eine Ehre und Wohltat erweisen,
   wenn du von dem Brunnen, von dem du sprichst, mir Armen zu trinken gäbest;

45 damit ich zu diesem tiefen Brunnen nichtd ständig laufen muss,
   dass ich durch deine Güte diese Mühsal vermeiden kann.‘
   ‚Hole‘, sagte er, ‚zuerst deinen Mann, wo immer er ist,
   dann eilt schnell hierher: Ich erzähle euch beiden die Wahrheit.‘
   ‚Ich habe‘, sagte sie, ‚wirklich keinen Mann.‘

50 Da gab er eine freundliche Antwort in seiner Güte:
   ‚Du sagst die Wahrheit, wie es sich geziemt: Du hast keinen Mann.
   Aber gewiss sage ich dir jetzt, dass du schon fünf hattest.
   Mit dem du aber jetzt zusammen bist und den du liebst –
   weil der gewiss nicht deiner ist, deshalb war deine Rede wahr‘

55 ‚Mein Gefühl‘, sagte sie, ‚zeigt mir, dass du ein Prophet bist.
   Deine Worte erzählten gerade, was man dir vorher noch nie erzählt hat.
   Unsere Vorfahren, die beteten hier in den Bergen.
   Sicher glaube ich nun dies, dass auch du hier das Gebet suchst.
   Auch wenn ihr Juden sagt, dass nur in Jerusalem

60 eine prächtige und dafür geeignete Stätte sei.‘
   […]

Worterläuterungen

2 *gewi* Gegend   **4** *frist lāzan* in Ruhe lassen   **6** *agaleizi* Eifer   **8** *pfuzza* Pfütze,
Brunnen   **9** *sexta zīt* zur sechsten Stunde, mittags   **11** *zilōn* sich beeilen   *muos*
Essen   **12** *inbīzan* essen   **16** *gifuuri* Bequemlichkeit   **21** *gimuati* gern   **28**
gilepphen schöpfen   **33** *wergin* irgendwo, irgendwie   *maz* Essen   **42** *chuole* kühl
mammunti angenehm   **44** *wēnag* gering   **53** *uoben* verkehren mit   **55** *forasago*
Prophet   **58** *bita* Gebet, Gebetsstätte.

9.8   *Ludwigslied*

Entstehung: „zwischen dem 1./3.8.881 […] und dem 5.8.882" (Herweg 2013,
  S. 242) im Umkreis des westfränkischen Hofs.
Überlieferung: Valenciennes, Bibliothèque Municipale, Ms. 150 (theologische
  Sammelhandschrift, vorwiegend Werke Gregors von Nazianz, geschrieben
  in der ersten Hälfte des 9. Jhs. in Flandern), Blätter 141v–143r: nachgetragen
  Ende des 9. Jhs. im deutsch-romanischen Grenzgebiet.
Handschriftencensus: Werke/2850 (mit Link zum Digitalisat).
Erstausgabe: Schilter 1696.
Textkritische Ausgaben: Steinmeyer 1916, S. 85–88; **Braune und Ebbinghaus
  1994**, S. 136–138 (Text), 177 (Anmerkungen).
Nachdichtung: Andreas Kraß
Übersetzungen: Müller 2007, S. 72–77 (Text und Übersetzung), 305–306
  (Kommentar); Schlosser 2004, S. 124–127 (Text und Übersetzung), 202–203
  (Kommentar); Haug und Vollmann 1991, S. 146–149 (Text und Übersetzung),
  1135–1140 (Kommentar).
Überblicks- und Gesamtdarstellungen: Herweg 2013; Schlosser 1994; Freytag
  1985; de Boor 1979, S. 86–88; Groseclose und Murdoch 1976, S. 67–77.

Wörtliche Übersetzung

> Ich weiß einen König, er heißt Herr Ludwig,
> der gern Gott dient: ich weiß, er wird es ihm lohnen.
> Als Kind wurde er vaterlos. Dafür bekam er schnell Ersatz.
> Der Herr holte ihn, sein Erzieher wurde er.
> 5 Er gab ihm Tugenden, ein herrscherliches Gefolge,
> den Thron hier in Franken. Lange möge er ihn gebrauchen!
> Das teilte er dann bald mit Karlmann,
> seinem Bruder, die Zahl der Ländereien.
> Als das alles vollendet war, wollte Gott ihn prüfen,
> 10 ob er Mühen so jung ertragen könnte.
> Er ließ heidnische Männer über die See fahren,
> um das Volk der Franken an ihre Sünden zu mahnen.
> Einige schon Verlorene wurden zu einigen Geretteten.
> Schmerzliche Strafe erduldete, wer früher schlecht gelebt hatte.

15 Wer damals ein Dieb war und sich dann besserte,
begann da zu fasten und wurde später ein guter Mensch.
Mancher war ein Lügner, mancher ein Räuber,
mancher voll Zuchtlosigkeit, und jeder büßte dafür.
Der König war weit weg, das Reich ganz in Wirren.

20 Da war Christus erzürnt: Mit Leid entgalt es [das Reich] das.
Doch erbarmte das Gott, er wusste die ganze Not.
Er hieß den Herrn Ludwig sofort dorthin reiten:
„Ludwig, mein König, hilf meinen Leuten!
Es haben sie die Normannen sehr bezwungen."

25 Darauf sagte Ludwig: „Ich werde alles tun,
wenn der Tod mich nicht hindert, alles was du mir gebietest!"
Da nahm er Abschied von Gott und erhob die Kriegsfahne.
Er ritt dahin nach Franken, den Normannen entgegen.
Gott dankten, die auf ihn warteten.

30 Alle sagten: „Mein Herr, so lange harren wir deiner."
Darauf sprach laut der gute Ludwig:
„Tröstet euch, Freunde, meine Gefährten in der Not!
Mich sandte Gott hierher und er selbst gebot mir,
wenn es euch ratsam erschiene, dass ich hier kämpfe

35 und mich selbst nicht schone, bis ich euch errette habe.
Nun will ich, dass mir folgen alle Getreuen Gottes.
Bestimmt ist uns ein diesseitiges Leben, solange Christus will,
will er unser Hinscheiden, dann hat er Gewalt darüber.
Wer auch immer hier mit Mut Gottes Willen ausführt:

40 kommt er gesund davon, entlohne ich es ihm,
wenn er im Kampf fällt, seiner Verwandtschaft."
Da nahm er Schild und Speer, tapfer ritt er,
er wollte die Wahrheit aufdecken seinen Feinden.
Und es dauerte nicht sehr lange, da fand er die Normannen.

45 Gott sagte er Lob, er sah, was er begehrt hatte.
Der König ritt kühn, er sang ein heiliges Lied,
und alle zusammen sangen: „Kyrie eleison".
Der Sang war gesungen, der Kampf wurde begonnen,
das Blut schien auf den Wangen: so kämpften die Franken.

50 Da focht jeder Krieger gleich, doch nicht so wie Ludwig:
kraftvoll und kühn, das entsprach seinem Geschlecht.
Den einen erschlug er, den anderen erstach er,
er fügte schnell seinen Feinden
bitteres Leid zu. Wehe immer über ihr Leben!

55 Gelobt sei die Kraft Gottes: Ludwig war siegreich.
Und allen Heiligen sei Dank! Ihm wurde der Kampfessieg zuteil.
Wohl abermals für Ludwig, unser gesegneter König.
So bereit, wie er immer gewesen ist, wo auch immer Not war,
erhalte ihn der Herr, durch seine Gnaden.

Worterläuterungen

8 *wunna* Freude, Nutzung **9** *entōn* vollenden **10** *tholōn* erdulden **11** *līdan* fahren **14** *harmscara* Bestrafung **16** *sīd* später, danach **18** *lōs* Zuchtlosigkeit *inti* und *gibuozen* abbüßen **19** *irfirren* entfernt sein *irren* verwirren **20**

irbelgan erzürnen   *ingelten* bestrafen   **27** *urloub* Erlaubnis   **32** *trōsten* trösten
34 *rāt* Hilfe   *thunken* dünken, scheinen   *gefehtan* kämpfen   **37** *skerren* zuteilen
hieruuist Hiersein   **38** *hinafart* Hinscheiden   **39** *ellan* Tapferkeit   **40** *ūzqueman*
herauskommen   **41** *kunni* Geschlecht, Verwandtschaft   **43** *arrahhon* feststellen
45 *gerēn* begehren   **48** *biginnan* beginnen   **49** *spilōn* sich tummeln   **51** *gekunni*
angeboren   **53** *cehantōn* sofort   **54** *līd* Wein, Trank   *io* je, immer   **55** *sigihaft*
siegreich   **56** *sigikamf* siegreicher Kampf   **58** *garo* bereit   **59** *ēragrehtī* Gnade.

9.9   Petruslied

Entstehung: eher nach als vor Otfrids *Evangelienbuch* (861–873), vermutlich in
    Freising (Lomnitzer und Hartmann 2013, S. 363).
Überlieferung: München, Bayerische Staatsbibliothek, Clm 6260 (Genesis-
    kommentar von Hrabanus Maurus, geschrieben im dritten Viertel des 9. Jhs. in
    Freising), Bl. 158v: nachgetragen um 900 oder im frühen 10. Jh. in Freising,
    mit Neumen.
Handschriftencensus: Werke/2091 (mit Link zum Digitalisat).
Erstausgabe: Docen 1807, S. 3–4.
Textkritische Ausgaben: Steinmeyer 1916, S. 103–104; **Braune und Ebbinghaus**
    1994, S. 131 (Text), 177 (Anmerkungen).
Nachdichtung: Andreas Kraß.
Übersetzungen: Müller 2007, S. 78–79 (Text und Übersetzung), 308–309
    (Kommentar); Schlosser 2004, S. 150–151 (Text und Übersetzung), 208
    (Kommentar); Haug und Vollmann 1991, S. 130–131 (Text und Übersetzung),
    1117–1120 (Kommentar).
Überblick- und Gesamtdarstellungen: Lomnitzer und Hartmann 2013; Lomnitzer
    1989; de Boor 1979, S. 84–85; Groseclose und Murdoch 1976, S. 77–81.

Wörtliche Übersetzung

> Unser Herr hat dem heiligen Petrus die Gewalt verliehen,
> dass er den auf ihn hoffenden Menschen erretten kann.
> Herr erbarme dich, Christus erbarme dich.
> Er verwaltet auch mit seinen Worten die Pforte des Himmelreichs,
> 5   dort kann er einlassen, den er retten will.
> Herr erbarme dich, Christus erbarme dich.
> Bitten wir den Gottesfreund allesamt überlaut,
> dass er uns Sünder der Gnade würdig erachte.
> Herr erbarme dich, Christus erbarme dich.

Worterläuterungen

1 *truhtīn* Herr   *firsellen* übergeben   **2** *ginerien* retten   *thingen* hoffen   **4** *habēn*
innehaben   *phorta* Pforte   **5** *scerren* einlassen   **7** *trūt* Vertrauter   *ubarlūt* mit
lauter Stimme   **8** *firtān* Sünder   *giwerdēn* für wert halten.

9.10 *Georgslied*

Entstehung: „um 900" im Kloster Prüm in der Eifel oder im Kloster Reichenau (Haubrichs 2013a, S. 136–137).

Überlieferung: Heidelberg, Universitätsbibliothek, Cod. pal. lat. 52 (geschrieben im letzten Drittel des 9. Jhs. im elsässischen Weißenburg, Otfrid-Handschrift P), Blätter 200v–201v: nachgetragen im frühen 11. Jh.

Handschriftencensus: Werke/1286 (mit Link zum Digitalisat).

Erstausgabe: Sandvig 1783.

Textkritische Ausgaben: Steinmeyer 1916, S. 94–101; Braune und Ebbinghaus 1994, S. 132–135 (Text), 177 (Anmerkungen); **Haubrichs 1979, S. 371–373.**

Nachdichtung: Andreas Kraß

Übersetzungen: Müller 2007, S. 80–89 (Text und Übersetzung), 309–313 (Kommentar); Schlosser 2004, S. 128–131 (Text und Übersetzung), 203–204 (Kommentar); Haug und Vollmann 1991, S. 132–137 (Text und Übersetzung), 1120–1128 (Kommentar).

Überblicks- und Gesamtdarstellungen: **Haubrichs 2013a;** Schmidt-Wiegand 1980; de Boor 1979, S. 83–84; Groseclose und Murdoch 1976, S. 86–90.

Wörtliche Übersetzung

Georg fuhr zum Gerichtstag mit großer Gefolgschaft
aus der Mark, mit vielem Volk.
Er fuhr zu dem Ring, zum wichtigen Gerichtstag.
Der Gerichtstag war herrlich und Gott sehr lieb.

5 Er verließ das weltliche Reich, gewann das himmlische Reich.
Das hat selbst getan der edle Graf Georg.
Da redeten auf ihn ein die so zahlreichen Könige.
Sie wollten ihn bekehren, er wollte es nicht hören.
Fest war da Georgs Herz, er hörte nicht auf sie, sage ich richtig.

10 Er tat nur all das, worum er Gott bat.
Das tat selbst der heilige Georg.
Da verurteilten sie ihn schnell zur Kerkerhaft.
Da zogen mit ihm die schönen Engel.
Dort fand er zwei Frauen: Er rette ihnen das Leben.

15 Da schuf er schön ihnen die herrliche Speise.
Dieses Zeichen wirkte dort Georg wahrlich selbst.
Was Georg dort erbat, der Herr gewährte ihm alles.
Der Herr gewährte ihm alles, um was Georg ihn bat.
Den Stummen machte er sprechend, den Tauben hörend,

20 den Blinden machte er sehend, den Lahmen gehend.
Eine Säule stand dort viele Jahre: Daraus entsprang sofort Laub.
Dieses Zeichen wirkte dort Georg wahrlich selbst.
Das begann den Herrscher sehr stark zu erzürnen.
Der Wüterich Dacianus zürnte darüber überaus heftig.

25 Er sagte, Georg sei ein Gaukler.
Er hieß Georg fangen, hieß ihn langziehen.
Er hieß ihn fest schlagen mit einem wunderscharfen Schwert.
Das weiß ich, das ist ganz wahr, da erstand Georg auf,
da erstand Georg auf und predigte dort gut,

30   die heidnischen Männer schändete Georg sehr.
      Das begann den Herrscher sehr stark zu erzürnen.
      Da hieß er Georg binden und an ein Rad winden.
      Wahrhaftig sage ich es euch nun: Sie brachen ihn in zehn Stücke.
      Das weiß ich, das ist ganz wahr, da erstand Georg auf,
35   da erstand Georg auf und predigte dort gut,
      die heidnischen Männer schändete Georg sehr.
      Da hieß er Georg fangen, hieß ihn schwer geißeln.
      Man hieß ihn zermahlen und ganz zu Pulver verbrennen.
      Man warf ihn in den Brunnen, er war sofort versunken.
40   Sie wälzten darüber viele große Steine.
      Sie begannen um ihn zu gehen, hießen Georg auferstehen.
      Großes tat da Georg, so wie er das wahrlich immer tut.
      Das weiß ich, das ist ganz wahr, da erstand Georg auf,
      da erstand Georg auf und predigte dort gut,
45   die heidnischen Männer schändete Georg sehr.
      Da erstand Georg auf und es entsprang dort schnell eine Quelle.
      Den toten Mann hieß er auferstehen.
      Er hieß ihn da zu ihm gehen, hieß ihn zu sprechen.
      Da sagte er: „Jobel heiß ich mit Namen, glaubt mir das",
50   sagte, sie seien verloren und vom Teufel ganz betrogen.
      Das verkündete uns selbst der Heilige Georg.
      Da ging er zu der Kammer, zu der Königin.
      Er begann, sie zu lehren, sie begann, auf ihn zu hören.
      Alexandria, sie war tugendhaft,
55   sie beeilte sich sofort, Gutes zu tun, ihre Habe zu verschenken.
      Sie verschenkte da ihren Schatz, das hilft ihr für viele Jahre.
      Von Ewigkeit zu Ewigkeit ist sie in der Gnade.
      Das erbat selbst der heilige Herr Georg.
      Georg erhob da die Hand, es erbebte Apollo.
60   Er gebot über den Höllenhund, da fuhr er schnell in den Abgrund
      hin ‹…›

Worterläuterungen

1 *mahal* Gericht *mihhil* groß **3** *ring* Ring, Versammlung *hevīg* gewichtig *thing* Gericht **4** *māri* berühmt **6** *gituon* tun **7** *spanan* überreden **8** *ehrkēren* zur Umkehr bringen **10** *gifrummen* machen, tun *thiggen* erbitten **11** *teilen* verurteilen *sār sofort* **14** *nerren* retten *līb* Leben **15** *inbīz* Speise *frōno* herrlich, heilig **17** *giwerēn* gewähren **18** *tumb* stumm **20** *halz* lahm **24** *wuoto* Wüterich *wunterdhrāto* überaus **26** *üzziohan* strecken **27** *wunterwas* sehr scharf **30** *thrāto* schnell *fram* weit **36** *giskenten* zuschanden machen **37** *fillen* geißeln **38** *mullan* zermalmen **39** *ferswinden* verschwinden **40** *bolōn* wälzen **47** *wāg* Wasser **49** *bet* mit **50** *quedan* sagen **54** *dogelīk* tugendhaft **55** *shanc* Schatz **56** *treso* Schatz **57** *ēwīn* ewig *unz* bis **59** *irbibēn* erbeben.

9.11   *Christus und die Samariterin*

Entstehung: „Ende des 9., Anfang des 10. Jh.s" (McLintock und Hartmann 2013a,
      S. 74); aus sprachgeschichtlichen Gründen eher 10. Jh. (Müller 2007, S. 340).

Überlieferung: Wien, Österreichische Nationalbibliothek, Cod. 515 (‚Lorscher Annalen‘, geschrieben um 800), Bl. 4v-5r: nachgetragen Mitte des 10. Jhs., wahrscheinlich auf der Reichenau.

Handschriftencensus: Werke/1590 (mit Link zum Digitalisat).

Erstausgabe: Lambeck 1669.

Textkritische Ausgaben: Steinmeyer 1916, S. 89–91; **Braune und Ebbinghaus 1994,** S. 136 (Text), 177 (Anmerkungen).

Nachdichtung: Andreas Kraß

Übersetzungen: Müller 2007, S. 136–139 (Text und Übersetzung), 339–341 (Kommentar); Schlosser 2004, S. 152–153 (Text und Übersetzung), 208 (Kommentar); Haug und Vollmann 1991, S. 138–141 (Text und Übersetzung), 1128–1130 (Kommentar).

Überblicks- und Gesamtdarstellungen: **McLintock und Hartmann 2013a;** de Boor 1979, S. 81; McLintock 1978; Groseclose und Murdoch 1976, S. 81–82; Kartschoke 1975a, S. 72–74.

Wörtliche Übersetzung

Wir lesen, dass der Heiland wanderte, müde von der Reise.
Mittags, das wissen wir, setzte er sich an einen Brunnen.
Da kam von Samaria gerade eine Frau,
um Wasser zu schöpfen. Er saß noch dort.
5   (Seine Jünger kümmerten sich um sein Essen):
Er bat die Frau, die dorthin gekommen war, ihm zu trinken zu geben.
„Weshalb begehrst du, guter Mann, dass ich dir zu trinken gebe?
Es essen doch, weiß Gott, die Juden unsere Nahrung nicht."
„Frau, wenn du wüsstest, welcher Art Gottes Gabe ist,
10   und den erkenntest, mit dem du sprichst,
dann erbätest du dir von seinem sprudelnden Brunnen zu gönnen."
„Diese Zisterne ist so tief, zu dem ich von zuhause lief,
auch hast du kein Geschirr, mit dem du daraus schöpfen könntest:
Woher kannst du, guter Mann, einen sprudelnden Brunnen nehmen?
15   Du bist ja bei den Leuten nicht berühmter als Jakob.
Der gab uns diesen Brunnen, es tranken er und seine Leute
und auch seine Schafe von diesem Wasser."
„Wer dieses Wasser trinkt, den wird wieder dürsten,
wer aber meines trinkt, den verlässt sein Durst:
20   Es springt ihm ewig mit Lust in seiner Brust".
„Herr, ich bitte dich, dieses Wasser gib du mir,
damit ich nicht mehr täglich durstig hierherlaufen muss."
„Frau, eile fort und hole deinen Mann."
Sie sagte, sie lebe so, dass sie keinen Gatten hätte.
25   „Ich weiß, dass du wahr sprichst, dass du keinen Gatten hast.
Du hattest aber früher fünf zu deiner Unterstützung.
Dessen kannst du sicher sein: Nun hast du einen, der nicht dein ist."
„Herr, in dir wird offenbar, dass du ein Prophet bist:
Die vor uns Geborenen haben an diesem Berg gebetet,
30   Unsere Altväter suchten hier Gnade:
doch ihr sagt, auserkoren sei als Gebetsstätte Jerusalem."

Worterläuterungen

1 *faran* fahren, reisen   *fartmuodi* von der Reise ermüdet   **2** *untarn* Mittag   **3** *quena* Frau   *sārio* sogleich   **5** *werban* sich bemühen   *thegan* Gefolgsmann, Jünger   *lībleita* Nahrung   **8** *niozan* genießen, essen   *wist* Nahrung   **10** *kōsōn* reden   **11** *unnan* gewähren   *quek* keck, lebendig   **12** *pfuzza* Pfütze, Brunnen   **15** *kelop* berühmt   **18** *smalenōz* Schaf, Kleinvieh   **20** *in ēwon* auf ewig   **21** *thiggen* erbitten   **23** *anawert* fort   *wirt* Wirt, Ehemann   **24** *gomman* Gatte   **26** *folleist* Beistand   **28** *scīn wegan* offenbar werden   *forasago* Prophet   **30** *altmāg* Vorfahr   **31** *bita* Gebet, Stätte des Gebets.

9.12   *Psalm 138*

Entstehung: „um 930" (McLintock und Hartmann 2013b, S. 413), „Anfang 10. Jh." (Müller 2007, S. 314).

Überlieferung: Wien, Österreichische Nationalbibliothek, Cod. 1609 (‚Formelbuch' Notkers I. von St. Gallen, geschrieben Anfang 10. Jh. in Regensburg oder Freising), Bl. 69r–69v: nachträglich angefügtes Blatt.

Handschriftencensus: Werke/1800.

Erstausgabe: Lazius [Laz] 1557.

Textkritische Ausgaben: Steinmeyer 1916, S. 105–109; **Braune und Ebbinghaus 1994**, S. 138–139 (Text), 178 (Anmerkungen).

Nachdichtung: Andreas Kraß

Übersetzungen: Müller 2007, S. 90–93 (Text und Übersetzung), 313–315 (Kommentar); Schlosser 2004, S. 138–141 (Text und Übersetzung), 206 (Kommentar); Haug und Vollmann 1991, S. 142–145 (Text und Übersetzung), 1130–1135 (Kommentar).

Überblicks- und Gesamtdarstellungen: **McLintock und Hartmann 2013b;** McLintock 1989; de Boor 1979, S. 85; Groseclose und Murdoch 1976, S. 82–86; Kartschoke 1975a, S. 75–77.

Wörtliche Übersetzung

Wollt ihr den guten David hören,
seinen verborgenen Sinn? Er grüßte seinen Herrn:
Ja, du hast mich ausgewählt, Herr, und erkennst, wer ich bin,
vom Anbeginn bis zum Ende.
5   Ich kann nicht in Gedanken vor dir wankend werden:
du erkennst alle Stege, wohin ich mich auch neige.
Wohin ich auch meine Zügel kehre, so hast du es schnell bemerkt:
Den Weg versperrtest du mir, damit ich mich dir wieder zukehrte.
Du hast mir die Zunge so fest bezwungen,
10   dass ich ohne dein Gebot kein Wort spreche.
Wie groß ist deine Weisheit, Christus,
über mich bei dir beschaffen! Wie vermöchte ich dir zu entrinnen!
Fahr ich in den Himmel auf, so bist du dort mit einem Heer,
geht meine Fahrt zur Hölle, so bist du dort gegenwärtig:

15   ich kann in kein Land, wo mich nicht deine Hand hält.
     Nun will ich die Mörder alle von mir weisen,
     alle, die mir zur unrechten Herrschaft rieten.
     Alle, die mir zur unrechten Herrschaft rieten,
     die sind deine Feinde, denen will ich feind sein.
20   Die gegen dich handeln wollen, die will ich sehr hassen,
     sie alle um deines Ruhmes willen mir zum Feind machen.
     Du, Gott, mit deiner Gewalt schirme mich überall,
     mit deiner Kraft nimm du ihm das Geschoss weg,
     lass ihm nicht die Gelegenheit, dass er auf mich schieße.
25   Die Seele schufst du mir, die nahmst du in deine Obhut,
     du wurdest meiner sofort gewahr, als meine Mutter mich gebar.
     Ich leugne nicht im Geringsten, was Du im Verborgenen tatest,
     sodass ich nach der Geburt nicht wieder zu Erde werde.
     Fahre ich in die Finsternis, dann hältst Du mich sogleich:
30   Ich weiß, dass deine Nacht so licht wie der Tag zu sein vermag.
     So will ich denn sehr früh meine Federn aufstellen:
     Ich beginne dann zu fliegen, wie es noch niemand tat,
     Beginne ich dann zu fliegen, wie es noch niemand tat,
     flöge ich zum Ende des Meeres; ich weiß, dass du mich da einholst:
35   ich kann in kein Land, wo mich deine Hand nicht hält.
     Nun prüfe genau, ob ich mich zu dir kehre,
     du gnädiger Gott, bekehre mich weiterhin,
     in deiner Gnade halt mich in Ewigkeit.

Worterläuterungen

2 *tougen* verborgen, geheim   *truhtīn* Herr   **3** *gikiosan* auswählen, erkennen   *zoum* Zaum, Zügel   **4** *anagin* Anfang, Ursprung   *unz* bis   **5** *mugan* vermögen, können   *giwankōn* wankend werden   **6** *wara* wohin   *ginīgan* sich abwenden von   **7** *rado* schnell   *goumen* achten auf   **8** *furiwurken* versperren   **11** *giwizida* Wissen   **14** *geginwart* gegenwärtig   **15** *nibu* nur, außer, sondern, aber   **16** *manslekko* Mörder   **19** *gifēh* feind   **20** *nīdōn* hassen   **22** *iogiwedrehalp* auf beiden, allen Seiten   **23** *scefti* Speer   **24** *muoza* Gelegenheit, Möglichkeit   **25** *besezzen* bewachen   **27** *trof* im mindesten   **29** *sār* sogleich   **30** *lioht* licht, hell   **32** *ēr* eher, früher   **34** *irfaran* einholen   **36** *kiosan* wahrnehmen   *after* nach   **37** *frammort* weiterhin   **38** *ēwīn* ewig.

Danksagung

Das Buch ging aus den Seminaren und Vorlesungen zur althochdeutschen Literatur hervor, die ich an der Humboldt-Universität zu Berlin hielt. Ich danke meinen Kolleg*innen Astrid Lembke, Stephan Müller und Regina Toepfer für die kritische Lektüre des Manuskripts und zahlreiche nützliche Hinweise. Paola Rigi-Luperti danke ich für die hilfreiche Durchsicht des Manuskripts aus studentischer Perspektive. Nicht zuletzt danke ich Ferdinand Pöhlmann für das sorgfältige Lektorat und Anja Dochnal für die Unterstützung bei der Drucklegung des Buches.

© Der/die Herausgeber bzw. der/die Autor(en), exklusiv lizenziert durch Springer-Verlag GmbH, DE, ein Teil von Springer Nature 2022
A. Kraß, *Die Anfänge der deutschen Literatur,*
https://doi.org/10.1007/978-3-662-64153-8

Literatur

Ausgaben

Die Admonitio Generalis Karls des Großen. Hg. von Hubert Mordek/Klaus Zechiel-Eckes und Michael Glatthaar. Wiesbaden 2013 (MGH Fontes iuris Germanici antiqui in usum scholarum separatim editi 16).

[Altsächsische Genesis] Die Bruchstücke der altsächsischen Genesis und ihrer altenglischen Übertragung. Einführung, Textwiedergaben und Übersetzungen, Abbildungen der gesamten Überlieferung. Hg. von Ute Schwab. Göppingen 1991 (Litterae 29).

Augustinus, Vom ersten katechetischen Unterricht (*De catechizandis rudibus*). München 1925 (Des heiligen Kirchenvaters Aurelius Augustinus ausgewählte Schriften 8; Bibliothek der Kirchenväter 1/49).

Augustinus, Enarrationes in Psalmos 134–140. In: Corpus Scriptorum Ecclesiasticorum Latinorum (CSEL) 95/4. Wien 2002.

Beda der Ehrwürdige. Kirchengeschichte der Angelsachsen. Als Anhang: Willibald's Leben des heiligen Bonifacius. Deutsch von M. M. Wilden. Schaffhausen 1866.

Beda Venerabilis: Historia Ecclesiastica Gentis Anglorum. Hg. v. Joseph Stevenson. London 1838.

Beowulf. A New Verse Translation. [Translated by] Seamus Heaney. New York/London 2001.

Beowulf. Ein altenglisches Heldenepos. Übersetzt und hg. von Martin Lehnert. Stuttgart 2004.

Die Bibel. Revidierte Einheitsübersetzung. Gesamtausgabe. Stuttgart 2017.

Braune, Wilhelm (Hg.): Althochdeutsches Lesebuch. Zusammengestellt und mit Wörterbuch versehen von W.B. Fortgeführt von Karl Helm. 17. Auflage bearbeitet von Ernst A. Ebbinghaus. Tübingen 1994 [1875].

Bugge, Sophus (Hg.): Norrœn fornkvæði. Islandsk samling af folkelige oldtidsdigte om nordens guder og heroer almindelig kaldet Sæmundar Edda hins Fróða. Christiania 1867, S. 1–42 (Völuspá).

Bühler, Johannes: Klosterleben im Mittelalter. Nach zeitgenössischen Quellen. Mit zahlreichen Abbildungen. Hg. von Georg A. Narciß. Frankfurt am Main 1989.

Capitularia Regum Francorum I. Hg. von Alfred Boretius. Hannover 1883 (MGH).

Capitularia Regum Francorum II. Hg. von Alfred Boretius/Victor Krause. Hannover 1897 (MGH).

Concilia Aevi Karolini I/1. Hg. von Albert Werminghoff. Hannover/Leipzig 1906 (MGH Concilia II).

Dante Alighieri: Die Göttliche Komödie. Übertragen aus dem Italienischen und eingeleitet von Karl Vossler. München/Zürich 1986.

Docen, Bernhard Joseph (Hg.): Lied eines fränkischen Dichters auf König Ludwig III. Ludwig des Stammlers Sohn, als selber die Normannen im Jahr 881 besiegt hatte. Nach sieben früheren Abdrücken zum erstemal strophisch eingetheilt, und an mehrern Stellen berichtigt. München 1813.

Docen, Bernhard Joseph (Hg.): Miscellaneen zur Geschichte der teutschen Literatur. Neu aufgefundene Denkmäler der Sprache, Poesie und Philsophie unsrer Vorfahren enthaltend. Erster Band. München 1807.

Eccart, Johann Georg von: Commentarii De Rebus Franciae Orientalis Et Episcopatus Wirceburgensis. In quibus revm et imperatorvm Franciae veteris Germaniaeqve, episcoporvm VVircebvrgensivm et dvcvm Franciae Orientalis gesta ex scriptoribvs coaevis, bullis et diplomatibus genuinis […] illustratur. Würzburg 1729.

Einhard: Vita Karoli Magni. Das Leben Karls des Großen. Lateinisch/Deutsch. Übersetzung, Anmerkungen und Nachwort von Evelyn Scherabon Firchow. Stuttgart 1995.

Epinikion Rhythmo Teutonico Lvdovico Regi acclamantum. Straßburg 1696.

Epistolae Karolini aevi II. Hg. von Ernst Dümmler. Berlin 1895 (MGH Epistolae IV).

Eusebius: Kirchengeschichte. Aus dem Griechischen übersetzt von Philipp Häuser. München 1932 (Bibliothek der Kirchenväter 2/1).

Flacius Illyricus, Matthias: Catalogus testium veritatis qui ante nostram aetatem pontifici Romano eiusque erroribus reclamarunt. Straßburg 1562.

Gervinus, Georg Gottfried: Geschichte der poetischen National-Literatur der Deutschen. Erster Theil: Von den ersten Spuren der deutschen Dichtung bis gegen das Ende des 13ten Jahrhunderts. Leipzig 1835.

Gesta Theoderici regis. In: Fredegarii et Aliorum Chronica. Vitae Sanctorum, hg. von Bruno Krusch. Hannover 1888 (MGH Scriptores Rerum Merovingicarum II), S. 200–214.

Goedeke, Karl: Grundriß zur Geschichte der deutschen Dichtung aus den Quellen. Erster Band. Hnnover 1859.

Gregor von Tours: Zehn Bücher Geschichten. Bd. 1: Buch 1–5. Auf Grund der Übersetzung W. Giesebrechts neubearbeitet von Rudolf Buchner. Darmstadt 1955 (Ausgewählte Quellen zur deutschen Geschichte des Mittelalters. Freiherr vom Stein-Gedächtnisausgabe 1).

Grimm, Jacob: Über zwei entdeckte Gedichte aus der Zeit des deutschen Heidentums. Vorgelesen in der Königlichen Akademie der Wissenschaften am 3. Februar 1812 (Abhandlungen der Königlichen Akademie der Wissenschaften in Berlin. Philosophisch-Historische Klasse). Berlin 1842.

[Grimm, Jacob und Wilhelm] Die beiden ältesten deutschen Gedichte aus dem achten Jahrhundert: Das Lied von Hildebrand und Hadubrand und das Weißenbrunner Gebet zum erstenmal in ihrem Metrum dargestellt und hg. durch die Brüder Grimm. Kassel 1812.

Hamer, Richard (Hg.): A Choice of Anglo-Saxon Verse. Revised and Expanded Edition. With an Introduction and a Parallel Verse Translation by R.H. London 2015.

Haug, Walter/Benedikt Konrad Vollmann (Hg.): Frühe deutsche Literatur und lateinische Literatur in Deutschland 800-1150. Frankfurt am Main 1991 (Bibliothek des Mittelalters 1).

Heliand oder die altsächsische Evangelien-Harmonie. Hg. von Johann Andreas Schmeller. München 1830.

Heliand. Christi Leben und Lehre. Nach dem Altsächsischen von Karl Simrock. Elberfeld 1856.

Heliand. The Saxon Gospel. A Translation an commentary by G. Ronald Murphy. New York/Oxford 1992.

Der Heliand in Simrocks Übertragung und die Bruchstücke der Altsächsischen Genesis. Eingeleitet von Andreas Heusler. Leipzig 1921.

Heliand und die Bruchstücke der Genesis. Aus dem Altsächsischen und Angelsächsischen übertragen von Felix Genzmer. Stuttgart 1977 [1948].

Heliand und Genesis. Hg. von Otto Behaghel. 10. Auflage, bearbeitet von Burkhard Taeger. Tübingen 1996 (Altdeutsche Textbibliothek 4).

Hinkmar von Reims, Annalium Bertinianorum. In: Scriptorum Tomus I, hg. von Georg Heinrich Pertz. Hannover 1826 (MGH), S. 423–515.

Hohler, Franz: Das Päckchen. Roman. München 2017.

Horaz: Ars Poetica. Die Dichtkunst. Lateinisch/Deutsch. Übersetzt und mit einem Nachwort hg. von Eckart Schäfer. Stuttgart 1984.

[Jacobus de Voragine] Die Legenda aurea des Jacobus de Voragine. Aus dem Lateinischen übersetzt von Richard Benz. Darmstadt 1984.

[Juvencus] Caii Vettii Aquilini Iuvenci Historiae Evangelicae. 4 Bände. Hg. von August Rudolf Gebser. Jena 1827.

Koch, Erduin Julius: Compendium der Deutschen LiteraturGeschichte von den ältesten Zeiten bis auf das Jahr 1781. Berlin 1790.

Krause, Arnulf (Hg.): Die Götterlieder der Älteren Edda. Übersetzt, kommentiert und hg. von A.K. Stuttgart 2018.

Lambeck, Peter: Commentariorum de augustissima bibliotheca Caesarea Vindobonensi liber II. Wien 1669.

Lazius [Latz], Wolfgang: De gentium aliquot migrationibus, sedibus fixis, reliquiis, linguarumque initiis & immutationibus ac dialectis […] libri XII. Basel 1557.

Leben des heiligen Bonifazius von Wilibald bis Otloh, der heiligen Leoba von Rudolf von Fulda, des Abtes Sturmi von Eigil. Nach den Ausgaben der Monumenta Germaniae übersetzt von Michael Tangl. Dritte vollständig neu bearbeitete Auflage. Leipzig 1920 (Die Geschichtsschreiber der deutschen Vorzeit. Zweite Gesamtausgabe 13).

Masser, Achim (Hg.): Die lateinisch-althochdeutsche Tatianbilingue Stiftsbibliothek St. Gallen Cod. 56. Göttingen 1994.

Müllenhoff, Karl/Wilhelm Scherer (Hg.): Denkmäler deutscher Poesie und Prosa aus dem 8. bis 12. Jahrhundert. 3. Auflage bearbeitet von Elias von Steinmeyer. Berlin 1892 [Nachdruck 1964].

Müller, Stephan (Hg.): Althochdeutsche Literatur. Eine kommentierte Anthologie. Althochdeutsch/Neuhochdeutsch. Altniederdeutsch/Neuhochdeutsch. Übersetzt, hg. und kommentiert von S.M. Stuttgart 2007.

Die Murbacher Hymnen. Nach der Handschrift hg. von Eduard Sievers. Halle 1874.

Muspilli. Bruchstück einer althochdeutschen alliterierenden Dichtung vom Ende der Welt. Aus einer Handschrift der königl. Bibliothek zu München hg. von Johann Andreas Schmeller. Mit Facsimile und Glossar. München 1832 (Besonderer Abdruck aus Buchners „Neuen Beiträgen zur vaterländischen Geschichte, Geographie und Statistik", Jahrgang 1832, Bd. I, S. 89–118).

Otfrid von Weißenburg: Evangelienbuch. Auswahl. Althochdeutsch/Neuhochdeutsch. Hg., übersetzt und kommentiert von Gisela Vollmann-Profe. Stuttgart 1987.

Otfridi Evangeliorum liber: veterum Germanorum grammaticae, poeseos, theologiae praeclarum monumentum. Basel 1571.

Otfrids Evangelienbuch. Hg. von Oskar Erdmann. Sechste Auflage besorgt von Ludwig Wolff. Tübingen 1973 (Altdeutsche Textbibliothek 49).

[Otfrid von Weißenburg] Christi Leben und Lehre besungen von Otfrid. Aus dem Althochdeutschen übersetzt von Johann Kelle. Prag 1870.

Pez, Bernhard: Thesaurus anecdotorum novissimus 1. Augsburg 1721.

Platon, Timaios. Griechisch/Deutsch. Übersetzung, Anmerkungen und Nachwort von Thomas Paulsen und Rudolf Rehn. Stuttgart 2009.

Sandvig, Bertel Christian: Lectionum theotiscarum specimen. Kopenhagen 1783.

Schlosser, Horst Dieter (Hg.): Althochdeutsche Literatur. Mit altniederdeutschen Textbeispielen. Auswahl mit Übertragungen und Kommentar. 2., überarbeitete und erweiterte Auflage. Berlin 2004.

Steinmeyer, Elias von (Hg.): Die kleineren althochdeutschen Sprachdenkmäler. Berlin 1916 [Nachdruck 1971].

Marsden, Richard (Hg.): The Cambridge Old English Reader. Second Edition. Cambridge University Press 2015.

Tatian. Lateinisch und altdeutsch mit ausführlichem Glossar hg. von Eduard Sievers. Zweite neubearbeitete Ausgabe. Paderborn 1892 (Bibliothek der ältesten deutschen Literatur-Denkmäler 5).

Trithemius, Johannes: Liber de scriptoribus ecclesiasticis. Basel 1494.

Trithemius, Johannes: Otfrid. Aus dem Lateinischen übersetzt von Theresia Payr. In: Wolfgang Kleiber (Hg.): Otfrid von Weißenburg. Darmstadt 1978 (Wege der Forschung 419), S. 10–17.

Vita Alcuini. In: Scriptores in Folio 15/1. Hg. von Wilhelm Arndt. Hannover 1887 (MGH), S. 182–197.

Wadstein, Elis: Kleinere altsächsische Sprachdenkmäler. Mit Anmerkungen und Glossar hg. von. E. W. Norden/Leipzig 1899 (Niederdeutsche Denkmäler 6).

Walahfrid Strabo: De imagine Tetrici. In: Poetae Latini aevi Carolini II. Hg. von Ernst Dümmler. Berlin 1884 (MGH), S. 370–378.

Wipf, Karl A. (Hg.): Althochdeutsche poetische Texte. Althochdeutsch/Neuhochdeutsch. Ausgewählt, übersetzt und kommentiert von K.W. Stuttgart 1992.

[Wulfila] Die gotische Bibel. Hg. von Wilhelm Streitberg. Erster Teil. Der gotische Text und seine griechische Vorlage mit Einleitung, Lesarten und Quellennachweisen sowie den kleinern Denkmälern als Anhang. Heidelberg 1908.

Zangemeister, Karl/Wilhelm Braune: Bruchstücke der altsächsischen Bibeldichtung aus der Bibliotheca Palatina. In: Neue Heidelberger Jahrbücher 4 (1894), S. 205–294.

Darstellungen

Adam, Bernd: Vaterunserauslegungen in der Volkssprache, in: Verfasserlexikon 10 (1999), Sp. 170–182.

Amtstätter, Mark Emanuel: Elemente der Klanglichkeit und Sprachkomposition in der altsächsischen Genesisdichtung. In: Amsterdamer Beiträge zur älteren Germanistik 53 (2000), S. 87–121.

Angenendt, Arnold: Das Frühmittelalter. Die abendländische Christenheit von 400 bis 900. Dritte Auflage. Stuttgart/Berlin/Köln 2001.

Backes, Herbert: Notker der Deutsche: In: Deutsche Dichter. Band I: Mittelalter. Stuttgart 1994, S. 47–54.

Bauschke, Ricarda: Die gemeinsame Überlieferung von ‚Ludwigslied‘ und ‚Eulalia-Sequenz‘, in: Wolfram-Studien 19 (2006), S. 209–232.

Bautz, Friedrich Wilhelm: Gottschalk von Orbais. In: Biographisch-Bibliographisches Kirchenlexikon 2 (1990), Sp. 275–276.

Becher, Matthias: Chlodwig I. Der Aufstieg der Merowinger und das Ende der antiken Welt. München 2011.

Becht-Jördens, Gereon /Wolfgang Haubrichs: Fulda. In: Martin Schubert (Hg.), Schreiborte des deutschen Mittelalters. Skriptorien – Werke – Mäzene. Berlin/Bosten 2013, S. 175–215.

Beck, Wolfgang: Die Merseburger Zaubersprüche. 2., korrigierte Auflage. Wiesbaden 2011 (Imagines Medii Aevi 16).

Beck, Wolfgang: ‚Merseburger Zaubersprüche‘. In: Rolf Bergmann (Hg.): Althochdeutsche und altsächsische Literatur. Berlin/Boston 2013, S. 258–263.

Beck, Wolfgang: Die Merseburger Zaubersprüche. Eine Einführung. Unter Mitarbeit von Markus Cottin. 2., erweiterte Auflage. Petersberg 2015.

Benjamin, Walter: Kleine Prosa. Baudelaire-Übertragungen. Hg. von Tillman Rexroth. Frankfurt am Main 1972 (Gesammelte Schriften. Band IV/1).

Bergmann, Rolf (Hg.): Althochdeutsche und altsächsische Literatur. Berlin/Boston 2013.

Bleckmann, Bruno: Die Germanen. Von Ariovist bis zu den Wikingern. München 2009.

Bleumer, Hartmut: Zwischen Hildebrand und Hadubrand. Held und Zeit im *Hildebrandslied*. In: Narration and Hero: Recounting the Deeds of Heroes in Literature and Art of the Early Medieval Period. Hg. von Victor Millet und Heike Sahm. Berlin 2014 (Ergänzungsbände zum Reallexikon der Germanischen Altertumskunde 87), S. 209–227.

Bleumer, Hartmut/Mathias Herweg/Klaus Kipf (Hgg.): Archäologie der Anfänge. Zeitschrift für Literaturwissenschaft und Linguistik 47 (2017).

Boswell: Christianity, Social Tolerance and Homosexuality. Gay People in Western Europe from the Beginning of the Christian Era to the Fourteenth Century. Chicago/London 1980.

Boyle, Nicholas: Kleine deutsche Literaturgeschichte. Aus dem Englischen von Martin Pfeiffer. München 2009.

Búa, Carlos: Ero – stein – liuhta. Überlegungen zum ‚Wessobrunner Schöpfungsgedicht‘. In: Beiträge zur deutschen Sprache und Literatur (PBB) 125 (2003), S. 24–35.

Cathey, James E.: The Historical Setting of the *Heliand*, the Poem, and the Manuscripts. In: Valentine A. Pakis (Hg.): Perspectives on the Old Saxon *Heliand*. Introductory and Critical Essays. Morgantown (West Virginia) 2010, S. 3–33.

De Boor, Helmut: Von Karl dem Großen bis zum Beginn der höfischen Dichtung. 770-1170. Neunte Auflage bearbeitet von Herbert Kolb. München 1979 (Geschichte der deutschen Literatur von den Anfängen bis zur Gegenwart 1).

Demandt, Alexander: Die Kelten. 8., durchgesehene Auflage. München 2014 (C.H. Beck Wissen).

Düwel, Klaus: ‚Hildebrandslied‘. In: Verfasserlexikon 3 (1981), Sp. 1240–1256.

Düwel, Klaus: *Hildebrandslied*. In: Deutsche Dichter. Band I: Mittelalter. Stuttgart 1994, S. 11–19.

Düwel, Klaus/Nikolaus Ruge: ‚Hildebrandslied‘. In: Rolf Bergmann (Hg.): Althochdeutsche und altsächsische Literatur. Berlin/Boston 2013, S. 171–183.

Edwards, Cyrill: Tohuwabohu. The *Wessobrunner Gebet* and Its Analogues. In: Medium Aevum 53 (1984), S. 263–281.

Edwards, Cyril: The Beginnings of German Literature. Comparative and Interdisciplinary Apporaches to Old High German. Rochester/Woodbridge 2002 (Studies in German Literature, Linguistics and Culture).

Ehrismann, Gustav: Geschichte der deutschen Literatur bis zum Ausgang des Mittelalters. Erster Teil: Die althochdeutsche Literatur. München 1918.

Eichhoff, Jürgen/Irmengard Rauch (Hgg.): Der Heliand. Darmstadt 1973 (Wege der Forschung 321).

Ernst, Ulrich: Medienverschränkung als kulturelle Kommunikation. Das „Evangelienbuch" Otfrids von Weißenburg. In: Peter Wiesinger (Hg.): Akten des X. Internationalen Germanistenkongresses Wien. Bd. 5: Mediävistik und Kulturwissenschaften. Bern u.a. 2002, S. 51–56.

Ernst, Ulrich (Hg.): Visuelle Poesie. Historische Dokumentation theoretischer Zeugnisse. Bd. 1: Von der Antike bis zum Barock. Hg. von U. E. in Verbindung mit Oliver Ehlen und Susanne Gramatzki. Berlin/Boston 2012.

Fichtenau, Heinrich: Das karolingische Imperium. Soziale und geistige Problematik eines Großreiches. Zürich 1949.

Fleckenstein, Josef: Bildungsreform Karls des Großen. In: Lexikon des Mittelalters Bd. 2 (1983), Sp. 187–189.

Foucault, Michel: Die Geständnisse des Fleisches. Aus dem Französischen von Andrea Hemminger (Sexualität und Wahrheit 4). Berlin 2019.

Herweg, Mathias: ‚Ludwigslied‘. In: Rolf Bergmann (Hg.): Althochdeutsche und altsächsische Literatur. Berlin/Boston 2013. S. 241–252.

Frank, Karl Suso: Juvencus. In: Lexikon des Mittelalters 5 (1991), Sp. 832.

Fried, Johannes: Karl der Große. Gewalt und Glaube. 5. Auflage. München 2014.

Fried, Johannes: Die Anfänge der Deutschen. Der Weg in die Geschichte. Überarbeitete und mit neuem Vorwort versehene Neuausgabe. 2. Auflage. Berlin 2015.

Friedrich, Martin: Jesus Christ between Jews and Heathens. The Germanic Mission and the Portrayal of Christ in the Old Saxon Heliand. In: Valentine A. Pakis (Hg.): Perspectives on the Old Saxon *Heliand*. Introductory and Critical Essays. Morgantown (West Virginia) 2010, S. 254–280.

Gebert, Bent: Die Gabe des Kampfes. Zur Form der Anerkennung im *Hildebrandslied*. In: Anerkennung und die Möglichkeiten der Gabe. Literaturwissenschaftliche Beiträge. Hg. von Martin Baisch. Frankfurt am Main u.a. 2017 (Hamburger Beiträge zur Germanistik 58), S. 19–40.

Giesecke, Michael: Die Entdeckung der kommunikativen Welt. Studien zur kulturvergleichenden Mediengeschichte. Berlin 2007 (stw 1788).

Glauch, Sonja: Notker III. von St. Gallen. In: Rolf Bergmann (Hg.): Althochdeutsche und altsächsische Literatur. Berlin/Boston 2013, S. 293–315.

Gold, Julia/Mathias Herweg/Lisa Sophie Meyer-Almes/Christoph Schanze: Ein althochdeutscher ,Spruch vom Weltanfang'. Anmerkungen zu Funktionsweise, Gattung und Überlieferungsverbund des sog. ,Wessobrunner Gebets'. In: PBB 140 (2018), S. 157–171.

Gottzmann, Carola L: Das Wessobrunner Gebet. Ein Zeugnis des Kulturumbruchs vom heidnischen Germanentum zum Christentum In: Rolf Bergmann u.a. (Hgg.): Althochdeutsch. Band 1: Grammatik, Glossen und Texte. Heidelberg 1987, S. 637–654.

Gottzmann, Carola L.: Individual- und Universaleschiatologie. Das „Muspilli" im theologischen Kontext seiner Zeit. In: Ars et Scientia. Studien zur Literatur des Mittelalters un der Neuzeit. Berlin 2002, S. 9–31.

Groos, Arthur/Thomas D. Hill: The Blood of Elias and the Fire oft he Doom. A New Analogue for Muspilli, vss. 52ff. In: Neuphilologische Mitteilungen 81 (1980), S. 439–442.

Groseclose, J. Sidney/Brian O. Murdoch, Die althochdeutschen poetischen Denkmäler. Stuttgart 1976 (Sammlung Metzler 140).

Gürich, Gunter: Otfrids ,Evangelienbuch' als Kreuzfigur. In: Zeitschrift für deutsches Altertum und deutsche Literatur 95 (1966), S. 267–270. Wieder in: Wolfgang Kleiber (Hg.): Otfrid von Weißenburg. Darmstadt 1978 (Wege der Forschung 419), S. 300–305.

Haarmann, Harald: Die Indoeuropäer. Herkunft, Sprachen, Kulturen. München 2010 (C.H. Beck Wissen).

Haeseli, Christa M.: Marginale Zauberspruchüberlieferung im frühen Mittelalter. In: Das Mittelalter 16 (2011), S. 126–141.

Haferland, Harald: Der Haß der Feinde. Germanische Heldendichtung und die Erzählkonzeption des *Heliand*. In: Euphorion 95 (2001), S. 237–256.

Haferland, Harald: Mündliche Erzähltechnik im *Heliand*. In: Germanisch-romanische Monatsschrift 52 (2002a), S. 237–259.

Haferland, Harald: War der Helianddichter illiterat? In: Zeitschrift für deutsches Altertum und deutsche Literatur 131 (2002b), S. 20–48.

Haferland, Harald: Vermündlichte Schriftlichkeit und verschriftlichte Mündlichkeit. Zu Funktion und Entstehung von Hakenstil und Variation in der Stabreimdichtung, am Beispiel des ,Heliand'. In: Jahrbuch des Vereins für Niederdeutsche Sprachforschung 129 (2006), S. 7–41.

Haferland, Harald: Christus als Lichtbringer und Held. Polarität im *Heliand* und in zeitgenössischen Bildzeugnissen In: Victor Millet/Heike Sahm (Hgg.): Narration and Hero. Recounting the Deeds of Heroes in Literature and Art oft he Early Medieval Period. Berlin Boston 2014 (Ergänzungsbände zum Reallexikon der Germanischen Altertumskunde 87), S. 361–383.

Hartmann, Mariana: Humanismus und Kirchenkritik: Matthias Flacius Illyricus als Erforscher des Mittelalters. Stuttgart 2001 (Beiträge zur Geschichte und Quellenkunde des Mittelalters 19).

Hartmann, Martina: Die Merowinger. München 2012 (C.H. Beck Wissen).

Haubrichs, Wolfgang: Die Praefatio des Heliand. Ein Zeugnis des Religions und Bildungspolitik Ludwig des Deutschen. In: Jürgen Eichhoff/Irmengard Rauch (Hgg.): Der Heliand. Darmstadt 1973 [1966] (Wege der Forschung 321), S. 400–435.

Haubrichs, Wolfgang: Eine prosopographische Skizze zu Otfrid von Weißenburg. In: Wolfgang Kleiber (Hg.): Otfrid von Weißenburg. Darmstadt 1978 (Wege der Forschung 419), S. 397–413.

Haubrichs, Wolfgang: Georgslied und Georgslegende im frühen Mittelalter. Text und Rekonstruktion. Königsstein im Taunus 1979.

Haubrichs, Wolfgang: Die Anfänge: Versuche volkssprachlicher Schriftlichkeit im frühen Mittelalter (ca. 700-1050/60). 2., durchgesehene Auflage. Tübingen 1995a [¹1988] (Geschichte der deutschen Literatur von den Anfängen bis zum Beginn der Neuzeit, Bd. I: Von den Anfängen zum hohen Mittelalter. Teil 1).

Haubrichs, Wolfgang: Arcana Regum. Der althochdeutsche hundertachtunddreißigste Psalm und die Synode zu Tribur (895). In: Ulrich Ernst/Bernhard Sowinski (Hg.): Architectura poetica. Festschrift für Johannes Rathofer zum 65. Geburtstag. Köln/Wien 1990 (Kölner Germanistische Studien 30), S. 67–106.

Haubrichs, Wolfgang: Zur Rezeption der Georgslegende und des althochdeutschen Georgsliedes. In: Annegret Fiebig/Hans-Jochen Schiewer (Hgg.): Deutsche Literatur und Sprache von 1050-1200. Festschrift für Ursula Hennig zum 65. Geburtstag. Berlin 1995b, S. 71–92.

Haubrichs, Wolfgang: Georgslegende, Georgsverehrung und Georgslied im westlichen Mittelalter. In: Sanct Georg. Der Ritter mit dem Drachen. Lindenberg im Allgäu 2001 (Kataloge und Schriften des Diözesanmuseums für christliche Kunst des Erzbistums München und Freising 24), S. 57–63.

Haubrichs, Wolfgang: Rituale, Feste, Sprechhandlungen. Spuren oraler und laikaler Kultur in den Bibelepen des ‚Heliand‘ und Otfrids von Weißenburg. In: Mark Chinca/Christopher Young (Hgg.): Orality and Literacy in the Middle Ages. Essays on a Conjunction and its Consequences in Honour of D. H. Green. Turnhout 2005, S. 37–66.

Haubrichs, Wolfgang: ‚Georgslied‘. In: Rolf Bergmann (Hg.): Althochdeutsche und altsächsische Literatur. Berlin/Boston 2013a, S. 132–137.

Haubrichs, Wolfgang: ‚Heliand‘. In: Rolf Bergmann (Hg.): Althochdeutsche und altsächsische Literatur. Berlin/Boston 2013b, S. 154–163.

Hawes, James: The Shortest History of Germany. Devon 2018.

Hellgardt, Ernst: Die Praefatio in librum Antiquum lingua Saxonica scriptum und die Versus de poeta & interprete huius codicis und die altsächsische Bibelepik, in: Entstehung des Deutschen. Festschrift für Heinrich Tiefenbach. Hg. von Albrecht Greule/Eckhard Meineke/Christiane Thim-Mabrey. Heidelberg 2004, S. 173–230.

Hellgardt, Ernst: ‚Muspilli‘. In: Rolf Bergmann (Hg.): Althochdeutsche und altsächsische Literatur. Berlin/Boston 2013a, S. 288–292.

Hellgardt, Ernst: ‚Wessobrunner Schöpfungshymnus und Gebet‘. In: Rolf Bergmann (Hg.): Althochdeutsche und altsächsische Literatur. Berlin/Boston 2013b, S. 510–515.

Henkel, Mathias: Das Merseburger Gebetsbruchstück im literatur- und liturgiegeschichtlichen Kontext des deutschen Frühmittelalters. In: Zeitschrift für deutsche Philologie 130 (2011), S. 359–387.

Herweg, Mathias: Ludwigslied, De Heinrico, Annolied. Die deutschen Zeitdichtungen des frühen Mittelalters im Spiegel ihrer wissenschaftlichen Rezeption und Erforschung. Wiesbaden 2002 (Imagines Mediii Aevi 13).

Herweg, Mathias: ‚Ludwigslied‘. In: Rolf Bergmann (Hg.): Althochdeutsche und altsächsische Literatur. Berlin/Boston 2013, S. 241–252.

Heusler, Andreas: Heliand, Liedstil und Epenstil. In: Zeitschrift für deutsches Altertum und deutsche Literatur 57 (1919), S. 1–48.

Hoffmann, Werner: Altdeutsche Metrik. 2., überarbeitete und ergänzte Auflage. Stuttgart 1981 (Sammlung Metzler).

Homeyer, Helene: Walahfrids Gedicht über das Theoderich-Denkmal in Aachen. In: Platonismus und Christentum. Festschrift für Heinrich Dörrie. Hg. von Horst-Dieter Blume/Friedhelm Mann. Münster 1983 (Jahrbuch für Antike und Christentum. Ergänzungsband 10), S. 109–117.

Huisman, Johannes A.: Das Wessobrunner Gebet in seinem handschriftlichen Kontext. In: Rolf Bergmann u.a. (Hgg.): Althochdeutsch. Band 1: Grammatik, Glossen und Texte. Heidelberg 1987, S. 625–636.

Jaeger, C. Stephen: Ennobling Love. In Search of a Lost Sensibility. Philadelphia 1999.

Janota, Johannes: Endzeitwissen in der althochdeutschen Literatur. Das „Muspilli" In: Stefan Krimm (Hg.): Der Engel und die siebte Posaune. Endzeitvorstellungen in Geschichte und Literatur. München 2000, S. 27–45.

Janota, Johannes: Das ‚Hildebrandslied'. In: Große Werke der Literatur. Band 7. Hg. von Hans Vilmar Geppert. Tübingen/Basel 2001, S. 27–40.

Jeske, Hans: Zur Etymologie des Wortes *muspilli*. In: Zeitschrift für deutsches Altertum und deutsche Literatur 135 (2006), S. 425–434.

Jeudy, Colette: Sedulius. In: Lexikon des Mittelalters 7 (1995), Sp. 1666–1667.

Jussen, Bernhard: Die Franken. Geschichte, Gesellschaft, Kultur. München 2014 (C.H. Beck Wissen).

Kantorowicz, Ernst H.: Die zwei Körper des Königs. Eine Studie zur politischen Theologie des Mittelalters. München 1990 (dtv Wissenschaft).

Kartschoke, Dieter: Altdeutsche Bibeldichtung. Stuttgart 1975a (Sammlung Metzler 135).

Kartschoke, Dieter: Bibeldichtung. Studien zur Geschichte der epischen Bibelparaphrase von Juvencus bis Otfrid von Weißenburg. München 1975b.

Kartschoke, Dieter: Geschichte der deutschen Literatur im frühen Mittelalter. München ^{3}2000.

Kartschoke, Dieter: Die Himmelsstraße in Otfrids ‚Evangelienbuch'. In: Projektion – Reflexion – Ferne. Berlin/Boston 2011, S. 391–414.

Keller, Hildegard Elisabeth: Zorn gegen Gorio. Zeichenfunktion von *zorn* im althochdeutschen Georgslied In: C. Stephen Jaeger/Ingrid Kasten (Hgg): Codierungen von Emotionen im Mittelalter. Berlin/Boston 2003 (Trends in Medieval Philology 1), S. 115–142.

Kiening, Christian/Ulrich Johannes Beil: Urszenen des Medialen. Von Moses zu Caligari. Göttingen 2012.

Kipf, Klaus: Erzähler und Autorinstanz im *Heliand* und in Otfrids von Weißenburg *Liber evangeliorum*. In: Zeitschrift für Literaturwissenschaft und Linguistik 47 (2017), S. 239–255.

Klee, Ernst: Das Personenlexikon zum Dritten Reich. Wer war was vor und nach 1945. Frankfurt am Main 2015.

Kleiber, Wolfgang (Hg.): Otfrid von Weißenburg. Darmstadt 1978 (Wege der Forschung 419).

Klein, Dorothea: Die Schöpfung in der Dichtung – der Dichter als Schöpfer. Vom Wessobrunner Schöpfungsgebet zu Oswald von Wolkenstein. In: Dorothea Klein (Hg.): Die Erschaffung der Welt – alte und neue Schöpfungsmythen. Würzburg 2012 (Würzburger Ringvorlesungen), S. 43–78.

Kössinger, Norbert: Otfrids ‚Evangelienbuch' in der frühen Neuzeit. Studien zu den Anfängen der deutschen Philologie. Tübingen 2009 (Frühe Neuzeit 135).

Kraß, Andreas: Spielräume mittelalterlichen Übersetzens. Zu Bearbeitungen der Mariensequenz *Stabat mater dolorosa*. In: Joachim Heinzle/L. Peter Johnson/Gisela Vollmann-Profe (Hg.): Übersetzen im Mittelalter. Cambridger Kolloquium 1994. Berlin 1996 (Wolfram-Studien 14), S. 87–108.

Kraß, Andreas: Geschriebene Kleider. Höfische Identität als literarisches Spiel. Tübingen/Basel 2006 (Bibliotheca Germanica 50).

Krogmann, Willy: Die Praefatio in librum antiquum lingua Saxonica conscriptum. In: Jürgen Eichhoff/Irmengard Rauch (Hgg.): Der Heliand. Darmstadt 1973 [1948] (Wege der Forschung 321), S. 20–53.

Krutzler, Gerald: Kult und Tabu. Wahrnehmungen der Germania bei Bonifatius. Wien/Berlin/Münster 2011 (Anthropologie des Mittelalters 2).

Lauer, Heinrich: Wiedererweckung der ‚schlafenden Schrift'. Die Edition des *Hildebrandliedes* und des *Wessobrunner Gebets* durch die Brüder Grimm. In: Thorsten Smidt (Hg.): Expedition Grimm [Ausstellungskatalog], Dresden 2013, S. 59–66.

Leyser, Henrietta: A Short History of the Anglo-Saxons. London/New York 2019.

Löwe, Heinz, Alkuin. In: Neue Deutsche Biographie 1 (1953), S. 201.

Lomnitzer, Helmut: ‚Petruslied'. In: Verfasserlexikon 7 (1989), Sp. 521–525.

Lomnitzer, Helmut/Heiko Hartmann: ‚Petruslied'. In: Rolf Bergmann (Hg.): Althochdeutsche und altsächsische Literatur. Berlin/Boston 2013, S. 361–364.

Lühr, Rosemarie: Studien zur Sprache des Hildebrandsliedes. Teil 1: Herkunft und Sprache. Teil 2: Kommentar. Franfurt am Main/Bern 1982 (Regensburger Beiträge zur deutschen Sprach- und Literaturwissenschaft 22).

Lühr, Rosemarie: Zur germanischen Stabreimtechnik. In: Olav Hackstein/Dieter Gunkel (Hgg.): Language and Meter. Leiden 2018, S. 180–206.

Ludowici, Babette (Hg.): Saxones. Eine neue Geschichte der alten Sachsen [Ausstellungs-katalog]. Darmstadt 2019.

Malinowski, Bronislaw: Magie, Wissenschaft und Religion. Und andere Schriften. Übersetzt von Eva Krafft-Bassermann. Frankfurt am Main 1983.

Masser, Achim: ‚Freisinger Paternoster'. In: Rolf Bergmann (Hg.): Althochdeutsche und alt-sächsische Literatur. Berlin/Boston 2013a, S. 91–92.

Masser, Achim: ‚Tatian'. In: Rolf Bergmann (Hg.): Althochdeutsche und altsächsische Literatur. Berlin/Boston 2013b, S. 459–466.

Masser, Achim: ‚Weißenburger Katechismus'. In: Rolf Bergmann (Hg.): Althochdeutsche und altsächsische Literatur. Berlin/Boston 2013c, S. 506–508.

May, Gerhard: Schöpfung aus dem Nichts: Die Entstehung der Lehre von der *creatio ex nihilo*. Berlin/Boston 1978.

McLintock, David: ‚Christus und die Samariterin'. in: Verfasserlexikon 1 (1978), Sp. 1238–1241.

McLintock, David: ‚Psalm 138'. In: Verfasserlexikon 7 (1989), Sp. 876–878.

McLintock, David/Heiko Hartmann: ‚Christus und die Samariterin'. In: Rolf Bergmann (Hg.): Althochdeutsche und altsächsische Literatur. Berlin/Boston 2013a, S. 73–76.

McLintock, David/Heiko Hartmann: Psalter: ‚Psalm 138'. In: Rolf Bergmann (Hg.): Althoch-deutsche und altsächsische Literatur. Berlin/Boston 2013b, S. 413–416.

Meineke, Eckhard: Einführung in das Althochdeutsche. Unter Mitarbeit von Judith Schwerdt. 23 Karten, 15 Abbildungen. Paderborn/München/Wien/Zürich 2001 (UTB für Wissenschaft 2167).

Mierke, Gesine: Memoria als Kulturtransfer. Der altsächsische „Heliand" zwischen Spätantike und Frühmittelalter. Köln/Weimar/Wien 2008 (Ordo. Studien zur Literatur und Gesellschaft des Mittelalters und der frühen Neuzeit 11).

Mierke, Gesine: Christliche Rhetorik im altsächsischen *Heliand*, in: Niederdeutsches Wort 49 (2009), S. 273–282.

Mierke, Gesine: Zum Aufbruch der Frühmittelaltergermanistik. In: Literaturwissenschaftliches Jahrbuch 60 (2019), S. 9–36.

Millet, Victor: germanische Heldendichtung im Mittelalter. Eine Einführung. Berlin/New York 2008.

Mohr, Wolfgang/Walther Haug: Zweimal „Muspilli". Tübingen 1977 (Untersuchungen zur deutschen Literaturgeschichte 18).

Müller, Jan-Dirk: Woran erkennt man einander im Heldenepos? Beobachtungen an Wolframs ‚Willehalm', dem ‚Nibelungenlied', dem ‚Wormser Rosengarten A' und dem ‚Eckenlied'. In: Gertrud Blaschitz u.a. (Hgg.): Symbole des Alltags, Alltag der Symbole. Fs. Harry Kühnel, Graz 1992, S. 87–111.

Müller, Stephan: Erzählen und Erlösen. Wege ins Heil und die Produktion von Präsenz im Evangelienbuch Otfrids von Weißenburg (I,1,1–50). In: Claudia Öhlschläger (Hg.): Narration und Ethik. München 2009 (Ethik – Text – Kultur 1), S. 183–199.

Müller, Stephan/Jens Schneider (Hgg.): Deutsche Texte der Salierzeit. Neuanfänge und Kontinuitäten im 11. Jahrhundert. München 2010 (MittelalterStudien).

Müller, Stephan: Mission und die Volkssprache. Entwicklungen der deutschen Sprach- und Text-kultur im Kontext der Christianisierung. In: Christoph Stiegemann/Martin Kroker/Wolfgang Walter (Hgg.): Christianisierung Europas im Mittelalter. Bd. 1: Essays. Petersperg 2013, S. 111–120.

Müller, Stephan: David als Psalmist und Herrscher. Das Konzept des althochdeutschen *Psalm 138* zwischen Wort und Bild. In: Norbert Otto Eke/Angelika Strotmann (Hgg.): Davidfigur und Opfermotiv. Jüdisch-christliche Transformationen. Paderborn 2019, S. 39–52.

Murphy, G. Ronald: The Saxon Savior: The Germanic Transformation of the Gospel in the Ninth-Century Heliand New York/Oxford 1989.

Murphy, G. Ronald: The Jews in the *Heliand*. In: Valentine A. Pakis (Hg.): Perspectives on the Old Saxon *Heliand*. Introductory and Critical Essays. Morgantown (West Virginia) 2010a, S. 237–253.

Murphy, G. Ronald: The Old Saxon *Heliand*. In: Valentine A. Pakis (Hg.): Perspectives on the Old Saxon *Heliand*. Introductory and Critical Essays. Morgantown (West Virginia) 2010b, S. 34–62.

Pakis, Valentine A. (Hg.): Perspectives on the Old Saxon *Heliand*. Introductory and Critical Essays. Morgantown (West Virginia) 2010.

Patzelt, Erna: Die Karolingische Renaissance. Beiträge zur Geschichte der Kultur des frühen Mittelalters. Graz 1965 [1. Auflage Wien 1924].

Patzold, Steffen: Die Paganisierung der Bewohner der frühmittelalterlichen *Saxonia* durch Karl den Großen. In: Ludowici, Babette (Hg.): Saxones. Eine neue Geschichte der alten Sachsen [Ausstellungskatalog]. Darmstadt 2019, S. 290–293.

Pohl, Walter: Die Germanen. 2. Auflage. München 2004 (Enzyklopädie deutscher Geschichte 57).

Pohl, Walter/Ian Wood/Helmut Reimitz (Hgg.): The Transformation of Frontiers. From Late Antiquity to the Carolingians. Leiden u.a. 2001.

Rathofer, Johannes: Der Heliand. Theologischer Sinn als tektonische Form. Vorbereitung und Grundlegung der Interpretation. Köln/Graz 1962.

Rathofer, Johannes: Zum Aufbau des Heliand. In: Eichhoff, Jürgen/Irmengard Rauch (Hgg.): Der Heliand. Darmstadt 1973 [1964] (Wege der Forschung 321), S. 344–399.

Rathofer, Johannes: Zum Bauplan von Otfrids ‚Evangelienbuch'. In: Zeitschrift für deutsches Altertum und deutsche Literatur 94 (1965), S. 36–38. Wieder in: Wolfgang Kleiber (Hg.): Otfrid von Weißenburg. Darmstadt 1978 (Wege der Forschung 419), S. 296–299.

Reinhardt, Elisabeth: Das Wessobrunner Gebet und die Missionierung Bayerns. In: Zeitschrift für bayerische Landesgeschichte 67 (2004), S. 1–12.

Roelcke, Thorsten: Geschichte der deutschen Sprache. 2., durchgesehene und aktualisierte Ausgabe. München 2018 (C.H. Beck Wissen).

Röttger, Wilfrid: Juvencus. In: Lexikon für Theologie und Kirche 5 (1996), Sp. 1118.

Sager, Alexander: After the apple. Repentance in Genesis B and its Continental Context. In: Journal of English and Germanic philology 112 (2013), S. 292–310.

Sager, Alexander: Verwirrende Worte, weiches Denken. Der Betrug Evas in der "Genesis B". In: Matthias Meyer/Alexander Sager (Hgg.): Verstellung und Betrug im Mittelalter und in der mittelalterlichen Literatur. Göttingen 2015 (Aventiuren 7), S. 221–237.

Sahm, Heike: Wiederholungen über Wiederholungen. Zur Variation in der „Altsächsischen Genesis". In: Zeitschrift für deutsche Philologie 123 (2004), S. 321–340.

Sahm, Heike: Fate and God, Gallows and Cross, Sword and Spear. The Variation of Counterconcepts as Part of the Poetic Diction in the Old Saxon *Heliand*. In: Victor Millet/ Heike Sahm (Hgg.): Narration and Hero. Recounting the Deeds of Heroes in Literature and Art oft he Early Medieval Period. Berlin Boston 2014 (Ergänzungsbände zum Reallexikon der Germanischen Altertumskunde 87), S. 95–112.

Sahm, Heike: „‚Die ich rief, die Geister…' – Kurzes Plädoyer für eine interdisziplinär integrierte Frühmittelaltergermantistik. In: Zeitschrift für Literaturwissenschaft und Linguistik 47 (2017a), S. 155–165.

Sahm, Heike: *Scrîban, settian endi singan endi seggean forð*. Textgenese und Tradierung in der Fiktion des *Heliand*. In: Bruno Quast/Susanne Spreckelmeier: Inkulturation. Literarische Strategien bibelepischen Schreibens in Mittelalter und Früher Neuzeit. Berlin/Boston 2017b, S. 41–72.

Schieffer, Rudolf: Die Zeit des karolingischen Großreichs 714–887. Stuttgart 2005 (Gebhardt Handbuch zur deutschen Geschichte 2).

Schieffer, Theodor: Karl der Große. In: Neue Deutsche Biographie 11 (1977), S. 157–174.

Schlaffer, Heinz: Die kurze Geschichte der deutschen Literatur. München/Wien 2002.

Schlosser, Horst Dieter: Literaturtheorie bei Otfried von Weißenburg. In: Jürgen Eichhoff/ Irmengard Rauch (Hgg.): Der Heliand. Darmstadt 1973 (Wege der Forschung 321), S. 387–396.

Schlosser, Horst Dieter: *Ludwigslied*. In: Deutsche Dichter. Band I: Mittelalter. Stuttgart 1994, S. 40–46.

Schmidt-Wiegand, Ruth: ‚Georgslied‘. In: Verfasserlexikon 2 (1980), Sp. 1213–1216.

Schmitt-Brandt, Robert: Einführung in die Germanistik. Tübingen/Basel 1998 (Uni-Taschenbücher 1506).

Schröder, Werner/Heiko Hartmann: Otfrid von Weißenburg. In: Rudolf Bergmann (Hg.), Althochdeutsche und altsächsische Literatur. Berlin/Boston 2013, S. 322–345.

Schröder, Werner: Otfrid von Weißenburg. In: Verfasserlexikon 7 (1989), Sp. 172–193.

Schürr, Diether: *Sunufatarungo* und die Erfindung des Hiltibrantliedes. In: Amsterdamer Beiträge zur älteren Germanistik 70 (2013), S. 65–86.

Schützeichel, Rudolf: Althochdeutsches Wörterbuch. 7., durchgesehene und verbesserte Auflage. Berlin/Boston 2012.

Schwab, Ute: Zum ‚Wessobrunner Gebet‘. Eine Vorstellung und neue Lesungen. In: Ute Schwab: weniger wäre. Ausgewählte Kleine Schriften. Hg. von Astrid van ahl und Inga Middel. Wien 2003 (Studia Medievalia Septentrionalia 8), S. 349–384.

Schwarzbach-Dobson, Michael: Narrative Zeitkonzeptionen in volkssprachlichen Texten des Frühmittelalters: Mythos – Erzählung – Geschichte. In: Beiträge zur Geschichte der deutschen Sprache und Literatur 138 (2016), S. 30–50.

Seebold, Elmar: Der epische Eingang im zweiten Merseburger Zauberspruch. In: Hermann Reichert/Corinna Schengraber (Hgg.): Germanische Altertumskunde. Quellen, Methoden, Ergebnisse. Wien 2015 (Philologica Germanica 35), S. 263–272.

Sieber, Ulrich: Hatto von Basel. In: Neue Deutsche Biographie 8 (1969), S. 59–60.

Simek, Rudolf: Götter und Kulte der Germanen. 4., durchgesehene Auflage. München 2016.

Simek, Rudolf: Lexikon der germanischen Mythologie. Dritte, völlig überarbeitete Auflage. Stuttgart 2018 (Kröners Taschenausgabe 368).

Sonderegger, Stefan: Althochdeutsche Sprache und Literatur. Eine Einführung in das älteste Deutsch. Darstellung und Grammatik. Berlin/New York 1974.

Sowinski, Bernhard: *Heliand* und *Altsächsische Genesis*. In: Deutsche Dichter. Band I: Mittelalter. Stuttgart 1994, S. 20–29.

Speyer, Wolfgang: Sedulius. In: Lexikon für Theologie und Kirche 9 (2000), Sp. 367.

Splett, Jochen: ‚Abrogans deutsch‘. In: Rudolf Bergmann (Hg.), Althochdeutsche und altsächsische Literatur. Berlin/Boston 2013, S. 3–8.

Springsfeld, Kerstin: Alkuins Einfluss auf die Komputistik zur Zeit Karls des Großen. Stuttgart 2003 (Sudhoffs Archiv. Beihefte 48).

Steckel, Sita: Kulturen des Lehrens im Früh- und Hochmittelalter. Autorität, Wissenskonzepte und Netzwerke von Gelehrten. Köln/Weimar/Wien 2011 (Norm und Struktur. Studien zum sozialen Wandel in Mittelalter und Früher Neuzeit 39).

Steinhoff, Hans-Hugo: ‚Merseburger Zaubersprüche‘. In: Verfasserlexikon 6 (1987a), Sp. 410–418.

Steinhoff, Hans-Hugo: ‚Muspilli‘. In: Verfasserlexikon 6 (1987b), Sp. 821–828.

Steinhoff, Hans-Hugo: ‚Wessobrunner Gebet‘. In: Verfasserlexikon 10 (1999), Sp. 961–965.

Störmer-Caysa, Uta: Lineare Zeit und alter Text. In: Mitteilungen des Deutschen Germanistenverbandes 65 (2018), S. 370–377.

Störmer-Caysa, Uta: Zeit, Alter und Gewissheit im *Hildebrandlied*. In: Thorsten Fitzon u.a. (Hgg.): Alterszäsuren. Zeit und Lebensalter in Literatur, Theologie und Geschichte. Berlin/ Boston 2012, S. 289–297.

Stolz, Michael: Der Text als Spur. Das ‚Wessobrunner Gebet' im Kontext der Handschrift clm 22053. In: Václav Bok/Frank Shaw (Hgg.): Magister et amicus. Festschrift für Kurt Gärtner zum 65. Geburtstage. Wien 2003, S. 511–534.

Taeger, Burkhard: ‚Altsächsische Genesis'. In: Verfasserlexikon 1 (1978), Sp. 313–318.

Taeger, Burkhard: ‚Heliand'. In: Verfasserlexikon 3 (1981), Sp. 958–971.

Tax, Petrus W.: Mary sang the psalter *Unz in enti*. The Annunciation Scene in Otfrid's *Evangelienbuch* and Horizons of Monastic Imaginative Understanding. In: Alfred R. Wedel/ Hans-Jörg Busch (Hgg.): Verba et Litterae. Explorations in Germanic Languages and German Literature. Essays in Honor of Albert L. Lloyd. Newark (Delaware) 2002, S. 269–283.

Tiefenbach, Heinrich: Altsächsisches Handwörterbuch. A Concise Old Saxon Dictionary. Berlin/ Boston 2010.

Tiefenbach, Heinrich: Beobachtungen zu makrostrukturellen Gliederungssignalen in den „Heliand"-Handschriften In: Claudia Wich-Reif (Hg.): Strukturen und Funktionen in Gegenwart und Geschichte. Berlin 2007, S. 351–369.

Tiefenbach, Heinrich: ‚Genesis, Altsächsische'. In: Rolf Bergmann (Hg.): Althochdeutsche und altsächsische Literatur. Berlin/Boston 2013, S. 125–132.

Thoma, Herbert: Interlinearversion, in: Reallexikon der deutschen Literaturgeschichte 1 (1958), S. 750–752.

Toepfer, Regina: Sympathie und Tragik. Rezeptionslenkung im ‚Hildebrandslied'. In: Techniken der Sympathiesteuerung in Erzähltexten der Vormoderne. Potentiale und Probleme. Hg. v. Friedrich Michael Dimpel und Hans Rudolf Velten. Heidelberg 2016, S. 31–48.

Vilmar, August Friedrich Christian: Vorlesungen über die Geschichte der deutschen National-Literatur. Marburg/Leipzig 1845.

Vollmann-Profe, Gisela: Otfrid von Weißenburg. In: Deutsche Dichter. Band I: Mittelalter. Stuttgart 1994, S. 30–39.

Warning, Rainer: Formen narrativer Identitätskonstruktion im höfischen Roman. In: Odo Marquard/Karlheinz Stierle (Hgg.): Identität. München 1979, S. 553–589.

Wilms, Carsten: Felix Genzmer. In: Internationales Germanistenlexikon 1800–1950. Hg. und eingeleitet von Christoph König. Berlin/Boston 2003, S. 550–552.

Wolfram, Herwig: Die Germanen. 10., durchgesehene Auflage. München 2018 (C.H. Beck Wissen).

Yeandle, David: The *Ludwigslied*. King, Church, and Context. In: John L. Flood/David N. Yeandle (Hgg.): *„mit regulu bithuungan"*. Neue Arbeiten zur althochdeutschen Poesie und Sprache. Göppingen 1989 (Göppinger Arbeiten zur Germanistik 500), S. 18–79.

Internetquellen

Hörprobe (*Hildebrandslied*): https://www.alt.germ.uni-tuebingen.de/abteilungen/mediaevistik/ Materialien/Leseproben/Hildebrandslied.html.

Handschriftencensus: https://www.handschriftencensus.de